Cartão vermelho

Ken Bensinger

Cartão vermelho

como os dirigentes da Fifa criaram
o maior escândalo da história do esporte

GLOBOLIVROS

Copyright © 2018 by Editora Globo S.A. para a presente edição

Todos os direitos reservados. Nenhuma parte desta edição pode ser utilizada ou reproduzida — em qualquer meio ou forma, seja mecânico ou eletrônico, fotocópia, gravação etc. — nem apropriada ou estocada em sistema de banco de dados sem a expressa autorização da editora.

Texto fixado conforme as regras do Acordo Ortográfico da Língua Portuguesa (Decreto Legislativo nº 54, de 1995).

Editora responsável: Amanda Orlando
Assistente editorial: Lara Berruezo e Isis Batista
Tradução: Catia Pietro, Cristina Calderini Tognelli, Guilherme Miranda, Luiza Leal | Ab Aeterno
Edição de texto: Camile Mendrot | Ab Aeterno
Preparação de texto: Patrícia Vilar | Ab Aeterno
Revisão: Denise Schittine e Alessandra Volkert
Diagramação: Crayon Editorial
Capa: Estúdio Insólito

1ª edição, 2019

CIP-BRASIL. CATALOGAÇÃO NA PUBLICAÇÃO
SINDICATO NACIONAL DOS EDITORES DE LIVROS, RJ

B411c

Bensinger, Ken
  Cartão vermelho : como os dirigentes da Fifa criaram o maior escândalo da história do esporte / Ken Bensinger ; [tradução Catia Pietro ... [et al.]. - 1. ed. - Rio de Janeiro : Globo Livros , 2019.
  404 p. ; 23 cm.

  Tradução de: Red card : how the u.s. blew the whistle on the world's biggest sports scandal
  Inclui bibliografia
  ISBN 978-65-80634-39-2

  1. Federação Internacional de Futebol Associado. 2. Futebol - Corrupção. 3. Investigação criminal - Estados Unidos. I. Pietro, Catia. II. Título.

19-61453

CDD: 796.334
CDU: 796.332

Leandra Felix da Cruz - Bibliotecária - CRB-7/6135

Direitos exclusivos de edição em língua portuguesa para o Brasil adquiridos por Editora Globo S.A.
Av. Marquês de Pombal, 25 — 20230-240 — Rio de Janeiro — RJ
www.globolivros.com.br

Para minha esposa, Patricia,
e meus filhos, Mateo e Sofia.

Porquanto perversos se encontram no seio de meu povo, que espreitam, de tocaia, como caçadores de pássaros, armando laços para apanhar os homens. À semelhança de uma gaiola cheia de pássaros, assim estão suas casas repletas (do fruto) de suas presas. Por esta forma tornam-se ricos e poderosos, E se apresentam nutridos e reluzentes; ultrapassam, porém, os limites do mal. Não procedem com justiça para com o órfão, mas prosperam! E não fazem justiça aos infelizes! Como não repreender tamanhos excessos — oráculo do Senhor — e não vingar-me de semelhante nação?

— Jeremias 5:26-9

Sumário

Personagens 13

1. O agente Berryman 17
2. Cutucando a onça 27
3. "O senhor já aceitou propina alguma vez?" 43
4. Um cara do Queens 57
5. O voto 67
6. Jack × Chuck 79
7. Port of Spain 91
8. Um homem feito 101
9. Rico — A lei norte-americana contra a corrupção ... 115
10. O dinheiro de Blazer 125
11. A virada de mesa 135
12. A joia da coroa 145
13. Rainha por um dia 159
14. O rei está morto. Vida longa ao rei! 173
15. Mais rápido, mais alto, mais forte 181
16. Do meu jeito 191
17. O pacto 197
18. Os irmãos Warner 203
19. "Uma história triste e deplorável" 215
20. "Deixe-nos fora dessa" 225
21. Não sou seu amigo 237
22. Uma de prata, a outra de ouro 245

23. Confiança e traição 255

24. "Todos nós vamos para a prisão!" 267

25. Retaliação 277

26. A casa caiu 287

27. Captura 297

28. "Um grande dia para o futebol" 313

29. Um defensor zeloso 323

30. *Plus ça change* 335

Epílogo: O julgamento 347

Posfácio: O depois 363

Agradecimentos 371

Notas 375

Bibliografia selecionada 401

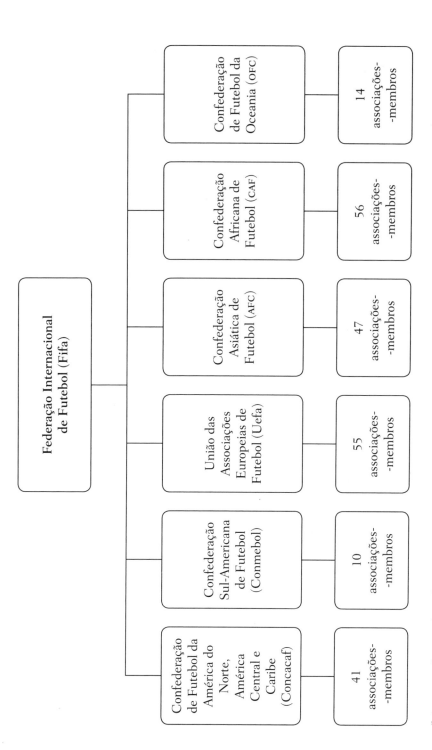

* A maioria dos membros de cada uma das confederações são membros plenos da Fifa, que possui 211 membros plenos, enquanto a ONU conta com 193.

Personagens

Federação Internacional de Futebol (Fifa), Zurique

Jean-Marie Faustin Godefroid "João" de Havelange, *presidente (1974--1998)*

Joseph "Sepp" Blatter, *presidente (1998-2015), secretário-geral (1981--1998)*

Jérôme Valcke, *secretário-geral (2007-2015)*

Confederação de Futebol da América do Norte, América Central e Caribe (Concacaf), Nova York e Miami

Austin "Jack" Warner, *presidente (1990-2011); vice-presidente e membro do Comitê Executivo da Fifa (1983-2011)*

Charles Gordon "Chuck" Blazer, *secretário-geral (1990-2011); membro do Comitê Executivo da Fifa (1997-2013)*

Jeffrey Webb, *presidente (2012-2015); vice-presidente e membro do Comitê Executivo da Fifa (2012-2015)*

Enrique Sanz, *secretário-geral (2012-2015)*

Alfredo Hawit, *presidente (2015); vice-presidente e membro do Comitê Executivo da Fifa (2015)*

CONFEDERAÇÃO SUL-AMERICANA DE FUTEBOL (CONMEBOL), ASSUNÇÃO, PARAGUAI

Nicolás Leoz, *presidente (1986-2013); membro do Comitê Executivo da Fifa (1998-2013)*

Eugenio Figueredo, *presidente (2013-2014), vice-presidente (1993-2013); vice-presidente e membro do Comitê Executivo da Fifa (2014-2015)*

Juan Ángel Napout, *presidente (2014-2015); vice-presidente e membro do Comitê Executivo da Fifa (2015)*

CONFEDERAÇÃO ASIÁTICA DE FUTEBOL (AFC), KUALA LUMPUR

Mohamed bin Hammam, *presidente (2002-2011); membro do Comitê Executivo da Fifa (1996-2011)*

ASSOCIAÇÕES DE FUTEBOL NACIONAIS

Julio Humberto Grondona, *presidente da Associação Argentina de Futebol (1979-2014); vice-presidente e membro do Comitê Executivo da Fifa (1998-2014)*

Ricardo Terra Teixeira, *presidente da Confederação Brasileira de Futebol (1989-2012); membro do Comitê Executivo da Fifa (1994-2012)*

José Maria Marin, *presidente da Confederação Brasileira de Futebol (2012-2015)*

Marco Polo Del Nero, *presidente da Confederação Brasileira de Futebol (2015-); membro do Comitê Executivo da Fifa (2012-2015)*

Sunil Gulati, *presidente da Federação de Futebol dos Estados Unidos (2006-2018); membro do Comitê Executivo da Fifa (2013-)*

Eduardo Li, *presidente da Federação Costa-Riquenha de Futebol (2007-2015); membro do Comitê Executivo da Fifa (2015)*

Vitaly Mutko, *presidente da União de Futebol da Rússia (2005-2009; 2015-2017); membro do Comitê Executivo da Fifa (2009-2017)*

Rafael Esquivel, *presidente da Federação Venezuelana de Futebol (1988-2015)*

Manuel Burga Seoane, *presidente da Federação Peruana de Futebol (2002-2014)*

GRUPO TRAFFIC, SÃO PAULO E MIAMI
José Hawilla, *proprietário e fundador*
Aaron Davidson, *presidente do Traffic Sports* USA

TORNEOS Y COMPETENCIAS, BUENOS AIRES
Alejandro Burzaco, *diretor executivo*

FULL PLAY GROUP, BUENOS AIRES
Hugo Jinkis, *fundador e proprietário*
Mariano Jinkis, *fundador e proprietário*

INTERNATIONAL SOCCER MARKETING, JERSEY CITY
Zorana Danis, *proprietária*

AGÊNCIA FEDERAL DE INVESTIGAÇÃO DOS ESTADOS UNIDOS (FEDERAL BUREAU INVESTIGATION, FBI)
Escritório local de Nova York
Mike Gaeta, *agente especial supervisor*
Jared Randall, *agente especial*
John Penza, *agente especial supervisor*

RECEITA FEDERAL DOS ESTADOS UNIDOS
DIVISÃO DE INVESTIGAÇÃO CRIMINAL
Escritório local de Los Angeles
Steve Berryman, *agente especial*
J. J. Kacic, *agente especial*

ESCRITÓRIO DA PROCURADORIA-GERAL DOS ESTADOS UNIDOS NO DISTRITO LESTE DE NOVA YORK, BROOKLYN
Loretta Lynch, *procuradora dos Estados Unidos (2010-2015); procuradora-geral (2015-2017)*
Evan M. Norris, *procurador-geral adjunto*
Amanda Hector, *procuradora-geral adjunta*
Darren LaVerne, *procurador-geral adjunto*

Samuel P. Nitze, *procurador-geral adjunto*
Keith Edelman, *procurador-geral adjunto*
M. Kristin Mace, *procuradora-geral adjunta*

Um

O agente Berryman

Steve Berryman, de 47 anos, um agente especial da Receita Federal dos Estados Unidos,* estava em sua baia no terceiro andar do enorme edifício federal[1] em Laguna Niguel, na Califórnia, quando sentiu seu celular vibrar, pouco depois das dez da manhã, no dia 16 de agosto de 2011. Havia uma nova notificação de e-mail do Google em sua caixa de entrada.

Berryman, magro, 1,80 m, olhos castanhos tão escuros que quase pareciam pretos, sobrancelhas grossas, pele clara e um bigode grisalho muito bem cuidado que combinava com o cabelo esmeradamente penteado para trás, havia configurado essas notificações. Sua escolha de palavras-chave denunciava uma sensibilidade que, após 25 anos de serviço na Receita Federal, tornara-se altamente refinada no que se referia a crimes financeiros. Berryman tinha escolhido palavras como *lavagem de dinheiro*, *corrupção*, *Lei do Sigilo Bancário*, *Lei de Práticas de Corrupção no Exterior*, entre outras, para o recebimento de notificações. As mensagens chegavam agrupadas durante o dia, trazendo dezenas de notícias do mundo inteiro.

---

* O Internal Revenue Service, a Receita Federal dos Estados Unidos, é uma agência do Departamento do Tesouro norte-americano responsável pela coleta de impostos e administração do Código Tributário Federal dos Estados Unidos. (N. T.)

Geralmente, Berryman dava apenas uma olhada rápida nelas antes de retornar ao trabalho.

Porém, aquela notificação em particular o fez parar tudo e esvaziar a sua agenda do dia seguinte. Ela fora filtrada pelo termo de pesquisa *suborno* e continha um link para um artigo da agência de notícias Reuters.[2] A manchete dizia "FBI examines U.S. soccer boss's financial records".*

O artigo descrevia uma série de documentos que supostamente estavam sendo analisados pelo FBI. Eles traçavam o caminho para mais de US$ 500 mil recebidos em pagamentos suspeitos por um executivo de futebol chamado Chuck Blazer no decorrer de quinze anos.

Blazer era um funcionário de alto escalão da Fifa, a entidade que governa o futebol ao redor do mundo. Berryman pensou que já tivesse ouvido aquele nome antes, mas não reconheceu a foto do homem carrancudo, de cabelos desgrenhados, sobrancelhas peludas e barba grisalha indisciplinada. Foi tomado por uma adrenalina inebriante, observando, com especial atenção, o fato de Blazer ter diversas contas bancárias estrangeiras, incluindo uma nas Ilhas Cayman.

Berryman encaminhou o artigo à sua supervisora, Aimee Schabilion, e correu para o escritório dela para se certificar de que ela havia lido o e-mail.

— Esse caso promete — disse ele.

* * *

Desde pequeno, Berryman era apaixonado por futebol.

Ele cresceu na Inglaterra, pois seu pai era da Força Aérea e passou a maior parte dos seus primeiros onze anos vivendo lá, fora das bases militares e jogando futebol na maioria das tardes. Quando a família voltou para os Estados Unidos, fixando moradia na região metropolitana quente e poeirenta de Inland Empire, no sul da Califórnia, ele não conseguiu encontrar ninguém com quem pudesse brincar. Por isso, transferiu suas habilidades esportivas para o futebol americano, tornando-se um chutador de sucesso.

---

* "FBI examina os registros financeiros do chefão do futebol norte-americano", em tradução livre. (N. T.)

Seu pé esquerdo forte lhe rendeu uma bolsa de estudos na Universidade do Leste de Illinois. Setenta e cinco por cento das vezes, Berryman conseguia chutar a bola a aproximadamente 60 metros além das traves, mas isso não era suficiente para que ele alcançasse o nível profissional. Ele detestava os invernos intensos do Meio-Oeste americano e, assim que percebeu que seu futuro não estava na NFL,* abandonou a bolsa de estudos e se mudou para a cidade de San Bernardino, no estado da Califórnia. Berryman completou sua graduação em Contabilidade e se inscreveu para se tornar agente da Receita Federal.

Seu primeiro caso foi contra o dono de um salão de cabeleireiros de luxo que deixou de declarar sua renda. Berryman passou os primeiros anos investigando pequenos casos de evasão fiscal e contadores vigaristas. Contudo, sentia-se atraído por crimes financeiros maiores e mais complexos e logo foi para a Narcóticos, colaborando com outras agências em investigações internacionais extensas.

Trabalhando nesses casos, Berryman teve a grande revelação de que as drogas, as armas e a violência contavam apenas uma parte da história. Uma trama completa só poderia ser exposta uma vez que todo o dinheiro tivesse sido rastreado. Enquanto os agentes da Agência Antidrogas dos Estados Unidos sonhavam com armadilhas elaboradas para revelar montanhas de drogas escondidas, Berryman passava seu tempo perseguindo meticulosamente o dinheiro dos traficantes ao redor do mundo, acrescentando denúncias — e, com frequência, réus — às acusações. As pessoas são falíveis, ele percebeu. Elas jogam, esquecem fatos, sucumbem às tentações, exageram e se contradizem. Os documentos nunca mentem.

Após a chegada dos filhos, Berryman e sua esposa compraram uma casa próxima ao mar, e ele foi transferido para o escritório da Receita Federal em Laguna Niguel, nos confins de Orange County. Lá começou a trabalhar em casos de corrupção pública, incluindo uma grande investigação que colocou na cadeia Mike Carona, o famoso chefe de polícia do condado.[3] Ele viajou a outros escritórios locais, ensinando os agentes sobre a Lei de Práticas de Corrupção no Exterior, liderou um projeto, na sede da Receita Federal

---

* A NFL — National Football League — é a liga profissional esportiva de futebol americano dos Estados Unidos. (N. T.)

de Los Angeles, sobre oficiais públicos e estrangeiros corruptos e se ofereceu como testemunha voluntária a promotores que precisavam entrevistar especialistas em lavagem de dinheiro durante julgamentos.

"Sou um contador que anda com uma arma", Berryman gostava de dizer. "O que pode ser mais divertido?"

Diferentemente de alguns policiais, Berryman não era motivado por um senso de moral. Na verdade, muitas vezes, ele se surpreendia admirando os homens e as mulheres que investigava, imaginando se, em outras circunstâncias, eles poderiam ter sido amigos. O que o movia era a emoção da caça, o sentimento de que sempre era possível chegar à verdade das coisas.

Berryman não era advogado, mas ganhou a reputação de "agente dos promotores", aquele cuja concentração obsessiva nos mecanismos dos casos só era comparável à sua atenção apaixonada aos detalhes. Pessoalmente, alguns superiores consideravam Berryman um dos melhores agentes da Receita Federal no país: ambicioso, disposto a viajar e a trabalhar quantas horas fossem necessárias até fazer o caso ser resolvido.

Porém, quando não estava trabalhando, provavelmente estava pensando em futebol, que ele chamava de *football*, não de *soccer*,* assim como a maior parte do planeta se refere ao esporte.

Berryman acordava cedo nos fins de semana, às vezes antes das cinco da manhã, para ver, pela televisão a cabo, seu time favorito, o Liverpool, jogar na Liga Inglesa. Em 2006, ele foi à Copa do Mundo na Alemanha com dois amigos, assistindo a todos os jogos da seleção norte-americana e a uma partida entre Brasil e Gana. Ele jogava em um campeonato de futebol adulto, treinava o time de seus filhos e, com frequência, ia aos jogos da Major League Soccer.** E, assim como muitos outros fãs de futebol, ficava angustiado com os rumores constantes de corrupção e má administração no alto escalão do esporte.

Durante anos, Berryman ouvira falar sobre cartolas gananciosos que roubavam do esporte, tirando dos times, jogadores e, especialmente, dos torcedores um dinheiro que poderia ser usado para melhorar e desenvolver o

---

* Em inglês norte-americano, o termo usado para futebol é *soccer*. Nos Estados Unidos, *football* corresponde ao futebol americano. (N. T.)

** A Major League Soccer é o principal campeonato de futebol dos Estados Unidos. (N. T.)

futebol. Porém, esse problema sempre lhe pareceu muito distante. Sem dúvida, as notícias eram desconcertantes para aqueles que se importavam com o esporte, mas essas coisas estavam acontecendo longe dali, em lugares como Suíça, Itália e África. Certamente não nos Estados Unidos, onde o futebol ainda era um esporte secundário, pequeno demais para a corrupção em grande escala. O futebol podia ser sujo, mas Berryman jamais havia pensado nos problemas do esporte como crimes em potencial.

O artigo da Reuters mudou esse pensamento. Blazer era norte-americano e morava em Nova York. Isso significava que havia uma possível jurisdição e a oportunidade de combinar duas de suas maiores paixões: investigar crimes financeiros e o esporte mais popular do mundo.

Se aquele executivo de futebol estivesse fazendo algo errado, Berryman acreditava que estava destinado a descobrir o que era.

* * *

Declarar impostos é uma experiência tão fundamental na vida de um norte-americano que o ato é visto como algo quase sagrado. Documentos enfadonhos e longos, repletos de números, que são a chave para desvendar os segredos das vidas financeiras de todos os cidadãos. Os Estados Unidos são um dos dois únicos países do mundo — o outro é a Eritreia, um país minúsculo, destruído pela guerra — que exigem a declaração de seus cidadãos mesmo quando eles vivem no exterior. Todos os anos, a Receita Federal norte-americana processa mais de 150 milhões de declarações de imposto de renda individuais.

Na lei federal, há uma seção especial dedicada apenas a consagrar o status da lei, proibindo quase todo mundo — sob risco de punição — de ver ou revelar declarações de imposto de renda. A restrição inclui da polícia até o próprio FBI, que precisa ultrapassar uma série de obstáculos legais antes de poder simplesmente olhá-las.

Porém, há um grupo encarregado pelo governo de verificar as declarações, uma casta cujos poderes únicos lhe renderam, de forma perversa, o medo e a aversão da sociedade: os funcionários da Receita Federal. Steve Berryman era uma dessas pessoas e tinha o poder único de checar as declarações de qualquer cidadão, desde que tivesse uma boa razão para acreditar que um crime pudesse ter sido cometido — o que, naquele momento, graças à matéria da Reuters, ele tinha.

Naquela terça-feira de agosto, de pé na sala de sua supervisora, Berryman pediu permissão para acessar as declarações de imposto de renda de Chuck Blazer. Em minutos, já tinha em mãos informações cruciais.

Ele esperava pescar omissões claras ou sinais que indicassem uma renda escondida, mas os resultados foram melhores do que esperava: "Nenhum registro encontrado".

Seus olhos cresceram. O sistema lhe dizia que Chuck Blazer não declarava impostos havia, pelo menos, dezessete anos.

Deixar de declarar impostos pode ser uma contravenção. Contudo, se Blazer houvesse tido uma renda durante esse tempo em qualquer que fosse o lugar, e tivesse escondido isso intencionalmente, a omissão se tornaria um crime. Além disso, caso ele tivesse contas bancárias estrangeiras sem ter comunicado esse fato ao governo norte-americano, isso também seria um crime.

Chuck Blazer, o único norte-americano no Comitê Executivo da Fifa, a entidade que governa o futebol mundial apresentava todos os indícios que o qualificavam como um criminoso fiscal.

Com o coração acelerado, Berryman correu de volta para a sala de Schabilion. Ele explicou quem Blazer era, o que a Fifa fazia e como ele havia descoberto aquele caso fiscal certeiro que poderia desencadear algo muito maior.

— Posso entrar? — pediu, esperançoso.

Berryman não se rebelava contra autoridades. Contudo, na maioria das vezes, seus superiores acreditavam em sua habilidade de escolher casos que valiam a pena e não se intrometiam. Schabilion não se opunha que ele fosse atrás do caso, mas e o FBI? O artigo sugeria que o caso já estava sendo investigado, por isso Berryman precisava, primeiro, esclarecer as coisas com a renomada agência de inteligência caso quisesse se envolver.

Ele não tinha como acessar os sistemas de computador do FBI para ver se, de fato, havia um caso aberto envolvendo Blazer. Então, ligou para uma agente, com quem trabalhara em Santa Ana, e pediu que ela verificasse.

Ela retornou a ligação com a resposta em pouco tempo.

— Sim — a agente disse. — Tem um cara em Nova York cuidando disso.
Há dezenas de agências de inteligência e forças policiais federais nos
Estados Unidos, cada uma com responsabilidades e poderes próprios, incluindo os agentes fanáticos por armas da Polícia do Parque Zoológico Nacional e o inspetor-geral da Administração de Pequenos Negócios.

Porém, a melhor, mais bem financiada e mais poderosa de todas é o FBI.
Ele conta com dezenas de milhares de agentes, vastos recursos e escritórios
pelo mundo. É a estrela do espetáculo legal dos Estados Unidos, desfrutando da atenção dada por jornalistas, Hollywood e, em especial, pelos membros do Congresso que controlam o orçamento. Embora seja comum que
múltiplas autoridades policiais colaborem em um mesmo caso, os investigadores de outras agências aprendem rapidamente a ser cuidadosos quando
lidam com o FBI, que tem a incrível habilidade de sempre sair por cima.

Berryman pediu para sua amiga contatar o agente em Nova York e perguntar se ele consideraria discutir o caso. "Claro", ela disse, completando
que lhe daria uma resposta assim que soubesse de algo.

Enquanto aguardava ansiosamente, Berryman aprendeu todo o possível
sobre Blazer, a Fifa e o futebol internacional. Ele ficava acordado até tarde
pesquisando sobre Jack Warner, o cartola de Trinidad e Tobago que enviara
US$ 512.750 em cheques para Blazer, os quais, segundo a matéria da Reuters,
estavam sendo examinados naquele momento. Também pesquisou sobre a
Confederação de Futebol da América do Norte, América Central e Caribe,
que Blazer e Warner lideraram juntos por duas décadas. Além disso, leu sobre um homem incrivelmente rico chamado Mohamed bin Hammam, que
vivia no Catar e havia ajudado a pequenina nação do Oriente Médio a ganhar
o direito de sediar a Copa do Mundo em 2022.

Logo começou a pesar em um possível caso, em como aquele homem
poderia ser investigado e processado e sobre qual seria seu alcance. O entusiasmo de Berryman crescia a cada dia; jamais, em toda a sua carreira, ficara
tão empolgado com uma pista. Ele queria desesperadamente fazer parte daquele caso.

Berryman não fazia ideia dos rumos que a investigação do FBI estava
tomando, mas tinha certeza de que os agentes não podiam acessar as declarações de imposto de renda de Blazer sem uma ordem judicial. Então, torcia

para que eles estivessem num beco sem saída e que precisassem de um agente da Receita Federal. Esse era o único caminho para se fazer necessário, pensou ele, e Blazer poderia ser só o começo.

Após quase uma semana, a agente do FBI em Santa Ana retornou a ligação.

— O nome do agente que está trabalhando no caso é Jared Randall — ela disse, passando as informações de contato. — Ele está disposto a encontrá-lo.

* * *

Berryman estava cauteloso.

Logo ficou claro que investigar o problema fiscal de Chuck Blazer era como parar um carro por causa de uma lanterna traseira quebrada e descobrir acidentalmente um porta-malas cheio de cadáveres.

Nos quatro anos seguintes, Berryman trabalharia em segredo com o FBI e procuradores federais no Brooklyn a fim de construir uma das maiores e mais ambiciosas investigações de corrupção e lavagem de dinheiro internacional da história dos Estados Unidos.

Depois de quase um ano, a investigação do FBI de fato se encontrava em um beco sem saída, afundada nos desafios de enfrentar uma instituição tão vasta, complexa e poderosa como a Fifa. Mas, em grande parte graças a Berryman, esse caso aparentemente sem grandes implicações estava prestes a explodir, fazendo com que o governo norte-americano confrontasse o negócio que servia como base para o esporte mais popular do mundo. Dezenas de pessoas em mais de quinze países seriam acusadas de violar as leis fiscais e de combate à extorsão norte-americanas, além de lavagem de dinheiro e fraude, tendo expostos seus papéis no que os procuradores descreveriam como uma conspiração criminosa altamente orquestrada, com o propósito de manipular, de acordo com os seus interesses egoístas, o esporte preferido de milhões de torcedores nos cinco continentes.

Muitos dos que foram pegos pela investigação se colocaram à disposição do Departamento de Justiça, tendo centenas de milhões de dólares confiscados e concordando em colaborar em segredo. Isso permitiu que os promotores descobrissem, sem que se percebesse, uma rede cada vez maior conforme os mandachuvas do esporte traíam amigos e colegas. Quando o caso finalmente veio a público, com a prisão dramática de sete executivos de futebol em uma batida surpresa, feita durante uma manhã na Suíça, em maio de 2015, as bases do esporte tremeram, levando ao afastamento de quase todos os homens importantes da Fifa, incluindo seu genial e impiedoso presidente, um suíço chamado Joseph Sepp Blatter. Promotores do mundo inteiro seriam inspirados a abrir investigações criminais próprias, separadas, ajudando a revelar o feio funcionamento interno do esporte conhecido como *o jogo bonito*.*

Após décadas de impunidade desmedida diante de escândalos, o cartel do futebol internacional finalmente foi desmantelado por um dos poucos países do mundo que parecia não estar interessado no esporte. Centenas de milhões de torcedores ao redor do globo não deixaram de notar a ironia. Eles se encontravam na posição inusitada de torcer para que os Estados Unidos se intrometessem nos assuntos de outros países: contra todas as probabilidades, o Tio Sam se tornou o maior astro do futebol.

Depois de o caso ser revelado, os críticos acusaram os procuradores[4] — liderados pelo sagaz Evan Norris, formado em Direito pela Universidade de Harvard — de arrogância e excesso, com o argumento de que os Estados Unidos não deveriam tentar policiar o planeta inteiro nem impor suas leis a países estrangeiros. Outros alegaram que tudo era uma espécie de conspiração,[5] um complô da nação mais rica e poderosa do planeta para derrubar um esporte que detestava e temia. Porém, talvez a teoria mais popular tenha sido a de que o caso fora uma imensa retaliação pela derrota da candidatura dos Estados Unidos como sede da Copa do Mundo de 2022.

Cientes dessas possíveis questões, os procuradores se empenharam para entrar com acusações de crimes que supostamente ocorreram — pelo menos, em parte — em solo norte-americano ou que usaram o sistema financeiro dos Estados Unidos. Atentos ao poder emocional e político que o futebol tem sobre o resto do mundo, os agentes federais norte-americanos foram a extremos para proteger as sensibilidades de outras nações, reafirmando o

---

* Nos Estados Unidos, o futebol é também conhecido como *the beautiful game* (o jogo bonito). Essa expressão foi popularizada por Pelé quando colocou como título de sua autobiografia, publicada em 1977, nos Estados Unidos, *My life and the beautiful game*. (N. E.)

fato de que não estavam perseguindo o esporte, mas sim os homens que mancharam sua reputação. De fato, eles se esforçaram para argumentar que o próprio esporte era uma vítima dos crimes denunciados e, em algum momento, teria a possibilidade de recuperar o dinheiro que lhe haviam roubado.

Já quanto à ideia de que o caso era movido por um plano pérfido, vingativo ou claramente xenofóbico, a verdade era que o inquérito do FBI começou meses *antes* da escolha do Catar, no lugar dos Estados Unidos, como sede da competição mais importante do esporte pelos influentes membros do Comitê Executivo da Fifa.

O caso dos Estados Unidos contra a corrupção no futebol não veio do topo, de alguma ordem soberana. Foi produto de um trabalho policial paciente e cuidadoso, feito por investigadores dedicados. Algo que começou pequeno e cresceu até um nível estratosférico, muito maior do que qualquer um dos envolvidos poderia imaginar, e que ainda está em desenvolvimento.

A saga da corrupção dentro da Fifa e do futebol mundial é extremamente complicada — dispersa demais para ser capturada ou fazer sentido de forma compreensível nas páginas deste livro. Ela abrange décadas de fraudes, subornos, transações ilícitas e impunidade, tudo isso enquanto o futebol crescia exponencialmente para se tornar a maior força esportiva do planeta, um passatempo multibilionário conduzido pelas paixões fervorosas de seus fãs.

Este livro explica como um único crime, notável por sua complexidade e extensão, tomou uma proporção que foi além do que todos — especialmente os torcedores desiludidos ao redor do mundo — acreditavam ser possível. Também é a história de algumas pessoas brilhantes e corruptas, dedicadas e descuidadas, humildes e arrogantes, leais e traidoras, que criaram o maior escândalo da história do esporte mundial.

Dois

Cutucando a onça

Hoje, completamente distante de suas raízes do século XIX, quando era uma atividade de lazer simples destinada às classes trabalhadoras presas às engrenagens da Revolução Industrial, o futebol se tornou, em muitos países, uma instituição social e cultural tão poderosa quanto o governo e a Igreja. Abastecido pela paixão de centenas de milhões de torcedores devotados no mundo todo, o futebol cresceu para se tornar uma máquina econômica potente, bombeando vastas quantias de dinheiro para forrar os bolsos da elite, responsável por organizar o esporte, transmitir as partidas e exibir seus logotipos em estádios e nos peitos dos jovens atletas talentosos que correm atrás da bola.

O esporte é praticado em todas as nações do planeta, com combinações intermináveis de partidas, torneios e campeonatos profissionais e amadores que ocorrem quase sem parar durante o ano inteiro. Contudo, o único evento que rege o futebol mundial, que serve de âncora para o calendário e o coração palpitante do esporte, é a Copa do Mundo. Criado por uma Fifa mais modesta, em tempos mais modestos, a competição quadrienal se tornou, através das décadas, o apogeu do poder e da influência no esporte: um espetáculo público transnacional extraordinariamente moderno, feito para a era televisiva, misturando consumismo desenfreado, interesses corporativos, ambições políticas e oportunismo financeiro ilimitado.

A competição, que dura um mês e na qual as melhores seleções nacionais do mundo se enfrentam em campo, uma verdadeira orgia de fervor patriótico, é o maior evento esportivo já concebido pela humanidade.

Em 9 de junho de 2010, três dias antes de ser dado o pontapé inicial para a Copa do Mundo da África do Sul, representantes da Rússia e da Inglaterra esperavam ansiosos do lado de fora da sala de reuniões do Centro de Convenções Sandton, em Joanesburgo. Eles aguardavam a chance de apresentar, diante de uma sala repleta de executivos de futebol, sua candidatura para sediar o evento em 2018.

O público da apresentação era formado por representantes eleitos da Confederação de Futebol da América do Norte, América Central e Caribe, ou Concacaf. Os 207 membros associados à Fifa, cada um deles responsável por regulamentar o futebol em seus países, foram separados em seis confederações, que supervisionam o esporte numa base regional. A Concacaf, com 35 membros associados sob o seu guarda-chuva, era um deles e, por sua vez, reportava-se à Fifa. Seu território abrangia do Panamá, ao sul, ao Canadá, ao norte, incluindo os Estados Unidos, todos os países caribenhos e países sul-americanos pouco povoados, como o Suriname e a Guiana.

Talvez com a exceção do México, os membros da Concacaf não eram considerados particularmente formidáveis no campo de futebol, mas, no campo brutal das políticas futebolistas internacionais, a Concacaf era poderosa.

Em grande parte, sua influência se devia à incrível habilidade de seu presidente trinitário-tobagense, Jack Warner. Rijo, com óculos pesados sobre o rosto profundamente marcado, costuma fazer com que as pessoas pessoas, frequentemente, lembrem-se de que ele é um homem negro que saiu de uma situação de pobreza extrema. Warner também é um político nato, capaz de domar e moldar todas as nações que fazem parte de sua federação em um bloco eleitor unificado e de confiança durante os congressos anuais da Fifa. Essa disciplina inigualável tornou a Concacaf extremamente influente quando comparada a outras confederações maiores, que, com frequência, sofriam com conflitos internos e sectarismo, dividindo os votos, às vezes de várias maneiras.

Isso também tornou Warner, na época com 67 anos, um dos homens mais poderosos e temidos do futebol. Nas três décadas anteriores, ele havia usado astúcia, persistência e disciplina implacáveis para manter o Caribe — e, com isso, toda a confederação — sob controle. Sua posição era raramente questionada, e, em troca dos pagamentos em dinheiro que Warner gerenciava, provenientes dos mais altos escalões do esporte, ele esperava que as associações-membros votassem exatamente conforme suas instruções.

Nascido em situação de extrema pobreza no interior de Trinidad e Tobago, o esguio e irascível Warner subiu na vida até se tornar o terceiro vice-presidente da Fifa e o membro mais antigo de seu Comitê Executivo, o grupo de 24 homens responsáveis por tomar decisões importantes, incluindo a escolha das sedes da Copa do Mundo. Warner também era poderoso em outros círculos: menos de duas semanas antes de pegar o voo para a África do Sul, a fim de ir ao encontro, ele havia sido nomeado ministro de Obras e Transportes de seu país.

O poder de Warner na Fifa era maximizado por seu aliado mais próximo, Chuck Blazer, um judeu nova-iorquino, obeso mórbido e homem de negócios desde o berço, que ostentava uma barba grisalha desgrenhada que fazia com que lembrasse um Papai Noel saído de um filme de terror. Apostador compulsivo, guiado por apetites aparentemente insaciáveis e um oportunismo inextinguível, Blazer era o cérebro por trás dos sucessos políticos de Warner e, em grande parte, do crescimento espetacular do futebol nos Estados Unidos. Ele fora secretário-geral da Concacaf — o segundo no comando, responsável por gerenciar as operações diárias desde 1990 — e sentava-se ao lado de Warner no Comitê Executivo da Fifa desde 1997. Um terceiro membro da Concacaf, o guatemalteco Rafael Salguero, também pertencia ao comitê composto por 24 pessoas que administrava a Fifa, e esperava-se que ele votasse em sintonia com seus colegas da confederação.

Todos os candidatos a sediar a competição sabiam que era fundamental cortejar Warner e Blazer, e ambos os homens estavam dispostos a colocar um preço em tudo, inclusive na maior premiação do futebol. O Comitê Executivo decidiria, no dia 2 de dezembro, em Zurique, as sedes das Copas do Mundo de 2018 e 2022. Com apenas seis meses restantes, a reunião com a Concacaf em Joanesburgo era uma oportunidade de vendas imperdível.

A última vez que a Inglaterra sediou a competição foi em 1996. Seu povo, louco por futebol, estava desesperado para ter uma Copa novamente. Londres

Cartão vermelho 29

estava programada para sediar as Olimpíadas de 2012, e o governo britânico calculou que a Copa do Mundo daria um impulso de quase US$ 5 bilhões na economia. Também teria um efeito social e psicológico sem igual no país, o qual, como muitos torcedores observaram rapidamente, inventou o esporte.

A Inglaterra estava enfrentando vários competidores. A Bélgica e a Holanda se uniram para fazer uma proposta conjunta, Espanha e Portugal seguiram o exemplo. Diversos outros países lutavam sozinhos pela Copa do Mundo de 2022, entre eles, os Estados Unidos, a Austrália e o Catar. Mas o adversário mais forte dos britânicos para 2018 era, sem dúvida, a Rússia.

O país havia ganhado as Olimpíadas de Inverno de 2014 apenas dezoito meses antes, desfrutando de quase uma década de fantástico crescimento econômico, sobretudo graças aos preços recordes do petróleo e de outros recursos naturais.

A Rússia e, em particular, seu líder, Vladimir Putin, estavam ansiosos para tirar vantagem desse crescimento a fim de reiterar seu lugar de potência mundial, perdido havia tempos. Ganhar a chance de sediar a Copa do Mundo, que seria assistida por milhões de pessoas, certamente era uma forma de plantar essa ideia ao projetar força e estabilidade. De forma mais crítica, a própria imagem de Putin seria elevada entre o povo russo. Perder era impensável para o presidente.

* * *

Em uma exibição de imparcialidade e, talvez, de atenção escassa de muitos de seus delegados, a Concacaf reservou doze minutos para que cada equipe pudesse apresentar sua melhor candidatura.

A delegação russa, liderada por Alexey Sorokin, o secretário-geral da União de Futebol da Rússia, foi a primeira a apresentar. As coisas não foram bem.

Para começar, a seleção russa de futebol não conseguiu se classificar para a Copa do Mundo de 2010 por causa de uma derrota humilhante, em novembro, para a modesta Eslovênia, um país cuja população total é apenas um pouco maior do que a da cidade de Novosibirsk, na Sibéria. E Blazer — cujo voto provavelmente iria para Inglaterra, muitos acreditavam — nem estava na sala. Diabético, com problemas respiratórios persistentes, ele havia decidido evitar Joanesburgo, pois a alta altitude da cidade afetava sua saúde.

A apresentação da Rússia fora prejudicada de forma constrangedora por uma pane nos slides de PowerPoint, que falhou três vezes durante a fala de Sorokin. Embora ele, com sua beleza, elegância, inglês excelente com sotaque norte-americano e um sorriso cheio de dentes, transpirasse confiança, sua apresentação — que destacava cidades distantes e monótonas como Ecaterimburgo — não tinha brilho nem charme. A plateia, formada sobretudo por membros do Caribe e da América Central, permaneceu indiferente e completamente entediada.

Em comparação, a equipe inglesa teve uma atuação brilhante. David Dein, o elegante e impecavelmente vestido vice-presidente do Arsenal de Londres, tinha a aparência e a voz do tio rico bondoso que todo mundo gostaria de ter, com seus traços majestosos e sotaque sofisticado. Ele esquentou a plateia com uma piada — "A última vez que levei só doze minutos foi quando eu tinha dezoito anos"[1] —, levando-a às gargalhadas. Então, engatilhou com um vídeo que estrelava o astro meio-campista David Beckham, que destacou o fato de a Inglaterra já ter estádios de última geração suficientes, sem mencionar aeroportos, hotéis e estradas, sendo capaz de sediar a Copa do Mundo imediatamente, sem precisar de novas construções.

A imprensa britânica, em uma demonstração pouco característica de otimismo, festejou a apresentação como um bom sinal para as chances da Inglaterra, como se suas façanhas técnicas, a infraestrutura existente e sua competência em geral — o mérito — tivessem garantido a vitória.

Os russos, porém, estavam jogando uma partida diferente.

* * *

A África do Sul não é um país rico. Mais de metade da população, cerca de 30 milhões de pessoas, vive abaixo da linha da pobreza. O desemprego paira constantemente na faixa dos 25%. O futebol é o esporte mais popular, acompanhado com afinco pela população negra do país, que forma a maioria esmagadora dos cidadãos.

A fim de se preparar para a Copa do Mundo de 2010, a qual havia tentado sediar desesperadamente por anos, a África do Sul gastou mais de US$ 3 bilhões[2] de dinheiro público, em grande parte com a infraestrutura de estádios e transporte. A projeção original havia sido bem pequena, um décimo do valor final. Porém, as exigências inflexíveis da Fifa, motivadas quase apenas pelo desejo de maximizar o lucro durante a breve competição, elevou muito os custos.

Em vez de melhorar ou expandir os diversos estádios esportivos já existentes, a África do Sul foi obrigada a construir do zero metade deles, principalmente nos bairros brancos ricos, onde o futebol é bem menos popular do que o rúgbi ou o críquete, mas que são considerados mais atraentes para os turistas. Consequentemente, muitos dos clubes de elite profissionais do país continuariam a jogar em estádios velhos e decadentes, enquanto aqueles construídos para a Copa do Mundo raramente seriam usados para partidas de futebol após o final da competição. O novo sistema ferroviário, amplamente divulgado, foi aberto pouco antes do evento e acabou sendo usado sobretudo como um serviço de transporte entre as regiões ricas e os estádios, sem servir a nenhuma área próxima às grandes favelas, onde muitos dos desfavorecidos do país vivem. A mensagem era: os pobres aparentemente não são bem-vindos.

A influência da Fifa sobre o país-sede do evento não estava limitada a extravagâncias técnicas. Para poder sediar o torneio, a África do Sul tinha de cumprir uma série de exigências impostas pela federação, incluindo alterar ou suspender suas leis fiscais e de imigração, às vezes a custos altos para o país. A África do Sul foi até mesmo obrigada a colocar sua polícia e seu sistema judiciário sob proteção rigorosa da marca registrada e dos direitos autorais da Fifa, a fim de proteger os lucros com a venda de mercadorias que o país, ironicamente, havia prometido não taxar.

Em troca dessa grande generosidade, a Fifa prometia derramar enormes quantias de dinheiro para desenvolver o esporte. Porém, no final, diferentemente do que havia prometido, ela só pagou por uma pequena parte da grama sintética dos campos de futebol[3] e doou alguns ônibus para a Associação Sul-Africana de Futebol para que os clubes do país pudessem transportar os jogadores às partidas. De acordo com algumas estimativas, a Fifa doou menos de 0,1% de seus lucros com o evento.

Isso acontecia em quase todos os lugares em que a organização tinha influência. Enquanto a entidade que manda no futebol anunciava lucros cada vez maiores, aqueles que seguiam o esporte com fervor viam poucas melhorias ou eram excluídos delas completamente.

A África do Sul nunca foi uma potência no futebol. O time nacional nunca progrediu além da fase de grupos na Copa do Mundo. Mas mesmo em países como o Brasil e a Argentina, mecas do esporte e pátrias de talentos lendários como Pelé, Maradona e Messi, os exemplos de desigualdade no esporte abundavam. Nesses países, os times profissionais jogavam em estádios úmidos e ultrapassados, muitos dos quais não tinham nem mesmo as instalações sanitárias mais básicas para os torcedores. Muitas crianças na América do Sul aprendiam a jogar sem campos apropriados, treinamento, bolas ou mesmo chuteiras. Para as meninas, era dada pouca oportunidade de jogar, se é que era dada alguma.

Já os homens que controlavam o esporte nesses países desfrutavam de uma vida de privilégios raros, voando de competição a competição para serem mimados com os artigos de luxo mais finos, enaltecidos, reverenciados e cortejados como soberanos do esporte do povo. Esses executivos das associações nacionais, as seis confederações regionais da Fifa e a própria Fifa como um todo viviam em uma bolha exclusiva que, com frequência, parecia estranhamente distante do esporte, mas que sempre se tornava o centro das atenções quando uma Copa do Mundo — ou, nesse caso, duas — estava à disposição.

Dois dias após a reunião da Concacaf em Joanesburgo, a Fifa criou algo que apelidou de "exposição de candidaturas". Algo como uma feira de negócios para a Copa do Mundo, o evento dava aos nove países candidatos a sediar as competições de 2018 e 2022 a chance de encontrar delegados do mundo inteiro. Em especial, era uma oportunidade de interagir com quase todos os membros do Comitê Executivo.

Horas antes, o bilionário russo Roman Abramovich adentrou o Centro de Convenções Gallagher, em Joanesburgo. Dono do clube inglês Chelsea, Abramovich chegara no mesmo dia em seu jatinho privado, acompanhado por Igor Shuvalov, o vice-primeiro-ministro da Rússia.

Um ex-mecânico de carros e comerciante de mercadorias que havia abandonado o colegial, Abramovich fez fortuna graças a seu apoio fiel a Boris Yeltsin. Ele veio a controlar a Sibneft, uma das maiores produtoras de petróleo da Rússia. Depois, apoiou Vladimir Putin como candidato à sucessão de Yeltsin, sendo altamente recompensado por sua lealdade.

Como um grande fã do futebol, Abramovich comprou o Chelsea, um dos clubes ingleses mais tradicionais, e se mudou para Londres cinco anos mais tarde, após vender a maioria de suas posses na Rússia. Diferentemente de muitos oligarcas que deixaram o país, Abramovich manteve uma relação próxima com Putin. Frequente visitante do Kremlin, ele considerava o ex--agente da KGB algo como uma figura paterna, conversando com ele em um tom extremamente formal e cheio de reverência. Aqueles que acompanhavam essas situações sabiam que, em uma ocasião ou outra, Putin ligava para Abramovich em busca de favores especiais.

Via de regra, os bilionários odeiam esperar por qualquer coisa. Mas, assim que o evento começou, Abramovich, normalmente tímido e retraído, vestindo um terno escuro feito sob medida em vez de seus jeans usuais, deu uma incomum amostra de boa disposição.

Com um sorriso engessado sobre a mandíbula não barbeada, ele se juntou a um contingente de compatriotas, incluindo Andrey Arshavin, uma estrela do clube inglês Arsenal, no estande russo, saudando os cartolas do futebol de todo o mundo e posando para fotografias com David Beckham.

Quando a exposição finalmente começou a se aproximar do fim, Abramovich saiu do salão com Joseph Blatter, o presidente da Fifa. Como a atenção estava toda voltada para Beckham, quase ninguém notou a saída silenciosa dos dois.

Naquele dia, mais cedo, Blatter havia se gabado na frente de todos os membros da Fifa do lucro recorde da organização nos quatro anos anteriores. Ele ostentou que a instituição tinha US$ 1 bilhão no banco e fez a nobre promessa de distribuir US$ 250 mil como bônus a cada membro da associação, além de US$ 2,5 milhões a cada confederação. Era o tipo de mecenato óbvio que havia lhe rendido a adoração de muitos dos 207 membros da Fifa — uma assembleia maior que a das Nações Unidas.

Conforme declarou em uma coletiva de imprensa ao fim da exposição de candidaturas, Blatter estava planejando concorrer ao quarto mandato consecutivo como presidente da federação. "Nós devemos trabalhar pela próxima geração",[4] ele disse, numa citação intencional a Winston Churchill.

Após doze anos no posto e dezessete anos como secretário-geral, Blatter havia se tornado extremamente consciente do custo de manter o poder em uma organização tão rica, diversa e traiçoeira quanto a Fifa. Mais do que ninguém, ele dominara a arte sombria de administrar o esporte mais popular do mundo, participando de muitos de seus negócios e acertos mais maquiavélicos durante esses anos.

Absorvidos em uma conversa sussurrada, o bilionário russo, atipicamente jocoso, e o calvo e diminuto presidente da Fifa tomaram o elevador juntos em direção ao segundo andar do centro de convenções. Então, os dois poderosos homens entraram em uma sala de reuniões privada e fecharam a porta discretamente.

* * *

Enquanto a maior parte do mundo estava presa ao drama e à paixão da Copa do Mundo da África do Sul, o espião aposentado Christopher Steele, sentado em um escritório de decoração esparsa, no segundo andar de um edifício do século XIX localizado no bairro sofisticado de Belgravia, na parte ocidental de Londres, encontrava-se ocupado com outras questões.

Formado pela Universidade de Cambridge, Steele passara vários anos infiltrado[5] em Moscou, no começo da década de 1990, e, em meados dos anos 2000, assumiu um cargo importante no Gabinete de Assuntos Relacionados à Rússia na sede do MI6, em Londres.* Nesse posto, ele teve papel-chave na conclusão de que a morte misteriosa do ex-espião russo Alexander Litvinenko, assassinado ao ingerir polônio radioativo em 2006, provavelmente havia sido um ataque aprovado por Vladimir Putin.

Steele, de cabelos castanhos que começavam a se tornar grisalhos, traços notavelmente harmoniosos e olhos azul-claros, era um tipo urbano, de boas maneiras e autoconfiante. Sério, preciso e cuidadoso, ele era conhecido entre aqueles que se importavam com esse tipo de coisa como alguém que conseguiria descobrir as informações mais delicadas relacionadas às ativida-

---

* O MI6 (Military Intelligence, Section 6 — Inteligência Militar, Seção 6) é a agência britânica de inteligência. Ela fornece informações estrangeiras ao governo britânico. (N. T.)

CARTÃO VERMELHO 35

des clandestinas dos russos. Desde o ano anterior, tornara-se também um investidor, abrindo uma empresa de pesquisa chamada Orbis Business Intelligence e procurando oportunidades para converter seu conhecimento profundo nos assuntos russos — existente, em grande parte, graças à rede de bons contatos que ainda tinha no país — em lucro.

Ele trabalhava um pouco para o governo, passando informações para agências policiais e de inteligência, mas seu ganha-pão eram empresas privadas que queriam desenterrar os podres de seus concorrentes na Rússia ou reunir boatos sobre as atividades comerciais dos oligarcas fantasticamente endinheirados do país.

Havia pouco tempo, Steele tinha sido abordado[6] por um grupo de indivíduos e empresas que apoiavam a candidatura da Inglaterra à Copa do Mundo e estavam dispostos a levar vantagem na eleição para sediar a maior premiação do futebol.

Os responsáveis pela England 2018, o nome oficial da candidatura, sabiam claramente que ganhar a competição dependia mais do que apenas da qualidade dos estádios, aeroportos e do futebol dos países. A função de Steele era coletar informações sobre as outras candidaturas e ajudar a England 2018, ele diria mais tarde, "a entender o que ela estava enfrentando". Além disso, a vitória, para os britânicos, significava muito mais do que uma questão de negócios.

Vladimir Putin era um fã de hóquei no gelo e não tinha qualquer interesse em futebol, mas ainda assim reconhecia o valor publicitário de sediar um evento como esse. A Copa do Mundo na Rússia poderia seguir na esteira das Olimpíadas de Sóchi 2014, criando um furor nacionalista capaz de manter seu poder pelos anos seguintes.

Primeiro, ele encarregou seu ministro no Esportes e conselheiro de confiança, Vitaly Mutko, que também era membro do Comitê Executivo da Fifa, de liderar a candidatura. Mas logo ficou claro que a Mãe Rússia não estava na dianteira, perdendo as batalhas de relações públicas, e a Copa poderia fugir de suas mãos.

Na primavera de 2010, não muito tempo depois de suas fontes dizerem que Putin, de repente, passou a ter um forte interesse pessoal na candidatura russa, Steele começou a reunir uma série de rumores curiosos e preocupantes.

Em abril, o vice-primeiro-ministro Igor Sechin foi ao Catar discutir um projeto gigantesco de extração de gás natural quase ao mesmo tempo que a equipe russa candidata à Copa do Mundo viajou a Doha para fazer lobby. Uma das fontes mais confiáveis de Steele afirmou que isso não foi mera coincidência e que, mais do que fazer grandes negócios no ramo dos combustíveis, os emissários estavam conspirando para trocar votos para a Copa do Mundo. Ainda segundo aquela teoria, a Rússia prometeria que seu voto para a Copa de 2022 seria para o Catar, que por sua vez se comprometeria a votar na Rússia em 2018.

Enquanto isso, outras fontes começaram o rumor de que os responsáveis pela candidatura da Rússia haviam retirado quadros valiosos do acervo do museu Hermitage e os oferecido para membros do Comitê Executivo em troca de votos.

Em meados de maio, o lorde David Triesman, presidente da Football Association,* uma associação de 147 anos, foi pego em uma gravação falando sobre o que ele chamava de esquema para subornar os juízes na Copa do Mundo de 2010 em favor da Espanha, em troca de que o país ibérico não se candidatasse para 2018.

Triesman fora gravado em segredo por uma jovem mulher com quem conversava em um café em Londres. Falando de forma bastante aberta, ele comentou que esse plano não prejudicaria a Rússia, uma vez que o país não estava competindo na Copa de 2010.

— Minha suposição é que os latino-americanos, embora não tenham falado, vão votar na Espanha — Triesman confidenciou à moça. — E se a Espanha desistir, uma vez que ela quer a ajuda dos russos para subornar os juízes na Copa do Mundo, os votos podem ir para a Rússia.

Sua acompanhante perguntou, incrédula:

—A Rússia faria isso?

— Ah... eu acho que a Rússia poderia fazer alguns acordos — Triesman respondeu.

Infelizmente para Triesman e para o pânico da comissão de candidatura inglesa, a jovem que o acompanhou naquele café entregou a fita com a

---

* A Football Association [Associação de Futebol] é a entidade que governa o futebol na Inglaterra.

CARTÃO VERMELHO 37

conversa dos dois a um tabloide londrino.[7] A divulgação da gravação gerou uma onda de indignação no Reino Unido e protestos alegando inocência dos russos e espanhóis. Triesman, líder da associação desde 2008, renunciou em poucos dias, justificando que seus comentários poderiam prejudicar a candidatura inglesa.

Para Steele, o problema não era a língua solta de Triesman. De acordo com o ex-espião, a manchete, reforçada pelas informações recentes do encontro privado de Abramovich e Blatter em Joanesburgo, era claramente a Rússia.

Ele apresentou a seu cliente tudo o que havia descoberto e, como o previsto, os membros da equipe candidata ficaram chocados. A Inglaterra estava condenada, Steele tinha certeza disso. Nunca conseguiria vencer um país como a Rússia, que estava claramente preparada para fazer qualquer coisa a fim de evitar uma derrota humilhante no palco global.

Mas o ex-espião pensou em outra coisa. As informações recolhidas sobre a Rússia e a Fifa eram bem específicas, mas também únicas e potencialmente valiosas — talvez ao extremo. Seria uma pena jogar tudo aquilo fora. E só então Steele lembrou-se de um possível cliente que se interessaria por aquela informação, um norte-americano que ele conhecera havia pouco..

* * *

O agente especial Mike Gaeta[8] entrou no comando do Esquadrão contra o Crime Organizado Euro-Asiático, em Nova York, no final de 2009.

No escritório local da cidade, cada esquadrão recebe uma numeração. C-1, por exemplo, é a equipe que investiga os crimes de colarinho-branco, e C-13 é um dos vários grupos contra narcóticos. Quando o C-24, o Esquadrão contra o Crime Organizado Euro-Asiático, foi estabelecido, em 1994, era inédito no país, criado com o objetivo de observar as atividades ilícitas de grupos organizados russos, ucranianos, chechenos, georgianos, armênios e até mesmo coreanos, oriundos dos trechos orientais da Rússia, do Uzbequistão e do Cazaquistão.

Depois da queda da União Soviética, as organizações criminosas dessas regiões inundaram os Estados Unidos. Embora estivessem metidas nos velhos esquemas de proteção e de tráfico de drogas, também tinham talento para complexas fraudes fiscais, em declarações de falência, seguros e assistência médica, demonstrando uma tendência incomum à violência.

O C-24 floresceu nos anos 1990, investigando chefões da máfia como Vyacheslav Ivankov,[9] um ex-lutador que aterrorizava o bairro de Brighton Beach, no Brooklyn, com enormes esquemas de extorsão. Mas as coisas mudaram após o Onze de Setembro. O diretor do FBI Robert Mueller deslocou mais de 2 mil agentes para atividades de contraterrorismo e contrainformação, e o C-24, assim como diversos outros esquadrões, foi duramente afetado.

Quando Gaeta assumiu o C-24, no fim de 2009, metade dos recursos do FBI estava destinada à segurança nacional e ao contraterrorismo. O que o FBI chamava de "crime organizado tradicional" precisava de recursos. Contudo, e muito mais importante, Mueller deixou claro, era uma categoria vagamente definida que ele chamava de "crime organizado transnacional".

Faltava pessoal ao novo esquadrão de Gaeta, mas ele concluiu que, se pudesse mostrar que o grupo russo era, de fato, uma organização criminosa transnacional e conseguisse trazer alguns casos nessa direção, o C-24 teria mais apoio.

Filho de um detetive da polícia de Nova York, Gaeta, com sua pele macia e bronzeada e músculos bem delineados, fazia questão de usar ternos caros e camisas com abotoaduras que chamavam a atenção. Estudou Direito na Universidade Fordham e, após anos infelizes trabalhando com seguros em uma firma de advocacia em Manhattan, juntou-se ao FBI.

A maior parte da carreira de Gaeta foi dedicada a casos da máfia italiana, incluindo uma dúzia de anos no Esquadrão contra o Crime Genovês, uma força especial dedicada a apenas uma das cinco famílias que controlavam a máfia em Nova York.

Esse trabalho ensinou a Gaeta o ofício policial da velha-guarda, a sair do escritório e ir falar com as pessoas e, sempre que possível, gravar os suspeitos. Seu truque favorito era, sem aviso algum, bater à porta da casa do suspeito, identificando-se como agente do FBI — todo sorridente — e fingindo não saber de nada antes de entregar seu cartão de visitas e ir embora. O cara não tinha ideia de que o FBI já havia grampeado secretamente seu telefone e que as fitas estavam rodando para capturar a ligação desesperada que o suspeito com certeza faria pouco depois:

— Chefe, os federais acabaram de passar aqui. O que nós vamos fazer?
Gaeta chamava isso de "cutucar a onça".

Com o passar dos anos, seu discurso foi tomado por jargões da máfia. Às vezes, soava como se ele visse tudo através das lentes que usava para prender pessoas com nomes como Cachorro-Quente Battaglia e Vincent "Queixo" Gigante. La Cosa Nostra era o mundo de Gaeta. Um mundo povoado por chefões, soldados, homens feitos e espertalhões que podiam passar dez anos na cadeia tranquilamente.

O agente não falava uma palavra em russo. Tirando uma breve viagem a Moscou na época em que era estudante, ele pouco sabia sobre o país e muito menos sobre sua rede de criminosos. Porém, Gaeta concluiu que não deveria ser muito diferente de investigar os chefões genoveses. Os criminosos o fascinavam e ele amava a adrenalina de persegui-los. Assim, começou seu trabalho com a revisão dos casos abertos pelo C-24. Um deles, envolvendo uma rede de jogos de azar ilegal, parecia especialmente promissor.

As dicas dos informantes e uma série de grampos sugeriram que uma pequena facção russa estava promovendo jogos de pôquer de alto risco em Nova York e Los Angeles, além de ter uma sofisticada casa de apostas em esportes on-line. O caso envolvia a identificação de suspeitos ricos e poderosos, incluindo celebridades e jogadores de pôquer profissionais. Contudo, a figura mais intrigante era Alimzhan Tokhtakhounov.[10]

Nascido no Uzbequistão, em uma família uigur, o apelido de Tokhtakhounov era Taiwanchik. Um homem jovem que havia jogado futebol amador no passado. Em 2002, ele foi indiciado no tribunal federal pelo suposto suborno de um juiz de patinação artística nas Olimpíadas de Salt Lake City, a fim de que a dupla de patinação russa levasse a medalha de ouro.

Taiwanchik havia sido preso na Itália logo depois disso, mas, quando os procuradores falharam em sua tentativa de extraditá-lo para os Estados Unidos, ele retornou para a Rússia e nunca mais saiu do país. Os agentes de Gaeta estavam coletando provas de que Taiwanchik havia ajudado a financiar operações de jogos de azar, lavando dezenas de milhões de dólares oriundos da Rússia e da Ucrânia nos Estados Unidos.

Montar um caso contra um homem que o Departamento de Justiça já considerava um fugitivo internacional, um homem que supostamente tinha vínculos profundos com o crime organizado em vários países, podia ser qualificado como uma atividade transnacional.

* * *

Além de Moscou e São Petersburgo, Londres era o centro do mundo dos russos. Desde a queda da União Soviética, o Reino Unido havia sido inundado pelo dinheiro de russos que queriam comprar propriedades no exterior.

Londres também estava repleta de acadêmicos, diplomatas, consultores e outros especialistas em assuntos russos. Por causa do papel da cidade como um dos principais centros bancários do mundo, a polícia britânica observava de perto as atividades de lavagem de dinheiro, particularmente as dos russos.

Em abril de 2010, Gaeta foi para Londres em busca de pistas. Considerando o interesse do agente do FBI em suspeitos dentro do cenário russo, ele logo foi direcionado a Christopher Steele, que estava sempre procurando novos negócios. A agência, o espião aposentado sabia, era conhecida por ser uma galinha dos ovos de ouro.

Na primeira reunião dos dois, sentados em seu escritório confortável, Steele afirmou a Gaeta que poderia, sem dúvida, investigar Taiwanchik e a corrupção nos esportes. Então, ambos prometeram manter contato.

Apenas dois meses mais tarde, Steele tinha algo ainda mais quente em mãos: as informações que estava recebendo sobre a Copa do Mundo, a Rússia e a Fifa. Jogos de azar on-line e salas de pôquer eram insignificantes perto daquilo. Tratava-se de subornos de alto nível, lavagem de dinheiro e outros crimes transnacionais — exatamente o tipo de coisa pela qual Gaeta havia demonstrado interesse quando eles se conheceram.

Então, Steele contatou o agente do FBI para perguntar se, por acaso, ele visitaria Londres em breve. Ele queria apresentá-lo a uma pessoa.

Três

"O senhor já aceitou propina alguma vez?"

O jornalista investigativo Andrew Jennings ocupava um lugar especial no mundo do futebol. Não que ele fosse o único repórter a vasculhar os negócios sórdidos do *jogo bonito* — legiões de fãs espalhados pela Europa e América do Sul esmiuçavam as administrações locais do esporte desde os anos 1970.

Porém poucos tinham o mesmo ímpeto obsessivo para erradicar a corrupção ou o mesmo dom para o drama de Jennings. Estivesse no meio de uma multidão durante uma conferência de imprensa ou correndo atrás de um membro do Comitê Executivo pelas ruas, Jennings sempre encontrava uma maneira de chamar a atenção tanto para si mesmo quanto para os homens que investigava.

Após anos cobrindo a corrupção nas Olimpíadas e escrevendo diversos livros sobre o assunto, Jennings se voltou para a Fifa, que recebia pouca atenção crítica da imprensa, mais interessada em obter acesso e registrar flagrantes.

Jennings, que achava o futebol um esporte entediante, não tardou em deixar claro que faria uma abordagem diferente. Em uma coletiva de imprensa gravada em vídeo logo após a reeleição de Blatter, em 2002, o jornalista — cujo típico uniforme de trabalho incluía uma camiseta, um colete de fotógrafo e botas de caminhada, em forte oposição aos trajes rigorosamente formais da elite da Fifa — pegou o microfone.

— *Herr* Blatter — perguntou Jennings, de cabelos grisalhos e voz aguda anasalada —, o senhor já aceitou propina alguma vez?[1]

Foi esse tipo de interação televisiva e direta, ao lado de vários furos escandalosos, que tornou Jennings uma marca registrada. Com o passar dos anos, ele encontrou milhares de maneiras criativas de ser xingado, insultado e processado por difamação por parte de alguns dos maiores nomes do esporte. Ele escreveu outro livro, recheado de revelações sobre os grandões do futebol, especialmente sobre Joseph Blatter e Jack Warner, gabando-se, a quem quisesse ouvir, de que a Fifa, cansada de suas artimanhas, finalmente o havia banido de todos os seus eventos.

Com o tempo, o irascível Jennings se tornou a principal fonte de vazamentos na fechada comunidade do futebol. Mas, apesar de desenterrar podres sem parar, ele começou a se sentir frustrado com o fato de que as consequências de suas reportagens não iam além da indignação. Na opinião dele, os homens que controlavam o esporte deveriam estar atrás das grades. Porém, ninguém parecia estar prestando atenção.

Então, no final de 2009, ele recebeu uma ligação de Christopher Steele perguntando se poderiam ter uma conversinha sobre futebol. Jennings aceitou encontrar-se com ele, sob a condição de que Steele fosse até Penrith, a pacata cidade no extremo norte da Inglaterra onde vivia, e lhe pagasse £ 250 por seu tempo.

Pouco tempo depois, Steele pagou a Jennings uma viagem a Zurique, onde o jornalista encontrou-se com algumas de suas fontes futebolísticas — e com quem já queria se encontrar, de qualquer forma — e fez um relatório cuidadoso sobre o que essas fontes lhe disseram.

Os dois continuaram se comunicando por telefone, e o ex-espião achou Jennings amigável e inteligente, apesar de Steele estar buscando informações aparentemente bem básicas. Estava claro que Steele tinha um cliente, mas ele nunca revelaria sua identidade a Jennings. Os contatos foram suspensos até o verão de 2010, quando Steele ligou para saber se Jennings poderia fazer uma viagem a Londres e encontrar algumas pessoas muito importantes.

* * *

O trem de Penrith ao centro de Londres leva pouco menos de quatro horas. Durante a viagem, o experiente repórter não sabia o que esperar. Mas, naquele dia quente de julho de 2010, ao entrar no escritório da Orbis Business Intelligence, no segundo andar de um edifício no bairro de Belgravia, ele foi recebido exatamente como havia esperado por anos.

A sala principal, cuja porta sem identificação trazia uma janela-vigia peculiar, era minimalista e silenciosa, com paredes brancas e mesas espalhadas ocupadas por jovens pesquisadores. Atrás da segunda porta, havia um escritório menor, que Steele compartilhava com seu sócio. Lá dentro, o FBI o aguardava.

Mike Gaeta, vestido impecavelmente como de costume, irradiava experiência e autoconfiança. Seu sotaque nova-iorquino, que soava como se tivesse saído de uma série policial do horário nobre, fortalecia a impressão. Para Jennings, o outro agente, mais novo, cabelos curtos e olhos atentos, parecia ter saído diretamente do Corpo de Fuzileiros Navais e entrado no FBI. Um terceiro homem se apresentou como o chefe da Seção contra o Crime Organizado e Extorsão do Departamento de Justiça de Washington.

Os homens contaram a Jennings que eram especialistas em combater o crime organizado, com especial foco nos negócios russos e ucranianos. Recentemente, eles disseram, haviam se interessado pela Fifa e queriam saber se Jennings poderia ajudá-los a acelerar as coisas e contar-lhes sobre a corrupção dentro da organização. Jennings ficou tão emocionado que estava prestes a desmaiar.

"Até que enfim!", ele pensou.[2]

* * *

Diferentemente dos filmes de ação, os agentes do FBI passam pouco tempo derrubando portas, correndo atrás de carros em alta velocidade e se envolvendo em tiroteios sangrentos contra chefões do crime mal-encarados. Boa parte de seu trabalho envolve conversar, de forma calma e paciente, com as pessoas.

Os agentes procuram e recrutam pessoas capazes de ajudar na construção dos casos. Pode ser o autor ou uma testemunha de um crime, alguém cuja posição lhe permita obter informações úteis ou uma pessoa com conhecimentos relevantes sobre o assunto.

O termo oficial do FBI para esses informantes é "fontes humanas confidenciais". Elas são vitais para a maioria das investigações. Os agentes aprendem que construir e manter relacionamentos com essas pessoas, às vezes por anos, são a base de seu trabalho.

Gaeta era adepto desse tipo de abordagem policial, com base na crença de que o testemunho de seres humanos reais diante de um júri, e não de documentos chatos e sem graça, é o que vence julgamentos.

Para Gaeta, sua especialidade era convencer as pessoas a falar, era o que o tornava um agente eficiente. Ele se orgulhava de sua capacidade de identificar as vulnerabilidades e as motivações das fontes dentro das conspirações e, depois, convencê-las a usar um microfone escondido para gravar, clandestinamente, confissões criminosas.

Como supervisor, Gaeta constantemente motivava os novos agentes a "partirem para o campo" em busca de fontes, mas também os aconselhava a serem cuidadosos. O objetivo era coletar, não dar informações: agentes devem ouvir. As fontes devem falar. Incluindo jornalistas britânicos excêntricos.

Sentados no escritório de Steele, os dois agentes e o advogado do Departamento de Justiça observavam ansiosos enquanto Jennings respirava fundo para organizar seus pensamentos.

A história do futebol moderno era, na verdade, a história do surgimento de um novo tipo de negócio, que estava marcado pela corrupção desde o princípio. Esse negócio havia sido construído em torno dos direitos de compra e venda de patrocínio e transmissão de eventos. Hoje em dia, esse mercado é tão fundamental para a forma como todos os esportes são administrados que se tornou quase imperceptível. Porém, por muitos anos, a ideia de que uma marca como a Adidas pudesse adquirir o direito de exibir seu logotipo nos eventos mundiais da Fifa, e com um contrato de exclusividade, era revolucionária.

O rápido crescimento da nova indústria do marketing esportivo trouxe reservas de valor enormes a eventos como a Copa do Mundo e as Olimpíadas, mergulhando executivos e marqueteiros do esporte em enormes somas de dinheiro. Mas esse crescimento também se mostrou suscetível, quase desde o início, ao suborno e à ganância, gerando alguns dos problemas mais profundos e complexos do mundo dos esportes.

No caso da Fifa, essa história começou há quase 35 anos, quando a autoridade do futebol mundial era uma organização bem menor e mais simples. Então era a partir daí que se deveria começar a contá-la também, e havia muito a ser dito.

* * *

Quando o brasileiro João Havelange foi eleito o primeiro presidente não europeu da Fifa, em 11 de julho de 1974, a organização não tinha mais do que dez funcionários em tempo integral e, como ele depois lembrou, "o secretário-geral, sua esposa[3] e o cachorro deles moravam no mesmo prédio. As reuniões sempre tinham de acontecer em outro lugar".

O futebol, naquela época já com mais de um século de existência, ainda era um empreendimento rústico. O pouco dinheiro gerado era proveniente, quase completamente, dos torcedores dispostos a comprar ingressos e sentar-se em arquibancadas de concreto descobertas para torcer por seus times. O salário dos jogadores era pequeno, o patrocínio, inexistente, e os homens que administravam o esporte eram motivados, em grande parte, por um senso de utilidade pública e pelo amor ao jogo.

O antecessor de Havelange, sir Stanley Rous, era a encarnação quase perfeita do espírito romântico. Um inglês tradicional, que parecia alérgico à possibilidade de comercializar o esporte, ele se ocupava em preservar, cada vez mais, noções ultrapassadas, consideradas vitorianas — se não claramente colonialistas — pela crescente filiação internacional na Fifa.

Havelange, advogado e homem de negócios, era um tipo completamente diferente. Ele gostava de falar sobre como a Fifa tinha pouco mais de trinta dólares na conta bancária quando assumiu.

— A Fifa — dizia ele — não tinha nada. Nem um centavo.

Rous estava exagerando. Na realidade, a organização sem fins lucrativos tinha uma receita de cerca de US\$ 30 milhões[4] em 1974, sobretudo por causa da Copa do Mundo. Porém, estava claro que a entidade suprema do esporte enfrentava dificuldades para maximizar seu potencial de lucro.

A plataforma de campanha de Havelange foi baseada na promessa de oito ações para virar o jogo, focadas sobretudo em subsídios para as nações em desenvolvimento que o elegeram e no compromisso de expandir o número de times participantes na Copa do Mundo, de modo que mais países tivessem a chance de obter consideráveis vantagens financeiras.

Porém, alcançar tudo isso custaria bastante dinheiro — um dinheiro que a Fifa simplesmente não tinha. A ajuda veio de Horst Dassler, herdeiro da família fundadora da Adidas, e do jovem publicitário britânico Patrick Nally. A ideia deles era levar[5] grandes marcas corporativas para injetar dinheiro no futebol em troca de contratos de patrocínio que durariam por anos e incluiriam a Copa do Mundo e outros eventos da Fifa.

Até então, os anunciantes simplesmente pagavam aos donos dos estádios pelo aluguel do espaço onde exibiam seus logos por partida ou periodicamente. Quase nada do dinheiro era destinado aos times, às ligas ou mesmo à Fifa. Dassler e Nally reconheceram que a Fifa e todas as organizações subordinadas, não os donos de estádios, eram as entidades com um bem valioso, e esse bem era o futebol. As pessoas iam ao estádio por causa do futebol; o futebol era a galinha dos ovos de ouro. Como resultado, Dassler e Nally perceberam que as organizações de futebol poderiam reivindicar — pela primeira vez — o direito de controlar toda a publicidade e o patrocínio relacionados às partidas. Uma vez que isso fosse feito, eles poderiam ser agrupados em pacotes de direitos milionários com tudo incluído, garantindo exclusividade e uniformidade às marcas.

Dassler e Nally colocaram-se no meio dessas transações, fundando um novo tipo de negócio que foi chamado de *agência de marketing esportivo*, que compraria os eventos da Fifa no atacado e os venderia em parcelas aos patrocinadores com uma rica margem de lucros.

O modelo inventado logo se tornaria lugar-comum nos esportes, mas, em meados dos anos 1970, era algo revolucionário, se não totalmente insano. Os dois homens levaram mais de dezoito meses em meio a táticas de vendas agressivas para convencer a Coca-Cola a se comprometer com, pelo menos, US$ 8 milhões a fim de se tornar a primeira marca parceira da Fifa e a primeira patrocinadora mundial exclusiva na história dos esportes.

Isso foi um divisor de águas. O Fifa/Coca-Cola World Football Development Programme, criado por Dassler e Nally, marcou o início de um novo tipo de relação simbiótica entre marcas internacionais e organizações esportivas, que começou a ser a maior fonte de renda dessas organizações.

O dinheiro da Coca-Cola permitiu a Havelange cumprir suas promessas. Ele aumentou o tamanho da Copa do Mundo, garantiu mais vagas aos times da África, Ásia e Oceania, acrescentando à região a Nova Zelândia e o Pacífico Sul, e continuou cuidando das relações com executivos politicamente influentes através do patrocínio direto. Por meio do programa da Coca-Cola, ele começou distribuindo equipamentos, treinos e treinamento médico a federações empobrecidas.

Depois, quando a receita da Fifa começou a crescer, o apoio era dado ocorreu na forma de bolsas ou empréstimos para o desenvolvimento, que chegavam com poucas exigências e uma fiscalização praticamente inexistente. Havelange proveria de tudo para as associações-membros e elas, obedientemente, o reelegeriam a cada quatro anos. Era, em termos práticos, dinheiro em troca de votos.

A crescente dependência em relação aos patrocinadores multinacionais significava que as missões, a imagem e as atividades da Fifa, do Comitê Olímpico Internacional (COI) e de outras organizações similares seriam, cada vez mais, determinadas pelas motivações financeiras das grandes corporações multinacionais. E a explosão no preço dos direitos televisivos, que começou alguns anos após as tecnologias de transmissão global melhorarem, fortaleceria essa tendência.

Enquanto isso, Dassler e Nally viam na Coca-Cola os fundamentos de uma nova era comercial, com empresas gigantes pagando quantias cada vez maiores, ao passo que o marketing esportivo se encontrava no centro de tudo, controlando todos os aspectos dos negócios e, é claro, levando uma parte considerável dos ganhos. Nessa indústria emergente, a chave para o sucesso era controlar os direitos — a qualquer custo.

Com o passar das décadas, a Coca-Cola injetou centenas de milhões de dólares na Fifa, uma das parcerias mais duráveis nos esportes. Mas, quando eles assinaram o contrato pela primeira vez, os executivos de marketing do refrigerante de Atlanta sentiram que estavam correndo um grande risco e insistiram que Dassler e Nally encontrassem alguém para proteger seus interesses dentro da Fifa.

O candidato ideal, todos concordaram, seria um suíço com experiência em relações públicas e administração. Uma pessoa leal que considerasse o esporte, sobretudo, uma atividade comercial. Alguém que viajaria pelo mundo promovendo o futebol — e, ao mesmo tempo, promovendo bebidas escuras gasosas e distribuindo uniformes, bolas e chuteiras de graça para a base eleitoral de Havelange —, a começar por uma viagem à Etiópia em novembro de 1976.[6]

Essa pessoa era Joseph Blatter, o primeiro diretor de desenvolvimento técnico da Fifa e seu futuro presidente.

* * *

Joseph Blatter, filho de um mecânico de bicicletas e operário fabril, nasceu em março de 1936, dois meses antes do previsto, prematuro demais para ter unhas nas pontas dos dedos.

Como o hospital local não tinha uma enfermaria pré-natal, sua mãe, Bertha, foi forçada a tomar conta dele na casa da família, na cidade suíça de Visp. Bertha mimava o filho, chamando-o de *chérie*. Os demais só usavam o diminutivo comum de Joseph: Sepp.

Visp fica no cantão de Valais, no sul da Suíça, lar do imponente e irregular Monte Cervino, com montanhas verdejantes pontuadas por pequenas fazendas leiteiras e vinhedos. Não era uma região rica, e os locais se orgulhavam de sua tenacidade, independência, simplicidade e de seu profundo senso de lealdade. Outros suíços desconfiavam deles, considerando-os isolados, reservados e, até mesmo, completamente hostis.

"Se um amigo vem visitá-lo de longe, os hotéis servem para isso", o pai de Blatter gostava de dizer. "Se ele precisa de uma carona, é para isso que os táxis servem.[7] E se ele estiver com fome, é para isso que os restaurantes servem."

Na infância, Blatter gostava de atividades esportivas. Ele adorava, em particular, o hóquei no gelo, que era bastante popular nas regiões germânicas da Suíça. Mas sua baixa estatura tornava pouco provável seu futuro nos esportes. Então, ele se voltou para os negócios por trás dos jogos.

Quando Blatter, com 39 anos, aceitou o trabalho na Fifa, já havia passado quatro anos no exército suíço, se formado em Economia e em Relações Públicas, trabalhado no Conselho Turístico de Valais, na Federação

Suíça de Hóquei no Gelo e, finalmente, na relojoaria Longines, na qual liderava os negócios relacionados à Divisão de Cronometragem Olímpica.

Havelange promoveu Blatter a secretário-geral da Fifa em 1981, em parte especialmente porque ele tinha desenvolvido uma excelente relação de trabalho com Dassler. O homem da Adidas rapidamente expandiu seu crescente negócio de marketing esportivo a outras modalidades além do futebol, incluindo aquelas das Olimpíadas. Porém, a Fifa e a Copa do Mundo ainda eram seu ganha-pão.

Como secretário-geral, Blatter teve um papel fundamental em um período de crescimento econômico significante para a Fifa, supervisionando as Copas do Mundo na Espanha, no México, na Itália e nos Estados Unidos, a última em 1994. Quando o evento mais importante do futebol chegou às terras norte-americanas, Blatter já ocupava sua posição havia treze anos. Suas ambições, então, estavam voltadas para o trono mais alto da Fifa.

Após uma tentativa frustrada de competir contra Havelange em 1994, Blatter finalmente conseguiu a bênção do brasileiro quando este, já idoso, decidiu se aposentar após 34 anos na presidência da Fifa. Blatter foi eleito em Paris, na véspera da Copa do Mundo de 1998, que ocorreria na França, derrotando o cabeça da confederação europeia de futebol, conhecida como Uefa. A eleição foi marcada por acusações de jogo sujo, pois Blatter era o azarão e sua derrota era esperada por, no mínimo, vinte votos.

Entre os apoiadores mais fervorosos de Blatter estava Jack Warner, que conseguira votos da Concacaf em seu favor, e um magnata da construção catarense incrivelmente rico chamado Mohamed bin Hammam, que também tinha uma cadeira no Comitê Executivo da Fifa. Quatro anos mais tarde, o presidente da Federação Somali de Futebol declararia que lhe ofereceram US$ 100 mil, metade em dinheiro, para votar em Blatter, sendo que "dezoito eleitores africanos aceitaram propinas para votar em Blatter"[8] — o suficiente para mudar a eleição.

Segundo o somali, os incentivos financeiros foram entregues na noite anterior à eleição no luxuoso hotel Le Méridien, onde Blatter estava hospedado. As pessoas "faziam fila para receber o dinheiro", ele disse.

Blatter e Hammam processaram o somali por difamação e, então, arrastaram-no para o comitê disciplinar da Fifa, que o baniu do esporte durante dois anos por não fornecer provas suficientes que substanciassem suas acusações.

Em uma declaração sucinta, a Fifa disse que as alegações "prejudicavam os interesses do futebol em geral", e elas logo foram esquecidas.

O maior golpe na recém-conquistada presidência de Blatter, que assombraria a organização por anos e prenunciaria crises futuras, foi dado em maio de 2001, quando a maior parceira comercial da Fifa, a ISL (International Sport and Leisure), declarou falência no cantão suíço de Zug.

A ISL foi fundada por Horst Dassler, no início dos anos 1980, depois que ele rompeu com Nally. Dassler continuou com o mesmo modelo de negócios, adicionando direitos televisivos aos pacotes de publicidade que comprou da Fifa, tendo logo expandido suas atividades para a compra de direitos de transmissão das Olimpíadas também.

Embora Dassler tenha morrido de câncer em 1987, a ISL ainda controlava a maioria das atividades comerciais da Fifa. Em 1996, a companhia havia prometido pagar à entidade de futebol US$ 1,6 bilhão pelos direitos televisivos e de marketing das Copas do Mundo de 2002 e 2006.

Contudo, o dinheiro da ISL acabou quando ela se sobrecarregou com as numerosas negociações de direitos em outros esportes e, após tentativas inúteis de venda, a empresa foi liquidada. Sem sua parceira de marketing de longa data, a Fifa encarou a possibilidade de sofrer perdas devastadoras, sendo forçada a negociar uma série interminável de problemas econômicos e logísticos a fim de assegurar a venda e a administração apropriada dos direitos publicitários e de transmissão da Copa do Mundo de 2002 na Coreia do Sul e no Japão.

Em pouco mais de uma semana após a declaração de falência da ISL, a Fifa entrou com uma denúncia[9] contra os executivos da empresa, acusando-os de "suspeita de fraude", "peculato" e "administração desleal de negócios", argumentando que a companhia falida havia retido um pagamento de US$ 60 milhões que devia à federação pela venda dos direitos televisivos da Copa do Mundo.

Apesar das críticas crescentes e das acusações de suborno, fraude e corrupção, Blatter foi reeleito no ano seguinte e, em 2004, a Fifa retirou a denúncia contra a ISL, aparentemente deixando a empresa de marketing cair no esquecimento.

Porém, um promotor do obscuro cantão suíço de Zug, chamado Thomas Hildbrand, continuou a investigar o caso. Vasculhando registros bancários do mundo inteiro sem descanso, assim como documentos apreendidos durante uma batida na sede da Fifa, em 2005, Hildbrand começou a montar um caso gigantesco, alegando que a ISL havia pagado milhões de dólares em propinas e subornos a executivos de esportes em troca dos contratos de cessão de direitos televisivos e de marketing, que eram a força vital da empresa.

Finalmente, o inquérito de Hildbrand descobriu provas[10] de que, entre 1989 e 2001, pelo menos US$ 22 milhões em pagamentos ilícitos foram transferidos através de várias empresas *offshore* a contas controladas por João Havelange e seu genro, Ricardo Teixeira, presidente da Confederação Brasileira de Futebol. Quantias consideráveis também foram pagas a Nicolás Leoz, presidente da Confederação Sul-Americana, a Conmebol.

Porém, naquela época, o suborno comercial não era crime na Suíça e nenhum dos cartolas da Fifa chegou a ser indiciado. Além disso, suas identidades não foram reveladas ao público. No fim, Hildbrand conseguiu apresentar queixas contra seis executivos da ISL, mas, em 2008, os juízes do caso absolveram quase todos eles, obrigando três a pagarem multas modestas. Ninguém foi para a prisão.

Em vez de negar as acusações de corrupção contra eles, os executivos da ISL admitiram voluntariamente, durante o julgamento, os subornos que foram pagos. Um deles, que era diretor executivo da empresa quando ela caiu, explicou ao tribunal que a ISL e as agências de marketing rivais pagavam subornos — os quais ele chamava de "comissão" — aos executivos do esporte havia *décadas* a fim de assegurar o controle dos contratos lucrativos de cessão de direitos televisivos e de marketing.

De fato, já há muito tempo, em 1978, Dassler havia confidenciado a Nally suas intenções de subornar Havelange. Uma vez que Havelange começou a receber dinheiro por debaixo dos panos, ele ficou nas mãos de Dassler. O presidente da Fifa não poderia ceder direitos a mais ninguém. Esse foi o nascimento da moderna propina esportiva. A partir de então, Dassler começou a pagar propinas para mais e mais cartolas, até isso se tornar a marca dos negócios da ISL.

Esses pagamentos eram atraentes, pois garantiam que não haveria competição pelos direitos, o que mantinha o preço baixo. Em troca do dinheiro clandestino, os executivos do esporte cediam os cobiçados direitos por preços geralmente abaixo do valor do mercado por anos, e até mesmo décadas, de uma só vez, rejeitando as ofertas dos concorrentes.

Para as agências de marketing esportivo que pagavam propinas, isso criou a oportunidade de lucrar alto, enquanto os executivos de esporte que aceitavam subornos acumulavam fortunas secretas. Porém, isso também roubou do esporte um dinheiro que poderia ter recebido se os direitos tivessem sido vendidos em um mercado verdadeiramente aberto e competitivo.

Enquanto isso, executivos do esporte, que antes buscavam posições de liderança em razão do eterno amor pelo jogo, começaram a vê-lo como uma oportunidade financeira viável. Eles começaram, então, a exigir as propinas, e se recusavam a assinar contratos de cessão de direitos sem elas.

— A empresa não teria existido[11] se não tivesse feito esses pagamentos — declarou o executivo arruinado da ISL.

Todos os esportes internacionais, ele tentou explicar aos juízes com suas togas pretas, eram sustentados pela corrupção.

Porém, poucos estavam prestando atenção na época.

* * *

Com todo esse papo de tirar o fôlego a respeito de corrupção e pagamentos secretos realizados a portas fechadas, Jennings atraiu a atenção de Gaeta. Os dois homens tinham os mesmos instintos quando o assunto era crime, assim como compartilhavam uma impressão de que todos estavam, de alguma maneira, envolvidos no esquema de propinas. A história que Jennings contou a respeito da corrupção dentro da Fifa era densa e complexa, mas também repleta de pistas significantes, que aparentemente valiam ser seguidas. E estava claro que aquilo que o jornalista havia delineado naquele primeiro encontro era só o começo. Gaeta podia ver que as mãos da Fifa se alastravam por territórios vastos e envolviam uma gigantesca gama de personagens.

Havia, por exemplo, fotos que Jennings publicara de Blatter, em 2005, tomando um coquetel em uma casa noturna de Moscou ao lado de Taiwanchik, o russo que Gaeta acreditava ser um chefão do crime. Se o FBI conseguisse conectar de alguma forma o esquema de corrupção da Fifa à máfia russa, bem, isso ligaria todos os pontos.

Gaeta sabia que poderia aprender muito com um homem como Jennings, que parecia ter uma resposta — e uma anedota bem-humorada — para todas as perguntas.

Ele e os outros dentro daquela sala o questionaram sobre todas as personalidades do futebol das quais podiam se lembrar e, quando finalmente tinham informação suficiente, entregaram seus cartões de visita ao jornalista, com o selo do FBI dourado em alto relevo ao lado de seus títulos, endereços de e-mails e números de celular.

Os agentes do FBI levaram todas essas informações de volta a Nova York e tentaram descobrir se era possível abrir um caso. Não demoraria para que eles voltassem a contatar Jennings.

Quatro

Um cara do Queens

No dia 5 de agosto de 2010, o secretário-geral da Concacaf, Chuck Blazer — trajando um terno azul-marinho, camiseta branca, suspensórios e uma gravata florida, chamativa, nas cores rosa, preta e cinza — foi escoltado até a Casa Branca Russa, nas margens do rio Moscou, para o que ele chamou de uma "ocasião muito especial".[1] A construção da era soviética, com sua fachada de mármore branco e pisos lustrosos, é a sede do governo da Federação Russa e serve de escritório para o primeiro-ministro.

Acompanhado de um intérprete, Blazer foi escoltado por uma série de ministros do governo até o escritório de Vladimir Putin. Sorridente, ele apertou a mão de Putin e sentou-se ao lado de seu colega do Comitê Executivo da Fifa, Vitaly Mutko.

— Sabe — disse Putin —, você é a cara do Karl Marx!

Blazer, então com 65 anos e com a barrigona pressionada contra a mesa de centro, piscou os olhos e concordou:

— Eu sei.

Putin levantou as mãos em um gesto de "toca aqui" tipicamente norte-americano.

Como primeiro-ministro de um país com 150 milhões de habitantes, Putin era um homem ocupado. Ainda naquela manhã, ele havia tentado resolver freneticamente uma série de incêndios florestais que se alastravam pelo país. Porém, com a eleição para sediar a Copa do Mundo a todo vapor, Putin parecia ter todo o tempo do mundo para o membro do Comitê Executivo da Fifa. Ele se certificou de que Blazer fosse bem tratado durante sua estadia em Moscou e, em seu escritório, fez questão de perguntar sobre seu projeto de estimação: um blog de viagem iniciado durante a Copa do Mundo de 2006, na Alemanha.

O blog, cujo nome inicial era *Por dentro da Copa do Mundo* e, depois, se tornou *Viagens com Chuck Blazer*, era recheado de fotos de Blazer ao lado de amigos, mandachuvas do futebol, publicitários do esporte e, com frequência, candidatas de concursos de beleza. Leve e divertido, o blog permitia dar uma olhada na vida extremamente luxuosa de Blazer e de outros membros do Comitê Executivo da Fifa. Em grande parte, era povoado por fotografias de eventos futebolísticos pelo mundo, com pouco texto ou análise, pois, conforme Blazer observou, "a escrita recreativa pode exigir muito diante de outras obrigações".

Muitas publicações mostravam Blazer em jantares com amigos do mundo dos esportes, visitas a museus e celebrações de feriados. Com um gosto por usar fantasias em ocasiões especiais, uma publicação mostrava-o vestido de pirata, enquanto outra o trazia em uma elaborada vestimenta de Obi-Wan Kenobi de *Guerra nas estrelas*, levando seus netos para pedir doces no Dia das Bruxas.

Putin ouvia atentamente os relatos detalhados de Blazer sobre o blog e suas origens. O líder russo olhava-o nos olhos fixamente e, então, mencionou de forma casual que ele faria uma viagem longa ao interior da Rússia no fim do verão.

— Se eu lhe enviar fotos da minha viagem — Putin perguntou —, você pode publicá-las em seu blog?

Blazer, lisonjeado, concordou rapidamente, prometendo não só publicar as fotos como também renomear seu blog para *Viagens com Chuck Blazer e amigos*, a fim de comemorar sua recente amizade com Vladimir Putin, um dos homens mais temidos e poderosos do mundo.

* * *

A Associação de Futebol Juvenil de New Rochelle, em Nova York, foi o lugar onde Charles Gordon Blazer começou sua relação com o futebol, em meados dos anos 1970. Ela era administrada por voluntários, sobretudo empresários e advogados que viam o esporte como um passatempo saudável para seus filhos, promovendo-o com um fervor que beirava o religioso.

A missão da liga, fundada em 1973, era assegurar "o crescimento das crianças por meio do que nós acreditamos ser um esporte saudável e desafiador".

Ignorado por anos até se tornar irrelevante nos Estados Unidos, o futebol fora adotado, de maneira significante, por famílias de classe média suburbanas em menos de uma década. Elas estavam ansiosas por encontrar um esporte que seus filhos pudessem jogar ao ar livre, além do beisebol e do futebol americano. Esse surto coincidiu com o nascimento da Liga Norte-Americana de Futebol, uma reluzente associação profissional que, graças à entrada de astros comercializáveis como Pelé, chamou a atenção do grande público para o esporte pela primeira vez nos Estados Unidos.

Em todo país, pais de crianças pequenas se dispuseram a pagar US$ 50, US$ 100 ou mais por ano para que seus filhos pudessem jogar esse jogo estranho, no qual não é possível usar as mãos e ninguém parece ser capaz de pontuar.

A maioria dos homens e mulheres envolvidos com a Associação de Futebol Juvenil de New Rochelle era de pais trabalhadores que não tinham tempo para assumir a complexidade da gestão de uma organização que crescia a olhos vistos. O fundador da liga tinha uma fábrica têxtil e o presidente era um executivo da área de seguros que passava muito tempo em Manhattan a trabalho.

Para eles, o futebol era apenas uma maneira simples de fazer algo com seus filhos. Blazer, por outro lado, desenvolveu uma perspectiva diferente e, de certa forma, visionária do esporte. Ele identificou uma tremenda oportunidade financeira inexplorada para si mesmo no futebol — um esporte com viabilidade comercial praticamente zero nos Estados Unidos daquela época.

Nascido em 1945,[2] no distrito de Queens, Blazer nunca jogou futebol. Estudante competente, ele se formou em Contabilidade pela Universidade de Nova York e começou um MBA, mas desistiu para entrar em vendas, acabando por comercializar itens promocionais como camisetas e *frisbees*.

CARTÃO VERMELHO 59

Sua filha, Marci, nasceu em 1968 e seu filho, Jason, chegou dois anos depois. Quando os dois eram grandes o suficiente para entrar na liga de New Rochelle, Blazer tinha bastante tempo livre.

Poucos anos após assistir a uma partida de futebol pela primeira vez, Blazer se tornou o diretor da liga de New Rochelle, fundou com outras pessoas a Liga de Futebol Juvenil de Westchester e, em 1980, foi eleito o primeiro vice-presidente da Associação de Futebol Juvenil do Sul de Nova York,[3] que supervisionava o esporte em boa parte do estado.

Em 1984, ele deu um salto grande ao ser eleito vice-presidente executivo da Federação de Futebol dos Estados Unidos, que supervisionava o esporte no país. A federação, localizada no quarto andar do Empire State Building, estava quebrada, com um deficit de US$ 600 mil no ano anterior, e o trabalho de Blazer não era remunerado. Para ele, contudo, foi um ponto de virada, o momento em que suas ideias de uma carreira no futebol mundial — ideias quase absurdas para um norte-americano naquela época — começaram a parecer possíveis.

Blazer viajava com frequência para supervisionar a complicada seleção nacional, que não se qualificava para uma Copa do Mundo desde 1950, assim como o comitê que sancionava as partidas internacionais nos Estados Unidos, uma fonte de renda fundamental para a federação. Nessa posição, ele começou a conhecer os funcionamentos do lado financeiro do esporte, ainda que de forma rudimentar, e identificou o potencial escondido atrás do campo.

— Não há mágica[4] — Blazer disse, em tom profissional, a um repórter pouco depois de assumir o posto. — Para nos livrarmos do deficit, precisamos ter um produto viável e comercializável a fim de atrair patrocinadores.

Mas o produto não se provou vendável.

A reluzente Liga de Futebol Norte-Americana encolheu-se após o auge tardio nos anos 1970 e jogou sua última partida em outubro de 1984. A Fifa rejeitou a candidatura dos Estados Unidos para sediar a Copa do Mundo de 1986 em favor do México. O time norte-americano saiu nas eliminatórias para a competição, em maio de 1985, em Torrance, na Califórnia, diante de uma multidão que parecia mais interessada em torcer para o oponente, a Costa Rica.

Em julho de 1986, apenas dois dias após retornar da Copa do Mundo no México, Blazer perdeu sua candidatura ao segundo mandato para um advogado da Louisiana cuja promessa de campanha era focar o futebol juvenil em vez do lado internacional do jogo.

Mas Blazer, então empenhado em fazer carreira no esporte, não demorou para se recuperar e, no começo de 1987, ele e um expatriado britânico fundaram a Liga Americana de Futebol, uma alternativa de baixo custo à Liga de Futebol Norte-Americana, que foi encerrada após a temporada de 1984. Como delegado dessa nova liga, Blazer se deu um salário de US$ 48 mil[5] e administrava os negócios de sua casa, em Scarsdale.

"Nós queremos atrair famílias suburbanas para o futebol",[6] ele disse.

A primeira partida da liga foi em abril de 1988, mas, ao final do ano, Blazer havia sido expulso de seu posto de delegado pelos proprietários furiosos, aos quais se recusava a dar informações sobre as finanças da liga, relutando em delegar e, aparentemente, abusando de sua conta de despesas. Incansável, Blazer logo conseguiu um trabalho como presidente de uma das franquias da liga, o Miami Sharks, no qual se deu um salário de US$ 72 mil, embora o time trouxesse menos de mil espectadores às suas partidas. Em maio de 1989, foi demitido pelo dono brasileiro do time.

Porém, menos de um ano depois, ele deu sua grande tacada, encabeçando a campanha de Jack Warner para a presidência da Concacaf e servindo como seu gerente de campanha. Em abril de 1990, Warner precisou se estabelecer por um tempo no México, e logo depois recompensou Blazer dando a ele o cargo de secretário-geral da confederação.

Enquanto Warner se responsabilizava pelo lado político do jogo, Blazer se encarregava de descobrir como fazer dinheiro com a Concacaf. Quando os dois assumiram o poder, a organização, fundada no começo dos anos 1960, tinha um orçamento de US$ 140 mil, apenas US$ 57 mil no banco, e o escritório principal ficava na Cidade da Guatemala.

Blazer levou a sede da Concacaf para Nova York e, em poucos meses, Donald Trump ofereceu-lhe pessoalmente as salas no 17º andar da Trump Tower. Com a economia em recessão e taxas de ocupação baixas, o magnata imobiliário ofereceu a Blazer um ano de aluguel gratuito e mais onze anos pela metade do preço de mercado. Blazer, que começou a considerar Trump um amigo próximo, afirmou que o acordo era prova de que "uma força espiritual está tomando conta de nós".[7]

Logo ele criou a Copa Ouro, uma competição disputada pelos times da confederação nacional e com um formato parecido com o da Copa do Mundo. Lançada como uma vitrine para as seleções nacionais dos Estados Unidos e do México, a Copa Ouro logo traria, a cada edição, dezenas de milhões de dólares em dinheiro da televisão e dos patrocinadores.

No começo de 1997, foi aberta uma vaga no Comitê Executivo da Fifa quando um dos três delegados da Concacaf morreu subitamente de ataque cardíaco.[8] Embora outros tenham demonstrado interesse pela vaga aberta, ninguém teve uma chance real. Warner, em uma manobra tipicamente ditatorial, não permitiu campanhas, insistindo que os votos fossem enviados por fax, e anunciou a eleição de Blazer ao conselho mais poderoso do futebol três dias depois.

Ao longo do tempo, Blazer teria lugar em cinco comitês da Fifa, incluindo o Comitê Executivo. Sob sua supervisão, o futebol na América do Norte saiu da obscuridade para se tornar um empreendimento viável, com renda constante proveniente de acordos com patrocinadores, anunciantes e canais de televisão.

Blazer não apenas ajudou a Fifa durante o colapso catastrófico de sua parceira de marketing e televisão, a ISL, mas foi também fundamental em levantar ainda mais recursos. Enquanto isso, a Concacaf viu sua receita ir do quase zero, em 1990, a US$ 35 milhões em 2009,[9] ao passo que o prestígio e a influência da Fifa disparavam.

A liga de futebol profissional dos Estados Unidos, a Major League Soccer, que ainda não existia quando Blazer se juntou à Concacaf, tinha, então, conquistado um contrato de longo prazo com a ESPN graças, principalmente, à influência direta de Blazer. O futebol feminino, que ele dirigiu em meados de 1980, ainda na Liga de Futebol Norte-Americana, jogou sua primeira Copa do Mundo sob a supervisão de Blazer e o campeonato foi sediado duas vezes pelos Estados Unidos desde então.

Divorciado, Blazer morava com sua namorada, uma bela ex-atriz de novelas, em um apartamento luxuoso e espaçoso no 49º andar da Trump Tower. Ele era dono de um condomínio no litoral das Bahamas no valor de US$ 900 mil[10] e havia planejado comprar apartamentos adjacentes com vista para a baía Biscayne, muito acima da praia de South Beach, em Miami, somente para seu uso pessoal.

A Fifa pagava a Blazer, assim como a todos os 24 membros de seu Comitê Executivo, viagens de primeira classe a vários eventos e reuniões ao redor do mundo, oferecendo acomodações cinco estrelas, limusines com motorista, jantares sofisticados, vinhos finos, presentes e o que parecia ser uma fonte inesgotável de ingressos de jogos. Ela lhe pagava uma bolsa anual de US$ 100 mil, sem incluir despesas de viagem adicionais, além de um bônus anual de, no mínimo, US$ 75 mil e uma generosa ajuda de custo sempre que ele estivesse viajando.

Blazer interagia com presidentes, a realeza e bilionários, considerando celebridades e produtores de televisão bem-sucedidos como amigos. Também farreava noites inteiras no badalado Elaine's, em Nova York, e, às vezes, até ganhava favores pessoais de seu bom amigo Donald Trump, que uma vez lhe permitiu realizar uma reunião com ex-colegas do ensino médio no cintilante lobby da Trump Tower.

Famoso entre os torcedores de futebol fora dos Estados Unidos por seu tamanho e sua farta barba grisalha, Blazer desfrutava de um anonimato quase total em casa, podendo andar na sua cadeira de rodas motorizada livremente pelo Central Park, com seu papagaio de estimação nos ombros, sem medo de ser incomodado por fãs de futebol ou por membros da imprensa esportiva.

Em resumo, era um estilo de vida impressionante e totalmente inesperado para um cara obeso do Queens que só chutou uma bola de futebol pela primeira vez quando já tinha mais de trinta anos.

* * *

Em 23 de agosto de 2010, pouco depois de retornar de Moscou, Blazer recebeu um e-mail de seu velho amigo Jack Warner.[11]

Os dois homens eram diferentes em todos os aspectos. Enquanto Blazer, um nova-iorquino típico, era ruidoso e sociável, Warner, do interior de Trinidad e Tobago, era quieto e reservado. Tempestuoso e comunicativo, Blazer adorava grandes espetáculos e, em especial, chamar a atenção para si mesmo. Warner, que sofria de um leve problema na fala, o que tornava seu forte sotaque caribenho quase ininteligível, preferia jantares íntimos. Ele exigia demonstrações de respeito elaboradas e formais e sua ira por supostos desprezos podia durar anos.

O domínio de Blazer era Manhattan, enquanto Warner vivia no subúrbio da capital de Trinidad e Tobago, Port of Spain. Ainda assim, eles faziam viagens internacionais frequentemente, visitavam eventos oficiais e presidiam uma série inacabável de reuniões da Concacaf juntos. E, apesar das diferenças, a dupla improvável se complementava, tornando-se cada vez mais próxima e até fazendo uma viagem de férias em família.

Por causa de sua posição como vice-presidente da Fifa e presidente da Concacaf, Warner era muito mais conhecido que Blazer no mundo do futebol, estando sempre sob os refletores da imprensa esportiva. Mas aqueles que acompanhavam o futebol de perto consideravam os dois inseparáveis.

Todos os chamavam de Jack e Chuck.

O e-mail de Warner enviado em agosto foi curto. Avisava ao secretário-geral que ele receberia em breve um pagamento sobre o qual tinha perguntado, e que se tornava cada vez mais urgente já havia algum tempo.

O pagamento era parte dos US$ 10 milhões que a África do Sul prometera secretamente a Warner fazia mais de seis anos. Na época, o país estava se candidatando a sediar a Copa do Mundo de 2010, competindo contra o Marrocos e o Egito pela honra.

Supostamente, o dinheiro fora enviado para "apoiar a diáspora africana[12] nos países caribenhos como parte do legado da Copa do Mundo", mas ninguém tinha ilusões sobre o que o pagamento realmente era: um suborno em troca de votos favoráveis.

E, realmente, quando o Comitê Executivo da Fifa se reuniu, em Zurique, em maio de 2004, para decidir quem sediaria a competição, Warner e Blazer, obedientemente, marcaram suas cédulas em favor da África do Sul. Seus votos se mostraram decisivos: por uma margem de 14 a 10, a África do Sul ganhou o direito de sediar a Copa do Mundo de 2010.

"Eu estou orgulhoso de ter votado na África do Sul[13] e orgulhoso da Fifa", Blazer declarou a um repórter dias depois, de seu apartamento no alto de Manhattan.

Porém, o tempo passou e Blazer percebeu que não tinha visto um centavo ainda. Às vezes, ele perguntava a Warner o que estava acontecendo, mas nunca conseguiu receber uma resposta direta. Parecia, ele imaginava, que os sul-africanos estavam enfrentando dificuldades para encontrar uma forma de fazer o pagamento, e Warner acabou abordando o secretário-geral da Fifa para interceder em nome dele.

Após uma longa e calorosa negociação, um total de US$ 10 milhões, em três parcelas, foi transferido pela Fifa, no começo de 2008, a contas registradas sob os nomes da Concacaf e da União Caribenha de Futebol (CFU), mas que, na verdade, estavam sob o controle exclusivo de Jack Warner. Naquele dezembro, Warner finalmente pagou a Blazer parte do que devia, transferindo US$ 298.500 para a conta dele nas Ilhas Cayman.

Era estranho, mas típico da dinâmica da relação entre os dois.

O voto de Blazer no Comitê Executivo da Fifa tinha o mesmo peso que o de Warner. Contudo, Blazer era forçado a implorar pelo pagamento completo de sua pequena fatia do enorme bolo. Por isso, o e-mail que Warner enviou a Blazer foi um alívio. Ele esperava que esse resquício desagradável de um negócio antigo pudesse, enfim, desaparecer.

Em 23 de setembro, um cheque de US$ 205 mil, saindo de uma conta da CFU em uma filial do Republic Bank em Port of Spain, foi preenchido e depois enviado a Blazer. Estava endereçado a uma empresa que ele controlava, a Sportvertising Inc., registrada nas Ilhas Cayman. Não eram os US$ 701.500 que Warner ainda devia pela compra de votos, mas já era pelo menos um começo.

Passados quatro dias, Blazer depositou o cheque em uma conta usada para estoques de operações de *day trading* no banco Merrill Lynch. O corretor tinha um escritório na Quinta Avenida, a menos de um quarteirão de distância da Trump Tower. Assim, levar o cheque até lá certamente era bem mais fácil do que enviá-lo de seu banco nas Ilhas Cayman.

"Só para depósito",[14] Blazer escreveu no verso do cheque.

Essa pequena conveniência cobraria um preço alto.

Cinco

O voto

No dia 2 de dezembro de 2010, uma fina camada de neve cobria o chão da sede da Fifa em Zurique quando os membros de seu Comitê Executivo chegaram para realizar a votação possivelmente mais importante da história do futebol. Sem parar, eles passaram direto pela segurança em sedãs Mercedes Classe C pretas, guiadas por motoristas, a caminho das rampas que levavam às entranhas do edifício.

Eles desembarcaram no terceiro piso subterrâneo, sem precisar colocar os pés para fora ou observar a multidão de jornalistas reunida desde antes do anoitecer na entrada do prédio. O edifício, conhecido nos círculos de futebol como Casa da Fifa,[1] era um símbolo imponente do que a antes humilde entidade que governava o futebol tinha se tornado.

Desenhado por um reconhecido arquiteto suíço e construído pelo custo de US$ 200 milhões, o edifício, inaugurado em 2007, apresentava uma fachada impenetrável de vidro brilhante coberta por malha de aço, tão distante das cercas e das guaritas de segurança que não podia ser visto da rua.

Era um contraste considerável com a primeira sede da Fifa, em Zurique, uma suíte decadente de dois quartos alugada por vinte anos na avenida mais movimentada da cidade. A nova sede ficava em um terreno extenso e isolado de onze acres muito acima da cidade. A cara propriedade exibia um campo de futebol profissional, vários campos menores, um centro de ginástica e seis jardins cuidadosamente preservados, cheios de plantas exóticas importadas de várias partes do planeta a custos elevados. Cada jardim representava uma das diferentes confederações regionais da entidade de futebol — uma exuberante floresta tropical formada por pinheiros do noroeste do Pacífico, samambaias e musgos representava a Concacaf, por exemplo.

Às vezes chamada de "arranha-céu enterrado", a Casa da Fifa tinha cinco de seus oito andares subterrâneos, e o grande saguão do edifício, perfumado, que trazia um contraste de pedras polidas e rústicas, era decorado discretamente com flores caras. O acesso era fortemente controlado, e as portas do edifício só podiam ser abertas com leitores de impressão digital de alta tecnologia, dando aos visitantes a sensação de estarem em uma instalação militar clandestina. Ou em um cofre bancário.

A estética era rigorosamente suíça, quase sem adornos, mas também era visível que os gastos não tinham sido poupados. Até os elevadores, com portas de vidro transparentes, eram equipados com luzes de entrada estranhamente brilhantes pelo lado de fora. As luzes não tinham propósito algum, porém pareciam sussurrar de leve, mas com confiança, que ali haviam gastado bastante dinheiro.

O coração do edifício e da instituição encontrava-se no terceiro subsolo. Lá ficava a sala de reunião onde o Comitê Executivo da Fifa tomava as decisões mais importantes do esporte. Era uma sala dentro de uma sala — uma câmara bélica escura e impenetrável tirada de alguma peça teatral política da época da Guerra Fria, com paredes altas e curvadas cobertas de alumínio martelado e piso de lápis-lazúli lustrado. Mesas de carvalho pretas formavam um grande quadrado debaixo de um lustre de cristal enorme em forma de estádio.

Não era permitido que a luz do sol adentrasse no recinto porque, conforme Blatter explicou certa vez, "lugares onde as pessoas tomam decisões[2] devem ter apenas luzes indiretas".

Perto ficava uma série de imaculados e espaçosos banheiros reservados aos executivos da Fifa e, depois deles, uma reluzente câmara de meditação lindíssima, espantosamente cara, feita inteiramente de placas de ônix iluminadas. A sala, criada em respeito aos membros mulçumanos do comitê, continha dois bancos simples e um tapete de oração, com uma seta verde no batente da porta apontando em direção a Meca.

Finalmente, na outra extremidade do andar, havia um saguão decorado com sofás estofados e poltronas, onde eram servidos refrescos aos membros do Comitê Executivo sob um lustre feito de crepe.

Pendurada em uma das paredes do saguão, estava uma das poucas obras de arte visíveis na sede da Fifa: uma instalação de neon em letras curvadas do artista italiano Mario Merz. Ela fazia uma pergunta intrigante: *Noi giriamo intorno alle case o le case girano intorno a noi?*

"Nós giramos em torno da casa ou a casa gira em torno de nós?"

* * *

Na virada do século XX, a popularidade excepcional do futebol, um esporte relativamente jovem, exigia a organização de partidas entre times de nações diferentes. Contudo, a forma como o esporte era praticado variava enormemente de acordo com o lugar. Então, a necessidade de uma entidade única que pudesse assegurar partidas justas entre os países começou a crescer.

As quatro associações de futebol britânicas, que se consideravam as inventoras do esporte e as mais profissionais, não tinham interesse em se submeter a uma autoridade superior. A Football Association inglesa, então com quase quarenta anos, era especialmente cética, escrevendo de forma pouco amistosa que "não podia ver vantagens em tal federação"[3] e recusando qualquer envolvimento.

Destemidos, sete grupos continentais — representando França, Bélgica, Dinamarca, Holanda, Espanha, Suécia e Suíça — se encontraram no quarto dos fundos de um clube esportivo parisiense, em 21 de maio de 1904, e decidiram se organizar sem os britânicos.

Eles chamaram a organização sem fins lucrativos de Federação Internacional de Associações de Futebol e, ao entrar nela, os executivos pioneiros prometiam aderir exclusivamente aos seus estatutos, dando-lhe autoridade suprema sobre o esporte. Talvez ainda mais importante, a Fifa exigia lealdade absoluta de seus membros e a exclusão total deles de qualquer associação de futebol que não se provasse fiel aos membros do clube.

Em questão de meses, a Alemanha aceitou pagar a taxa anual de filiação de cinquenta francos suíços e, mais tarde, a Inglaterra, a Escócia, o País de Gales e a Irlanda do Norte entraram também. A África do Sul foi o primeiro membro não europeu, afiliando-se em 1909. A Argentina e o Chile se associaram em 1912 e os Estados Unidos se juntaram ao rebanho no ano seguinte.

Em 1928, sob a pressão dos membros para criar um torneio que competisse com a popularidade do futebol nas Olimpíadas, e aceitando jogadores profissionais — o que o Comitê Olímpico Internacional (COI) não permitia —, a Fifa anunciou seus planos para a primeira Copa do Mundo.

Cinco países se candidataram como sedes. Porém, a Associação Uruguaia de Futebol, que ganhara as medalhas de ouro nas Olimpíadas de 1924 e 1928, ofereceu cobrir todos os custos de viagem dos times visitantes, construir um novo e enorme estádio do próprio bolso e compartilhar todos os lucros com a Fifa enquanto encararia, sozinha, todos os riscos financeiros.

"Esses argumentos",[4] a Fifa observou mais tarde, "foram decisivos". Indispostos ou incapazes de cumprir os mesmos compromissos financeiros, os outros países retiraram suas candidaturas. No fim, treze nações competiram na primeira Copa do Mundo, que foi um sucesso instantâneo. Em 30 de julho de 1930, 70 mil torcedores lotaram o novíssimo Estadio Centenario, em Montevidéu, para assistir ao Uruguai derrotar a Argentina por 4 a 2 na final.

Porém, a popularidade crescente do esporte não resultou em ganhos financeiros substanciais por muitos anos. Durante suas primeiras décadas, a Fifa sobreviveu, sobretudo, graças às taxas anuais pagas por seus membros e a pequenas comissões cobradas nas vendas de ingressos de partidas internacionais. Ela não cobrou pelos direitos de transmissão da primeira Copa do Mundo televisionada, ocorrida na Suíça em 1954. Até mesmo na Copa de 1974, na Alemanha Ocidental, a maioria da receita da competição ainda vinha das vendas de ingressos.

Isso mudou rapidamente com a chegada dos meios de comunicação modernos e da publicidade. Logo, acordos com canais de televisão e patrocinadores ultrapassaram a receita das vendas de ingressos. Como grande parte da renda da Fifa começou a ser derivada da Copa do Mundo, a organização sem fins lucrativos passou a calcular suas finanças em ciclos de quatro anos, fechando-os com o campeonato.

O ciclo finalizado com a Copa do Mundo de 1974 gerou um bom lucro de quase US$ 20 milhões. No período entre 2007 e 2010, que culminaria na África do Sul, a Fifa registrou um lucro recorde[5] de US$ 631 milhões, e suas reservas financeiras chegaram a US$ 1,3 bilhão. A Copa do Mundo havia se tornado o maior e mais lucrativo evento esportivo da história da humanidade.

* * *

Em Zurique, os membros do Comitê Executivo da Fifa se hospedavam no Baur au Lac, um monumento de 165 anos com a estética, particularmente suíça, modesta e caríssima. O hotel, localizado nas proximidades das margens do Lago de Zurique, orgulha-se da discrição absoluta, mas admite já ter recebido, entre outros, Haile Selassie, a imperatriz austríaca Elisabeth e o imperador Guilherme II da Alemanha.

Durante as reuniões da Fifa, os homens que controlavam o futebol mundial podiam ser encontrados confortavelmente instalados nos sofás estofados do saguão do Baur au Lac, vestidos em ternos, túnicas e robes, fofocando sobre as políticas obscuras do esporte enquanto desfrutavam de coquetéis caros e elaborados serviços de chá servidos em bandejas de prata.

Apenas algumas semanas antes da votação para a Copa do Mundo, em dezembro de 2010, dois membros do Comitê Executivo, o nigeriano Amos Adamu e o taitiano Reynald Temarii, foram suspensos pelo Comitê de Ética da Fifa em consequência de uma operação secreta do *The Times* de Londres, que gravou os dois homens oferecendo votos em troca de propinas de seis ou sete dígitos. Blatter chamou o acontecido de "um dia triste para o futebol".[6]

Os 22 eleitores restantes do comitê eram um grupo colorido, bem diversificado, que incluía ex-jogadores de futebol profissionais, um médico, um proprietário de loja de computadores, executivos de companhias aéreas e petroleiras, um corredor campeão de meia maratona, vários políticos, uma porção de advogados e, pelo menos, dois bilionários.

No dia anterior, 1º de dezembro, as nove nações candidatas a sediar a Copa do Mundo ficaram de olho no Baur au Lac a fim de dar o último empurrão em suas candidaturas, trazendo todo o poder de fogo possível para influenciar os membros do Comitê Executivo.

A Austrália, competindo por 2022, enviou a supermodelo Elle Macpherson a Zurique, acompanhada pelo presidente bilionário de sua federação de futebol, o empresário dono de shoppings Frank Lowy. A delegação norte-americana, sua rival, incluía o astro do time nacional Landon Donovan, o ator Morgan Freeman, o procurador-geral em exercício Eric Holder e o ex-presidente Bill Clinton.

Porém, a Inglaterra, provável favorita para 2018, fora humilhada dias antes pela divulgação de um documentário da BBC que acusava três membros do Comitê Executivo de terem recebido milhões de dólares em propinas da empresa de marketing esportivo ISL. A reportagem também afirmava que Jack Warner, o quarto membro do comitê, tentara revender ingressos para a Copa do Mundo de 2010 por mais de US$ 80 mil.

Com medo da ira dos cartolas da Fifa, conhecidos por serem bastante sensíveis a críticas, a comissão inglesa tentou, sem sucesso, fazer com que a BBC adiasse a exibição da reportagem, produzida pelo jornalista investigativo Andrew Jennings. Sem sucesso, a comissão recorreu então aos insultos, chamando a reportagem de "antipatriótica"[7] e "uma vergonha".

Apesar dos sinais crescentes de que suas chances minguavam, a Inglaterra alugou duas suítes no Baur au Lac, que foram ocupadas por seus "Três Leões" — o primeiro-ministro David Cameron, o príncipe William e David Beckham — para fazer o apelo final. Então, uma notícia um pouco encorajadora para os britânicos foi revelada: Vladimir Putin não iria a Zurique para a eleição. Segundo o que o líder russo disse à imprensa, ele permaneceria distante porque os membros do Comitê Executivo deveriam "tomar sua decisão em paz[8] e sem pressões externas".

Já os participantes da candidatura inglesa se esconderam no Baur au Lac até depois da meia-noite, pegando doses de uísque de malte envelhecido aos membros do Comitê Executivo e tentando, desesperadamente, fazer acordos de última hora que os fizessem cruzar em primeiro lugar a linha de chegada. Antes de se retirar, Jack Warner deu um abraço forte no príncipe William, um aparente gesto claro de que votaria na Inglaterra.

Pouco antes de ir para cama em sua imaculada casa, escondida em uma rua afastada de um bairro sofisticado de Zurique, Blatter recebeu uma ligação do presidente Barack Obama.

Ele conhecera o presidente no Salão Oval durante uma visita de quatro dias, no ano anterior, e não conseguiu deixar de sentir uma onda de animação ao ouvir sua voz ao telefone. A ligação, curta e formal, durou apenas alguns minutos.

Em diversas ocasiões, Blatter havia expressado publicamente seu apoio à candidatura norte-americana, apontando as várias oportunidades comerciais que um evento desse porte traria. Falando em um inglês com bastante sotaque, mas com precisão, ele reiterou essa posição ao telefone, observando intencionalmente que tinha direito a apenas um voto e que não poderia dizer aos demais membros do Comitê Executivo o que fazer.

— Como estão nossas chances?[9] — Obama perguntou.

Blatter deu uma pausa, suspirando levemente.

— Senhor presidente, será difícil.

— Eu entendo. Bem, boa sorte — respondeu Obama antes de desligar.

Eles nunca mais se falaram.

* * *

"Sou um presidente feliz",[10] Blatter disse, com uma expressão não tão feliz ao anunciar a vitória da Rússia e do Catar para sediar as Copas de 2018 e 2022, respectivamente.

Ele estava em pé, em um púlpito, diante de uma multidão enorme, com um sorriso amarelo. Centenas de jornalistas que estavam presentes para testemunhar o resultado da eleição daquela manhã correram para reportar que a delegação russa, incluindo Roman Abramovich, festejou e gritou quando Blatter entregou a taça da Copa do Mundo ao vice-primeiro-ministro Igor Shuvalov no palco. Minutos depois, a família real do Catar seguiu o exemplo, abraçando-se quase em lágrimas.

Chuck Blazer, vestindo um terno escuro e uma de suas típicas gravatas coloridas, estava na primeira fileira do auditório, reservada para o Comitê Executivo. Espremido entre Mohamed bin Hammam, do Catar, e Nicolás Leoz, do Paraguai, ele não participou das celebrações, levantando-se brevemente para abraçar o então exultante catarense ao seu lado antes de cair de novo na cadeira.

Sentado bem atrás dele, Bill Clinton trocou alguns cochichos com Sunil Gulati, presidente da Federação de Futebol dos Estados Unidos, e se levantou para cumprimentar os políticos e a realeza presente. Blazer, o executivo de futebol mais importante dos Estados Unidos, permaneceu imóvel, olhando friamente para a frente. Ele havia votado na Rússia, em vez da Inglaterra, para sediar a Copa do Mundo de 2018. Contudo, mais tarde, admitiu que ficou chocado com a perda dos Estados Unidos para 2022.

Exultante, Putin aterrissou em Zurique algumas horas depois.

Em uma coletiva de imprensa organizada às pressas, ele agradeceu a Blatter e afirmou que a Rússia estaria pronta para 2018, esperando que Abramovich, o qual estava "nadando em dinheiro",[11] segundo ele, contribuísse com a construção de alguns estádios.

— Seria justo dizer que você é o primeiro-ministro mais esperto do mundo por se afastar e ganhar a competição a milhares de milhas de distância? — celebrou um jornalista, animado.

— Obrigado — respondeu Putin em russo, sorridente. — Estou feliz por ter feito questão de lhe dar a palavra. Obrigado, é muito bom ouvir isso.

Fãs de futebol na Austrália, na Coreia, no Japão, na Espanha, em Portugal, na Bélgica e na Holanda, que saíram de mãos vazias, lamentaram a votação e colocaram em dúvida sua imparcialidade.

Comentaristas questionaram, na imprensa, como era possível que os dois países menos preparados para sediar a Copa do Mundo tinham vencido, apontando as condições climáticas inóspitas do Catar, onde a temperatura diurna em junho e julho, quando a Copa do Mundo ocorre, costuma passar dos 46 °C.

Mas ninguém recebeu a notícia pior do que a Inglaterra, onde o resultado dominou as manchetes por semanas e todas as discussões sobre o assunto foram reduzidas a exames de consciência agonizantes, acusações mútuas e um ranger de dentes angustiados. Apesar de todos os esforços, o país havia conseguido só dois votos — de seu próprio representante no Comitê Executivo e de Issa Hayatou, dos Camarões — para sediar a competição.

David Cameron, primeiro-ministro britânico, que retornou a Londres mais cedo naquele dia, ouviu a notícia de um conselheiro que estava com ele no Jaguar blindado que o levava do aeroporto de Heathrow à Downing Street. Os dois homens se encolheram em seus assentos.

— Nós demos o nosso melhor — Cameron finalmente disse antes de cair atônito em silêncio.

Um membro da equipe de candidatura inglesa encurralou Warner e perguntou por que ele prometeu seu voto e, depois, votou de outra forma. O trinitário-tobagense deu uma resposta atravessada:

— Quem é que vai nos impedir?

Outro membro da equipe, que voltava do auditório onde os resultados foram divulgados para o centro de Zurique em um transporte oficial compartilhado, observou o secretário-geral da Fifa, o alto e belo advogado francês Jérôme Valcke, afundar o rosto nas mãos e sussurrar para si mesmo:

— Este é o fim da Fifa.

* * *

O escritório do FBI em Nova York ocupa sete andares do número 26 da Federal Plaza em um prédio fortemente protegido[12] no centro de Manhattan, entre Chinatown e City Hall. É o maior escritório local do FBI, com cerca de 1.200 agentes, tendo o dobro do tamanho do escritório de Los Angeles, isso sem contar os cerca de quinhentos oficiais da polícia de Nova York que são cedidos para forças-tarefas.

Sentado em sua baia no 23º andar, na manhã da votação, no dia 3 de dezembro, o agente especial do FBI Jared Randall folheava preguiçosamente uma cópia do *The New York Times*, conferindo as notícias do dia.

O jornal não havia se incomodado em mandar um repórter a Zurique para cobrir a votação da Fifa. Os três artigos que trazia sobre a Fifa estavam escondidos em seu miolo, começando pela página B11 com a manchete "Rússia e Catar expandem a pegada global do futebol".[13]

A reação silenciosa do jornal estava de acordo com a do público norte-americano em geral, o qual — com exceção dos empenhados fãs de futebol — parecia estar profundamente desinteressado. Até o presidente Obama pareceu receber a notícia tranquilamente, chamando a votação de "a decisão errada", mas prevendo, com confiança, que a seleção nacional dos Estados Unidos jogaria bem onde quer que a Copa do Mundo ocorresse.

Randall, porém, considerou os artigos fascinantes. Ele se levantou e correu para a sala de Mike Gaeta, a poucos metros de distância de sua mesa. Um homem atlético, com olhos escuros intensos, Randall era um dos agentes mais jovens do escritório local de Nova York.

Assim como acontece com muitos agentes do FBI, seu pai era policial — em Narragansett, Rhode Island, onde Randall cresceu —, mas ele não teve muito interesse pela polícia quando criança. No ensino médio, começou um negócio de *web design*, formando-se em Sistemas de Informação e Computação na faculdade.

Ele considerou o FBI somente após um recrutador visitar o campus, em seu último ano, ressaltando que a agência de inteligência estava à procura de agentes para lutar contra o crime virtual. Algo que pareceu bastante excitante para Randall, que se candidatou quando tinha 25 anos, idade mínima permitida.

Ele foi designado, diretamente da academia, para o escritório de campo de Nova York, mas nunca trabalhou um dia sequer em um crime cibernético. Depois de alguns treinamentos e um breve período em Confisco de Bens, uma área técnica e complexa, Randall foi transferido para o Esquadrão contra o Crime Organizado Euro-Asiático, o C-24, no começo de 2010.

Gaeta ficou feliz em recebê-lo. Seu novo esquadrão estava bem carente e, além disso, ele adorava trabalhar com agentes jovens. Eles não tinham hábitos ruins que precisavam ser mudados, absorviam seus conselhos como esponjas e não desafiavam suas teorias sobre os casos.

Com vinte investigações acontecendo ao mesmo tempo, era impossível que Gaeta fizesse tudo. Mas confiando em jovens agentes motivados para fazer vigílias, ouvir grampos, rastrear contatos e cuidar de milhões de outros detalhes, ele poderia operar na posição que chamava de "agente de casos sênior", liderando todas essas frentes ao mesmo tempo.

Dentre elas estavam as investigações relacionadas ao futebol.

Gaeta havia retornado de seus vários encontros com Christopher Steele convencido de que havia um caso envolvendo a Fifa que precisava ser investigado, mas não sabia exatamente o que poderia ser. Tudo era um pouco amorfo e nebuloso, mas muitos casos grandes começam assim. Gaeta chamou então Evan Norris, um procurador que ele conhecia e atuava no Distrito Leste de Nova York, o distrito federal que cobria Brooklyn, Queens e Long Island. Gaeta já havia trabalhado com Norris e acreditava que ele era o homem certo para o que parecia ser um caso polêmico. Norris não hesitou e, assim, o caso da Fifa foi oficialmente aberto.

A única peça que faltava era alguém para comandar o dia a dia da investigação e, observando seu elenco de agentes, Jared Randall veio à sua cabeça. Ele só tivera um ou dois casos antes, e ambos não chegaram a lugar algum. Porém, os agentes mais experientes estavam ocupados com outras atividades e simplesmente não havia muitos outros disponíveis.

Além disso, Randall havia ganhado uma bolsa de estudos para jogar futebol na Manhattan College e era um jogador ativo no time de futebol da polícia de Nova York. Só isso, Gaeta pensou, já tornava Randall o cara mais qualificado do esquadrão.

Sentado, então, em seu apertado escritório, Gaeta tirou o jornal das mãos de Randall e deu uma olhada na notícia.

— A Rússia ganhou a Copa do Mundo — disse Randall.

— É — Gaeta encolheu os ombros, sem surpresa.

O agente veterano parou para olhar além de sua sala, através das dezenas de baias sujas que constituíam os vários esquadrões contra o crime organizado no escritório local. Troféus de prisões bem-sucedidas estavam espalhados pelo espaço, ao lado de pilhas de papel, caixas de provas, coletes à prova de balas, equipamentos antimotim e jaquetas do FBI penduradas nas costas das cadeiras. Agentes asseados buscavam xícaras de café com diligência, conversavam em voz baixa e falavam bobagens antes de começar o dia de trabalho.

Esse quadro desigual parecia apropriado para pegar criminosos baratos que praticavam pequenos delitos em bairros periféricos, mas extremamente distante das salas de reunião opulentas e imaculadas da Fifa em Zurique. Ainda assim, Gaeta era um agente ambicioso e adorava a ideia de derrubar os mandatários aparentemente intocáveis que controlavam o futebol mundial enquanto degustavam canapés e bebericavam champanhe caro.

— Imagine se nós pudéssemos chegar a esse nível — disse ele a Randall.

SEIS

JACK × CHUCK

"JACK", CHUCK BLAZER COMEÇOU A DIGITAR em seu computador. "Espero que isso seja uma piada de 1º de abril."[1]

No curso dos mais de 25 anos em que conhecia o homem, Chuck Blazer havia presenciado suficientes manobras ultrajantes de Jack Warner, como em 2003, quando Warner sabotou um jantar de gala com 1.200 convidados, em comemoração à abertura de um novo estádio em Carson, na Califórnia. Warner começou um discurso com acusações racistas porque não o haviam buscado no aeroporto com uma limusine.

Ou como na vez em que Warner insistiu que Trinidad e Tobago sediasse a Copa do Mundo Fifa Sub-17, premiou a si mesmo, seus amigos e sua família com quase todas as cessões e contratos e, então, quase não conseguiu fazer o evento acontecer. Ou, em 2010, quando, após a apresentação da equipe de candidatura russa para os líderes da Concacaf, Warner se virou para eles e disse, para o espanto de todos na sala:

— E o que nós ganhamos com isso?[2]

Então, sentado em seu apartamento no alto da Trump Tower, na manhã de 1º de abril de 2011, parecia a Blazer que seu velho e genioso amigo estava à beira de outra performance bizarra. Como de costume, Warner já estava de pé desde antes do nascer do sol, e seu e-mail chegou à caixa de entrada de Blazer ainda não eram seis da manhã, bem antes de este acordar.

Mohammed bin Hammam, seu colega no Comitê Executivo da Fifa, havia enviado um e-mail para Warner minutos antes, informando que desejava abordar os membros da confederação diretamente em um "congresso especial" por volta de 18 de abril, menos de duas semanas antes do congresso anual da Concacaf em Miami, que já estava marcado para o início de maio. Após anos de serviço leal a Blatter, o bilionário havia há pouco anunciado sua intenção de concorrer contra ele pela presidência da Fifa. Além de sua fortuna, ele era presidente da Confederação Asiática de Futebol e tivera um papel-chave na candidatura vencedora do Catar para sediar a Copa em 2022. Isso o tornou um herói nacional, encorajando-o, talvez, a desafiar o homem mais poderoso do futebol.

Depois de anos ao lado de Blatter, ele havia se familiarizado com as táticas do suíço para se manter na posição. Bin Hammam queria ter a oportunidade de pedir os 35 votos da Concacaf pessoalmente e em privado antes da eleição presidencial em Zurique no dia 1º de junho.

Imediatamente, Warner respondeu dizendo que ele faria "o máximo para ajudá-lo a sediar essa reunião" em Trinidad e Tobago, encaminhando a mensagem a seu secretário-geral e instruindo-o a "fazer o evento acontecer".

Blazer mal podia conter sua fúria ao ler o e-mail. Ele escreveu uma resposta com palavras duras, mas, antes de enviá-la, deixou um amigo de confiança dar uma lida. Finalmente, às 9h43, no horário de Nova York, ele respondeu:

"Lamento ter de tocar nesse assunto, pois você não considerou relevante conversar comigo antes de responder a Mohammed. O pedido de Mohammed é conveniente para ele, mas é bem impossível para nós."

Para começar, os funcionários da Concacaf em Nova York e Miami estavam correndo para preparar a Copa Ouro em junho ao mesmo tempo que organizavam o congresso em Miami. Naquele momento, ocorria na Guatemala um torneio eliminatório para a Copa do Mundo, amarrando os recursos adicionais da confederação, e a equipe de marketing tinha planejado um evento na Cidade do México no mesmo dia sugerido por Bin Hammam.

Porém, ainda mais problemática do que a logística estressante para realizar esse evento em cima da hora era a motivação de Warner por trás do pedido.

O cargo de presidente da Fifa dava um status mais próximo ao de um monarca ou autocrata do que ao de um líder eleito democraticamente. Os caprichos do enaltecido eram ordens a serem postas em prática. Líderes de nações, intelectuais reconhecidos e celebridades queriam se relacionar com o presidente, respeitando suas ideias e distribuindo elogios. Enquanto isso, as autoridades suíças tinham a tendência de não interferir na regulamentação da organização, cobrando apenas uma fração dos impostos pagos por empreendimentos com fins lucrativos e dando toda a liberdade que quisesse.

Perder tudo isso seria devastador. Após superar a crise da ISL e vencer em 2002, Blatter se candidatou sem adversários em 2007 e deixou claro que desejava manter sua distinta posição por um bom tempo.

Blazer e Warner construíram suas carreiras na Fifa em torno da lealdade a Blatter, defendendo-o veemente e incansavelmente durante numerosas crises públicas e, com frequência, entregando todos os 35 votos de suas confederações ao presidente.

Em troca, Blatter era generoso, esbanjando os fundos da Fifa destinados ao desenvolvimento do futebol nos projetos de estimação deles — como um estúdio de televisão de US$ 3 milhões[3] nos escritórios da Concacaf, na Trump Tower, cobiçado por Blazer —, e a maior parte dos US$ 26 milhões gastos para pagar diversos complexos esportivos, hoteleiros e de entretenimento construídos por Warner em Trinidad e Tobago. A filha de Blazer, uma advogada, teve um lugar no Comitê Legal da Fifa por anos, e o filho mais novo de Warner, Daryll, trabalhava, na época, como oficial de desenvolvimento da Fifa no Caribe, ajudando a encobrir a generosidade da organização.

Quando o cartola Issa Hayatou, de Camarões, concorreu pela presidência da Fifa em 2002 contra Blatter, ele também pediu para falar com os membros da Concacaf. Mas Warner, em uma demonstração ousada e ardilosa de lealdade, determinou, sem precedentes, que apenas o presidente da Fifa em exercício podia pedir um congresso da Concacaf formalmente, excluindo o rival de Blatter de forma eficaz.

Permitir que Bin Hammam falasse antes dos eventos em Miami não iria somente contra essa decisão como também arriscava distanciar Warner e Blazer de seu benfeitor suíço, conhecido por se livrar daqueles que não o apoiavam.

Blazer, contudo, sabia que, em se tratando de Warner, aquele comportamento não era estranho. No mundo sanguinário das políticas da Fifa, Warner nunca havia sido um homem fácil. Após um quarto de século no Comitê Executivo, ele era orgulhoso, vingativo e fácil de provocar, uma cobra pronta para dar o bote. Embora trabalhasse bastante, suas competências administrativas deixavam muito a desejar, colocando Blazer e sua equipe no comando da maioria do trabalho de verdade da confederação.

Pior ainda era a ganância insaciável de Warner. Até mesmo Blazer, que sem dúvida era adepto de usar o trabalho para ganhos pessoais, ficava espantado com a busca desinibida do amigo por dinheiro e sua capacidade de escapar de desastres aparentemente ileso.

"Jack Warner acha que pode sobreviver a qualquer coisa",[4] Blazer escreveu certa vez.

O velho Warner havia sobrevivido por tanto tempo graças ao seu talento nato para a política. Por instinto, ele entendia o que era necessário para assegurar votos, criar alianças e punir dissidentes. Por décadas, a chave de seu sucesso fora reinar sobre o Caribe, seu pequeno feudo, e, naquele momento, Blazer temia que seu dissimulado camarada estivesse perdendo a manha.

Sim, Bin Hammam era querido pelo pessoal da Fifa e era profundamente generoso, a seu próprio modo. Com a crescente fortuna do Catar, era bom tê-lo como amigo. Porém, ajudar na campanha de Hammam era o equivalente à traição. Blatter era o topo da pirâmide, ou você estava contra ou a favor dele.

"Por favor, não destrua o trabalho que precisa ser feito tomando decisões apressadas que podem criar problemas para nós", Blazer implorou no e-mail.

* * *

Para começar, se não fosse por Blazer, Warner nunca teria estado em uma posição tão confortável.

Os dois se conheceram no congresso da Concacaf, em Tobago, menos de um mês após a eleição do nova-iorquino à vice-presidência da Federação de Futebol dos Estados Unidos. Eles se deram bem logo de cara, apesar de nunca terem trabalhado juntos.

Então, em 20 de novembro de 1989, a campainha da casa de Warner em Arouca, um subúrbio no leste de Port of Spain, tocou[5] enquanto ele tomava seu chá de manhã. À porta, estava Chuck Blazer com um olhar esperançoso. A visita inesperada era especialmente surpreendente levando-se em conta o resultado da partida entre Estados Unidos e Trinidad e Tobago do dia anterior, ocorrida no Estádio Nacional, a mais de 40 km de distância.

Aos 31 minutos da partida acirrada, o meio-campista norte-americano Paul Caligiuri conseguiu escapar, encontrando espaço suficiente para lançar a bola em um chute longo, curvado, com o pé direito, no fundo da rede, quebrando o zero a zero. Foi o único gol do dia, que ficou conhecido nos círculos futebolísticos como "o chute que foi ouvido em todo o mundo" porque classificou a seleção dos Estados Unidos para a Copa do Mundo pela primeira vez em quarenta anos. No mesmo jogo, a seleção de Trinidad e Tobago, que nunca se qualificou, foi eliminada da competição.

Ali, sentado ao lado de Warner e sua esposa à mesa da cozinha da casa deles, Blazer suspirou fundo e lançou sua ideia. Warner, explicou Blazer animado, deveria renunciar à presidência da Associação de Futebol de Trinidad e Tobago e se candidatar à presidência da Concacaf.

O presidente em exercício da confederação, o mexicano Joaquín Soria Terrazas, estava gravemente doente com diabetes e não conseguiria sobreviver a outro mandado de quatro anos, afirmou Blazer. De acordo com os regulamentos da confederação, o vice-presidente da Concacaf mais velho deveria assumir caso o presidente morresse ou fosse retirado da posição. Isso significava que Gene Edwards, ex-presidente da Federação de Futebol dos Estados Unidos, seria nomeado. E como os Estados Unidos estavam programados para sediar a Copa do Mundo de 1994, Edwards manteria o posto quando as eleições ocorressem novamente, na véspera do maior evento esportivo do mundo.

Se Warner não agisse naquele momento, Blazer explicou, a presidência estaria fora de alcance por anos, se não para sempre. Blazer se ofereceu para trabalhar, de graça, como gerente de campanha, mas a vitória dependia da capacidade de Warner de colocar seus colegas caribenhos em ação. Após a vitória, Blazer acrescentou, ele ficaria feliz em tomar conta das operações diárias da confederação como secretário-geral, deixando Warner livre para manter a unidade entre os membros.

Blazer estava sem trabalho desde maio do ano anterior, quando havia sido demitido da presidência do Miami Sharks. Havia uma pilha de dívidas esperando por ele em Scarsdale, incluindo várias hipotecas e prestações de carros,[6] sem mencionar um processo em andamento movido por um vizinho de quem pegara um empréstimo. Blazer descobriu que não existiam muitos empregos remunerados no futebol dos Estados Unidos. Assim, aquela ideia maluca era a sua última esperança.

— Se você quiser se candidatar à presidência da Concacaf — Blazer implorou —, precisa ficar disponível para a próxima eleição em poucos meses ou esperar até 1998, que está muito longe.

* * *

Warner, nascido em janeiro de 1943,[7] em uma família pobre no sudeste de Trinidad e Tobago, era o terceiro filho de um pai alcoólatra e constantemente ausente e uma mãe austera, católica devota, que sustentava a família fazendo faxina. Não havia água corrente em sua casa, assim como em muitas outras naquela área rural, onde praticamente todas as famílias, incluindo a sua, era negra.

Um aluno acima da média, ele era apaixonado por futebol, mas um jogador ruim. Completou o curso de magistério enquanto direcionava seu amor pelo esporte escalando as esteiras administrativas das ligas amadoras caóticas de Trinidad e Tobago. Por bastante tempo, seu único "trabalho" assalariado fora como professor de ensino médio em Port of Spain. Ao mesmo tempo que entrava na classe média do país, conseguia também ganhar e manter mais poder no futebol.

Warner foi eleito secretário da Associação de Futebol de Trinidad e Tobago em 1974, mas sua grande chance veio em 8 de dezembro de 1982, quando soldados foram à casa de André Kamperveen,[8] em Paramaribo, a capital do Suriname, e atiraram em seu cachorro, quebraram os telefones e arrastam o homem de 58 anos para fora.

Kamperveen, ex-jogador de futebol profissional e empresário bem-sucedido, havia criticado o governo da pequena nação sul-americana, uma ditadura repressiva, publicamente. Naquela noite, ele foi brutalmente espancado e, então, assassinado com um tiro, ao lado de outros catorze dissidentes.

Kamperveen também era presidente da União Caribenha de Futebol (CFU), uma associação que ajudara a fundar cinco anos antes, o que lhe deu automaticamente um assento no Comitê Executivo da Fifa. Na sequência do falecimento de Kamperveen, Warner, o executivo secundário da CFU, assumiu as duas posições vagas, tornando-se um dos homens mais poderosos do futebol da noite para o dia.

De forma alguma, o Caribe não era rico em talentos do futebol. Somente um time da região já tinha conseguido se classificar para a Copa do Mundo e, na maioria dos países, o interesse pelo esporte era tão morno que quase não existia. Muitas associações não tinham um tostão e seus mandachuvas raramente viajavam para o exterior, sendo um pouco mais que organizadores de competições amadoras. Alguns presidentes dessas associações pareciam não entender qual era a função da Concacaf ou até mesmo da Fifa.

Mas a Fifa e suas seis confederações regionais operavam como democracias simples, dando um voto a cada país independentemente de seu tamanho ou de suas proezas futebolísticas. O minúsculo Curaçao tinha o mesmo poder de voto na Concacaf que os Estados Unidos. Bermudas, um território britânico cujo time nacional nunca passou da 58ª posição na classificação mundial, tinha o mesmo peso que o Brasil — centenas de vezes maior e campeão de várias Copas do Mundo.

A CFU foi formada em 1978 como uma maneira de dar às nações caribenhas um lugar à mesa na confederação, há muito dominada pelos interesses do México e da América Central. Mas Blazer viu na União um bloco eleitor imbatível, que poderia ditar a direção da Concacaf como um todo e, em consequência, tornar-se uma força formidável na Fifa.

Quando ele bateu à porta de Warner, em 1989, a CFU tinha dezoito membros, enquanto a América do Norte e Central, juntas, tinham nove. Se Warner conseguisse colocar o Caribe inteiro na linha, Blazer explicou, não enfrentaria obstáculos para obter e manter o poder por décadas.

Em 6 de abril de 1990, Warner foi eleito presidente da Concacaf, exatamente como Blazer havia previsto. Ele logo fez com que seu novo amigo americano se tornasse secretário-geral da confederação.

* * *

Nos mais de quarenta anos desde que havia se tornado executivo do esporte, ajudando a comandar a Associação Central de Futebol, em Trinidad e Tobago, quando ainda era estudante, Warner havia sido alvo de uma série de acusações de má administração financeira, transações escusas, suborno, venda de votos e, sobretudo, revenda de ingressos.

Por exemplo, quando Trinidad e Tobago recebeu os Estados Unidos para um memorável jogo eliminatório para a Copa, em 19 de novembro de 1989, a Associação de Futebol de Trinidad e Tobago conseguiu, de algum jeito, imprimir ingressos além da capacidade do Estádio Nacional, em Port of Spain.

O estádio foi criado para comportar 25 mil pessoas, mas, ainda assim, quase 40 mil se amontoaram, deixando milhares de torcedores desorientados do lado de fora. Furiosos, eles atacaram os ônibus dos dois países e a indignação consequente levou à abertura de um inquérito federal.

Warner, secretário da associação desde 1974, de início afirmou que apenas 28.500 ingressos tinham sido vendidos. Ele declarou que os ingressos restantes, que os investigadores contaram, com grande esforço, haviam sido falsificados, recusando-se a reembolsar aqueles que não conseguiram entrar.

Porém, meses mais tarde, Warner admitiu que o número total de ingressos havia sido 43 mil. Ele negou ter tirado lucro do incidente e nunca foi responsabilizado, mas o dinheiro das vendas desses ingressos jamais foi encontrado e ninguém foi reembolsado.

Em 2006, Trinidad e Tobago finalmente se classificou para sua primeira Copa do Mundo, desencadeando uma extensa alocação de ingressos da Fifa para o país. De acordo com as regras da confederação, seus executivos não podiam revender os ingressos por um preço maior que o original. Contudo, duas investigações secretas de auditores da Ernst & Young vazaram no fim daquele ano, revelando que Warner tinha feito mais de US$ 900 mil com a revenda de ingressos da Copa do Mundo.

O esquema envolvia uma empresa de Warner[9] que detinha o direito exclusivo de vender a porção de ingressos destinada a Trinidad e Tobago.

E ela os vendeu, combinando-os com pacotes de viagens, a despachantes em vários países, cobrando preços altíssimos. Quando os rumores chegaram a Zurique, Warner disse à Fifa que havia cortado relações com a empresa. Porém, na verdade, só passou o poder para seu filho mais velho, Daryan.

Diante das várias evidências criminosas envolvendo um de seus cartolas mais poderosos, a Fifa expressou que "reprovava" o comportamento de Warner, mas que não haveria consequências disciplinares para ele, e fechou o caso.

— Não é possível provar que Jack Warner sabia[10] da revenda superfaturada de ingressos — declarou o líder do Comitê Disciplinar da Fifa na época. A instituição não podia punir Daryan Warren, pois este não tinha qualquer função oficial no futebol, estando assim fora de jurisdição. Ela exigiu que a empresa restituísse US$ 1 milhão, a ser enviado a instituições de caridade. Apenas US$ 250 mil chegaram a Zurique.

Mas não foram só os ingressos. Ainda quando estava na Associação de Futebol de Trinidad e Tobago, Warner descobrira que o Ministério do Esporte do país estava encobrindo dois terços dos custos quando organizava competições internacionais ou sediava congressos esportivos. Esse tipo de coisa era conhecido por ser difícil de controlar.

Na primeira reunião da CFU, em 1978, Warner propôs um campeonato pan-caribenho e se ofereceu para sediá-lo. Trinidad e Tobago quase não havia sediado eventos internacionais de futebol antes disso, mas, no ano de 2009, o país já havia abrigado o campeonato regional nove vezes, além de ter hospedado três copas juvenis caribenhas, três campeonatos juvenis sub-17 e cinco campeonatos sub-20, todos da Concacaf. Nenhum outro país da Concacaf — incluindo países ricos, como os Estados Unidos e o México — chegou perto desse recorde de hospitalidade.

Cada evento era uma oportunidade de acumular dinheiro. A equipe de Warner na CFU aprendeu a dobrar, ou, até mesmo, a triplicar os custos dos eventos ao fazer orçamentos, e a agência de turismo de Warner cuidava de todos os arranjos relacionados a viagens.

Warner tinha sempre alguma segunda intenção. Blazer sabia que ele tinha contas secretas em Trinidad e Tobago e em vários lugares pelo Caribe, algumas no nome da cfu, porém separadas das contas verdadeiras da instituição, administradas apenas por ele. Tudo girava ao redor da insaciável sede por dinheiro de Warner. Ele foi até mesmo acusado de embolsar centenas de milhares de dólares destinados à reconstrução do Haiti após um terremoto devastador e, havia tempos, devia a Blazer um quarto do dinheiro da propina da Copa do Mundo da África do Sul.

Por anos, Warner e Blazer tinham sido inseparáveis. Durante os primeiros anos da Concacaf, quando Warner estava na cidade, dormia no quarto de hóspedes da casa de Blazer. Quando este se mudou para um apartamento espaçoso na Trump Tower, Warner também ficava lá. Com frequência, Blazer chamava Warner de seu "melhor amigo".

Mas, com o passar do tempo, a relação azedou. Quando Warner estava em Nova York, ficava em um hotel, e Blazer nem sequer se incomodava em convidá-lo para jantar. Ele ia ao Elaine's, para uma noite badalada no Upper East Side, enquanto Warner preferia uma refeição tranquila no Sevilla, um restaurante espanhol que ele adorava em West Village.

A relação deles havia se tornado puramente profissional, com cada um ocupado com seus projetos paralelos. A gelada distância cresceu ainda mais quando Warner foi eleito para o parlamento de Trinidad e Tobago, em 2007. O dinheiro, obviamente, estava no cerne da maioria de seus crescentes conflitos.

* * *

O e-mail de 1º de abril parecia ser mais uma peça pregada pelo comportamento cada vez mais problemático de Warner. Do ponto de vista de Blazer, a situação com Bin Hammam também cheirava a lucro. O catarense poderia ter encontrado os membros da Concacaf em qualquer lugar. De fato, todos já estariam reunidos em Miami nos primeiros dois dias de maio. Mas Warner continuava insistindo em realizar um congresso especial em Trinidad e Tobago, e era um pesadelo logístico chegar até lá. Não foi difícil para Blazer adivinhar o motivo: Warner encontrara alguma forma de fazer bastante dinheiro cuidando dos arranjos de viagem, os quais ele insistia que fossem pagos por Bin Hammam.

Blazer raramente aparecia nos escritórios da Concacaf, no 17º andar, antes do fechamento do mercado financeiro às 16 horas. Em vez disso, passava seus dias em seu apartamento, no andar de cima, vestindo bermuda e camiseta. Às sextas-feiras, geralmente, nem se incomodava em descer. Porém, naquela sexta-feira em particular, ele colocou seus funcionários para trabalhar, embora a maioria deles nem soubesse que Blazer estava no escritório até ouvirem-no gritar dentro de sua sala fechada. Ele estava tentando colocar juízo em Warner desde que havia recebido seu e-mail. Essa conspiração desastrada para incentivar o rival de Joseph Blatter, o rei supremo do futebol, era absolutamente irresponsável. Parecia mais um motim e um suicídio profissional.

Mas o presidente da Concacaf era um homem teimoso. Quanto mais seu secretário-geral tentava convencê-lo, mais firme ele se tornava. Blazer sugeriu que Bin Hammam fosse a Miami para fazer sua apresentação antes ou depois do congresso formal, mas Warner se mostrou relutante. Agora, afirmava que o visto de Bin Hammam havia sido negado e ele não podia entrar nos Estados Unidos.

Aquilo era claramente um absurdo. Bin Hammam era um magnata da construção, com avião particular e ficha limpa. Os Estados Unidos podiam dificultar a entrada de mexicanos pobres, mas alguém já viu um bilionário não poder entrar no país?

Dois dias depois, Warner enviou um novo e-mail a Blazer.

"Por várias razões, algumas expressas, outras não, não é viável que Bin Hammam faça sua apresentação no congresso. Se sua equipe não for capaz de assisti-lo por causa dos diversos eventos e reuniões, então, eu não tenho nada contra usar o secretariado da CFU e o apoio da equipe local ou, talvez, tentar encontrar outra data em maio", ele escreveu.

Blazer respondeu uma hora depois. Os delegados da América do Norte e Central queriam apoiar Blatter, ele explicou, e anunciar um congresso especial só por causa de Bin Hammam tão em cima da hora era uma má ideia. "Também tem o problema ético de pagar pela reunião e para trazer os delegados", Blazer adicionou.

Às 3h16 da segunda-feira, Warner respondeu:

"Chuck, Bin Hammam não quer falar com nossos membros durante o congresso em 3 de maio e, de certa forma, eu também não quero que ele faça isso. Em vez disso, vou deixá-lo conversar com os membros da CFU, então, e convidar os outros membros que estiverem dispostos a vir. Essa é minha decisão final sobre o assunto." Essa era a mensagem de seu e-mail.

Warner, que já era difícil de controlar quando era só um mero administrador de futebol, havia se tornado quase impossível desde que se tornou um nobre ministro. Suas imposições imperiosas eram dadas como se todos fossem seus servos.

Se Warner estava disposto a queimar tudo que eles haviam conquistado só para fazer uma grana às custas de Mohamed bin Hammam, Blazer estaria perdido se jogasse mais lenha na fogueira.

Sete

Port of Spain

Na manhã de 10 de maio de 2011, Angenie Kanhai sentou-se em uma cadeira no salão de festas do hotel Hyatt Regency, em Port of Spain, e suspirou longa e lentamente. Após semanas exaustivas, o trabalho frenético que foi organizar a conferência da cfu havia chegado ao fim.[1]

Uma trinitária-tobagense de 29 anos, fina, bem-vestida, com cabelos meticulosamente alisados e óculos estilosos, chamada Kanhai, estudou o salão.

Como secretária-geral da cfu, era responsabilidade dela conhecer quase todos os presentes, e ela reconhecia os rostos dos dignitários de futebol que voaram para Trinidad e Tobago, com todas as despesas pagas, de Aruba, Porto Rico, São Tomé e outras quase duas dezenas de ilhas tropicais. Os intérpretes de francês e espanhol já aguardavam no salão. A equipe de cozinha do hotel estava ocupada preparando o almoço. Tudo parecia estar no lugar certo.

Em um palco baixo montado na frente do salão, o convidado de honra, Mohamed bin Hamman, tentava fazer um discurso que poucos pareciam ouvir. Pequeno e reservado, de cabelos pretos levemente cacheados e barba bem aparada, ele falava com um sotaque forte em inglês, prometendo "dizer mais, apoiar mais, pagar mais"[2] se fosse eleito presidente da Fifa. Enquanto o catarense falava sem parar, o chefe de Kanhai, Jack Warner, sentado a duas cadeiras, passou-lhe um bilhete.

"Lembre-me dos presentes", estava escrito.

Kanhai levantou as sobrancelhas, rabiscando uma resposta rapidamente.

"Presentes?"

Apesar de ser responsável por todos os detalhes do evento, Kanhai não sabia dos presentes. Ela tentou controlar uma onda súbita de ansiedade, preocupada por ter esquecido algum elemento importante e por enfrentar a fúria de Warner.

Kanhai tinha começado a trabalhar com Warner havia três anos e meio, após responder um anúncio para uma vaga de ajudante administrativa na CFU. Ela havia pensado que iria se ocupar com fax, arquivos e fotocópias, mas acabou se envolvendo em viagens internacionais para organizar campeonatos de futebol e em preparações de eventos como aquele, apenas duas semanas depois do congresso da Concacaf em Miami.

Enquanto Bin Hammam discursava, ela e Warner trocaram uma série de bilhetes, combinando que ela buscaria o que seu chefe chamara de "presentes simbólicos" depois do almoço, os quais deveriam ser distribuídos naquela tarde no escritório improvisado da CFU na sala de reuniões executivas do hotel.

Quando o discurso terminou, Kanhai conversou com alguns delegados por poucos minutos e partiu.

Ela dirigiu-se até o Ministério de Obras e Transporte, a poucas quadras de distância, e estacionou o carro na garagem subterrânea do edifício. Lá em cima, encontrou-se com a assistente pessoal de Warner, que a levou ao escritório do ministro, entregando-lhe uma maleta trancada. A assistente ressaltou que a chave se encontrava no bolso externo.

Com a temperatura ultrapassando os 32 °C, era um dia tipicamente quente e grudento de uma tarde de maio. Kanhai correu de volta ao Hyatt, ansiosa para fechar o dia e ter tempo de ir para casa e tomar um banho antes de retornar ao hotel para o jantar.

Pouco antes das três, Kanhai atravessou apressada as portas deslizantes, com seus saltos estalando sobre o chão polido, enquanto passava pela fonte iluminada e borbulhante no saguão principal em direção ao elevador.

Kanhai levou a maleta até o escritório provisório, onde dois colegas da CFU, Debbie Minguell e Jason Sylvester, a aguardavam. Juntos, os três pegaram a chave e abriram a maleta. Lá dentro, havia 24 envelopes de papel pardo, um para cada delegação. Eles pegaram um envelope: não havia marcas, estava selado e bem acondicionado, parecendo, para Kanhai, uma caixa retangular. Satisfeita, ela foi para casa.

No caminho, Kanhai não voltou a pensar nos envelopes. Ela concluiu que eles traziam o mesmo tipo de lembrancinha cafona que os cartolas pareciam adorar, distribuídas nas incontáveis conferências internacionais — talvez uma caneta, uma moeda comemorativa ou um distintivo de lapela. Ela estava bem mais intrigada com a maleta laranja extravagante, um tipo de acessório que Warner não costumava usar.

Kanhai acabou esquecendo o assunto e não voltou a pensar nisso até que, na manhã seguinte, durante o bufê de café da manhã no Hyatt, Minguell correu para falar com ela, com os olhos arregalados.

— Angenie — ela disse, ofegante. — Era dinheiro!

* * *

O celular de Chuck Blazer tocou logo depois, às 16h30 da mesma tarde.

Após o término do congresso da Concacaf, ele ficara em Miami aproveitando seu apartamento em South Beach, o qual estava usando havia cerca de um ano enquanto passava algum tempo com amigos na cidade.

A ligação inesperada veio de Anton Sealey, presidente da Associação de Futebol das Bahamas, que estava em Zurique para um evento da Fifa e não tinha conseguido comparecer à reunião da CFU. Sealey queria saber: a CFU tinha recursos o suficiente para distribuir presentes em dinheiro no valor de US$ 40 mil para cada federação de futebol?

Como assim?

Sealey explicou que seu vice-presidente, Fred Lunn, estivera em Port of Spain para o encontro da união e que, cerca de uma hora antes, havia lhe contado que dois funcionários de Jack Warner entregaram a ele um envelope em que estava escrito "Bahamas". O envelope continha quatrocentas notas de cem dólares fresquíssimas, divididas em quatro pilhas perfeitas.

Os funcionários disseram que se tratava de um presente da CFU e que ele podia ficar à vontade para contar o dinheiro naquele mesmo instante.

Lunn, incrédulo, queria saber como passaria pela alfândega norte-americana com uma quantia tão alta quando tivesse de pegar seu voo de conexão para casa.

— Nós poderíamos enviar pelo correio — sugeriu Minguell.

— Você está brincando? — retrucou Lunn, em choque.

Mas não era brincadeira, Minguell disse. O dinheiro era um presente, e Lunn não deveria falar sobre isso com ninguém, nem deixar que alguém o visse.

Lunn correu para seu quarto de hotel e enviou uma mensagem de texto a Sealey: "Pfv ligue URGENTE". Algo estava muito errado, e Sealey e Lunn concordaram que não deveriam ficar com o dinheiro. Antes de voltar, Lunn tirou uma foto das notas, arrumadas ao lado do envelope pardo. Ao retornar à sala de reunião, ele percebeu vários cartolas do futebol caribenho por perto, alguns com envelopes pardos nas mãos e sorrisos nos rostos.

"Muitos dos garotos estão aceitando o dinheiro", Lunn escreveu a Sealey. "Estou realmente surpreso que isso esteja acontecendo nesta conferência."

Blazer já havia visto os extratos financeiros da CFU e sabia que ela não tinha recursos para pagar um evento planejado às pressas como aquele e, muito menos, para doar cerca de US$ 1 milhão em dinheiro vivo. A Concacaf vivia cobrindo os custos de coisas que a CFU não podia pagar, até mesmo a compensação dos juízes durante os campeonatos caribenhos.

Então, qual era a origem do dinheiro? Não foi difícil ligar os pontos.

Com a eleição presidencial da Fifa se aproximando, em três semanas, Bin Hammam estava lutando por todos os votos possíveis. O único propósito da reunião em Trinidad e Tobago havia sido aproximar o catarense dos eleitores-membros da CFU e, depois de encontrá-los, pilhas de dinheiro estavam sendo distribuídas.

Não havia uma palavra mais elegante para aquilo. Era propina.

Abismado, Blazer agradeceu Sealey pelo aviso, desligou o celular e disparou um e-mail para Warner exigindo uma explicação.

* * *

Logo após sua primeira eleição, em 1998, Blatter criou vários programas que o ajudaram a ganhar a lealdade das federações de futebol por meio de patrocínios em nome do desenvolvimento do futebol.

Um deles, o Programa de Assistência Financeira, foi criado em 1999 "para motivar e empoderar as associações e confederações" e "fortalecer o futebol e sua administração a longo prazo". Na prática, isso significava que US$ 250 mil eram transferidos de Zurique para cada federação-membro da Fifa todos os anos.

Para as grandes federações, essa quantia era trivial, mas, para as pequenas, que funcionavam quase sem supervisão em países com pouco interesse pelo esporte, esse dinheiro era a maior fonte de renda. Quanto do dinheiro de fato era destinado a programas de futebol em vez de aos bolsos dos sortudos eleitos presidentes, ninguém sabia.

Outra inovação de Blatter, o Goal Program, permitia que as federações solicitassem fundos para projetos específicos, como campos de futebol ou instalações de treinamento.

A minúscula Montserrat, um atol vulcânico no Caribe com apenas 5.200 habitantes, é a menor federação da Fifa, e seu time nacional nunca conseguiu passar da 165ª posição na classificação mundial. Ainda assim, recebeu US$ 1,51 milhão durante a duração do Goal Program, sobretudo para custear a construção de arquibancadas e banheiros em um campo de futebol. O México, com uma população de 125 milhões, recebeu um total de US$ 1,3 milhão.

Ao longo dos anos, o dinheiro do programa chegou a quase todos os países, e quase sempre que um novo campo era construído ou que uma nova sede era terminada, havia invariavelmente uma placa instalada nas proximidades anunciando que Joseph Blatter havia pagado por eles: um lembrete nada sutil para que os presidentes das federações da Ásia, da África, da Oceania e do Caribe não se esquecessem de quem dava seu ganha-pão.

O enorme sucesso financeiro da Copa do Mundo de 2010 deixou a Fifa com enormes reservas de dinheiro. Blatter não tinha medo de direcionar parte dele para si mesmo. Endereçando o congresso da Concacaf para Miami, no começo de maio, ele prometeu distribuir mais US$ 1 milhão, dizendo se tratar de um "presente de aniversário"[3] em homenagem ao 15º aniversário da confederação.

* * *

Após o bufê de café da manhã no Hyatt, no dia 11 de maio, os delegados da CFU se reuniram para o que deveria ser uma sessão de discussões sobre o futuro do futebol no Caribe. Em vez disso, eles ouviram um discurso venenoso de Warner, enfurecido porque Blazer havia descoberto sobre os presentes.

— Quando Bin Hammam pediu para vir ao Caribe,[4] ele queria trazer placas de prata, troféus de madeira, bandeirinhas etc. — Warner começou, em seu forte dialeto. — Eu disse que ele não precisava trazer nada; ele disse que sim e que, então, queria dar algo para os países no mesmo valor dos presentes que desejava trazer.

Ele continuou:

— Eu disse a ele: "Se você trouxer dinheiro, eu não quero dá-lo a ninguém, mas o que você pode fazer é dar o dinheiro para a CFU e ela o dará para os seus membros. Porque eu não quero, de jeito algum, dar a impressão de que alguém tem a obrigação de votar em você por causa dos presentes".

Os delegados, em camisas e casacos esportivos, permaneceram em silêncio, abismados, durante o discurso. Warner disse que ficaria feliz em receber o dinheiro de volta de quem não o quisesse, que o próprio Blatter sabia dos presentes, e que ele achava que Hammam poderia proteger os interesses do Caribe em Zurique, sendo fundamental que a CFU votasse como um bloco unificado a fim de manter o controle sobre a Concacaf.

— Sei que há gente aqui que se considera mais devota do que os outros — disse Warner, fulminante. — Se você é devoto, vá para a igreja, amigo, mas o fato é que os nossos problemas são os nossos problemas. Nós entramos em uma sala aqui, xingamos, discordamos, gritamos e reclamamos, mas, quando saímos, os nossos problemas não são da conta de ninguém. Isso se chama solidariedade.

* * *

Warner só retornou a ligação ao seu secretário-geral, que ficava cada vez mais furioso, às duas da tarde.

A explicação de Warner deixou Blazer ainda mais pasmo. O dinheiro, ele disse, viera de Bin Hammam, que queria entregá-lo pessoalmente a todos os delegados. Em vez disso, Warner disse ao bilionário que o dinheiro deveria ser distribuído como um presente da CFU. Assim, Warner pensou, Bin Hammam receberia o crédito, mas sem parecer que estava comprando votos.

Blazer estava fora de si.

— Nós nunca compramos votos em 21 anos — disse. — Nós passamos por eleições e permanecemos no cargo esse tempo todo sem nunca comprar votos. Agora você deixou isso acontecer, o que muda completamente a dinâmica da confederação.

Esse tipo de comportamento irresponsável estava colocando os dois em risco. Mas Warner era desafiador. Se alguém tivesse um problema com aquilo, deveria entrar em contato com ele diretamente.

Ao terminar a ligação, os pensamentos de Blazer dispararam. Sim, ele já havia visto pagamentos bem maiores durante seus anos no futebol, mas eles sempre ocorriam atrás de portas fechadas, encobertos perfeitamente por empresas de fachada usando contas bancárias em países remotos.

Aquele caso era diferente. Pessoas demais sabiam o que tinha acontecido. Não seria possível conter a informação e, se os boatos chegassem a Blatter antes de Blazer ter a chance de conversar com ele pessoalmente, as repercussões poderiam ser graves. Desesperado, ele ligou para seu advogado em Chicago, o ex-promotor John Collins, em busca de orientação.

— Não posso viver desse jeito — disse Blazer, acrescentando que estava considerando contar tudo à Fifa.

Collins conquistara um nicho como advogado de futebol. Primeiro, ele trabalhou para a Federação de Futebol dos Estados Unidos, em Chicago, no fim dos anos 1990. Depois, serviu de conselheiro para a liga de futebol profissional feminino e a Organização Americana de Futebol Juvenil, e, desde 2002, fazia parte do conselho externo da Concacaf.

Ele cuidava de milhares de assuntos ímpares na confederação e fora premiado com um assento no Comitê Legal da Fifa. Collins observava atento as políticas complicadas do esporte e tinha um olhar afiado e racional sobre as possíveis consequências de ficar próximo a algo tão explosivo.

— Às vezes — Collins disse —, temos de fazer o que é preciso.

Dois dias depois, Blazer ligou para Jérôme Valcke,[5] o secretário-geral da Fifa, para contar as novidades sobre Warner e Bin Hammam. Valcke agradeceu a Blazer e pediu que ele preparasse um relatório formal sobre o assunto.

Após desligar, Valcke chamou o advogado principal da Fifa, Marco Villiger, e seu novo chefe de segurança, um australiano esguio chamado Chris Eaton, ao seu escritório na sede da Fifa.

Os dois homens encontraram Valcke com um bom humor pouco usual. Segurando um sorriso, o francês alto contou aos homens o que Blazer havia reportado sobre as propinas em Port of Spain e como o catarense rico havia sido a fonte do dinheiro.

— Finalmente podemos nos livrar de Bin Hammam — disse Valcke a eles.

* * *

Collins enviou suas descobertas a Valcke em 24 de maio, citando "claras evidências de violação[6] do código de ética da Fifa".

De seu escritório em Chicago, ele falou por telefone com Lunn, com vários cartolas de associações das Bermudas e das Ilhas Caicos, e com Jeffrey Webb, presidente da Associação de Futebol das Ilhas Cayman. Após ouvir relatos independentes, Collins convenceu-se de que foram distribuídas propinas.

A Fifa tornou a questão pública um dia após receber o relatório, mencionando "alegações de suborno"[7] que estavam "ligadas à eleição da Fifa" e anunciou uma audiência no Comitê de Ética, no domingo seguinte, 29 de maio, dois dias antes da eleição presidencial.

Naquele fim de semana, uma grande comunidade de dignitários do futebol mundial chegou a Zurique antecipando o congresso. Hotéis, restaurantes e bares da cidade transbordavam fofocas e especulações sobre os acontecimentos em Port of Spain.

Então, na véspera da eleição, Bin Hammam retirou sua candidatura repentinamente. "Eu não posso permitir que o esporte que eu amo seja cada vez mais jogado na lama por causa de uma competição entre dois indivíduos", ele disse em uma declaração. "O futebol e as pessoas que o amam ao redor do mundo devem vir em primeiro lugar."

No dia 29 de maio,[8] o Comitê de Ética da Fifa se reuniu cedo para ouvir de Warner, Bin Hammam, Debbie Minguell e Jason Sylvester o que havia acontecido em Trinidad e Tobago. Também escutaria Blatter, pois Warner entrara com sua própria queixa contra o presidente da Fifa, alegando que ele havia sido informado sobre o plano de distribuir dinheiro e não tivera qualquer objeção.

Durante o interrogatório, Warner admitiu que Bin Hammam havia coberto os custos da reunião no Caribe. Mais tarde, extratos bancários revelaram que, em 28 de abril, Bin Hammam transferiu US$ 363.557,98 à conta de Warner no Republic Bank em Trinidad e Tobago. O próprio Bin Hammam testemunhou que sua equipe entregou mais US$ 50 mil em dinheiro ao pessoal da CFU para pagar "despesas".

Mas Warner negou que o dinheiro tivesse trocado de mãos, entregando declarações de treze cartolas caribenhos afirmando categoricamente que os pagamentos nunca tinham sido realizados.

— Eu permaneço firme e forte em minha opinião — disse o presidente da CFU ao comitê durante uma sessão longa e combativa. — Eu não recebi nada do sr. Bin Hammam para dar aos delegados. Não sei de dinheiro algum. Nunca falei de buscar presentes em dinheiro e, portanto, estou dizendo hoje que nem sei por que estou aqui.

Blatter, por sua vez, admitiu que Warner, em uma reunião em 10 de abril, na Guatemala, havia sugerido uma reunião especial da CFU, mas que ele, Blatter, disse que era uma má ideia.

— Pediram meu conselho ou minha opinião, e eu informei a Jack Warner que aquilo não deveria acontecer — disse o presidente da Fifa ao júri.

Às seis daquela tarde, o presidente do comitê de ética, apoiado por Valcke, sentou-se na frente do espaçoso auditório dentro da sede da Fifa para informar à imprensa a decisão do dia.

Citando a possibilidade de que "possíveis atos de corrupção tenham sido cometidos", o presidente disse que Bin Hammam e Warner tinham sido temporariamente suspensos de todas as atividades do futebol. Enquanto isso, Blatter foi inocentado.

— Concordo que o momento não poderia ser pior, mas o que aconteceu, aconteceu — Valcke declarou a um corpo de imprensa atônito, acrescentando que a eleição presidencial ocorreria como planejada. — Não há motivo para deixar de realizá-la.

Blatter sobrevivera mais uma vez. Sem oponentes, ele foi eleito ao quarto mandato consecutivo, treze dias depois, durante o congresso da Fifa, com 186 de 203 votos em seu favor.

* * *

Antes de partir para Zurique, Warner passou o dia inteiro na Red House, o centenário parlamento em estilo francês de Trinidad e Tobago. Após o encerramento das atividades do parlamento, ele saiu e falou com os repórteres locais reunidos do lado de fora. Como de costume, ele estava pronto para a briga, falando extensivamente em seu linguajar floreado e pugilista, atacando em especial Blazer e John Collins, os quais considerava traidores.

— Eu estou na Fifa há 29 anos consecutivos.[9] Eu fui o primeiro homem negro a alcançar esse nível na Fifa. Eu vim do menor país do mundo para estar no Comitê Executivo da Fifa — ele disse. — Agora, estou demonstrando mais poder na Fifa do que o presidente, às vezes. Devo causar inveja nos outros. Eu passei por poucas e boas para chegar até aqui e não vai ser agora que alguém vai me derrubar. Por que seria agora? Por quem? Pelo norte-americano Chuck Blazer? Pelo advogado norte-americano dele, John Collins? Dá um tempo — Warner continuou, espumando pela boca. — Eu vou dizer uma coisa a vocês, nos próximos dias vocês verão um *tsunami* no futebol que atingirá a Fifa e o mundo.

Oito

Um homem feito

Jared Randall pendurou o recibo do almoço na parede de sua baia assim que voltou ao escritório. Não era todo dia que o jovem agente do fbi saía para comer com alguém como Chuck Blazer, de modo que ele queria guardar a lembrança.

O encontro caiu em seu colo quando Chuck Blazer contatou espontaneamente a agência de inteligência para reclamar sobre as alegações de haver resultados combinados durante a Copa Ouro da Concacaf, a qual havia começado em 5 de junho de 2011 em Dallas. Blazer tinha sido informado sobre a questão por Chris Eaton, chefe de segurança da Fifa, algumas semanas antes, e ficado profundamente perturbado com o rumor.

Ele entrou em contato com um amigo que trabalhava no fbi e sua reclamação por fim abriu caminho até Randall, que ansiosamente marcou um encontro.

A Copa Ouro era a menina dos olhos de Blazer — e a sua galinha dos ovos de ouro. Foi ele quem sugeriu o campeonato apenas algumas semanas depois de assinar seu primeiro contrato como secretário-geral da Concacaf, em 31 de julho de 1990.

O acordo de oito páginas — cujas cópias só Blazer e Warner tinham — dava a Blazer uma série de honorários, no lugar de um salário, incluindo 10%

de "todos os honorários de direitos televisivos e de patrocínio[1] recebidos pela Concacaf". Era um contrato perfeito para um vendedor, baseado em comissões, o que fazia todo o sentido para Blazer, que, no fundo, era um vendedor. A televisão e os patrocinadores eram os maiores criadores de renda no futebol e, para cada US$ 100 de direitos da Concacaf que conseguisse vender, Blazer levaria US$ 10 para a casa.

Desde a sua primeira edição, ocorrida em Los Angeles no verão de 1991, a Copa Ouro tinha crescido para se tornar a vaca leiteira da Concacaf, graças, sobretudo, aos grandes interesses comerciais dos times nacionais dos Estados Unidos e do México. Em 2009, a Copa Ouro elevou a receita da Concacaf a um valor recorde de US$ 35 milhões. As comissões de Blazer de vendas de marketing e televisão alcançaram US$ 2,3 milhões, a maior parcela que ele já teve.

Por isso, a ideia de que apostadores — "criminosos comuns, pelo amor de Deus!" — estivessem colocando tudo isso em risco ao subornar alguns juízes miseráveis era terrivelmente angustiante.

Blazer havia sugerido que o encontro fosse em um restaurante em Midtown, e Randall ficou feliz em fazer sua vontade. Aquela era, afinal, a chance perfeita de se reunir cara a cara com um membro do Comitê Executivo da Fifa, num cenário aparentemente perfeito, permitindo-lhe avaliar o homem sem que este percebesse o que estava acontecendo.

Blazer era o que o chefe de Randall, Mike Gaeta, gostava de chamar de "homem-feito",* totalmente iniciado na família Fifa. Ele não era um soldado subalterno, seguindo ordens e mantendo a cabeça baixa. Não, Blazer era, com certeza, um *caporegime*,** um dos homens no topo da organização. Ele estava metido nos negócios do futebol havia anos, décadas até, e sabia onde as coisas estavam enterradas.

Além disso, ao contrário dos outros *capos* da Fifa, Blazer era um cidadão norte-americano. Ele não morava em algum canto distante do mundo,

---

* Na máfia norte-americana, um "homem-feito" é um membro completamente iniciado nos negócios da máfia. (N. T.)

** *Caporegime*, ou *capo*, é um membro com um nível hierárquico elevado na máfia italiana. Ele é responsável por liderar membros subordinados, os soldados, e tem bastante influência dentro da organização. (N. T.)

longe do alcance. Ele vivia a algumas ruas, a uma viagem de metrô de distância dos escritórios do FBI em Manhattan. E falava inglês.

Até assumir o caso, Randall pensava que o futebol internacional era formado pelos astros no campo de futebol. Máquinas de fazer gols impressionantes como Lionel Messi, goleiros impenetráveis como Gianluigi Buffon, zagueiros — a posição em que jogava — robustos e implacáveis como Philipp Lahm, treinadores brilhantes como Alex Ferguson e clubes renomados como o Real Madrid.

Randall acreditava saber muito sobre o esporte, mas uma simples busca na internet sobre a corrupção no futebol revelou um universo incrível de nomes, lugares e eventos estranhos e desconhecidos, realizados por décadas e espalhados ao redor do planeta.

Havia blogs especialmente dedicados ao assunto, além de incontáveis documentários e livros. E isso só em inglês. Com frequência, pesquisas com certos nomes resultavam em artigos em francês, alemão, espanhol e sabe-se lá quantas outras línguas. Eram histórias sobre fraude eleitoral, revenda de ingressos, resultados combinados e esquemas de transferência de jogadores, cada um com seu grupo de obscuros cartolas no centro dos esquemas.

Era assustador. O FBI não tinha tradição em investigações de corrupção no futebol internacional. Não era possível ter casos antigos como exemplo, nem encontrar agentes veteranos com anos de experiência no futebol para ensinar as manhas a Randall.

Ele começou traçando um gráfico de conexões, um tipo de diagrama hierárquico das organizações criminosas que geralmente era usado em casos com muitos alvos potenciais, com pequenas linhas ligando os indivíduos. Os gráficos eram muito úteis em casos de quadrilhas. O chefão era colocado no topo, os tenentes, abaixo dele, e os soldados, na base. A ideia era criar um "quem é quem" do mundo do futebol, mostrando como uma pessoa relacionada à Fifa estava ligada à outra, que estava conectada a uma terceira, e assim por diante.

Randall colocou Blatter no topo, isso era fácil. Preencher o resto é que seria difícil. Havia muitos nomes, e seus diferentes papéis pareciam pouco claros: o vice-presidente da Fifa era mais ou menos poderoso do que o secretário-geral? E os presidentes das confederações? Ele só estava certo de uma coisa: Blazer merecia um lugar perto do topo.

Se Randall conseguisse fazê-lo falar, ele poderia explicar como tudo funcionava. É assim que os grandes casos começam. Dobra-se um cara que ajuda a arrumar provas para dobrar outro cara, que consegue mais dois — daí é só partir para o tribunal. Uma investigação pode ter meia dúzia de colaboradores ou mais ao mesmo tempo conforme a acusação é construída. O objetivo é chegar ao ponto mais alto possível da pirâmide, e tratando-se de organizações grandes e complexas, como a Fifa, fontes internas são a melhor maneira de conseguir isso.

Blazer já era uma pessoa de interesse para Randall e Gaeta havia algum tempo, mas desde que os eventos suspeitos em Port of Spain vieram a público, ele tinha se tornado uma espécie de celebridade. Fotos do rosto gordo e peludo de Blazer apareciam na CNN com frequência e vários jornais ao redor do mundo traziam suas citações.

Uma história em particular, um perfil elogioso da Associated Press que apareceu em jornais matutinos no país inteiro, pintava Blazer como um delator idealista motivado a limpar o esporte, um homem "espirituoso e sociável"[2] que era um "defensor incansável" do futebol.

Randall suspeitava o contrário, mas diferentemente dos espertalhões que os agentes do FBI estavam acostumados a caçar, Blazer não era um criminoso durão. Sua ficha era impecável, ele não tinha antecedentes, nem mesmo multas de trânsito.

Durante o almoço, Randall escutou em silêncio enquanto o nova--iorquino barbudo contava longamente sobre a Copa Ouro e a ameaça dos resultados manipulados. Ele falava de forma convincente e envolvente, e Randall, que era naturalmente tão quieto a ponto de ser taciturno, gostava de ouvi-lo.

Além disso, resultados combinados eram mesmo um assunto fascinante.

Sindicatos internacionais de apostadores conspiravam para pagar atletas e juízes a fim de mudar o resultado dos jogos. Desse modo, as apostas feitas com antecedência sempre tinham resultados favoráveis. Já que era praticamente impossível subornar alguém para marcar um gol ou fazer uma defesa brilhante, os responsáveis por esses arranjos geralmente negociavam para que os times perdessem ou, pelo menos, tivessem um desempenho abaixo do esperado. Para superastros como Messi ou Ronaldo, salários estratosféricos e a necessidade de uma boa imagem na imprensa faziam com que se tornassem alvos improváveis desse tipo de esquema.

Jogadores mal pagos, times de segunda divisão e árbitros de baixa renda eram a saída, especialmente porque era possível fazer tanto dinheiro com o resultado de uma partida inexpressiva quanto com o da final da Copa do Mundo, desde que houvesse interesse suficiente dos apostadores. E os times nem tinham de perder a partida — às vezes, as apostas eram simplesmente em cima do resultado do primeiro tempo ou de qual time faria o primeiro gol.

Em confederações grandes como a Concacaf, havia vários times fracos cheios de jogadores dispostos a fazer um pouco de dinheiro por fora. Ninguém esperava que um time como o da Nicarágua, por exemplo, que nunca havia se classificado para uma Copa do Mundo, ganhasse muitas partidas. Frequentemente, esses times nacionais eram comandados por administradores também corruptos, criando a preocupação de que nenhum responsável assegurava o jogo limpo.

Particularmente interessantes eram as conexões entre as fraudes nas partidas e o crime organizado. Os caras no próprio esquadrão de Randall ainda estavam ocupados até o pescoço em investigações de apostas ilegais envolvendo o gângster russo Taiwanchik. O próprio Randall havia passado várias e longas horas na sala de grampos do escritório local ouvindo uma série de gravações telefônicas, atrás de provas de atividades criminais para auxiliarem no caso. Em uma aparentemente estranha coincidência, diversos suspeitos moravam na Trump Tower, assim como Blazer.

Sim, os resultados combinados não pareciam ter muito a ver com a compra de votos para a Copa do Mundo e as maquinações nos altos níveis administrativos que motivaram Gaeta a abrir o caso. Porém, sem dúvida, parecia existir um possível cruzamento, especialmente pelo envolvimento de russos sombrios. Para Randall, era outro exemplo de como o futebol mundial era profundamente sujo.

O assunto era interessante o bastante para que Randall entrasse diretamente em contato com o chefe de segurança da Fifa, Chris Eaton,[3] e requisitasse o primeiro de uma série de encontros sobre o tópico. Mas a estratégia não deu em nada e, de toda forma, não ajudou o agente especial a fisgar a primeira testemunha para cooperar no caso.

CARTÃO VERMELHO *105*

Era frustrante. Geralmente, as pessoas não colaboravam em investigações por vontade própria. Elas precisavam ser encorajadas, às vezes fortemente encorajadas, e a melhor maneira de fazer isso era descobrindo algum fato incriminador sobre a pessoa e dando duas opções: cooperar ou ir para a cadeia. Porém, Randall não tinha nada contra Blazer.

O almoço foi memorável, mas, no fim das contas, pouco produtivo. Passado quase um ano, o caso mal havia andado. Que ótimo seria se Randall conseguisse encontrar algum gancho!

* * *

Logo após a suspensão de Warner e Bin Hammam, a Fifa abriu uma investigação completa sobre os eventos em Port of Spain. Ela contratou uma empresa externa, liderada pelo ex-diretor do FBI Louis Freeh, para conduzir os trabalhos. Enquanto os investigadores vasculhavam o caso, ficou claro que descobriam provas substanciais para apoiar as alegações de pagamento de propinas.

Embora alguns delegados caribenhos tenham permanecido fiéis a Warner, recusando-se a cooperar com a investigação, outros — temendo reprimendas da Fifa — começaram a falar. Em uma série de entrevistas em Zurique e nas Bahamas, cartolas de sete países caribenhos diferentes admitiram ter entrado em uma sala no Hyatt e recebido um envelope cheio de dinheiro. Alguns mostraram fotos e outras provas do pagamento.

Warner, de volta a Port of Spain, estava planejando discretamente receber um pagamento expressivo de Bin Hammam. Ele tinha entrado em contato com o catarense logo após sua suspensão inicial, e os dois, por meio de intermediários, concordaram com um pagamento de US$ 1,2 milhão, a ser transferido para três contas diferentes em Trinidad e Tobago: uma de sua assistente pessoal, uma de seu filho Daryl e a terceira controlada por seu outro filho, Daryan.

Embora Bin Hammam tenha transferido o dinheiro[4] em parcelas de US$ 412 mil, US$ 368 mil e US$ 432 mil, os pagamentos foram detidos pelos responsáveis pelo departamento de conformidade dos bancos trinitário-tobagenses, que queriam saber o motivo das transferências. Isso se revelou um problema espinhoso, pois as histórias inventadas por Warner não conseguiram convencer os bancos de que as transferências provinham de serviços legítimos. Simplesmente não havia provas de que um serviço tivesse sido prestado.

Mesmo enquanto lutava para convencer os bancos a aceitar os pagamentos de Hammam, por baixo dos panos, Warner tomou uma das maiores decisões de sua vida.

Em carta enviada à Fifa, datada de 7 de junho de 2011, Warner renunciou a todos os seus cargos[5] no futebol internacional. Três dias depois, a Fifa anunciou publicamente, em uma declaração curta, que aceitava a renúncia de Warner, agradecendo o trinitário-tobagense por seus serviços ao esporte.

"Como consequência da renúncia voluntária do sr. Warner, foram fechados todos os processos do Comitê de Ética contra ele", a Fifa escreveu na declaração. "A suposição da inocência é mantida."

Em sua carta de renúncia, Warner reafirmou o que chamou de "oferta de cooperação com o Comitê de Ética da Fifa" na investigação em andamento sobre Bin Hammam. Porém, os investigadores de Freeh descobriram que aquilo estava bem longe da verdade. A única carta na manga da Fifa para forçar uma cooperação era a ameaça de penalização. Com Warner não apenas fora do futebol como também completamente exonerado, as investigações da organização não tinham como acusá-lo.

O próprio Warner confirmou isso em público, dizendo a um repórter que ele "morreria primeiro" antes de ajudar em uma investigação iniciada por Chuck Blazer, seu parceiro mais antigo e próximo que, no espaço de poucas semanas, havia se tornado seu maior inimigo.

— Não vou apoiar uma acusação[6] feita por um norte-americano e investigada por norte-americanos em uma tentativa de colocá-la em solo norte-americano — Warner acrescentou, desafiador.

Poucos dias depois, ele escreveu um e-mail para o principal investigador de Freeh no caso declarando que não ajudaria na investigação e acrescentando que tinha provas de que havia uma "intriga transatlântica" na Fifa para a destruí-lo.

* * *

Após a renúncia de Warner na Concacaf, Lisle Austin, um barbadiano que estava no Comitê Executivo da confederação desde o fim dos anos 1970, era o vice-presidente mais antigo e, pelo regulamento, o próximo na linha de sucessão. Mas, quando ele tentou assumir a presidência, foi recebido com resistência, especialmente por Blazer, que queria que outro vice-presidente da Concacaf tomasse posse, o hondurenho Alfredo Hawit. A resposta de Austin foi tentar demitir Blazer, mas o secretário-geral se recusou a ir embora.

Sem perder tempo, Austin contratou advogados norte-americanos que, por sua vez, contrataram uma empresa de investigação corporativa chamada FTI Consulting para conduzir uma auditoria das finanças da confederação. Porém, depois que os funcionários da FTI foram repetidamente impedidos de entrar nos escritórios da Trump Tower e da Concacaf em Miami, o responsável pelo caso, um investigador de Miami chamado Simon Strong, recebeu uma tarefa diferente: descobrir os podres de Chuck Blazer.

Então, Strong, um inglês alto de olhos azuis e modos tranquilos e despretensiosos, os quais faziam as pessoas pensarem que ele era um espião, começou o que o pessoal em sua linha de trabalho chamava de "desenvolver informações", que se traduzia em fazer ligações, aprofundar o relacionamento com os contatos e pedir favores. Ele conversou com Jack Warner, pediu para Lisle Austin lhe passar contatos e voou pelo Caribe para encontrar executivos e empresários antigos e atuais da CFU, alguns dos quais abandonaram a organização assim que Warner foi suspenso.

Austin não havia comparecido à infame reunião em Port of Spain, mas a maioria dos cartolas da CFU havia, e muitos embolsaram os US$ 40 mil com prazer. Do ponto de vista deles, a decisão da Fifa não era apenas um ataque a Warner, que os havia liderado e empoderado por muitos anos — era uma ameaça direta e pessoal aos seus estilos de vida. A tentativa posterior de Blazer de anular os estatutos da Concacaf e impedir que Austin se tornasse presidente interino realçou esses sentimentos. Para eles, era um golpe de Estado. Não foi surpreendente, então, que, em pouco tempo, Strong tivesse conseguido desenterrar uma coleção de documentos consideráveis que comprometiam Blazer.

O significado de alguns documentos foi explicado a Strong pelas fontes que os entregaram, enquanto outros tinham conotações menos óbvias, porém, coletivamente, pintavam a figura de um homem que estava recebendo grandes quantias de dinheiro sem ninguém saber. Strong tinha a sensação clara de que havia muito mais a ser descoberto.

Nas semanas após a expulsão de Warner, Blazer trabalhou muito para se apresentar como um pilar de integridade e transparência, declarando a um jornal que "nós não toleramos esse tipo de comportamento[7] que foi exibido pelos membros mais antigos" da confederação.

Na verdade, ninguém sabia ao certo o que Blazer, que servia tanto de tesoureiro como de secretário-geral da Concacaf, estava tramando. Para começar, ele nunca mostrava os livros da confederação a ninguém, guardando-os com mais cuidado do que um diário pessoal. Não havia indicação, nem mesmo a mais vaga, de quão bem ele estava administrando a Concacaf em todos aqueles anos, e ninguém tinha a menor ideia de quanto dinheiro ele estava levando.

Realmente, a questão do salário de Blazer havia sido abordada na organização apenas três vezes durante os últimos vinte anos. A última vez que o assunto foi discutido foi em 2002,[8] quando Blazer desconsiderou um questionamento sobre quase US$ 1,2 milhão em "comissões" que estavam sendo registradas como despesas de marketing. A pergunta foi feita por um delegado em frente a todos os participantes de um congresso da Concacaf. Blazer foi forçado a admitir que os pagamentos eram, na verdade, parte de sua compensação, mas, de alguma forma, sua declaração pública não apareceu na minuta oficial da reunião, sendo logo esquecida.

Contudo, Strong descobriu que Blazer estava, havia anos, varrendo para debaixo do tapete milhões de dólares, e a maior parte não tinha sido declarada. Pelo menos, isso estava claro no contrato original de 1990, com uma cláusula que concedia 10% em comissões de todos os "direitos televisivos e de patrocínio" a Blazer, o que equivalia a quase toda a receita da Concacaf.

Mas isso não era tudo. Entre os documentos obtidos por Strong, havia uma carta de Jack Warner ao Republic Bank, em Trinidad e Tobago, de 31 de março, apenas alguns meses antes, instruindo o banco a fazer um cheque de US$ 250 mil para Blazer. Strong também tinha uma cópia do cheque cancelado com essa mesma quantia, que fora depositado em uma conta bancária nas Bahamas em 3 de maio, imediatamente após o congresso da Concacaf em Miami.

Aquele pagamento de um quarto de um milhão de dólares com certeza não era uma taxa de direitos televisivos ou de patrocínio. Também não estava claro por que Blazer tinha contas em paraísos fiscais como as Bahamas e por que ele usava empresas de fachada em vez de seu nome na maioria dos documentos financeiros.

O contrato de 10% era firmado entre a Concacaf e outra entidade chamada Sportvertising. Outros documentos em posse de Strong mostravam que aquela empresa, originalmente fundada no estado de Nova York, estava registrada nas Ilhas Cayman, onde as empresas não eram sujeitas a impostos sobre as sociedades e a divulgação de participação acionária era mínima.

Os documentos, pensava Strong, no mínimo sugeriam uma estratégia agressiva de evasão fiscal, apesar de a origem do dinheiro ser desconhecida.

Antes de se mudar para Miami, Strong havia trabalhado como repórter em jornais londrinos e, depois, na Austrália. Por fim, ele se mudou para a América do Sul, onde atuou como correspondente estrangeiro para alguns jornais matutinos britânicos. Ele escreveu um livro sobre as guerrilhas comunistas no Peru e, alguns anos mais tarde, um segundo livro que foi uma das primeiras análises sérias sobre a carreira do narcotraficante Pablo Escobar.[9] O foco da obra era a lavagem de dinheiro, portanto Strong estava familiarizado com as estratégias dos bandidos no uso de contas estrangeiras para lavar dinheiro sujo.

Apesar de ter desistido do jornalismo, Strong mantinha bastante contato com jornalistas na América Latina e no Reino Unido. Ele também era fã de futebol, tendo crescido como torcedor do Burnley Football Club.

Assim como os milhões de torcedores que acompanham o futebol, ele ficou indignado ao perceber como o esporte do povo era explorado por manda-chuvas inescrupulosos que espremiam cada centavo possível. Chuck Blazer, sem dúvida, era um deles, e os torcedores deveriam ter o direito de saber claramente o que ele estava aprontando.

Strong podia pensar em pelo menos um jornalista britânico que se sentia da mesma maneira.

* * *

O primeiro artigo de Andrew Jennings sobre as finanças de Chuck Blazer estava escondido na página treze da edição do *Sunday Herald* de 17 de julho de 2011, um jornal escocês com uma circulação de cerca de 30 mil exemplares. Ao mesmo tempo, Jennings publicou um artigo em seu próprio site, *Transparency in Sport*, com a manchete engraçadinha "Chuck, o sortudo! Blazer leva secretamente 10% dos contratos de patrocínio", acrescentando links para outros documentos.

A história, que mal chegava a quinhentas palavras, era típica do estilo de Jennings, repleta de fatos explosivos e generosamente apimentados, comentários astutos e sarcasmo. Trazia a primeira menção pública à Sportvertising e ao contrato incomum de Blazer com a Concacaf, o qual o permitia que fossem "pagos milhões em 'comissões'" a ele. Também revelava que Warner havia pedido que um cheque no valor de US$ 250 mil fosse enviado a Blazer no mês de março anterior, mas não oferecia teorias sobre a razão do pagamento.

Dois dias antes da publicação, Blazer respondera a uma série de perguntas de Jennings, enviadas por e-mail. Ele assumiu a comissão de 10%, mas argumentou que os pagamentos eram "consistentes com os padrões da indústria". Quanto aos US$ 250 mil, Blazer explicou que eram o "reembolso de um empréstimo pessoal feito por mim a Jack Warner há cinco anos".

Horas após a publicação, Blazer escreveu a Jennings novamente, implicando com as descrições do repórter sobre sua forma física, que, segundo Blazer, era irrelevante para seu trabalho, assim como a caracterização das comissões como "secretas".

"Encontre outro vilão",[10] Blazer respondeu, furioso. "Eu não sou o cara que você está procurando."

Parte das revelações de Jennings foi mencionada em uma matéria do *New York Times* sobre os estilos de vida exorbitantes dos cartolas da Fifa,[11] mas não passou disso. A imprensa esportiva estava mais interessada nas consequências dos eventos de Port of Spain. A investigação da Fifa tinha sido finalizada em julho, e uma série de vazamentos, vindos de Zurique, sobre as descobertas dessa investigação dominava as manchetes.

Em 23 de julho de 2011, a Fifa baniu Bin Hammam do futebol para sempre, enquanto Jason Sylvester e Debbie Minguell, que entregaram o dinheiro no Hyatt Regency, foram suspensos do esporte por anos. Bin Hammam cumpriu seu acordo com Warner, finalmente encontrando um pequeno banco em Trinidad e Tobago que aceitou a justificativa de que a transferência de US$ 1,2 milhão era um pagamento por "serviços profissionais oferecidos durante o período de 2005 a 2010". Em troca, Warner manteve sua boca devidamente fechada.

Então, em 9 de agosto, o Comitê de Ética da Fifa se virou contra Lisle Austin, banindo-o do esporte por um ano porque ele abriu um processo para resolver sua permanente disputa com a Concacaf. Os executivos em Zurique ficaram perplexos com essa atitude, que ameaçava a crença profunda da Fifa de que ela era um poder superior além de qualquer intervenção de nações soberanas.

No mesmo dia, Jennings escreveu para Blazer novamente, dizendo que "mais informações chegaram" e enviando vinte perguntas detalhadas sobre seus assuntos financeiros, bens e compensações. As fontes do repórter em Miami e no Caribe haviam lhe enviado outra pilha de documentos. Ele exigiu saber a história por trás de um cheque de US$ 205 mil, emitido no fim do verão anterior, e também das instruções para transferir um pagamento de US$ 57.500 à Sportvertising em 1996. Ele também perguntou se era verdade que o filho de Blazer, que era preparador físico, recebia um salário mensal de US$ 7 mil pago pela Concacaf, e se Blazer possuía vários condomínios de luxo nas Bahamas.

Embora Jennings não tenha mencionado isso nos contatos anteriores, dessa vez ele questionou — repetidamente — a situação fiscal de Blazer.

"Você tem certeza de que todos os pagamentos estrangeiros e benefícios foram relatados à Receita Federal?", Jennings inquiriu.

Em sua longa carreira, ele raramente havia trabalhado dentro da redação de uma publicação. Ele escrevia espontaneamente, era conhecido por não aceitar edições em seu trabalho com facilidade e seu foco monomaníaco em um único assunto por anos combinava mais com a vida de freelancer. Apesar de ser considerado um ícone do jornalismo, ele teve vários desentendimentos com outros colegas. Em outras palavras, estava atrás de um pagamento fixo. Daquela vez, o artigo foi aceito pela edição de domingo do *The Independent*, publicado em Londres.

Antes de o artigo ser publicado, Jennings ligou para Randall, no FBI, e avisou-o que estava com documentos que acreditava serem importantes. Os dois conversavam com frequência e Randall disse que gostaria de dar uma olhada. Jennings lhe enviou então todos os arquivos por e-mail. Não havia como saber o que o FBI pensava sobre aqueles documentos, mas, para Jennings, o simples fato de Randall os ter recebido era uma prova de que a agência de inteligência estava realmente conferindo seu conteúdo.

"FBI investiga pagamentos secretos ao delator da Fifa", dizia a manchete na página dez da edição de 13 de agosto do *The Independent*.

"O homem responsável por denunciar os subornos e a corrupção da Fifa, a organização que comanda o futebol, está sendo agora alvo de um inquérito do FBI", abria o artigo. "Investigadores dos Estados Unidos estão examinando documentos que parecem revelar pagamentos confidenciais a contas estrangeiras operadas pelo executivo da Fifa, o norte-americano Chuck Blazer."

Novamente, Jennings publicou a história em seu site, acrescentando fotos de Blazer, de seu filho e de sua namorada, além de links para vários documentos relevantes. Contudo, dessa vez, a matéria on-line tinha o dobro do tamanho da versão publicada no *The Independent* e incluía várias negações de Blazer, que afirmava que as transações "não eram itens de renda nem sujeitas a impostos".[12]

Três dias depois, em 16 de agosto de 2011, um repórter da agência de notícias Reuters, que, todos os dias, distribui matérias a milhares de jornais e sites ao redor do mundo, se interessou pela história. Tratava-se de um jornalista investigativo experiente da Reuters em Washington, chamado Mark Hosenball, que repetiu várias informações da matéria de Jennings, acrescentando mais alguns detalhes.

"Um esquadrão do FBI em Nova York[13] dedicado a investigar o 'crime organizado euro-asiático' está examinando provas relacionadas a pagamentos feitos a Chuck Blazer", Hosenball divulgou, observando que ele tinha revisado todos os documentos pessoalmente.

Os dois repórteres eram velhos amigos e, em uma demonstração pouco usual de camaradagem na indústria de notícias, Hosenball deu o crédito tanto para o *The Independent* quanto para Jennings, deixando um link para o artigo completo do jornalista britânico.

O alerta de notícias do Google pegou a matéria da Reuters assim que ela foi publicada, distribuindo-a automaticamente a caixas de entrada por todo o mundo. Uma delas pertencia a um ávido fã de futebol muito interessado em crimes fiscais, com residência no distante Orange County, na Califórnia.

NOVE

RICO — A LEI NORTE-AMERICANA CONTRA A CORRUPÇÃO

A HISTÓRIA DA BUSCA DE ELIOT Ness por Al Capone, o gângster mais poderoso e temido dos Estados Unidos durante a Lei Seca, é um clássico do gênero. Ness, um detetive jovem e charmoso, com seu time incorruptível de "intocáveis", fez o que ninguém mais poderia, flagrando corajosamente a operação de contrabando de Capone.

Isso, no entanto, é, em grande parte, ficção.

O verdadeiro herói por trás da queda de Capone[1] foi um corpulento e míope fumante de charutos baratos chamado Frank J. Wilson, da cidade de Buffalo, que largou a faculdade de Administração e foi ser agente da Unidade de Inteligência do Departamento do Tesouro.

Quando recebeu o caso Capone, em 1927, Wilson mudou-se de Baltimore para Chicago e passou grande parte dos quatro anos seguintes no quarto andar de um antigo prédio dos correios reclamando de "pessoas duvidosas andando pelos corredores" e revisando incansavelmente pilhas de documentos. Finalmente, desenterrou vários registros comprovando que Capone tinha renda não declarada, usou análise grafotécnica para identificar o autor desses documentos e trabalhou disfarçado em Miami para localizar e convencer o homem a testemunhar contra o mafioso em seu julgamento.

A partir daí, Wilson e sua equipe de agentes especiais construíram metodicamente o mais famoso caso de evasão fiscal da história, levando à condenação de Capone em 1931 e colocando o gângster na prisão por onze anos. Wilson também desempenhou um papel fundamental na resolução do rapto Lindbergh e, mais tarde, chefiou o Serviço Secreto, tendo reduzido significativamente a criminalidade nos Estados Unidos. A Unidade de Inteligência do Departamento do Tesouro foi renomeada em 1978, transformando-se na divisão de Investigação Criminal da Receita Federal.

Na IRS-CI,* como a divisão era chamada pelos agentes, Wilson era motivo de orgulho da instituição, incorporando as virtudes de uma agência que nunca parecia receber a atenção dada aos outros órgãos de cumprimento da lei. "Wilson", admirou certa vez o diretor da Unidade de Inteligência, "é um gênio para os detalhes. Ele não tem medo de nada que se mova[2] e é capaz de passar dezoito horas por dia, sete dias por semana, examinando livros fiscais se quiser encontrar algo neles."

Steve Berryman entrou na Receita Federal quando tinha 23 anos e, além de alguns empregos temporários em livrarias durante o colegial, nunca havia trabalhado em nenhum outro lugar.

Ele acreditava que os agentes da Receita Federal tinham ferramentas e treinamentos únicos à sua disposição que ninguém mais teria. Assim como outros policiais federais, esses agentes carregam um distintivo e uma arma, podendo efetuar prisões e executar mandados. Mas seu maior poder, para Berryman, era a habilidade de digerir complicados relatórios financeiros, convertendo fileiras intermináveis de números em poderosas narrativas de ilegalidades.

"Nós cuidamos da merda financeira em que ninguém mais quer tocar", Berryman gostava de dizer a qualquer um que estivesse disposto a escutar.

Após mais de vinte anos na função, ele se tornou especialista em casos internacionais quase sempre complexos. Nos anos anteriores, ajudara a conseguir condenações em casos envolvendo uma dupla de produtores de Hollywood, que pagava propina às autoridades da Tailândia[3] para realizar um festival

---

* Abreviação de Internal Revenue Service Criminal Investigation — Investigação Criminal da Receita Federal. (N. T.)

anual de cinema no país, e uma empresa de Orange County cujos executivos haviam pagado suborno aos oficiais do Ministério da Defesa do Reino Unido[4] para obter contratos de equipamentos. Mais recentemente, vinha investigando diversos bancos israelenses que deixaram de cumprir leis contábeis e pareciam estar encobrindo um esquema de lavagem de dinheiro internacional.

Os casos eram interessantes. Berryman pôde algumas vezes viajar para o exterior e experimentar diferentes formas de aplicar aspectos pouco conhecidos da lei. Mas também eram relativamente limitados, focados apenas em um ou dois acusados, e ele ansiava por algo verdadeiramente grande, com muitos réus, que realmente desafiasse suas habilidades investigativas.

O que ele desejava era um tipo muito específico de investigação, daquelas que a Receita Federal não era conhecida por realizar, e da qual ele próprio jamais havia tido a chance de participar.

* * *

Ainda era de manhã cedo quando Steve Berryman saiu de seu hotel no SoHo, mas já estava desconfortavelmente quente, o início de um daqueles dias grudentos de Nova York em que o calor sufocante do verão parece interminável.

Era meados de setembro de 2011, e o agente não colocava os pés em Nova York havia dezesseis anos. Seu celular, fornecido pelo governo, não tinha GPS, por isso parou em uma farmácia no dia anterior para comprar um mapa dobrável da cidade. Sentindo-se sufocado dentro do terno, Berryman baixava os olhos para o mapa de tempos em tempos enquanto atravessava a Canal Street, cruzava Chinatown e passava pelos diversos tribunais da cidade até chegar no número 26 da Federal Plaza, onde subiu para o 23º andar.

Jared Randall cumprimentou-o no hall do elevador e levou-o para conhecer rapidamente Mike Gaeta, antes de conduzi-lo para uma pequena sala de reuniões. Berryman estava surpreso com a pouca idade do agente do FBI e, enquanto explicava sua teoria para o caso do futebol, Randall observava-o em silêncio.

— Você ainda não me conhece — disse Berryman —, mas faço esse tipo de coisa há muito tempo.

— Sei quem você é — respondeu Randall.

Berryman, um veterano acostumado a escolher casos como bem entendesse, sentia-se desconfortável. Ele era o cara para quem os agentes do FBI e promotores ligavam pedindo ajuda em casos difíceis, mas naquele momento estava tentando vender seu peixe para alguém que parecia ter acabado de sair da academia.

Nas semanas que se seguiram após ter lido pela primeira vez a matéria da Reuters sobre Blazer, Berryman juntara material suficiente para falar por horas. Joseph Blatter, Mohamed bin Hammam, Jack Warner... Podia citar os nomes da maioria dos membros do Comitê Executivo da Fifa de cabeça. Referindo-se a uma lista que havia digitado, ele enumerou nomes de cartolas do futebol que acreditava serem potenciais alvos e de outros que gostaria de entrevistar como testemunhas, além de citar leis específicas que poderiam ter sido violadas. Enquanto falava, podia ver um leve sorriso no rosto do agente do FBI.

Berryman imaginou que estivesse no caminho certo e avançou ainda mais, contando a Randall sobre alguns dos casos em que trabalhara no passado. Mas, assim que começou, Randall interrompeu-o, inclinando a cadeira para trás com uma risada rápida.

— É — concluiu. — Você parece o cara certo para isso.

Berryman sentiu-se aliviado.

— Ótimo — respondeu, dizendo algo que havia ensaiado cuidadosamente. — Você poderia entrar em contato com o seu promotor e dizer que eu gostaria de conhecê-lo?

— Ah, já falei com ele sobre você — contou Randall, acrescentando que poderiam ir ao Brooklyn depois do almoço.

* * *

Até onde Berryman sabia, as pessoas que controlavam o futebol não eram assassinos, sequestradores, nem traficantes de drogas.

Eram burocratas do esporte; homens grisalhos em ternos caros, estourando champanhe na ala VIP da Copa do Mundo. Mas, sem dúvida, estavam todos interligados por uma grande organização, a Fifa, que parecia a definição exata de uma "organização" pela descrição da lei federal Rico.

Segundo a Lei de Combate a Organizações Corruptas e Influenciadas pelo Crime Organizado (em inglês: *Racketeer Influenced and Corrupt Organizations Act — Rico*), várias pessoas podem ser acusadas em conjunto por crimes que se estendam por anos ou até décadas passadas, desde que: seja possível provar que tenha ocorrido como parte de um "padrão de organização criminosa"; que, no mínimo, duas pessoas estejam envolvidas no esquema; e que o crime mais recente tenha sido cometido com um intervalo de menos de dez anos em relação ao crime anterior. De acordo com a Rico, a pessoa não precisa ter cometido um ato criminoso para ser condenada por ele, basta estar na mesma organização criminosa de quem perpetrou o crime.

Um processo Rico poderia não apenas colocar as pessoas atrás das grades, mas desmantelar toda uma organização, tijolo por tijolo, até não restar mais nada. E, embora a lei, promulgada em 1970, tenha sido criada para combater a máfia tradicional, logo se expandiu para outras áreas, tornando-se a ferramenta favorita dos promotores atrás de criminosos de colarinho-branco, como a rede de títulos de alto risco liderada por Michael Milken, nos anos 1980; além de operadores do esquema Ponzi, fornecedores que pagavam propina ao governo, e até departamentos corruptos da polícia.

Naquela tarde de setembro, sentado à uma mesa no Escritório da Procuradoria-Geral dos Estados Unidos para o Distrito Leste de Nova York, na área central do Brooklyn, Berryman recitou a mesma lista de alvos potenciais que havia compartilhado com Randall antes. Então, analisou oito leis diferentes que, acreditava, poderiam ser aplicadas a um caso relacionado aos mecanismos do futebol mundial. Envolviam uma série de delitos e estratégias legais, algumas bastante recentes, mas ele ficou particularmente animado com uma delas e finalmente anunciou:

— Eu pesquisei bem e acho que a Fifa é perfeita para a Lei Rico.

Os dois procuradores-gerais adjuntos sentados na frente de Berryman, Evan Norris e Amanda Hector, eram muito mais jovens do que ele. Ambos permaneceram sentados e impacientes durante a apresentação, fazendo poucas perguntas. Então, Hector, uma mulher imponente e de expressão séria, com longos cabelos castanhos, lançou um olhar para Norris com um semblante fechado.

A Rico era uma das armas mais poderosas que o Departamento de Justiça tinha à sua disposição. Era responsável por alguns dos processos mais espetaculares, que chegavam às manchetes. Porém, esses casos não eram fáceis. Investigações bem-sucedidas, frequentemente, exigiam mão de obra maciça e coordenação entre várias agências. Às vezes, até os melhores advogados encontravam dificuldades tentando entender a complexidade desnorteante da Rico. E explicar para o júri as sutilezas abstratas de uma lei que responsabilizava um homem pelos crimes de outro era, no mínimo, desafiador. Berryman estava claramente indo rápido demais.

— Você não está se precipitando um pouco, não? — perguntou Hector a Berryman, friamente.

O agente tentou conter uma sensação crescente de pânico. O FBI podia estar investigando o caso, mas o Escritório da Procuradoria-Geral dos Estados Unidos era quem comandava o show. Os promotores supervisionavam o caso e poderiam decidir se convidariam Berryman a se envolver nele, se aceitariam suas ideias e se as entregariam ao FBI ou a um agente local da Receita Federal, ou se simplesmente iriam ignorar tudo.

Aflito, Berryman olhou para suas anotações e partiu para o que esperava ser a melhor parte de sua apresentação.

O desafio desse caso, ele explicou, era que a maioria dos cartolas da Fifa não era de norte-americanos. Mas, Berryman afirmou, enquanto seus olhos cresciam cada vez mais, ele poderia pensar em inúmeras formas de sustentar sérias acusações fiscais, de fraude e de lavagem de dinheiro contra estrangeiros.

O segredo, explicou ele, era o fato de que sempre que há uma transferência internacional entre bancos, mesmo aqueles nos países mais remotos, e o dinheiro tende a fluir por instituições financeiras dos Estados Unidos.

Transferências bancárias podem ser feitas apenas entre bancos que mantêm relações entre si e, como a maioria dos milhares de bancos ao redor do mundo não possui tais relacionamentos, eles dependem de "bancos correspondentes" para completar as transferências em seu nome. Os Estados Unidos são sede de muitos dos maiores bancos do mundo, que possuem redes imensas com outras instituições financeiras do planeta, de forma que costumam atuar como bancos correspondentes intermediários.

Se um executivo de futebol no Catar quiser transferir uma propina de milhares de centenas de dólares para um executivo em Trinidad e Tobago, é improvável que os dois bancos efetuem transações frequentes o suficiente para estabelecer uma relação comercial permanente.

Por outro lado, é bem provável que um grande banco norte-americano, como o JPMorgan Chase, faça negócios com bancos catarenses e trinitário--tobagenses — e, a uma taxa pequena, processe a transferência. Em caso negativo, certamente o Chase está conectado a outro grande banco norte--americano, como o Wells Fargo, que, por sua vez, trabalha com algum banco trinitário-tobagense. O dinheiro, portanto, sai do Catar por intermédio do Chase, passa pelo Wells Fargo e, finalmente, chega à conta bancária do executivo corrupto em Trinidad e Tobago.

Era complicado, Berryman sabia. Para ajudar os promotores a enxergarem o processo de forma menos abstrata, ele pegou uma folha de papel em branco, colocou-a sobre a mesa e desenhou uma linha curva entre duas caixas, representando os bancos de partida e de chegada. Depois, adicionou outras caixas ao longo do arco, representando os bancos correspondentes. Chamou aquilo tudo de transferência "arco-íris".

O que o arco-íris mostrava, disse ele, era que o dinheiro passava pelos Estados Unidos. Isso era crucial. Significava que a jurisdição penal poderia ser estabelecida para, por exemplo, uma propina paga a um membro do Comitê Executivo da Fifa para votar de determinada forma, mesmo que nenhuma parte da conspiração fosse norte-americana e que sua reunião tivesse acontecido em algum outro país.

Mas isso não era tudo. Todo o sistema funcionava, segundo Berryman, acrescentando diversas outras linhas ao arco-íris, graças a vários sistemas de transferência bancária que automatizam todo o processo de correspondência. Por sorte, dois dos maiores sistemas de transferência bancária do mundo, Fedwire e Clearing House Interbank Payments System, também chamado de Chips, estavam sediados nos Estados Unidos, e Berryman mantinha um ótimo relacionamento com ambos.

Em vez de caçar cegamente as fontes que eventualmente diriam algo sobre as propinas, Berryman poderia facilmente intimar o Fedwire e o Chips para fornecerem uma lista de transferências internacionais envolvendo um possível suspeito, como Julio Grondona, o poderoso vice-presidente argentino da Fifa. Em questão de dias, receberia uma planilha listando todas as transferências bancárias que Grondona já havia feito ou recebido, assim como os nomes e os números das contas de quem havia enviado ou recebido as transferências.

E o melhor de tudo: o rastreamento poderia ser feito em sigilo, sem precisar contatar bancos estrangeiros e correr o risco de eles alertarem seus clientes. A questão, explicou Berryman, é que ele poderia revelar pagamentos dos quais não sabia absolutamente nada, basicamente invertendo todo o processo investigativo, que geralmente envolvia rastrear o dinheiro *depois* que as autoridades descobrissem sua existência por meio das fontes. Essa informação poderia ser usada para indiciar pessoas, ou forçá-las a mudar de lado e colaborar com a investigação.

O agente da Receita Federal fez uma pausa, e houve um momento de puro silêncio. Era, do ponto de vista da promotoria, um tipo de estranha e maravilhosa alquimia sendo descrita, algo que lembrava, talvez, a experiência de receber uma britadeira após uma vida inteira cavando com as próprias mãos.

Mas, antes que alguém pudesse responder, Berryman já retomava a explanação, exibindo vários dos seus truques favoritos, como maneiras de usar intimações para forçar pessoas a revelarem a existência de contas no exterior e uma brecha obscura na legislação federal que expandiu amplamente a definição de lavagem de dinheiro.

O fato, disse Berryman, é que ele poderia usar tudo isso para ajudar a limpar o futebol. Não tinha importância ele morar na Califórnia, ele tinha conhecimento e motivação suficientes para levar esse caso até o fim.

— Se conseguirmos pegar Blazer e Warner — ele concluiu—, conseguimos pegar Bin Hammam. E, se conseguirmos pegar Bin Hammam, pegamos Blatter.

Berryman olhou ansioso para Norris, o promotor responsável pelo caso. Ele era alto e magro, com dedos longos e delicados e uma grossa camada de cabelos pretos, penteados de forma tão impecável que pareciam de plástico. Ele pouco havia falado durante a reunião, mas Berryman notou algo em seus olhos.

Norris parecia compreender.

* * *

Evan Mahran Norris tinha apenas 35 anos, mas já provara ser um dos mais talentosos jovens promotores do Distrito Leste de Nova York.

Filho de um iraniano, diretor de uma escola de ensino médio, ele cresceu em uma família de intelectuais, mudando-se de casa conforme o pai conseguia novos empregos em cidades como Minneapolis. Ao longo desse caminho, desenvolveu um forte senso moral de certo e errado e uma confiança inabalável em sua própria opinião.

Como estudante de Ciências Políticas na Universidade de Columbia, certa vez escreveu uma carta para o editor de um jornal universitário apenas para dizer o quão preocupado estava com "a falta de altruísmo e compaixão"[5] demonstrada pelo autor de um artigo que considerou ofensivo.

Durante o curso de direito em Harvard, Norris recusou um trabalho na renomada e prestigiada *Law Review*,* voluntariando-se para o Serviço de Assistência Jurídica da universidade, onde passava até trinta horas semanais ajudando famílias carentes a lidar com problemas legais de forma gratuita. Ele se referia à experiência como "sem dúvida, a melhor coisa que fiz na faculdade de Direito".[6]

Quando se formou, Norris sabia que queria ser promotor e, após alguns anos em um grande escritório de advocacia em Manhattan, assumiu a posição como procurador-geral adjunto dos Estados Unidos para o Distrito Leste. Logo foi transferido para o Departamento contra o Crime Organizado, demonstrando ser um advogado notavelmente cuidadoso e ponderado. Norris desempenhou um papel fundamental na condenação de diversos membros da família mafiosa Gambino e se destacou de forma brilhante no julgamento de um deles, um assassino particularmente sórdido[7] com predileção por dissolver suas vítimas em latões de ácido para esconder as evidências.

Mas ele não era de brigar. Seus superiores enxergavam em Norris o dom da liderança, e logo o colocaram em investigações longas e altamente

---

* Uma Law Review é uma revista acadêmica com foco em questões legais. Nos Estados Unidos, as Law Reviews são normalmente publicadas por uma organização de estudantes em uma faculdade de Direito ou por uma associação legislativa. A de Harvard é uma das mais prestigiadas do país. (N. E.)

delicadas, envolvendo esquemas complicados e muitas vezes misteriosos. Foi em um desses casos, que nunca resultou em indiciamento, que trabalhara pela primeira vez com Mike Gaeta, do fbi.

Gaeta também via em Norris a habilidade de conduzir investigações difíceis e achou que os dois tinham filosofias parecidas sobre como construir um caso. Por isso, aceitou a ideia incipiente de ir atrás da Fifa com Norris no Brooklyn, em vez de com alguém do Distrito do Sul de Nova York, alocado em Manhattan, o escritório do fbi mais renomado do país, que sempre pegava os maiores casos. Gaeta acreditava em seu instinto e achou que Norris era o homem certo para o trabalho.

Norris era uma pessoa profundamente fechada e quase nunca deixava seus sentimentos transparecerem. Mas ele se importava muito com seu trabalho e encarava como um tipo de ofensa pessoal os delitos de seus alvos. Em sua opinião, as pessoas processadas, no fim, mereciam aquilo e eram pessoalmente responsáveis por seus infortúnios legais.

Agentes especiais podem ser os caras que carregam as armas na cintura, mas uma investigação bem-sucedida não chega a lugar nenhum sem um promotor capaz de manter a disciplina, enxergar o panorama geral, pensar de forma estratégica e, especialmente, manter a calma. Um bom promotor precisa escrever bem, ter uma boa percepção da lei, pensar racionalmente e ser apaixonado pela vitória. Mas, acima de tudo, esse tipo de trabalho exige um bom julgamento.

Bons casos podem ser perdidos por causa de erros evitáveis ou se forem tratados de maneira rápida demais. Condenações, o objetivo final, dependem de decisões inteligentes sobre como conduzir um caso e quem deve ser envolvido nele.

Poucas horas depois da reunião, Norris ligou para Berryman.

O agente da Receita Federal esperava na esquina da Canal Street com a West Broadway. Estivera nervoso demais para ficar sentado desde que deixou o escritório no Brooklyn, receoso de que os promotores pudessem pegar suas ideias e excluí-lo do caso mais empolgante com o qual já havia se deparado. Nunca quis tanto estar em um caso como naquele e quase não havia conseguido dormir nos dias anteriores à sua grande apresentação.

— Eu gostaria de lhe dar as boas-vindas — disse Norris.

O rosto de Berryman se abriu em um largo sorriso. Após desligar, ele andou radiante pelo SoHo, indiferente ao calor e ao seu terno desconfortável.

Dez

O dinheiro de Blazer

No dia 20 de julho de 2000, um Grande Júri federal, em Salt Lake City, proferiu uma denúncia de quinze crimes contra Thomas K. Welch e David R. Johnson, respectivamente ex-presidente e vice-presidente do comitê de candidatura de Salt Lake City para os Jogos Olímpicos de Inverno de 2002.

Promotores haviam divulgado as acusações após uma longa investigação de um suposto suborno pelo comitê de candidatura, como parte de um esforço bem-sucedido para convencer os membros do Comitê Olímpico Internacional a escolherem Salt Lake City em vez das cidades concorrentes na Suécia, na Suíça e no Canadá. Foram apresentadas provas de que mais de US$ 1 milhão em dinheiro, bolsas de estudos, presentes, viagens e até cuidados médicos para membros do COI haviam sido pagos para membros da comissão julgadora, além de uma documentação que tentava encobrir pagamentos com contratos falsos e relatórios financeiros forjados.

Apesar do que os promotores acreditavam ser um caso realmente forte, nem Welch nem Johnson chegaram a ser condenados. Um ano após a denúncia, o juiz responsável dispensou as acusações de suborno e, quando o caso finalmente foi a julgamento, concedeu uma moção de absolvição à defesa. Posteriormente, o juiz disse que o caso ofendia o seu "senso de justiça".[1]

O caso do COI, com seu suborno internacional e compra de votos, pensava Berryman, tinha semelhanças óbvias com a investigação do futebol, e havia sido um completo desastre.

Se ele e seus novos colegas em Nova York pretendiam atacar a Fifa, não seria suficiente mostrar que o dinheiro havia mudado de mãos, que autoridades haviam sido subornadas, ou que os pagamentos haviam sido encobertos. Eles precisavam ter solidez absoluta em todos os níveis e evitar qualquer brecha que um advogado de defesa perspicaz pudesse usar para comprometer o caso como um todo. Não importava quanta sujeira eles desenterrassem, aquilo não significaria nada se não funcionasse no tribunal.

Uma acusação envolvendo o cerne do futebol mundial, se algum dia viesse a público, claramente seria de grande importância e atrairia uma atenção pública gigantesca, além de pressionar a promotoria. Se escolhessem a lei errada para construir o caso ou tivessem problemas com uma testemunha, poderia ser fatal. Tudo tinha de seguir as regras, pensava Berryman. Nenhum erro poderia ser cometido.

Ele, então, levou essa atitude à sua reunião inicial no Brooklyn.

— Chuck Blazer não declarou seus impostos? É por isso que você está aqui? — perguntou a promotora Amanda Hector. — O que você sabe?

Berryman não disse nada porque sabia que, por lei, não poderia discutir a situação de uma declaração de rendimentos, mesmo com promotores federais, até que a investigação tivesse sido formalmente estendida para um caso fiscal pelo Departamento de Justiça.

Impostos, Berryman bem sabia, eram especiais. Após o caso Watergate, quando foi revelado que o governo Nixon usara informações sobre supostos inimigos para benefício próprio, o código da Receita Federal foi reescrito para fortalecer a proteção à privacidade. Uma das principais mudanças foi uma emenda a uma resolução chamada Seção 6103, que tornava as informações fiscais estritamente confidenciais a menos que exigências muito rígidas fossem cumpridas. É a mesma seção que torna extremamente trabalhoso, se não impossível, que qualquer autoridade além dos agentes da Receita Federal tenha acesso a declarações fiscais, até mesmo para alvos de uma investigação de um Grande Júri.

Antes que Berryman pudesse dizer qualquer palavra sobre as declarações fiscais de Blazer a qualquer pessoa no caso do futebol, ele precisaria da aprovação de seu supervisor em Laguna Niguel, depois, de advogados de direito penal tributário no gabinete da Receita Federal em Washington e, finalmente, da Divisão Fiscal do Departamento de Justiça. Só então Berryman poderia chamar Evan Norris e contar o que tanto queria desde o instante em que se conheceram: "Chuck Blazer não declara impostos há anos, desde, no mínimo, 1994".

Enquanto esperava ansiosamente por esse momento, Berryman começou a dar os passos necessários para reunir provas contra Blazer. Para acusá-lo de evasão fiscal, não era suficiente mostrar que não havia declarado impostos. Precisava provar que Blazer escondera deliberadamente sua renda.

Para começar, Berryman passou horas e horas no site do jornalista Andrew Jennings, que havia recebido o crédito e o link na matéria da Reuters que o atraiu para o caso. Berryman nunca ouvira falar de Jennings, mas estava impressionado com o seu profundo interesse pela corrupção no futebol. O site trazia vários artigos sobre a Fifa, histórias de fraude, trapaças e crimes escancarados remontando até a era Havelange, nos anos 1970.

Era tudo fascinante, mas Berryman se concentrou em um documento que Jennings havia postado. Era uma cópia granulada, em baixa resolução, frente e verso, de um cheque cancelado, do ano anterior, emitido para uma empresa chamada Sportvertising, no valor de US$ 205 mil.

Berryman ampliou o cheque na tela do seu computador e deu uma boa olhada. A cópia era tão ruim que algumas partes, como a assinatura, estavam ilegíveis. Mas, no verso, achou que conseguiria ver a confirmação por escrito. Apertou os olhos, aproximou o rosto da tela e até usou uma lupa para enxergar melhor. Finalmente, conseguiu distinguir as letras. Elas diziam:

Somente depósito
Sportvertising Inc.
Merrill Lynch

Aquilo parecia um achado gigantesco. Berryman estava receoso de que Blazer tivesse feito todas as transações em bancos estrangeiros, o que tornaria difícil e arriscado obter as informações de suas contas. Se, como as matérias sobre Blazer sugeriam, ele tinha contas nas Ilhas Cayman ou nas Bahamas, havia obstáculos legais e diplomáticos significativos para solicitar quaisquer registros. E, ainda assim, os bancos nos paraísos fiscais do Caribe não eram conhecidos pela generosidade de suas políticas de transparência.

Também havia o risco considerável de que os banqueiros das Ilhas Cayman ou das Bahamas, após revisar esses pedidos, decidissem contar a Blazer que as autoridades o estavam bisbilhotando, o que poderia ter resultados desastrosos sobre o caso. Alertado sobre a investigação, Blazer poderia destruir os registros, contar aos outros cartolas do futebol ou, ainda, deixar o país.

Mas Merrill Lynch, a corretora e administradora financeira famosa pelo seu logotipo de touro, estava sediada nos Estados Unidos e sujeita às leis do país. Isso significava que Berryman poderia intimar a Merrill, exigindo toda e qualquer informação sobre contas em nome da Sportvertising ou de Chuck Blazer, demonstrativos mensais, listas de transações ou informações sobre quaisquer contas associadas ou proprietários beneficiários, e a empresa seria legalmente obrigada a não apenas fornecer tudo isso, mas a manter o pedido em sigilo absoluto, até mesmo do titular da conta.

Foi exatamente isso que Berryman fez. E só levou vinte minutos.

* * *

Sunil Gulati considerava Chuck Blazer um de seus mentores e amigos mais próximos; conhecia o homem por quase toda a sua vida adulta. Haviam assistido juntos a inúmeras partidas de futebol, passado horas intermináveis dentro de aviões e sentado lado a lado em incontáveis reuniões. E, então, Gulati precisava informá-lo de que estava despedido.

Conhecera Blazer nos bastidores,[2] quando acabava de sair da faculdade, ajudando-o a dirigir os estrelados times da Connecticut Junior Soccer Association enquanto estudava para o seu mestrado em Economia na Universidade de Columbia. Blazer, dezesseis anos mais velho, estava no comando desses times do estado vizinho de Nova York, e os dois colaboraram para agendar campeonatos e outros eventos.

Gulati, apaixonado pelo esporte e determinado a subir na carreira, cruzou o caminho de Blazer novamente quando este foi eleito vice-presidente da Federação de Futebol dos Estados Unidos, na qual Gulati era membro de um comitê. Trabalharam juntos na Copa do Mundo de 1994, na qual Gulati serviu como vice-presidente, e, por muitos anos, Blazer emprestou uma sala para ele, gratuitamente, na sede da Concacaf, na Trump Tower.

Em 2007, quando foi aberta uma vaga no Comitê Executivo da confederação, Blazer ajudou Gulati a ser nomeado para o cargo sem precisar ser eleito[3] pelo congresso interno. Gulati, que havia sido eleito presidente da Federação de Futebol dos Estados Unidos no ano anterior, permanecia no conselho da Concacaf desde então.

Em meio ao tumulto que se seguiu à decisão de Blazer de denunciar Jack Warner e Mohamed bin Hammam para a Fifa, Gulati permaneceu ao lado de seu velho amigo. Como um dos mais ferrenhos apoiadores da candidatura estadunidense para uma Copa do Mundo, Gulati ficou injuriado com os boatos de que Warner teria votado no Catar e, como muitos na Concacaf, parecia feliz com a sua saída.

Porém, os ventos políticos haviam mudado desde o início de 2011. O Comitê Executivo da Concacaf nunca havia questionado a gestão financeira de Blazer, aprovando os demonstrativos financeiros auditados da confederação ano após ano sem nenhum comentário. Depois que as matérias de Jennings revelaram a existência do contrato de 10% estranhamente lucrativo de Blazer, essa atitude tolerante mudou de forma repentina. O conselho, em um encontro realizado no Panamá em agosto, pediu ao secretário-geral para dar informações a respeito de sua remuneração.

Encurralado, Blazer disse que esperava ganhar US$ 2 milhões em 2011 e forneceu cópias de seus contratos. O primeiro era o acordo original de 1990, quando foi nomeado por Warner; o segundo, de 1994, apresentava basicamente os mesmos termos e havia expirado em 17 de julho de 1998. E nada mais. Em outras palavras, Blazer estivera trabalhando sem um contrato válido por mais de treze anos, mas, mesmo assim, continuou aceitando sua generosa comissão sobre quase tudo.

No dia 31 de agosto, Jack Warner respondeu à afirmação de Blazer de que o cheque de US$ 250 mil que recebera da CFU era a devolução de um empréstimo.

Na verdade, disse Warner, Blazer recebera um total de US$ 750 mil da conta da CFU, que não era um empréstimo porque "em nenhuma ocasião peguei dinheiro emprestado de Blazer",[4] e que o dinheiro viera originalmente da Fifa. Warner acrescentou que, apesar dos pedidos recorrentes ao longo de muitos anos, Blazer se recusara veementemente a compartilhar informações sobre sua remuneração.

Qualquer que fosse a opinião pessoal de Gulati ou dos outros cartolas, a questão estava diante da opinião pública, um constrangimento. O Comitê Executivo da Concacaf se deu conta de que precisava fazer algo.

Durante meses, a confederação tentara eleger alguém para assumir o cargo deixado por Warner no Comitê Executivo da Fifa, mas, com grande parte dos seus membros ainda sob investigação por aceitarem supostos subornos em Port of Spain, a tarefa se mostrava ser impossível.

Enquanto isso, a disputa sobre quem serviria como presidente interino da Concacaf não havia sido resolvida. Embora o Comitê Executivo da confederação houvesse empossado Alfredo Hawit, seus membros caribenhos se recusavam a reconhecer o hondurenho e estavam furiosos com o banimento de mais de um ano de Lisle Austin pela Fifa. Ficava óbvio que a Concacaf não teria presidente legítimo até suas próximas eleições, no mês de maio seguinte.

Quanto aos caribenhos, a cfu planejava suas próprias eleições em algumas semanas, mas tudo indicava que seriam canceladas ou terminariam de forma desastrosa.

A Concacaf, em outras palavras, estava um caos.

No dia 3 de outubro, Gulati reuniu-se com três outros membros do conselho do Comitê Executivo da Concacaf em Nova York. Diante da evidência crescente de sérias improbidades financeiras, viam poucas alternativas além de descartar Blazer. Gulati conhecia melhor o homem. Recairia sobre seus ombros a tarefa de dar a má notícia, o que fez em uma visita ao apartamento de Blazer, logo acima do escritório da confederação. O seu tempo no topo da Concacaf havia acabado. Blazer poderia preservar as aparências e renunciar imediatamente ou ser afastado de forma pública.

Havia sido uma tremenda jornada, 21 anos à frente da Concacaf, transformando-a de uma organização insignificante em um centro de poder financeiro. E, além do mais, Blazer continuaria sendo membro do Comitê Executivo da Fifa, que era, sem dúvida, o maior sinal de prestígio no mundo do futebol.

Sem Warner para protegê-lo e com a liderança da confederação contra ele, Blazer sabia que não tinha escolha e concordou em sair discretamente.

Porém, pediu uma concessão: que pudesse permanecer como secretário-geral até o fim ano.

Gulati e o restante do Comitê Executivo da Concacaf ficaram felizes em conceder esse pequeno favor. Pediram apenas para Blazer não efetuar mais nenhum pagamento[5] para si mesmo pelas contas da Concacaf até que o comitê descobrisse quanto, se é que havia algo, ele realmente deveria receber.

Três dias depois, Blazer anunciou publicamente seu pedido de demissão do cargo de secretário-geral da Concacaf, citando um desejo de "perseguir outras oportunidades[6] na crescente indústria do futebol internacional" e uma forte preferência por deixar o país para fazer isso.

* * *

A Copa Ouro de 2011 havia sido a mais bem-sucedida de todos os tempos. Mais de um milhão de pessoas assistiram ao campeonato, realizado em junho e julho, e o fato de a final ter sido entre México e Estados Unidos garantiu que seus patrocinadores, como a Miller Lite, saíssem felizes. O campeonato contribuiu para o melhor ano financeiro da história da Concacaf. Durante todo o ano de 2011, a confederação arrecadou US$ 60 milhões,[7] um aumento gigantesco em relação aos US$ 37 milhões de 2009, ano da Copa Ouro anterior.

Pelo raciocínio de Blazer, sua comissão não se limitava aos patrocínios e taxas de direitos de transmissão. Em vez disso, pegou sua fatia das vendas de ingressos, hotéis de luxo, estacionamento e até das cervejas e dos cachorros-quentes vendidos nas barracas do estádio. De quase cada dólar que entrava, Blazer ficava com 10%, acumulando o dinheiro em uma conta interna chamada "comissões a pagar". Ainda pegou essa porcentagem dos recursos de desenvolvimento enviados à confederação pela Fifa, chegando pagar a si mesmo US$ 300 mil de um auxílio de US$ 3 milhões dado pela Fifa para construir um estúdio de televisão nos escritórios da Concacaf na Trump Tower.

Ao mesmo tempo, Blazer havia pagado, durante anos, todas as contas possíveis e imagináveis em seu cartão corporativo American Express,[8] usando-o para viagens, refeições no Elaine's, roupas, presentes, praticamente tudo. A Concacaf pagava as contas da Amex integralmente e, então, Blazer, uma vez por ano, revisava seus demonstrativos e deduzia tudo o que julgava ser despesas pessoais da conta "comissões a pagar". Dessa forma, ele nunca tinha de pagar um centavo do seu bolso para cobrir suas despesas pessoais e, ao mesmo tempo, acumulava todos os pontos de fidelidade da Amex para uso próprio. Em um período de sete anos, a Concacaf pagou US\$ 26 milhões para a Amex — o que rendeu a Blazer pontos suficientes para trocar por duzentas passagens de ida e volta, na primeira classe, dos Estados Unidos para a Europa.

Blazer fazia o mesmo com seu aluguel.[9] Ao longo dos anos, morou em vários apartamentos diferentes na Trump Tower e, desde 2011, ocupara duas unidades adjacentes no 49º andar que custavam, juntas, US\$ 18 mil por mês. Como Blazer trabalhava com frequência fora do apartamento e, muitas vezes, nem descia para o 17º andar da Concacaf, justificava um terço do aluguel como *home office* pagável pela Concacaf. Os US\$ 12 mil restantes eram simplesmente deduzidos da quantia que, segundo seus cálculos, a Concacaf devia a ele em comissões. Mais uma vez, nem um centavo do seu bolso.

Blazer era contador por formação. Fazer a confederação pagar tudo não apenas economizava o seu dinheiro, mas também significava que não havia quase nenhum vestígio de sua renda e de suas despesas. De fato, ele fazia questão de colocar o mínimo possível em seu nome.

Em vez de comprar um carro, fez a Concacaf comprar uma Hummer que somente ele usava. Em vez de adquirir imóveis em Miami e nas Bahamas, colocou-os em nome da Concacaf, embora apenas ele tivesse as chaves. Desde os anos em que vendia bugigangas e itens promocionais descartáveis, Blazer encontrara formas de esconder dinheiro, estabelecendo uma rede de empresas-fantasma com nomes como Windmill Promotions e Sand Castle Distributors.

Quando chegou à Concacaf, ficou mais sofisticado, registrando suas empresas em paraísos fiscais no Caribe, onde a titularidade era quase impossível de se determinar. Suas comissões da Concacaf iam diretamente para suas empresas-fantasma anônimas e ele insistia que outros pagamentos, menos legítimos, fossem enviados para elas também.

Como resultado, havia pouco ou quase nenhum indício de que Blazer tinha qualquer fonte de renda. Não havia contracheques, nenhum imposto sobre propriedade, nem mesmo contas de serviços. Assim como Al Capone, nos anos 1920, Blazer era, do ponto de vista financeiro, quase um fantasma — exatamente como um homem que não declarava imposto de renda havia mais de uma década, apesar de receber milhões de dólares durante esse período, gostaria de ser. Blazer era tão obcecado por não deixar rastro algum que até se recusou a usar um cartão de fidelidade durante suas visitas frequentes aos cassinos de Las Vegas, preocupado que a Receita Federal pudesse ser alertada sobre seus ganhos em apostas e auditá-lo.

Anos operando com sucesso na clandestinidade deram a Blazer autoconfiança e um senso de impunidade, e ele recompensou a si mesmo com quantias exponenciais de dinheiro sem pagar nenhum centavo de impostos por nada. Se 2011 foi o melhor ano da história da Concacaf, então também seria o melhor ano de Blazer.

Quando Gulati confrontou Blazer, no início de outubro, o secretário-geral já havia abocanhado US$ 4,2 milhões[10] em comissões de 2011. Dividiu a quantia, quase o dobro do máximo que havia pagado a si mesmo, entre duas empresas-fantasma que estabelecera anos antes, a Multisport Games Development e a En Passant Ltd.

Blazer prometera deixar a Concacaf para sempre no dia 31 de dezembro. Então, com tempo contado à frente da instituição que construíra do zero, o secretário-geral tinha uma última comissão a receber.

No dia 10 de novembro, Blazer contatou o banco da confederação em Miami, BAC Florida Bank, solicitando que transferissem US$ 1,4 milhão para a sua conta da Sportvertising[11] nas Ilhas Cayman. Era, escreveu ele nas instruções para a transferência, "pagamento de comissões pela Copa Ouro".

Pouco tempo depois, recebeu um e-mail de seu banco nas Ilhas Cayman, confirmando que o dinheiro chegara em segurança.

"Iupi!", respondeu Blazer.

ONZE

A VIRADA DE MESA

As INTIMAÇÕES COMEÇARAM A APARECER AOS montes antes do final de setembro, primeiro apenas uma gota e, depois, uma enxurrada, uma após a outra.

Para Berryman, era como se fosse Natal. Ele conferia a sua caixa de e-mails e, bum!, lá estava outra bomba, com a tradicional precisão da linguagem jurídica e anexos contendo linhas e mais linhas de números maravilhosos. Da Fedwire e da Chips, ambas sediadas em Nova York, ele receberia planilhas de cada transferência envolvendo uma conta específica e, analisando os registros, poderia ver os bancos originários, os bancos correspondentes, a quantia que era transferida e as contas do outro lado da transferência.

Depois, se algum dos bancos correspondentes fosse nos Estados Unidos, enviaria outra série de intimações, pedindo a cada um para fornecer informações sobre a transferência e quaisquer outras transações que pudessem ter sido realizadas pela mesma conta. Berryman tinha talento para analisar o fluxo do dinheiro, como se fosse algo tangível, algo que se movesse de um lugar para outro.

Às vezes, quando tinha sorte, deparava-se com uma transferência que começava e terminava em um banco nacional e, então, podia solicitar tudo, o que ele chamava de "a rotina" que levava aos nomes de cada signatário da conta, do beneficiário, de quaisquer outras contas que essas pessoas tivessem no mesmo banco e cópias de cada demonstrativo mensal, remontando aos anos anteriores. Então, sentava-se satisfeito para analisar tudo, linha por linha.

Enviou centenas de intimações em um ritmo constante. Chegou ao ponto de falar com os funcionários dos departamentos jurídicos dos grandes bancos com tanta frequência que pareciam ser amigos pessoais. Uma em particular, uma senhora gentil que trabalhava para a Merrill Lynch em Chicago, fez uma primeira ligação quando ele voltou pela segunda vez a Nova York, para uma reunião com os promotores no final de setembro. Ele descia a rua, e ela começou a ler calmamente as informações da conta bancária pelo telefone. Berryman sentiu vontade de entrar no celular e abraçá-la.

Ele pesquisou cada nome relacionado à Fifa de que podia se lembrar: Joseph Blatter, Jack Warner, Mohamed bin Hammam, Jérôme Valcke, e assim por diante. Alguns estavam limpos, mas muitos davam em alguma coisa e, quando algo promissor aparecia, Berryman salvava o documento em uma pasta em um servidor seguro chamada "Todas as transações", acessível apenas aos demais agentes e promotores envolvidos no caso. À medida que os documentos se acumulavam, dezenas viraram rapidamente centenas e Norris ensinou a Berryman um pequeno truque de organização: colocar a data da transferência questionável no início do título, tomando o cuidado de listar o ano primeiro, depois o mês, depois a data. O resultado era algo assim:

2008-12-19 Transferência de CFU *Republic Bank Trinidad para Sportvertising FirstCaribbean International Bank US$ 298.500*

Dessa forma, à medida que o conteúdo do servidor compartilhado crescia, cada nova adição se juntava ao todo em ordem cronológica e, com o tempo, haviam criado uma linha do tempo compartilhável, minuciosamente construída, de possíveis crimes financeiros.

Então, no início de outubro, as últimas aprovações burocráticas de Washington foram concedidas, abrindo caminho para que Berryman contasse ao resto da equipe sobre os problemas fiscais de Blazer. Isso deu um foco imediato e preciso para toda a investigação.

Toda semana, Norris fazia uma conferência telefônica com Randall, em Manhattan, e Berryman, no sul da Califórnia, para discutir o que estavam desenterrando, aonde isso poderia levar e quais poderiam ser os próximos passos. O futebol podia não ser grande coisa nos Estados Unidos, mas os três sabiam o quanto era importante no resto do mundo. Com tantos alvos em potencial vivendo no exterior, qualquer deslize sobre o que estavam fazendo poderia prejudicar gravemente o caso. Eles tinham de manter seu plano para Blazer na maior confidencialidade possível.

Norris não era um fã assíduo como Berryman, e nem tinha televisão em casa, fato que seus colegas achavam engraçado. Mas ele acompanhava o Tottenham Hotspur, um time que parecia irremediavelmente fadado a permanecer nas posições secundárias do futebol inglês. Nas manhãs de sábado e domingo, quando os jogos da Premier League da Inglaterra eram exibidos nos Estados Unidos, ele ligava para Berryman para conversar sobre o caso, sabendo que o agente estaria de pé antes do nascer do sol, colado na televisão.

Em um curto período, os dois se aproximaram, reconhecendo um no outro um apreço profundo pela arte de fundamentar um caso. Eles trocavam ideias e ficavam encantados em compartilhar novas descobertas sobre aquela investigação que se tornava cada vez mais intrincada. Em sua carreira, Berryman só conseguia se lembrar de um ou dois procuradores que o compreendiam tão bem. E Norris, ávido por continuar conversando com Berryman até tarde da noite, às vezes ligava para ele do banheiro de seu minúsculo apartamento no Brooklyn para evitar que o sono de sua esposa e dos filhos pequenos fosse perturbado.

Em uma de suas ligações, Berryman sugeriu um codinome que eles poderiam usar como abreviação para se referir à investigação. Algo como *Abscam*, o nome dado pelo FBI a uma operação de corrupção pública no final dos anos 1970, ou *Operação pá de prata*, que derrubou um monte de políticos em Chicago nos anos 1990. A ideia de Berryman, que ele disse ter surgido em sua mente, foi *Operação gol contra*. Gostava da ideia de que os cartolas inescrupulosos do futebol tivessem cavado sua própria derrota por serem corruptos. Assim como um jogador pode colocar a bola na sua própria rede por acidente.

Norris rejeitou totalmente a ideia, sem deixar nenhuma brecha para o debate. O caso do futebol não teria nome.

* * *

Os 58 andares da Trump Tower, com sua fachada recortada de aço e vidro, dividem um quarteirão na Midtown de Manhattan com o apenas um pouco menos imponente prédio da IBM. Os dois arranha-céus ficaram prontos com meses de diferença no início da década de 1980 e são conectados por um átrio construído sobre um teto de vidro. Ambos foram edificados com o apoio de uma lei de incentivo que permitia que os projetos excedessem as restrições de zoneamento em troca da incorporação de espaços públicos no terreno.

Em contraste com o caótico e reluzente lobby da Trump Tower, recoberto de ponta a ponta por mármore Breccia Pernice de um tom de rosa berrante que um crítico do *The New York Times* afirmou dar ao local "um brilho de felicidade, convencimento e riqueza",[1] o átrio adjacente apresenta um oásis de paz e tranquilidade. Com piso de granito cinza claro e longos bambus, o espaço de quase 2.500 m² é ventilado e calmo, isolado do barulho constante e das bravatas comerciais que permeiam a vizinhança. Homens de negócios vão até lá em busca de alguns momentos longe do frenesi da cidade, turistas descansam e comem sanduíches e estudantes do ensino fundamental frequentemente se reúnem sobre seu alto teto de vidro para assistir a concertos durante a tarde. As plantas e o espaço ao ar livre abafam os sons da cidade e, do ângulo certo, podem até bloquear a visão dos imensos prédios ao redor, criando uma pequena ilha, um lugar ideal para a reflexão silenciosa.

Na noite de 30 de novembro de 2011, Randall e Berryman entraram no átrio juntos, sentaram-se a uma pequena mesa redonda próxima à entrada e esperaram. Ventava muito e poucas pessoas dispersas nas outras mesas haviam continuado por ali. Uma hora antes, Randall ligara para Chuck Blazer para dizer que gostaria de conversar novamente. Blazer estava jantando, mas disse que seria um prazer encontrá-lo mais tarde na Trump Tower, se não se importasse em ir até lá. Os dois agentes chegaram vestindo seus ternos e pararam junto às paredes de vidro do átrio, observando atentamente seu alvo.

Finalmente, um furgão estacionou próximo à entrada do átrio, na Rua 56, e o motorista descarregou uma cadeira motorizada, na qual Blazer montou e que saiu pilotando. Berryman tentou não olhar. De alguma forma, as muitas fotos do executivo do futebol que havia visto na internet não fizeram jus à proporção física do homem. Ele parecia maior e mais cabeludo pessoalmente e sorriu em tom amigável através de sua barba desgrenhada enquanto manobrava na direção dos agentes.

Randall cumprimentou Blazer com familiaridade, mas não calorosamente, com um aperto de mão.

— Como você deve saber, estamos investigando a corrupção no futebol — revelou Randall. — Este é Steve, ele vai explicar o que estamos fazendo.

Berryman se esticou e entregou a Blazer seu cartão de visitas, que o identificava claramente como um agente da Receita Federal. Fez uma pausa para deixar Blazer dar uma olhada antes de fazer o discurso que ensaiara tantas vezes em sua cabeça.

— Meu nome é Steve Berryman e quero que saiba que estou neste caso pelos motivos certos — começou ele. — Amo o futebol; está no meu sangue. E quero fazer algo para limpar toda essa corrupção. Estive trabalhando em casos de corrupção externa e lavagem de dinheiro, e terei sucesso neste caso também.

Fez uma pausa por um instante, olhou seriamente para Blazer e disse:

— Você não declara impostos há anos.

Berryman explicou a Blazer que havia rastreado suas contas e encontrado evidências de mais de seis fontes de renda, totalizando milhões de dólares que nunca haviam sido declarados à Receita Federal. Além disso, Berryman disse saber que Blazer possuía contas no exterior, as quais nunca foram reveladas. Isso era ilegal segundo a Lei de Sigilo Bancário,[2] que obrigava os contribuintes a reportar a existência de tais contas ao governo federal.

Ao todo, continuou Berryman, as provas que haviam encontrado mostravam claramente um caso de evasão fiscal, crime punível com até cinco anos de prisão para cada ano em que a declaração não tenha sido apresentada. A prescrição era de seis anos, o que significava que Blazer poderia passar até trinta anos atrás das grades somente pelos seus crimes fiscais.

Depois, para pontuar seu discurso, Berryman entregou uma intimação a Blazer.

Era um documento diferente, tirado diretamente da cartola de truques investigativos de Berryman, obrigando o intimado a entregar informações sobre todas as contas bancárias que possuísse no exterior. Normalmente, sob a Quinta Emenda, os cidadãos estão protegidos de fornecer informações potencialmente autoincriminativas. Mas as intimações do Título 31,[3] Berryman sabia, penetram por uma brecha útil para colocar o alvo da intimação em uma situação delicada: entregar os documentos que poderiam ser usados para construir um caso criminal contra ele ou ser detido por desacato ao tribunal.

Berryman deu a Blazer um momento para ler a intimação e, então, concluiu:

— Queremos a sua ajuda — disse ele, e ambos os agentes olharam atentamente para Blazer. Era um momento crítico, que haviam discutido exaustivamente com Norris e Hector nas últimas semanas.

Tudo bem prender Chuck Blazer por evasão fiscal, mas o objetivo não era esse. Poderiam simplesmente tê-lo detido naquele momento e arrastado o homem algemado, mas um caso fiscal, sozinho, não os levaria a lugar nenhum. Queriam que Blazer cooperasse, trocasse seu conhecimento e acesso pela oportunidade de uma sentença reduzida. Aquele confronto na Trump Tower foi a grande jogada dos dois, e Blazer tinha uma escolha clara.

Se Blazer aceitasse, o caso poderia se desenrolar de milhões de formas diferentes. Aquele homem poderia abrir todo o mundo do futebol para eles. Mas, se recusasse, não teriam muita escolha além de processá-lo imediatamente e talvez jamais conseguir sua ajuda. Teriam de acusá-lo e julgá-lo em tribunal aberto, e o mundo todo saberia o que eles estavam investigando. Os riscos eram incrivelmente altos.

Blazer não disse nada a princípio, permanecendo em um silêncio atônito.

Depois, soltou um longo e demorado suspiro, e Berryman pôde sentir um formigamento agradável e reconfortante no estômago.

— Quero ajudar — anunciou Blazer.

Sua namorada, a ex-atriz de novelas Mary Lynn Blanks, vinha havia tempos implorando para que confessasse, explicou ele. Dissera várias vezes que ele tinha que lidar com isso.

— Minha situação fiscal era um peso sobre meus ombros. Quero consertá-la e deixar tudo certo — Blazer declarou com uma expressão de dor. — A corrupção no futebol já foi longe demais e precisa parar.

140 Ken Bensinger

Berryman e Randall se entreolharam, segurando o sorriso, e disseram a Blazer que estava fazendo a escolha certa. Ele precisaria de um advogado, explicaram, que deveria entrar em contato com a promotoria o mais rápido possível. Berryman pegou de volta seu cartão de visitas e anotou o telefone de Evan Norris no verso. Devolvendo-o, disse a Blazer que não poderia contar a mais ninguém, além de seus advogados, sobre aquilo. Depois, ele e Randall se despediram e foram embora, deixando Blazer sozinho em meio aos bambus.

Era uma noite fresca no início do inverno. Ainda não fazia frio. Quando os dois agentes chegaram à Trump Tower mais de duas horas antes, a Quinta Avenida estava cheia de famílias felizes que se dirigiam para a cerimônia anual de inauguração da árvore de Natal, realizada a poucas quadras do Rockefeller Center na mesma noite. Naquele momento, as ruas do centro estavam desertas.

Era bem tarde, mas Berryman não podia esperar para compartilhar a boa notícia. Ligou para Norris de seu celular, com um grande sorriso no rosto; "Blazer", disse ele, "havia virado a mesa". Algo grande estava prestes a acontecer.

* * *

Três dias depois, Blazer entrou com sua cadeira motorizada na Friedman Kaplan Seiler & Adelman, um escritório de advocacia de alto padrão localizado no 28º andar de uma torre próxima à Times Square.

Após seu encontro com os agentes, Blazer recorreu primeiro ao seu advogado pessoal, Stuart Friedman, um homem dócil e estudioso que o aconselhava em questões comerciais e tinha alguma experiência com a legislação comercial esportiva. Friedman queria ajudar, mas não era advogado criminalista, portanto indicou o escritório e acompanhou Blazer à reunião.

Para diminuir o risco de que alguém pudesse ver Blazer — que, afinal de contas, era uma figura bem chamativa — entrando em um escritório de advocacia, os advogados concordaram em encontrá-lo no sábado pela manhã, quando havia pouco movimento na Times Square e ele poderia sair do carro e passar pelas portas giratórias do prédio sem chamar a atenção.

Friedman apresentou-o aos seus novos advogados especializados em colarinho-branco, Mary Mulligan e Eric Corngold. Mulligan havia sido promotora federal no Distrito Sul de Nova York e professora de direito penal. Corngold também fora promotor federal, mas no Distrito Leste, onde o caso da Fifa estava sendo conduzido e, mais tarde, tornou-se vice-procurador--geral do estado de Nova York.

Ao redor de uma mesa de reunião, os advogados explicaram detalhadamente o que significava cooperar com uma investigação federal. O objetivo da promotoria era simples: expandir o caso, coletando provas suficientes para incriminar mais pessoas. Norris e Hector acreditavam que Blazer poderia ajudá-los com isso.

Se decidisse continuar, Blazer teria de contar aos promotores tudo o que sabia. Teria de compartilhar documentos, e-mails, mensagens de texto, demonstrativos financeiros, fotos — qualquer coisa que pedissem. Blazer também seria solicitado a fazer coisas para ajudar no caso. Precisaria fazer ligações e gravar secretamente as conversas, enviar e receber e-mails e encontrar-se com pessoas usando uma escuta. Por fim, era provável que tivesse de testemunhar contra amigos e colegas em tribunal aberto, falando sobre seus feitos enquanto olhavam para ele.

Ele iria, em outras palavras, se tornar um informante, porém, segundo o jargão judicial, ele estaria fornecendo "assistência substancial".[4] E a recompensa por essa assistência, por fazer exatamente o que fosse pedido, por confessar tudo, por levar uma vida dupla, por trair seus amigos e ajudar a garantir suas condenações, era a leniência.

Primeiro, Blazer participaria de longas reuniões com os promotores, chamadas delações, e eles ouviriam sua história. Depois de dar tudo o que pudesse e convencer as autoridades de que não estava mentindo, Blazer precisaria confessar um ou mais crimes. Não havia como evitar isso. Quase certamente, seria obrigado a pagar uma multa alta. Em troca, seria recompensado com um acordo de cooperação. Tal acordo garantiria que, quando chegasse a hora do seu julgamento, os promotores escreveriam uma carta pedindo ao juiz uma "redução da pena", o que se traduzia em: "Por favor, pegue leve com esse cara, porque ele foi útil".

Com sorte, Blazer conseguiria evitar a prisão. Não seria barato, mas poderia viver em sua própria casa e, como sua cooperação ficaria em segredo, ninguém do seu círculo social precisaria saber que ele havia sido condenado — pelo menos até que o caso viesse a público. Na verdade, ninguém poderia saber o que estava tramando, uma vez que falar sobre a cooperação era proibido. Se Blazer abrisse a boca, ou mentisse, ou fizesse qualquer coisa que interferisse no caso, todos os acordos estariam cancelados. Seria preso, encarcerado, ou forçado a confessar outros crimes, incluindo obstrução da justiça.

Cooperação, em outras palavras, seria como um terrível segundo emprego sobre o qual Blazer não poderia contar a ninguém. Passaria incontáveis horas com os promotores e agentes especiais, ficando à sua total disposição. Precisaria de permissão para viajar. E, como uma parte fundamental da cooperação era estar disponível como testemunha em julgamento, sua sentença não seria dada até que todos os outros potenciais réus tivessem sido presos ou absolvidos. Todo o processo poderia levar anos, durante os quais as autoridades seriam donas de Blazer, por assim dizer.

As alternativas eram simples, mas muito mais perigosas: defender sua inocência e combater as acusações em julgamento, o que poderia levar a um longo período na cadeia se fosse condenado, ou concordar em confessar, mas se recusar a cooperar, abandonando qualquer esperança de compaixão por parte dos promotores.

Blazer se manteve firme. Queria cooperar. Seus advogados pediriam a Norris para marcar uma reunião inicial. Mas, antes, precisavam entender como seu novo cliente havia chegado àquela situação. Então, Blazer começou a contar a história de sua vida no futebol. Quando terminou, estava escuro e frio lá fora e nove horas haviam se passado.

DOZE

A JOIA DA COROA

CHUCK BLAZER GOSTAVA DE RECEBER OS créditos por ter criado a Copa Ouro, o famoso campeonato da Concacaf, em que os times nacionais da região competiam uns contra os outros. Concebê-lo e fazer com que saísse do papel foram, de fato, suas maiores realizações como secretário-geral da confederação.

Mas a parte da história que ele não gostava de contar era sobre como o evento foi inicialmente um desastre em termos comerciais, salvo graças aos esforços de um marqueteiro do futebol brasileiro pouco conhecido, porém genial. Esse homem se chamava José Hawilla e tinha um talento especial para transformar campeonatos sofridos, de segunda linha, em grandes máquinas de dinheiro.

A primeira Copa Ouro foi realizada em 1991, e, de início, o interesse comercial no evento foi praticamente zero. Chuck Blazer havia vislumbrado o campeonato como fonte de lucros tanto para a Concacaf quanto para si por conta de seu excêntrico contrato, mas batalhou para atrair patrocinadores e quase não viu a cor do dinheiro, tentando vender os direitos de transmissão para emissoras de televisão, canais a cabo ou *pay-per-view*.

Vender direitos comerciais para partidas de futebol, especialmente em um país onde o esporte era o quinto em popularidade, atrás do futebol americano, basquete, beisebol e hóquei, era consideravelmente mais difícil do que parecia. Ainda assim, Blazer havia visto o quanto eventos como a Copa do Mundo e o Campeonato Europeu poderiam ser lucrativos, e percebeu que precisava de alguns conselhos.

Blazer conheceu Hawilla em 1987,[1] quando era delegado da Liga Americana de Futebol e procurava investidores para comprar mais franquias. Um craque brasileiro aposentado, Carlos Alberto Torres, apresentou-o para Hawilla, que voou de São Paulo para Nova York e passou dois dias na casa de Blazer, em Scarsdale, avaliando os prospectos da liga.

No final, o brasileiro optou por não comprar um time. Mas, em antecipação à Copa do Mundo de 1994, nos Estados Unidos, mudou-se por dois anos para a cidade de Boca Raton a partir de 1992, para sentir o mercado norte-americano, que acreditava ter enorme potencial comercial graças à expressiva e crescente população hispânica.

Durante a segunda Copa Ouro, em 1993, a qual decidira dividir entre Estados Unidos e México, em uma tentativa fracassada de despertar mais interesse de potenciais patrocinadores, Blazer encontrou Hawilla. Ao ver o brasileiro em seu camarote VIP durante uma partida, aproveitou a oportunidade para pedir seus conselhos.

Três anos antes, Hawilla havia entrado de sócio na fundação da empresa de marketing esportivo Inter/Forever Sports,[2] em Miami, e começara a buscar direitos baratos para partidas de clubes na América Central e no Caribe, além do eventual amistoso entre times nacionais no sul da Flórida. A maior parte do faturamento desses eventos vinha da venda de ingressos e contratos de *pay-per-view* de restaurantes e bares que atendiam à clientela hispânica.

Hawilla disse a Blazer para esquecer o México, que o país podia ser fera no futebol, mas apresentava inúmeros desafios logísticos. Em vez disso, aconselhou ele, a Copa Ouro deveria ser sediada apenas nos Estados Unidos, o país mais rico do mundo, onde eram possíveis faturamento máximo e desafios organizacionais mínimos. Com uma boa administração, o campeonato poderia ser um grande sucesso, mas, explicou Hawilla, o melhor caminho seria a Concacaf vender os direitos de comercialização e transmissão da Copa Ouro para uma empresa de marketing com experiência e contatos na indústria, em vez de Blazer tentar fazer tudo sozinho.

Na verdade, Hawilla acrescentou, ele poderia se interessar por comprar os direitos — e foi o que fez, assinando um contrato, em outubro de 1994,[3] para pagar US$ 9,75 milhões à confederação pelas próximas três edições. Quando o acordo expirou, Hawilla renovou-o por mais dois campeonatos e o evento cresceu de forma constante, tanto em prestígio como em faturamento.

Quando Blazer, ansioso por impulsionar suas comissões de 10%, decidiu aceitar a venda dos direitos locais da Concacaf[4] em 2003, recusando-se a renovar com Hawilla, o brasileiro sentiu-se levemente traído. Havia transformado um campeonato essencialmente inócuo, que não era transmitido nem mesmo na TV a cabo, em uma fábrica estável de dinheiro, que atraía patrocinadores multinacionais. E agora que se tornara autossustentável, Blazer o tirava da jogada.

Hawilla, entretanto, recebeu a notícia com serenidade. Na maior parte do tempo, ocupava-se com negócios maiores na América do Sul, onde sua principal empresa, a Traffic, estava sediada, e onde havia sido pioneiro no ramo, construindo um império do marketing esportivo que fez dele um homem rico.

Ele ajudara a Copa Ouro a crescer em valor e relevância, mas a qualidade dos jogos ainda era relativamente baixa e os torcedores da América do Norte pareciam muito mais interessados em assistir aos campeonatos de outras partes do mundo, com os melhores jogadores do planeta. Acontece que a empresa de Hawilla controlava havia mais de quinze anos os direitos de um desses campeonatos: a Copa América, repleta de estrelas do Brasil e da Argentina, duas das maiores nações futebolísticas do mundo.

Perder a Copa Ouro era decepcionante, mas Hawilla não estava tão preocupado. Desde que tivesse a Copa América, sua joia da coroa, continuaria sendo o "dono de todo o mundo do futebol", como Tostão, uma das lendas do futebol brasileiro, uma vez o chamou.

* * *

Quando José Hawilla era um ambicioso jovem repórter esportivo,[5] segurando um microfone pesado e o transmissor enquanto corria para cima e para baixo nos bastidores da segunda divisão do futebol brasileiro, no final dos anos 1950 e início de 1960, o esporte era um negócio simples.

Os times vendiam ingressos e os donos dos estádios alugavam o espaço publicitário, no qual penduravam alguns cartazes de empresas locais, além de cobrar das estações de rádio por usarem cabines de imprensa com isolamento acústico e levarem seus equipamentos. Não havia o conceito de transmissão exclusiva e, nos torneios importantes, meia dúzia de estações de rádio concorria pelos ouvintes.

Jornalistas empreendedores como Hawilla não apenas precisavam mostrar os noventa minutos de jogada por jogada durante as partidas, analisar o jogo durante o intervalo e entrevistar os jogadores após a partida, mas também eram responsáveis pela venda de espaço publicitário. Não havia equipe de vendas nem produtores: naquela época, os repórteres faziam tudo.

O enérgico Hawilla era bom em tudo isso e, para atrair um público maior e, consequentemente, mais publicidade, desenvolveu uma *persona*.

Ele decidiu ser chamado apenas pela primeira letra de seu nome — J — e, aos vinte anos, mudou-se da pequena zona rural em que crescera para São Paulo. Logo, "Jota" construiu uma reputação de sucesso e, no final da década de 1970, era o responsável pelo Departamento de Esportes da TV Globo, a emissora mais importante do Brasil.

Mas, após ser demitido por apoiar uma greve dos jornalistas esportivos, Hawilla decidiu que queria mais segurança financeira e, nos anos 1980, comprou a Traffic Assessoria e Comunicações, uma pequena empresa paulistana que vendia publicidade em pontos de ônibus.

A essa altura, Hawilla havia investido mais de vinte anos no futebol e ficara obcecado com a ideia de que o esporte, sob uma perspectiva empresarial, era um espetáculo mal administrado. O Brasil era a maior potência que o esporte já havia conhecido, vencedor de três Copas do Mundo, e seus torcedores eram fanáticos, totalmente obcecados por seus times do coração.

No entanto, os clubes profissionais do país estavam eternamente afundados em dívidas enormes, os campeonatos eram minados pela falta de organização e por brigas internas, e a aclamada seleção brasileira mal tinha dinheiro para pagar seus uniformes. O avanço da tecnologia tornava cada vez mais fácil para as pessoas ao redor do mundo assistirem ao time do Brasil, conhecido como *Seleção*, em suas próprias casas, mas pouco se fazia para explorar essa demanda.

Quando a venda de anúncios em pontos de ônibus não se mostrou muito rentável, Hawilla decidiu testar suas teorias sobre marketing esportivo. Em 1982, a Traffic assinou seu primeiro contrato com a Confederação Brasileira de Futebol (CBF), dando a Hawilla os direitos exclusivos para vender espaços publicitários dentro dos estádios onde a seleção brasileira jogasse.

Logo, a Traffic se ramificava entre diversas áreas do esporte no Brasil, comprando direitos para promover o campeonato brasileiro de vôlei profissional, por exemplo, ou assinando um contrato para reformular o Departamento Esportivo do SBT.

A grande revolução da Traffic, entretanto, veio em 1986, quando Hawilla conheceu Nicolás Leoz, o presidente recentemente eleito da confederação da Fifa que controlava o futebol sul-americano, conhecida como Confederação Sul-Americana de Futebol (Conmebol). Os dois se deram bem e, sentindo uma oportunidade, Hawilla perguntou sobre a compra de direitos da Copa América.

Um dos campeonatos mais antigos do futebol, ultrapassando até a Copa do Mundo, a Copa América foi criada em 1916, quando o Ministério de Relações Exteriores da Argentina convidou Chile, Uruguai e Brasil para se encontrarem em uma competição em homenagem ao centésimo aniversário da independência da Argentina. O evento fez tanto sucesso que um jornalista uruguaio que estava presente propôs formar uma instituição para organizar regularmente o campeonato e, assim, nasceu a primeira confederação de futebol regional.

Com o tempo, o campeonato caiu no esquecimento. As três edições mais recentes antes de 1986 haviam sido organizadas como torneios aleatórios sem anfitrião fixo, amplamente ignorados pelos fãs do futebol, e geraram menos de US$ 25 mil para a Conmebol. Até onde Leoz sabia, a Copa América era um fracasso.

Mas Hawilla tinha uma visão: o campeonato seria realizado em um único país anfitrião, de forma rotativa, e ele coordenaria quase tudo por um montante fixo, pago antecipadamente à confederação. A Traffic ofereceria um prêmio em dinheiro ao vencedor para motivar as federações nacionais a levarem seus melhores jogadores. E a empresa de marketing esportivo ficaria com 100% dos lucros de patrocínio, licenciamento, publicidade, televisão e rádio.

A Conmebol, como a maioria das confederações de futebol da época, não tinha muito dinheiro. Leoz, advogado e ex-presidente da Federação de Futebol do Paraguai, ficou radiante em deixar que uma empresa pagasse para administrar tudo e, no dia 3 de outubro de 1986, vendeu à Traffic os direitos para a edição de 1987,[6] a ser realizada na Argentina, por US$ 1,7 milhão.

Esse primeiro campeonato foi mal organizado e pouco assistido, dando prejuízo para a Traffic. Mesmo assim, Hawilla garantiu os direitos sobre a Copa América de 1989 e 1991 por um total de US$ 3,9 milhões e, com o tempo, o campeonato se tornou um enorme sucesso comercial. Hawilla antecipou com precisão a explosão dos investimentos nas transmissões televisivas do torneio e fez uma enorme pressão para que os maiores astros de cada país participassem de cada edição.

Interessados na ascensão dos craques sul-americanos e na disseminação da TV a cabo, patrocinadores e emissoras ao redor do mundo começaram a se digladiar por uma parte que fosse da Copa América. No final dos anos 1990, a Traffic recusava ofertas de patrocinadores dispostos a pagar milhões de dólares por cada edição e, em 2011, vendia os direitos televisivos do campeonato em 199 países.

Os lucros astronômicos ajudaram Hawilla a expandir seus negócios para uma série de outros contratos de direitos envolvendo partidas de futebol, incluindo competições juvenis, eliminatórias da Copa do Mundo e a popular Copa Libertadores da América. Em casa, Hawilla comprou os direitos sobre o Brasileirão, intermediou contratos de patrocínio da seleção brasileira com a Pepsi, Coca-Cola, Umbro e Nike, e comprou seus próprios clubes profissionais no Brasil e em Portugal, enquanto criava todo um campeonato profissional de segunda divisão nos Estados Unidos, a Liga Norte-Americana de Futebol, criada após a derrocada da liga anterior em 1985.

Hawilla, neto de imigrantes libaneses de baixa renda, tornou-se extremamente rico e comprou diversas emissoras de televisão, dois jornais e uma produtora no Brasil; abriu uma academia de futebol para jovens promissores e gerenciou os direitos contratuais e publicitários de dezenas de jogadores profissionais pelo mundo. Possuía fazendas perto de sua cidade natal, inúmeras casas no Brasil, uma no sul da Flórida e, é claro, uma frota de carros de luxo, incluindo, por pouco tempo, um Bentley de US$ 400 mil.

Careca e de óculos, Hawilla jogava muito golfe, tinha participação em uma empresa que lhe cedia um jato particular e aparecia nas páginas das colunas sociais do Brasil com sua esposa e seus filhos. O mais velho, inclusive, casou-se com uma modelo da *Vogue*. As ostentosas revistas de negócios visitavam seu escritório luxuoso em São Paulo para escrever perfis brilhantes, e ele contava orgulhosamente sua história de vida aos repórteres.

— Sou ousado — ele se gabou para um jornalista. — É preciso saber correr riscos.[7]

Mas o que Hawilla nunca mencionava nessas entrevistas era o verdadeiro preço que tinha de pagar por todo o seu sucesso, a triste realidade da indústria do futebol moderno — que ele desempenhara um papel fundamental em criar.

Tudo era baseado em suborno.

Desde pelo menos 1991, toda Copa América incluía pagamentos feitos por debaixo dos panos.[8] Primeiro, Leoz, o presidente da Conmebol começou a pedir dinheiro antes de assinar os contratos de cessão de direitos. Em seguida, os presidentes das associações de futebol do Brasil e da Argentina ameaçaram manter seus jogadores mais talentosos e populares fora do torneio caso não recebessem bem para colocá-los em campo.

E o suborno não parava por aí. O que começou relativamente pequeno, como algumas centenas de milhares de dólares pagos em intervalos de anos, tornara-se gigantesco, com milhões de dólares direcionados aos cartolas do futebol todos os anos para garantir que a Traffic continuasse a receber os direitos comerciais dos quais necessitava, assim como os astros da bola queriam que o torneio se tornasse um sucesso, propagando seus nomes pelos quatro cantos do mundo.

Depois de alguns anos, Blazer e Warner também começaram a exigir propina[9] em troca dos direitos da Copa Ouro. Um pagamento, por exemplo, de US$ 200 mil, foi transferido — por um intermediário com uma empresa-fantasma que tinha conta no Uruguai —, em março de 1999, para uma das contas de Blazer nas Ilhas Cayman. Em seguida, Blazer enviou metade dessa quantia para as contas de Warner em Trinidad e Tobago.

Com o tempo, os cartolas do futebol ficaram cada vez mais insistentes, demandando mais e mais dinheiro a cada novo contrato. Chegara ao ponto de Hawilla ter de usar intermediários em tempo integral por meio de contratos falsos de consultoria para poder efetuar os pagamentos e mantê-los longe dos registros da Traffic.

Não importava que Hawilla fosse o inovador, cuja visão transformara o mundo falido e provinciano do futebol latino-americano em um empreendimento comercial viável acompanhado por torcedores de todo o mundo. Também não importava que sua equipe de vendas estivesse fazendo todo o trabalho duro de angariar esses patrocínios e contratos televisivos, enquanto esses ditadores mesquinhos do esporte não faziam nada além de usufruir de um estilo de vida banhado a ouro. Sem os pagamentos, os magnatas do futebol simplesmente não assinariam e, então, tudo viria por água abaixo.

Mas, à medida que o valor comercial do futebol subia às alturas, ficou visível que Hawilla não era o único disposto a fazer de tudo para conseguir esses direitos.

* * *

Talvez o primeiro sinal de que o império de Hawilla estava sendo atacado[10] tenha surgido na primavera de 2005, quando a federação hondurenha de futebol informou à Traffic que não queria mais manter relações com a empresa.

Ao longo dos anos, a Traffic havia garantido os direitos de transmissão das eliminatórias da Copa do Mundo para todas as federações de futebol da América Central, além do Canadá e de toda a União Caribenha de Futebol.

Os contratos não eram de forma nenhuma gigantescos — no máximo, um ou dois milhões de dólares —, mas, graças ao grande número de expatriados da América Central que viviam nos Estados Unidos, esses direitos poderiam render belos frutos quando uma das seleções nacionais avançasse nas eliminatórias da Copa do Mundo. E eram particularmente valiosos quando os times jogavam contra o México ou os Estados Unidos, partidas com grande potencial de audiência.

A Traffic havia firmado seu primeiro acordo com a Federação Nacional Autônoma de Futebol de Honduras em 1997, e renovara ou estendera o contrato diversas vezes desde então. A recusa da federação em assinar novamente, em 2005, deixou os funcionários de Hawilla, em Miami, perplexos,

152 *Ken Bensinger*

pois eles acreditavam que tinham o direito contratual de serem os primeiros a recusar, e a disputa foi parar nos tribunais.

O processo revelou que uma empresa rival de marketing esportivo, a Media World, estivera tentando entrar no nicho das eliminatórias da Copa do Mundo e, aconselhada por um ex-funcionário da Traffic que sabia exatamente como Hawilla mantinha os cartolas do futebol felizes, vinha se encontrando secretamente com a federação hondurenha havia meses. O litígio aberto pela Traffic não foi bem-sucedido e a Media World continua a controlar esses direitos.

Ainda assim, para Hawilla e sua equipe, perder uma mixaria como Honduras não era trágico, e ninguém se esforçou muito quando a concorrente levou também os direitos sobre as eliminatórias de El Salvador e Guatemala.

Foi apenas em 2010, na Copa do Mundo na África do Sul, que Hawilla percebeu que tinha uma crise em suas mãos.

A maioria dos principais cartolas da Fifa estava hospedada no hotel cinco estrelas Michelangelo, em Joanesburgo, durante o campeonato. Em uma série de reuniões, primeiro com Nicolás Leoz e, depois, com vários outros cartolas do futebol sul-americano, Hawilla foi informado de que estava perdendo seu contrato da Copa América e que os direitos estavam sendo cedidos para uma empresa argentina de marketing esportivo chamada Full Play.

A notícia era chocante.

Até onde Hawilla sabia, havia um contrato válido, assinado nove anos antes, que lhe dava os direitos sobre as edições de 2011 e 2015 do campeonato, além de a Traffic ser a primeira opção na compra das edições de 2019, 2023 e 2027. Concordara em pagar à Conmebol US$ 46 milhões[11] pelo acordo e dera propinas generosas a diversos cartolas — incluindo Leoz, que, sozinho, ficou com US$ 1 milhão — para garantir que assinassem o contrato.

Mas parece que não havia sido o suficiente. Em uma reunião no Michelangelo, o chefe da federação equatoriana de futebol disse a Hawilla que ele estava perdendo a Copa América porque subornara apenas os três cartolas principais da Conmebol, e não cada presidente de cada federação sul-americana.

No ano anterior, explicou o equatoriano, seis entre os dez membros da confederação, nenhum dos quais recebera propina de Hawilla para a Copa

América, haviam formado um bloco unificado chamado *Grupo de los Seis*. Então, usaram a ameaça do seu voto majoritário na confederação para pressionar Leoz a permitir que recebessem sua parte em alguns acordos da Conmebol. Um deles era a Copa América.

— O contrato é nosso — protestou Hawilla. — Vocês não podem chegar, rasgar um contrato válido e assinar com outra empresa pelo mesmo produto.

— Posso, sim — respondeu o equatoriano. — E já fiz isso.

A joia da coroa de Hawilla estava sendo roubada.

* * *

Durante décadas, os presidentes das associações de futebol das duas potências econômicas e atléticas da América do Sul, Argentina e Brasil, ao lado de Nicolás Leoz, presidente da Conmebol, exerceram total controle sobre o esporte na região. A Traffic negociava seus contratos da Copa América exclusivamente com esses três cartolas, pagando propina apenas para eles.

O resto do continente — Equador, Paraguai, Peru, Chile, Colômbia, Uruguai, Bolívia e Venezuela — era uma preocupação secundária. Com pouco, ou nenhum, poder político, os cartolas dessas federações não recebiam nenhum dos benefícios especiais dos quais se falavam nos congressos e camarotes de luxo dos estádios.

Os proprietários da Full Play, uma equipe de pai e filho chamados Hugo e Mariano Jinkis, ofereceram uma mudança nesse sistema. Vinham se infiltrando lentamente no negócio de compras de direitos na América do Sul ao longo de anos, abocanhando as eliminatórias da Copa do Mundo de alguns dos menores países do continente e, então, almejavam recompensas maiores. Começando pelo Equador, os Jinkis construíram relacionamentos próximos com os presidentes de quase cada uma das associações sul-americanas marginalizadas.

Eles hospedavam os cartolas em suas casas de veraneio no Uruguai, compravam sua admiração com ingressos de shows caros, restaurantes e vinhos gourmet, entre outros presentes, e convenceram um por um de que estavam fazendo um mau negócio e poderiam se dar muito melhor trabalhando com a Full Play. A mensagem se espalhou claramente; somente os cartolas do Uruguai e do Chile pareceram desinteressados.

154 *Ken Bensinger*

Por que, perguntavam os Jinkis, era justo que Julio Grondona, presidente da Associação de Futebol da Argentina, e Ricardo Teixeira, presidente da Confederação Brasileira de Futebol, recebessem enormes propinas da Traffic em troca dos direitos sobre a Copa América enquanto os outros cartolas do topo da confederação não recebiam nada? O Paraguai também não participava desse campeonato? Ou a Colômbia? Esses países podem não ter vencido a Copa do Mundo, mas a Copa América poderia ser jogada sem eles?

Por outro lado, explicavam os Jinkis, se esses cartolas assinassem com a Full Play, cada um receberia US$ 1 milhão por debaixo dos panos. Essa mensagem falava claramente aos cartolas, inflando-os de autoconfiança.

Como os patrocínios e direitos televisivos da edição 2011 da Copa América já haviam sido vendidos, teria sido quase impossível que outra empresa assumisse o controle do campeonato em um tempo tão curto, por isso a Traffic ainda organizaria a edição daquele ano.

Após a Copa do Mundo, tanto a Conmebol como a Full Play negavam publicamente que tivessem um acordo formal, então, Hawilla usou o campeonato de 2011, realizado na Argentina, como uma oportunidade de fazer um último esforço, pessoalmente, para salvar seus direitos de transmissão nas edições de 2015 e 2019.

Ele ouvira boatos sobre as propinas que a Full Play estava oferecendo, assim como o preço exorbitante que a firma pagaria à Conmebol pelos direitos, e encontrou-se com o presidente de cada federação para oferecer, desesperadamente, cobertura para qualquer pagamento.

O presidente da federação venezuelana, Rafael Esquivel, usou seu encontro com Hawilla para reclamar de que não recebera o suficiente da edição anterior da Copa América, realizada em seu próprio país. De acordo com Esquivel, Hawilla prometera um pagamento de US$ 1,5 milhão pela venda dos direitos televisivos nacionais, mas ele recebeu apenas US$ 500 mil.

A Venezuela era consistentemente um dos times mais fracos da América do Sul, o único país da confederação que nunca havia se classificado para uma Copa do Mundo. A nação, rica em petróleo, era muito mais entusiasmada pelo beisebol do que pelo futebol e, em condições normais, Hawilla teria rido do pedido de Esquivel por mais dinheiro.

Porém, diante de sua situação no momento, o brasileiro sentiu que não poderia recusar. Obedeceu relutantemente, usando uma série de intermediários para transferir US$ 1 milhão a Esquivel no final de julho.

Foi tudo em vão. Apesar das negativas públicas, a Conmebol e a Full Play haviam assinado secretamente um contrato para a Copa América mais de um ano antes, durante a Copa do Mundo. E, mesmo pedindo descaradamente propina a Hawilla na Argentina, Esquivel se juntara aos presidentes de todas as outras federações de futebol sul-americanas, além de Leoz, para assinar uma carta que formalizava o acordo.

Os advogados contratados por Hawilla enviaram notificações e ações judiciais à Full Play e à Conmebol e, quando não obtiveram êxito, a Traffic as processou. A denúncia,[12] apresentada em um tribunal do condado de Miami-Dade, em 21 de novembro de 2011, alegava "intencional, flagrante e deliberada quebra de contrato".

A Full Play, dizia a empresa brasileira, havia conspirado para "assumir as atividades da Conmebol".

* * *

No dia 1º de dezembro de 2011, Mariano Jinkis transferiu[13] US$ 450 mil de uma conta da Full Play, número 7063420, em uma filial do banco Hapoalim, em Zurique, através de uma conta correspondente situada no Citibank, em Nova York, e, finalmente, para a conta de número 000-045-01-020017-7 do Citibank, em nome de Lexani Advisors Inc., na Cidade do Panamá.

Em seguida, o proprietário da Lexani Advisors, um consultor de marketing futebolístico chamado Miguel Trujillo, usou a conta do Panamá, além da conta de número 000-045-01-020008-2 do Citibank, em nome de Sponsports S.A., também administrada por ele, para transferir uma propina de US$ 250 mil para o hondurenho Alfredo Hawit, além de US$ 100 mil para dois outros cartolas do futebol centro-americano.

Os pagamentos haviam sido acordados muitas semanas antes, no balneário uruguaio de Punta del Este, onde os donos da Full Play, Hugo e Mariano Jinkis, entretiveram Hawit e os outros centro-americanos por vários dias, com todas as despesas pagas.

Os Jinkis haviam levado os cartolas a Punta del Este, em um jato particular, para discutir a possibilidade de a Full Play adquirir da Concacaf os direitos comerciais da Copa Ouro, além das eliminatórias da Copa do Mundo em diversos países da América Central e, finalmente, administrar todas as propriedades da confederação.

Desde a partida de Jack Warner, Hawit assumiu o cargo de presidente interino da Concacaf e, teoricamente, tinha plenos poderes para decidir onde alocar os direitos de suas propriedades mais valiosas. Em meio a todo o tumulto na confederação, Hugo Jinkis e seu filho perceberam uma ótima oportunidade de adquirir da Concacaf os direitos sobre um grande evento. Os Estados Unidos e o México eram mercados extremamente valiosos e a Copa Ouro, acreditavam os Jinkis, poderia ser amplamente rentável se administrada da forma correta.

Durante o almoço em Punta del Este, Mariano Jinkis fez uma proposta parecida com a que fizera para o Grupo de los Seis cerca de dois anos antes. Por muito tempo, a América Central havia sido marginalizada na Concacaf por Chuck Blazer, Jack Warner e seu impenetrável bloco caribenho. Esses dois homens controlavam tudo e ficavam com todas as benesses. Mas Honduras já havia jogado em duas Copas do Mundo e parecia ter boas chances de jogar novamente em 2014. Os centro-americanos haviam mais que pagado suas dívidas e, com Hawit à frente da federação, aquela era a sua vez. Já não era hora de receberem o que mereciam também?

Sim, concordou Hawit, em troca de alguns dólares bem distribuídos aqui e ali, por meio de um intermediário conveniente para evitar qualquer suspeita, ele e seus companheiros adorariam ajudar seus novos amigos. Na verdade, disse ele, a reunião do Comitê Executivo da Concacaf em Miami, em meados de janeiro estava próxima. Seria a oportunidade perfeita para propor que a confederação começasse a fazer negócios com a Full Play.

Porém, antes, é claro, Hawit e seus dois sócios precisariam ver o dinheiro.

Treze

Rainha por um dia

FBI INICIA INVESTIGAÇÃO[1] SOBRE OS "TRUQUES SUJOS" DA COPA DO MUNDO
Investigadores do FBI entrevistaram membros da candidatura fracassada da Inglaterra à Copa do Mundo de 2018 como parte de uma investigação feita pela agência norte-americana sobre corrupção, revela o *Telegraph Sport*.

A matéria, publicada em 7 de dezembro de 2011, era rica em detalhes sobre a investigação em curso que deveria ser secreta, e certamente não estar escancarada nas páginas de um jornal de Londres.

Comentava que oficiais norte-americanos que estavam investigando possíveis jogadas sujas associadas à votação para sediar a Copa do Mundo haviam se encontrado com membros da candidatura inglesa em novembro. Eles estavam investigando também os eventos que ocorreram em Port of Spain e um dos possíveis crimes alegados era o de que os delegados da CFU tinham pegado o dinheiro que haviam recebido nos Estados Unidos sem declará-lo. Dizia que as autoridades estavam examinando pagamentos feitos a Chuck Blazer e que os agentes do FBI vinham se encontrando com o chefe de segurança da Fifa, Chris Eaton.

Então, uma semana depois, o *Telegraph* publicou uma segunda matéria[2] confirmando que Blazer havia sido "interrogado por agentes do FBI" e que "a investigação está sendo conduzida por especialistas financeiros de Nova York, com poderes para acessar contas bancárias e rastrear transações financeiras".

Para Evan Norris e Amanda Hector, os promotores à frente do caso, as duas matérias eram muito graves.

Eles estavam investigando uma organização internacional, e possíveis alvos estavam espalhados pelo mundo todo. Aquele tipo de vazamento poderia comprometer todo o caso. Avisados sobre a investigação, os cartolas corruptos da Fifa poderiam esconder ou destruir provas, transferir ativos, ameaçar possíveis testemunhas ou até fugir para países que não tivessem acordos de extradição com os Estados Unidos.

O caso já estava formalmente diante de um tribunal federal, o que dava aos promotores o poder de emitir intimações, mas também os obrigava a manter em sigilo qualquer coisa que não fosse de domínio público. Qualquer um que violasse o sigilo do tribunal poderia ser processado por desobediência criminosa, e os agentes do caso haviam sido formalmente notificados de que também precisavam manter silêncio absoluto.

Eles já haviam tido problemas com a divulgação de detalhes do caso pela mídia em agosto, quando Andrew Jennings e o repórter da Reuters publicaram matérias revelando que o FBI, especificamente a unidade criminal Eurásia, estava em posse de documentos pertencentes a Chuck Blazer.

Se a investigação quisesse chegar a algum lugar — e, agora que tinham Blazer, certamente chegaria —, esse tipo de situação não poderia mais acontecer. Norris juntou toda a equipe, conectando também Steve Berryman, da Receita Federal, em uma conferência on-line.

Norris era, por natureza, um homem comedido e cuidadoso. Ele gostava de ouvir, mas falava pouco e valorizava as benesses da paciência e da contrição. À primeira vista, podia parecer raso e desprovido de emoção, mas aqueles que o conheciam aprenderam que ele era capaz de expressar sentimentos muito poderosos com uma simples expressão. Ao se comunicar com sua equipe, tentava equilibrar a seriedade do vazamento com uma certa medida de racionalidade, citando com toda a calma as suas "preocupações" a respeito de informações que poderiam ter escapado e tentando descobrir quem, dentro daquela equipe tão pequena, havia sido o responsável por isso.

160 Ken Bensinger

Mas talvez ninguém da equipe houvesse colaborado com o incidente, talvez houvesse alguma outra explicação. Para conduzir entrevistas formais com os dirigentes ingleses, os investigadores norte-americanos haviam sido obrigados a pedir permissão para as autoridades britânicas e diversos membros de uma unidade da Polícia Metropolitana dedicada a combater o crime organizado estavam presentes nessas ocasiões.

O Reino Unido, ao mesmo tempo, era obcecado por futebol e tinha uma imprensa altamente agressiva e com diversas fontes entre as autoridades. Os repórteres do *Telegraph* estavam cobrindo a história da candidatura à Copa do Mundo havia algum tempo e tinham conseguido grandes furos sobre o assunto. Na falta de qualquer outra evidência, Norris decidiu que a explicação mais provável era que alguém da Scotland Yard houvesse sido a fonte do vazamento.

Não havia como ter certeza e não valia a pena tentar arrancar uma confissão dos britânicos. Entretanto, os artigos dos jornais deixavam claro que, apesar da falta de sucesso nos Estados Unidos, o futebol era um esporte gigantesco no resto do mundo e seria difícil manter em segredo qualquer operação realizada fora do país.

Então, Norris deu uma nova ordem. Eles iriam parar de trabalhar com autoridades policiais estrangeiras. Nada de entrevistar estrangeiros. Nada de solicitar registros a governos ou bancos estrangeiros. E absolutamente nenhuma palavra à imprensa. Andrew Jennings, por mais útil que pudesse ser, estava fora.

Sem dúvida, todas essas restrições dificultariam, de certa forma, o desenvolvimento do caso. Considerando quantas reuniões, campeonatos e outros eventos futebolísticos eram realizados além das fronteiras dos Estados Unidos e quantos alvos potenciais não eram norte-americanos, era como se estivessem se boicotando de propósito. Mas precisariam usar a criatividade e descobrir diferentes formas de reunir provas. O sigilo era primordial.

O caso estava ficando no escuro.

* * *

Chuck Blazer foi rainha por um dia.

Era 29 de dezembro,[3] uma quinta-feira fria, com as temperaturas no Brooklyn próximas do nível congelante. Blazer estava em uma sala de reuniões no gabinete da Procuradoria-Geral dos Estados Unidos, com vista para a Cadman Plaza.

Blazer havia sido pego em um crime sério e fácil de ser provado, e o objetivo da reunião era que ele trocasse informações úteis por um acordo melhor mais adiante.

Antes, no entanto, Norris falou. Apesar de ser quase tão alto quanto Blazer, o promotor parecia quase comicamente pequeno ao lado do homem robusto, ocupando apenas um pedaço da mesa, nadando em seu terno escuro enquanto o cartola do futebol ameaçava explodir os botões de sua camisa. O rosto de Norris não revelava nenhuma emoção, além de uma leve franzida nas grossas sobrancelhas enquanto olhava fixamente para Blazer e explicava calmamente, em detalhes, o que estava prestes a acontecer. Se havia qualquer dúvida sobre quem estava no comando, ela foi imediatamente esclarecida.

Era uma sessão de delação. Blazer não estava sendo convidado a um acordo de confissão ou imunidade de qualquer tipo. Em vez disso, Norris assegurou a Blazer que qualquer informação fornecida por ele, incluindo indicações de quaisquer crimes que ele mesmo tivesse cometido, não seria usada contra ele no tribunal. A promotoria simplesmente usaria tudo o que ele contasse como "pistas" para buscar evidências de outros crimes cometidos por outras pessoas. Embora essa proteção não se estendesse além do que fosse dito naquele dia, naquela sala, significava que, por enquanto, Blazer poderia contar tudo livremente, sem medo de piorar sua situação.

Nos Estados Unidos, os promotores criminais chamam sarcasticamente as sessões de delação de reuniões "Rainha por um dia", em homenagem ao programa de TV homônimo dos anos 1950 e 1960, no qual quatro mulheres com vidas complicadas eram entrevistadas pelo apresentador Jack Bailey sobre suas dificuldades. Quando o interrogatório terminava, a plateia votava com aplausos para decidir qual história era a mais comovente, e a vencedora vestia um manto de veludo, era coroada, sentava-se em um trono, recebia quatro dúzias de rosas e um banho de presentes, derramando-se inevitavelmente em lágrimas.

Aquela, portanto, era a grande chance de Blazer ser a rainha Chuck.

A menos, é claro, que ele mentisse. Ou contasse a qualquer outra pessoa que estava cooperando. Ou fosse pego sonegando informações. Ou inventasse qualquer outra maneira criativa de atrapalhar a investigação. Se Blazer se comportasse mal, os promotores tinham toda a liberdade para desenterrar qualquer crime que tivesse mencionado e usá-lo diretamente contra ele.

Os promotores fariam as perguntas e Blazer as responderia. Não revelariam com quem mais poderiam estar falando ou para onde a investigação estava caminhando e, sugeriu Norris, Blazer não poderia nem tentar adivinhar. Eles não contariam nem por quais crimes achavam que poderiam acusá-lo. Eles o testariam. Veriam se conseguiam pegá-lo mentindo. Comparariam o que dissesse com o que já sabiam. Nenhuma promessa, entretanto, seria feita; uma delação era uma via de mão única.

É claro, tudo de forma muito profissional. Era um caso federal, e não uma brincadeira de abuso policial em um cubículo escuro. Não havia gritos e nenhum espelho bidirecional em uma parede de concreto encardida de frente para uma mesa de aço. A conversa não estava sendo secretamente gravada. Os inexpressivos agentes do FBI na sala não estavam ali para interrogar, ameaçar ou coagir. Estavam ali para fazer anotações silenciosas — os promotores, às vezes, se referem a esses agentes, de forma bem-humorada, como "escribas" — e, quando tudo acabasse, digitá-las em um memorando oficial que seria arquivado no caso.

Esse era o acordo. Se não parecesse justo, é porque com quase toda a certeza não era. Mas, para Blazer, representava o primeiro passo para ganhar o acordo de cooperação que desejava, sua chance de evitar uma longa sentença de prisão. E começou com ele assinando o documento que Norris deslizou pela mesa.

Cartas de delação variam consideravelmente entre os 94 distritos judiciais do país. Algumas são mais suaves, oferecem um pouco de espaço de manobra para o réu ou lhe dão mais proteção caso as coisas fiquem pesadas. Mas o Distrito Leste de Nova York tem uma das cartas mais duras e menos generosas dentre todos eles, com termos que, quase sempre, favorecem a promotoria.

"Este não é um acordo de cooperação. Ele não manifesta nenhuma possibilidade de que tal acordo seja alcançado como consequência desta delação", dizia o documento.

Blazer assinou. Assinaria um contrato semelhante a cada sessão de delação, um total de dezenove sessões espalhadas ao longo dos dois anos seguintes.

* * *

As sedes da Fedwire e da Chips ficavam a poucos minutos de caminhada uma da outra, na parte sul de Manhattan e, após enviar tantas intimações para as empresas nos últimos meses, Berryman pensou que já era hora de visitá-las pessoalmente.

O agente da Receita Federal ia sempre a Nova York, à medida que o caso progredia, ficava hospedado em um hotel com preços promocionais para funcionários públicos, no centro, e trabalhava ou no escritório local do FBI, que achava bagunçado e barulhento, ou em seu quarto de hotel. Dada a distância de sua casa, na Califórnia, Berryman muitas vezes passava várias semanas fora, longe da esposa.

Em janeiro de 2012, estava em Nova York mais uma vez para participar das delações iniciais de Blazer e tirou um dia para visitar a Chips, uma empresa privada administrada por um consórcio de bancos. Berryman se deu bem com o conselheiro-geral e, enquanto conversavam, ocorreu-lhe que o resto de sua equipe poderia se beneficiar de um melhor entendimento sobre como o rastreio funcionava. Então, perguntou ao advogado se ele se importaria de se reunir com alguns outros agentes e promotores para explicar qual tipo de informação poderiam conseguir por meio de intimações para acesso ao sistema.

Em poucos dias, Berryman organizou reuniões tanto na Chips como na Fedwire e convenceu Norris, Hector e Jared Randall, do FBI, a participarem. A primeira reunião foi na Fedwire, uma empresa estatal sediada no prédio do Federal Reserve Bank de Nova York, na Liberty Street. O prédio, inaugurado em 1924 e inspirado em um palácio Médici, é uma espécie de fortaleza que ocupa todo um quarteirão, e sua abóboda contém os maiores depósitos de barras de ouro do mundo, atualmente cerca de oito mil toneladas do brilhante metal.

Bem acima de toda aquela opulência, a equipe assistia a uma apresentação sobre como o dinheiro se movimenta em uma era digital, onde tudo é quase instantâneo. Mais cara para os bancos do que a Chips, por causa da forma como contabilizava as transações e a velocidade na qual eram conduzidas, a Fedwire fazia menos transações domésticas. Contudo, havia originado US$ 127 milhões em transferências bancárias[4] em 2011, movimentando US$ 664 bilhões entre os mais de nove mil bancos ao redor do mundo com os quais trabalhava. Isso significava que os nomes, endereços e números de contas associados às centenas de milhões de transferências bancárias estavam a apenas uma intimação de distância.

Lavagem de dinheiro é um crime extremamente moderno, condizente com a era globalizada de comércio internacional. Qualquer um poderia cometer homicídio, mas somente os ricos e poderosos têm os recursos necessários para mover dinheiro sujo através de complexas redes de empresas criadas por advogados caros sob seu comando. Quase por definição, a lavagem de dinheiro desprovê os governos de impostos que poderiam ser usados para o benefício dos cidadãos cumpridores da lei e ajuda a encobrir crimes mais sérios que geraram o dinheiro. Mas, apesar da gravidade do crime, os lavadores de dinheiro operavam tipicamente com a impunidade garantida aos grandes privilegiados, incapazes de acreditar que algum dia podem ser tocados.

Para Berryman, aquilo era fascinante. Perseguir lavadores de dinheiro era, na sua visão, a coisa mais empolgante que vinha acontecendo no exercício da lei. O governo dos Estados Unidos surpreendera enormes operações de lavagem de dinheiro nos últimos anos, de narcotraficantes no México lavando lucros das drogas por meio de trocas financeiras e bancos em Nova York a oligarcas russos usando ilhas remotas do Pacífico para limpar a sua sujeira. Esses casos mal raspavam a superfície de uma gigantesca indústria global dedicada a esconder dinheiro sujo.

A investigação do futebol era um exemplo excelente. Cartolas da Fifa que recebiam propina precisavam esconder essa renda, que não poderia ser justificada, usando com frequência empresas-fantasma em paraísos fiscais e contratos falsos de serviços para desaparecer com o fruto dos seus crimes. Enquanto isso, torcedores ao redor do mundo lamentavam, impotentes, diante do que havia então já deixado de ser segredo: o esporte estava afundado em um mar de lama. O jogo do povo se tornara propriedade de homens egoístas, que fingiam estar a serviço do público e que escondiam incontáveis milhões de dólares nos cantos mais remotos do planeta.

Há anos que era dessa forma, se não décadas, e ninguém conseguira fazer nada a respeito, apesar das vastas acusações de corrupção. Mas isso, pensava Berryman, era porque ninguém tivera a combinação de desejo, conhecimento e oportunidade para enfrentá-los.

Após a reunião, Berryman conversou entusiasmado com o resto da equipe, feliz em perceber que começavam a entender o incrível poder que a Fedwire e a Chips representavam para uma grande investigação internacional como aquela. Mas nem todos pareciam tão impressionados.

— Bom trabalho, Steve — foi tudo o que disse Randall, antes de voltar ao escritório do FBI, a doze quadras dali, e faltar à segunda apresentação na Chips.

A frieza da resposta surpreendeu Berryman, que presumia que seu apetite voraz por informações que pudessem ajudar o caso fosse compartilhado por todos da equipe. Assim que assumiu o caso, Randall entregou uma pasta com documentos relacionados à corrupção no futebol a Berryman, que, por sua vez, respondeu ao gesto compartilhando artigos sobre o assunto com frequência. Sua expectativa era que o agente do FBI estivesse tão cativado pelo assunto quanto ele.

Berryman sabia que Randall havia conversado inúmeras vezes com Andrew Jennings, um formidável repositório de informações sobre o esporte, por direito próprio; até chegou a escutar uma das ligações de Randall com Jennings. E, depois de ler o livro *Jogo Sujo*, escrito por Jennings, em 2006, que narrava a corrupção na Fifa, focando, em particular, Blatter e Warner, Berryman comprou exemplares para Norris e Randall.

A verdade era que poucos demonstravam o entusiasmo de Berryman pelas tortuosamente lentas investigações sobre lavagem de dinheiro e, ao mesmo tempo, seu nível de sincera indignação pela ideia de pessoas corrompendo o futebol. Em um caso com tanto potencial como aquele, era óbvio que todos trabalhariam longas horas e fariam sacrifícios. Mas nem todos pareciam se importar tanto quanto Berryman com o fato de que atitudes corruptas desempenharam um papel determinante na definição do local onde a Copa do Mundo seria realizada.

Para a maioria dos envolvidos no caso, tudo parecia muito simples: a ideia era trabalhar como em qualquer outra investigação e, quando o poço secasse, fazer as malas e seguir para o próximo. Mas Berryman não enxergava a coisa dessa forma. Não tinha nenhuma intenção de parar até que derrubasse cada chefão corrupto da Fifa, todos os homens que estiveram naquele *bunker* subterrâneo em Zurique e roubaram o dinheiro destinado ao esporte.

Quando não estava emitindo intimações ou analisando os resultados delas, Berryman passava cada minuto livre lendo sobre a corrupção no futebol. Encaminhava os artigos, um após o outro, para o resto da equipe, animado para que soubessem as últimas notícias sobre o assunto. Na maioria das vezes, no entanto, ele ficava desapontado em saber que os artigos que passava entusiasmadamente ficavam na caixa de entrada, intocados e não lidos.

* * *

Norris e Hector participaram das delações de Blazer na esperança de confirmar a suspeita de que as eleições da Fifa eram fraudulentas e que os cartolas do topo da pirâmide aceitavam suborno rotineiramente em troca de seus votos. Não se decepcionaram.

A história de Blazer era complicada, porém fascinante e, muitas vezes, francamente engraçada, temperada com anedotas impróprias e piadas sujas. O carisma do homem, difícil de se identificar nas fotos em que vestia fantasias bobas de Halloween na internet, era óbvio para todos na sala. Ele tinha um certo magnetismo, e começava a ficar fácil perceber como um forasteiro do futebol, vindo de um país com pouco interesse no esporte, poderia ter crescido tanto.

De cara, Blazer confessou ter aceitado[5] receber dinheiro em troca do seu voto pela África do Sul como sede da Copa do Mundo de 2010 e como outros países haviam tentado suborná-lo ao mesmo tempo. Também, relatou ele, ajudou a coordenar a propina para Warner votar no Marrocos para a Copa do Mundo de 1998, embora pessoalmente não recebesse nenhum dinheiro porque não era membro do Comitê Executivo da Fifa na época.

Esse tipo de atividade não era exceção, disse Blazer — era a regra, e todos no Comitê Executivo da Fifa sabiam que acontecia. No entanto, se os promotores queriam saber onde estava a verdadeira sujeira no futebol, a real fortuna e a corrupção generalizada, precisavam olhar além das votações periódicas em Zurique, além das sedes da Copa do Mundo ou dos presidentes da Fifa e de todos os outros acontecimentos estampados nas manchetes.

O coração financeiro do esporte, explicou Blazer, estava no mercado por direitos comerciais, os contratos que permitiam às emissoras colocar as partidas de futebol no ar e aos patrocinadores exibir suas marcas em uniformes, estádios e shows do intervalo. Eram esses acordos, milhares deles espalhados pelo mundo, que compunham quase todo o faturamento bilionário da Fifa.

E não era só a Fifa. Cada uma das seis confederações regionais tinha os seus próprios direitos para comercializar e, consequentemente, cada uma das mais de duzentas associações nacionais pelo mundo também possuía uma série de direitos para oferecer. Havia campeonatos enormes — como a ultrapopular Liga dos Campeões, que reunia, todos os anos, os melhores clubes profissionais da Europa, administrada pela Uefa, a confederação europeia; ou a Copa América da Conmebol, realizada a cada quatro anos e exibindo craques como o argentino Lionel Messi; havia as concorridas eliminatórias da Copa do Mundo em cada região; e oportunidades de patrocínio para cada time nacional. Afinal, ninguém vestia um uniforme da Nike ou da Adidas de graça.

A contraparte de praticamente cada um desses contratos de direitos, esclareceu Blazer, era uma empresa de marketing esportivo, os intermediários do mundo do esporte internacional. Era uma indústria vasta e robusta, embora pouco conhecida, dedicada a angariar patrocínios e direitos televisivos para o mercado de eventos esportivos e, em seguida, revendê-los à la carte para emissoras, marcas e anunciantes. Operando sob o princípio de que organizações como a Fifa, a Confederação de Futebol da Oceania ou a Federação Panamenha de Futebol não tinham equipe ou experiência suficientes para vender seus direitos diretamente, as empresas de marketing esportivo ofereciam um preço fixo adiantado para tirar os direitos das mãos dos cartolas do futebol.

Assim como em qualquer negócio, os lucros dependiam de pagar o mínimo possível pelo produto que revendiam, e a melhor maneira de garantir que o custo dos direitos futebolísticos permanecesse abaixo do valor de mercado era eliminar a concorrência. Era aí, enfatizou Blazer, que entrava a corrupção: as empresas de marketing esportivo subornavam sistematicamente os chefões do futebol para manterem os preços baixos e não venderem seus direitos a mais ninguém.

Os subornos chegavam cada vez que um contrato era negociado, ou estendido e, vez ou outra, até mesmo antes de uma negociação, só para garantir que as coisas corressem como o esperado. Às vezes, os cartolas exigiam os pagamentos; em outras ocasiões, as empresas de marketing esportivo os ofereciam. De qualquer forma, o entendimento era o mesmo: os pagamentos eram feitos por debaixo dos panos e, em troca, as empresas recebiam um belo contrato pelos direitos dos jogos. Enquanto a imprensa esportiva agonizava diante de cada desenrolar político que surgia na sede da Fifa em Zurique, centenas, se não milhares, de cartolas do futebol de todo o mundo recebiam subornos e presentes por direitos de televisão e marketing com pouca ou nenhuma vigilância.

Sem dúvida, havia contratos legítimos no mercado e mandachuvas do futebol honestos ou que eram observados de perto demais para aceitar propina. Porém, era uma aposta segura dizer que a maioria dos acordos de marketing futebolístico, dos mais importantes campeonatos internacionais a insignificantes amistosos regionais, envolvia contratos sem concorrência que subestimavam o valor real dos direitos. Isso, por definição, privava o esporte do dinheiro que deveria ser investido em desenvolvimento — literalmente, dando bolas e chuteiras para crianças pobres —, enquanto os magnatas do futebol acumulavam, secretamente, enormes fortunas e os executivos de marketing esportivo ficavam podres de ricos.

As quantias de dinheiro eram astronômicas. A Fifa, por exemplo, registrou US$ 2,4 bilhões[6] em vendas de direitos televisivos na Copa do Mundo de 2010 e mais US$ 1,1 bilhão em patrocínio e outros direitos publicitários. Também havia mais dinheiro nos Estados Unidos do que poderia parecer. Graças aos 5 milhões de hispânicos no país, era um dos mercados mais valiosos no mundo.

Em 2005, por exemplo, Blazer ajudou a negociar um contrato para os direitos televisivos norte-americanos das Copas de 2010 e 2014, um pacote que também incluía duas Copas do Mundo Femininas, duas Copas das Confederações e um campeonato menor jogado nos países-sede da Copa do Mundo um ano antes do grande evento.

A ABC e a ESPN pagaram respeitáveis US$ 100 milhões[7] pelos direitos de transmissão dos jogos em inglês. Mas a Univision, rede de idioma espanhol que ficava sempre atrás das emissoras peso-pesado, pagou mais do que três vezes esse valor, assombrosos US$ 325 milhões, para transmitir a mesma quantidade de partidas ao público falante de espanhol no país. Em comparação, a TV Globo, do Brasil, pagou US$ 340 milhões pelos mesmos direitos, no país mais apaixonado por futebol em todo o mundo.

O valor crescente do esporte ajudou a subestimar a escala da corrupção. Desde 2003, a Concacaf vendia direitos para a Copa Ouro diretamente às emissoras e aos patrocinadores, usando sua própria equipe de vendas para cortar intermediários. Como resultado, em 2011, a Concacaf arrecadou US$ 31,1 milhões[8] apenas em faturamento de televisão, a grande maioria da Copa Ouro.

Em compensação, a Copa América, um campeonato muito mais popular e competitivo, com alguns dos grandes craques do futebol mundial, havia rendido surpreendentemente pouco à Conmebol. O acordo que a confederação sul-americana assinara anos antes com a Traffic pagou míseros US$ 18 milhões[9] pelo pacote completo de direitos de televisão e patrocínio para a edição de 2011.

Claramente, a Copa América deve ter valido muito mais do que a Copa Ouro. Mas, ao concordar em vender o campeonato muito abaixo do valor de mercado, em troca da propina de José Hawilla, os homens que controlavam a Conmebol limitaram grandemente a quantia que a confederação poderia arrecadar por seu ativo mais valioso.

Não era coincidência, continuou Blazer, que, durante anos, a Traffic tivesse pagado propina para ele e Warner também pelos direitos sobre a Copa Ouro e que Hawilla tivesse aberto, anos antes, um escritório em Miami apenas para lidar com direitos relativos à Concacaf.

O futebol, Blazer deixou claro, era formado por dois tipos de pessoas:

aquelas que aceitavam propina e aquelas que a pagavam. Se o Departamento de Justiça quisesse realmente limpar o esporte, precisaria olhar seriamente para homens como Hawilla, que, empoleirados como galinhas gordas, estavam bem no centro de uma vasta rede de corrupção.

Ninguém na sala tinha ouvido falar da Traffic ou de Hawilla. Mesmo Berryman, apesar de todas as suas leituras sobre a indústria do futebol, ficou mudo quando Blazer mencionou esse nome.

* * *

Blazer demorou para explicar o complicado mundo do marketing esportivo e a igualmente complexa estrutura da Fifa e suas muitas entidades-satélite.

Enquanto ele falava, uma ideia começou a se formar na cabeça de Norris e sua empolgação era crescente. Na metade da terceira delação, no dia 18 de janeiro de 2012, o promotor pediu uma pausa e foi até o corredor para se reunir com o resto da equipe.

Norris parecia estranhamente animado, com os olhos brilhando enquanto desenhava um triângulo com as mãos, juntando os dedos em frente ao rosto. O futebol internacional — a Fifa, a Concacaf, a Conmebol e a Associação de Futebol de Trinidad e Tobago — fazia parte de um todo. Enquadrava-se claramente na definição de uma corporação do topo para a base, a clássica "pirâmide" do crime organizado.

Havia um chefe: Joseph Blatter. Havia os subchefes: o Comitê Executivo da Fifa e os executivos das seis confederações regionais. E havia soldados: os cartolas de cada federação nacional. Havia até os *consiglieri*, conselheiros e advogados que ajudavam os chefes a comandar o negócio.

Uma propina de US$ 10 milhões para Warner e Blazer pelos seus votos na Copa do Mundo de 2010; um envelope com US$ 40 mil em dinheiro para o presidente de uma obscura federação caribenha de futebol; um suborno pelos direitos televisivos de uma porção de eliminatórias centro-americanas da Copa do Mundo. Esses eventos estavam conectados. Não eram esquemas discretos ou aleatórios. *Tudo* estava conectado, afirmou Norris, empolgado.

A Fifa sancionava as confederações; as confederações autorizavam as associações nacionais. E as empresas de marketing esportivo molhavam a mão de todos. Homens como Blazer, Blatter ou Nicolás Leoz, na América do Sul, ou Mohamed bin Hammam, à frente da confederação asiática, podiam não estar envolvidos em todos os acordos ilícitos, mas faziam parte da mesma corporação articulada.

Norris, Hector e todos os outros agentes do FBI tinham experiência em crime organizado. Reconheciam esse tipo de estrutura e talvez estivessem propensos demais a vê-la em todos os lugares. Mas haviam tentando entrar nas delações de Blazer com a mente aberta, incertos do que poderiam estar enfrentando naquele caso ainda em desenvolvimento. E então tudo se tornou absurdamente claro: o futebol mundial era um tipo de crime organizado. Na verdade, acreditavam eles, era exatamente igual à máfia.

Foi um salto intelectual decisivo para o caso. Significava que todos poderiam, pelo menos em teoria, ser processados sob uma única lei que permitiria aos promotores cruzar oceanos e voltar décadas de corrupção para construir uma argumentação única e arrebatadora.

Berryman tinha razão. Parecia mesmo um caso Rico.

CATORZE

O REI ESTÁ MORTO.
VIDA LONGA AO REI!

ENRIQUE SANZ, VICE-PRESIDENTE DA TRAFFIC EM Miami, passou os primeiros meses de 2012 tentando intervir na escolha do próximo presidente da Concacaf.

Sanz, um jovem colombiano de expressão séria, havia sido o homem da Traffic no Caribe por mais de uma década e construiu profundos relacionamentos na região. Compreendia que a maioria de três caribenhos para um na confederação não garantia que o candidato vencedor viria de uma das ilhas.

A Full Play, rival cada vez mais feroz da Traffic, falhara em prever esse fato relativamente crítico, e os US$ 450 mil em propinas que havia pagado no final do ano anterior para tentar assegurar os direitos da Copa Ouro haviam sido em vão.

O escândalo de suborno em Port of Spain ainda reverberava, e inúmeros cartolas caribenhos estavam sendo investigados pela Fifa ou haviam sido suspensos, tornando difícil prever qual deles receberia o cargo. No que dizia respeito à Traffic, entretanto, era imperativo que Sanz respondesse a essa questão urgente o mais rápido possível.

Com a perda da Copa América, a Traffic simplesmente não poderia mais ceder nenhum território de direitos futebolísticos. A empresa ainda controlava todas as eliminatórias da Copa do Mundo de 2014 da CFU e também quase toda a América Central, mas a Media World, sua rival em Miami, vinha roubando sistematicamente esses contratos. Como o melhor negócio, quando se tratava de vender direitos para patrocinadores e emissoras, era agrupá-los por região, no início de 2012, a Traffic finalmente decidiu unir forças com a Media World. As duas empresas assinaram um acordo para dividir todos os custos e rendimentos, inclusive propinas.[1]

A necessidade de se saber exatamente quem subornar se tornou muito mais evidente no final de fevereiro, quando Sanz, falando com seus contatos no Caribe, descobriu que o próximo presidente da confederação seria, quase certamente, Jeffrey Webb.

Webb, um amável homem de 47 anos das Ilhas Cayman, não era uma figura conhecida no futebol mundial. Nunca havia jogado futebol, mas parecia gostar dele, ajudando a administrar um clube amador em George Town, o Strikers FC, quando ainda estava na faculdade. Em 1991, foi eleito presidente da Associação de Futebol das Ilhas Cayman, conhecida como Cifa, e conseguiu chegar ao Comitê de Auditoria Interna da Fifa e a seu Comitê de Transparência e Conformidade.

Também tinha a distinta vantagem, ao contrário de muitos dos seus colegas caribenhos, de ter permanecido intocado pelo escândalo de Port of Spain. Embora Webb tenha estado em Trinidad e Tobago para a reunião, nunca foi acusado de aceitar dinheiro e, na verdade, ajudou Blazer e Collins com sua investigação inicial nos dias seguintes à conferência.

Bonito, bem vestido, quase refinado, parecia a antítese de Jack Warner: acessível onde o trinitário-tobagense era ameaçador; diplomático onde Warner era rígido; limpo e respeitável onde o velho presidente da CFU exalava criminalidade e egoísmo. Mas, apesar de sua discrição, Webb havia construído uma rede influente de amigos no Caribe, graças, em grande parte, ao seu emprego.

Desde 1990, Webb trabalhava no Fidelity Bank Cayman Limited, ascendendo à posição de gerente de Desenvolvimento de Negócios e diretor do banco. Nessa função, supervisionava uma série de divisões de serviços financeiros, incluindo investimentos, finanças corporativas, análise de riscos e, especialmente, operações de transferência financeira nas agências Western Union operadas pelo Fidelity nas Ilhas Cayman.

Durante anos, Webb ajudou inúmeros cartolas do futebol caribenho a estabelecer empresas e contas bancárias anônimas no exterior, onde poderiam receber pagamentos sem chamar a atenção indesejada. Em 1995, por exemplo, incorporou uma dessas empresas, a J&D International,[2] usada por Jack Warner para receber seus rendimentos de vendas de direitos televisivos — às vezes, até mesmo por um dólar — em contratos de clientelismo da Fifa.

Enrique Sanz conhecia bem Webb e já tinha conversado com ele em centenas de eventos da Concacaf ao longo dos anos. Mas, como Warner sempre negociara quase com exclusividade os contratos de direitos para toda a CFU, mantendo as propinas para si, Sanz nunca tivera a oportunidade de falar com Webb sobre como o negócio de fato funcionava. Naquele momento, porém, ele não tinha muita escolha.

Sem perder tempo, Sanz se aproximou de Webb mesmo antes que o homem anunciasse oficialmente suas pretensões políticas, oferecendo todo o apoio financeiro da Traffic para sua campanha. Sanz também deixou claro, ainda que de forma sutil, que, caso Webb fosse eleito, poderia esperar receber "pagamentos adicionais"[3] em troca de conceder à Traffic os direitos sobre as eliminatórias da CFU para as Copas do Mundo de 2018 e 2022.

Webb, no final das contas, não precisou de muitas explicações. Na verdade, o banqueiro entendeu imediatamente o que Sanz queria e demonstrou já estar esperando pela oferta, afirmando que era da opinião de que esses pagamentos eram um procedimento-padrão do cargo e que estava ansioso para recebê-los. Mas também fez um pedido especial: Sanz nunca deveria negociar propinas diretamente com ele, e sim com um amigo próximo, um cipriota grego nascido em solo britânico, chamado Costas Takkas, que servira brevemente como secretário-geral da Cifa uma década antes.

Takkas controlava diversas empresas, nas Ilhas Cayman e nas Ilhas Virgens Britânicas, que possuíam contas no banco de Webb, o Fidelity. Logo depois de falar com Webb, Sanz transferiu US$ 50 mil para uma das empresas de Takkas, a CPL, sob o pretexto de dinheiro para "candidatura".

Nenhum candidato rival foi declarado e, ao final de março, Webb conquistou o apoio não só da maioria dos caribenhos, mas também de diversos cartolas da América Central. No dia 26 de março, Webb aceitou a indicação formal ao cargo de próximo presidente da Concacaf, renunciando ao seu cargo no Fidelity Bank.

— Estou emocionado[4] com as grandes demonstrações de apoio e incentivo recebidas de tantos países-membros — declarou Webb. — Se for eleito, minha intenção é fortalecer essa unidade por meio de colaboração, transparência, integridade, engajamento e confiança.

* * *

O hotel Boscolo New York Palace, em Budapeste, não é, de forma alguma, discreto. Construído no final do século xix para abrigar o escritório local da New York Life Insurance Company, mistura os estilos grego, romano, renascentista, rococó e barroco em um caleidoscópio de ornamentação e arabescos que os proprietários atuais do prédio descrevem como "eclético".

Era, em outras palavras, justamente o tipo de local irresistível para os cartolas do futebol internacional. Com suas abundantes folhas de ouro, afrescos gigantescos e o mármore generosamente distribuído, o Boscolo era o espaço perfeito para uma coroação esportiva.

Na manhã do dia 23 de maio de 2012, os delegados da Concacaf se reuniram na iluminada sala romana do hotel, junto com Joseph Blatter, inúmeras outras autoridades do esporte e uma matilha de consultores, advogados e executivos do marketing esportivo. A confederação havia organizado a reunião de um dia em uma data bem próxima à do congresso anual da Fifa, marcado para começar no dia seguinte no Congresso e no World Trade Center de Budapeste.

Porém, antes que Jeffrey Webb, impecavelmente vestido em um terno azul-marinho e uma gravata de cor vinho, pudesse comemorar o início de seu novo mandato de três anos, o advogado norte-americano John Collins chamou a atenção da sala para anunciar os resultados de uma auditoria preliminar das finanças da confederação. Eram, por assim dizer, preocupantes.

A análise revelara inúmeras irregularidades, dentre elas os contratos de 10% de Blazer, que haviam custado à confederação dezenas de milhões de dólares ao longo dos anos. Também foi descoberto que o Centro de Excelência Dr. João Havelange, um centro de treinamento esportivo em Trinidad e Tobago avaliado em US$ 22,5 milhões, supostamente pertencente à Concacaf e amplamente patrocinado com os subsídios da Fifa, era, na realidade, propriedade exclusiva de Jack Warner. O ex-presidente tinha feito uma hipoteca de US$ 1,7 milhão da propriedade em seu próprio benefício sem o conhecimento do Comitê Executivo da confederação.

Finalmente, observou Collins, parecia que Blazer falhara durante anos em declarar impostos em nome da Concacaf, a qual, como uma organização sem fins lucrativos sediada nos Estados Unidos, era obrigada por lei a fazê-lo. Como resultado, a confederação havia, dois anos antes, perdido sua isenção fiscal e corria sério risco de se endividar com a Receita Federal.

— É difícil prever[5] ao que a Concacaf será exposta — declarou Collins, com pesar.

Os delegados da confederação, incluindo aqueles que integravam o seu Comitê Executivo e haviam aprovado sem maiores preocupações seus demonstrativos financeiros durante tantos anos, responderam então com horror e indignação, censurando as "obscenas irregularidades" desses "ladrões de colarinho branco".

O presidente recém-eleito, Webb, por sua vez, afirmou que se sentia "chocado, consternado e chateado" com as notícias, acrescentando que "precisamos eliminar as nuvens[6] para que o sol apareça" antes de bater o martelo e concluir a programação do dia. Havia, de fato, muitas atividades agendadas, incluindo um esplêndido jantar privativo em sua homenagem no ainda mais sofisticado restaurante Karpatia nas imediações de Budapeste.

Naquela noite, regado aos tradicionais pratos húngaros de *goulash* e *strudel*, Webb entretinha a sala, povoada pela nata da cena esportiva da América do Norte, da América Central e do Caribe. Sunil Gulati, presidente da Federação de Futebol dos Estados Unidos, estava lá e apresentou Webb a Samir Gandhi, advogado da filial de Nova York do escritório de advocacia Sidley Austin.

Gandhi, consultor comercial e entusiasta do futebol que cresceu praticando nos mesmos campos de Westchester County outrora frequentados por Blazer, sugeriu que Webb contratasse Sidley para conduzir uma investigação completa sobre as finanças da Concacaf sob a administração anterior. Considerando os impostos não pagos e empréstimos não autorizados,

Gandhi achava que a confederação poderia estar lidando com um potencial escândalo criminal.

Como Webb fizera da transparência e da reforma a plataforma de sua campanha, o advogado também propôs a criação de um grupo de trabalho para mostrar que sua nova administração estava rompendo com o passado e construindo um novo começo. Gandhi sugeriu chamá-lo de "Comitê da Integridade".

Tudo isso pareceu uma ótima ideia para Webb, que chegou a contratar Sidley, mas, naquele momento, o novo presidente tinha outras prioridades e logo começou outras conversas, reservando um tempo para cumprimentar seus amigos da Traffic, especialmente Enrique Sanz.

Antes de viajar para a Hungria, Sanz estivera em contato com Costas Takkas resolvendo os detalhes do primeiro contrato de direitos que a Traffic esperava conseguir com o novo presidente da Concacaf.

A empresa havia controlado, por uma década, os direitos comerciais das eliminatórias da Copa do Mundo em todas as associações integrantes da CFU, e Jack Warner havia exigido pagamentos adicionais em cada contrato de sucessão. Mas, com a saída de Warner, os direitos sobre as rodadas eliminatórias de 2018 e 2022 ainda não tinham sido reivindicados. Sanz se perguntava o que seria preciso para que Webb cedesse esses direitos à Traffic.

O preço, respondeu Takkas, seria de US$ 23 milhões para a CFU e US$ 3 milhões para Webb. Pegar ou largar.

Uma propina de US$ 3 milhões era um enorme pedido para um pacote de direitos relativamente pequeno. Incluindo a parte de Warner, os direitos sobre as eliminatórias de 2006 haviam custado à Traffic um total de apenas US$ 1,7 milhão. Mas a Traffic não podia se dar ao luxo de contrariar o novo presidente da Concacaf. Sanz concordou e entrou em contato com a Media World para informar a seus executivos que sua parte da propina para Webb seria de US$ 1,5 milhão.

Em meio ao burburinho do restaurante Karpatia, observando o novo presidente fazer sala, era difícil para um homem como Sanz não detectar a ironia que pairava, quase palpavelmente, no ar. Blazer se foi. Warner se foi. Nada havia mudado.

Sanz também podia perceber algo mais naquele momento. Oportunidade.

* * *

No dia 14 de julho, Jeff Webb anunciou a nomeação de Enrique Sanz como novo secretário-geral da Concacaf.

Se alguém questionou por que um executivo do marketing esportivo de 38 anos, sem histórico de liderança política no futebol, mas com potencial para um enorme conflito de interesses, era uma boa escolha para o cargo, não há nenhum registro de tal divergência. De acordo com um *release* da Concacaf, Sanz havia sido "aprovado por unanimidade" pelo Comitê Executivo.

"Estou certo de que encontramos um profissional com competência e integridade[7] para implementar nossa estratégia para a reforma", declarou Webb.

Sanz, um exímio jogador de *squash* de uma rica família colombiana, disse que a nomeação foi uma honra e que esperava transferir a sede da confederação para Miami, onde ele e seus queridos amigos da Traffic viviam.

Sanz nunca havia antes demonstrado interesse em se envolver pessoalmente com a política do futebol. Sempre esteve no outro lado do negócio e, apesar de haver precedentes de executivos de marketing esportivo que passavam para o outro lado da equação, aquela situação era extremamente rara. Quem poderia suportar o corte no salário?

Mas, de alguma forma, os colegas de Sanz na Traffic não pareceram surpresos com sua repentina jogada. Aaron Davidson, presidente da Traffic Sports USA e o colega mais próximo a Sanz no escritório, pareceu radiante. A empresa estivera em pânico por dois anos, vendo seu império sucumbir lentamente. E, naquele momento, a Traffic havia conseguido infiltrar um de seus homens no segundo cargo mais importante de uma das confederações mais valiosas da Fifa.

— Eles poderiam ter buscado o mundo inteiro[8] e não encontrariam ninguém mais qualificado para o cargo — Davidson vangloriava-se a um colunista esportivo do *Miami Herald*. — Será divertido ver o seu impacto. Ele sabe como conseguir patrocinadores. É um sujeito profissional, com novas ideias, exatamente do que a Concacaf precisa.

Uma ideia sobre a qual Sanz estivera refletindo desde sua volta de Budapeste era como, exatamente, pagar a parte da Traffic pela propina de US$

3 milhões para Webb. Ele e Hawilla haviam gastado muitas horas pensando na mecânica para fazer isso sem que ninguém descobrisse.

Finalmente, traçaram um plano:[9] assim que Webb assinasse o contrato de cessão de direitos, a Traffic usaria sua conta no Delta National Bank & Trust Co., em Miami, para transferir dinheiro para uma empresa chamada Time Winner Investments, com conta em uma agência do HSBC em Hong Kong. De lá, o pagamento seria transferido uma segunda vez para uma conta em nome da Kosson Ventures, uma empresa de Takkas, no Fidelity Bank das Ilhas Cayman. De lá, o dinheiro seria transferido para quaisquer contas que Webb desejasse.

Webb havia sido bancário por mais de vinte anos e tinha vasta experiência em transferências internacionais de dinheiro. Portanto, embora os outros pudessem ser perdoados por não se darem conta de que essas transferências passariam por bancos correspondentes facilmente rastreáveis nos Estados Unidos antes de alcançarem seu destino final, o presidente recém-eleito da Concacaf, que havia vencido com a promessa de um novo futuro livre de corrupção para o futebol, não poderia.

QUINZE

MAIS RÁPIDO, MAIS ALTO, MAIS FORTE

CERTA NOITE, NA PRIMAVERA DE 2012, Chuck Blazer entrou com sua cadeira motorizada na CUT, uma churrascaria da moda localizada no Beverly Wilshire Hotel, em Beverly Hills. Foi encontrar Alan Rothenberg, um advogado bem relacionado politicamente que, ao longo de sua carreira, havia sido presidente da Federação de Futebol dos Estados Unidos, ajudara a criar a Major League Soccer e presidira o comitê de organização da Copa do Mundo de 1994.

Os dois homens se conheciam havia décadas. Regados a filés e vinho, trocavam fofocas sobre o futebol e Blazer deleitava Rothenberg com histórias de suas explorações, algumas delas sexuais. Foi Blazer quem ligou para propor o jantar, e Rothenberg não achou nada de mais, pois era normal se encontrarem quando estavam na cidade.

Ao contrário de seus encontros anteriores, entretanto, daquela vez, Blazer não estava sozinho.

Sentados do outro lado do restaurante lotado, estavam Steve Berryman e Jared Randall, fazendo o seu melhor para passarem despercebidos enquanto observavam a conversa a distância, tarefa dificultada pela presença de diversas celebridades no restaurante.

O objetivo da reunião, que os agentes haviam ensaiado com Blazer, era falar sobre a candidatura fracassada do Marrocos para a Copa do Mundo de

2010. Rothenberg tinha sido consultor do país sul-africano, que, segundo Blazer, tentou subornar ele e Warner[1] em troca de seus votos.

Mas, quando Randall e Berryman ouviram a gravação que o colaborador fizera secretamente durante o jantar, ficaram decepcionados. Rothenberg não havia dito nada relevante.

Blazer começou a fazer gravações secretas logo após concordar em cooperar. Tinha relacionamentos próximos com uma quantidade impressionante de cartolas do futebol e, de acordo com suas delações, havia conspirado com muitos deles para cometer atos ilegais. O truque era conseguir que confessassem na gravação e, com o poderoso cargo que Blazer ainda mantinha no Comitê Executivo da Fifa, não havia muitas pessoas no mundo do futebol que recusariam se encontrar com ele ou atender suas ligações, alheias ao fato de que ele estava gravando cada uma das suas palavras.

Graças à tecnologia moderna, os dias dos pesados gravadores de fitas de bobina colados no peito se acabaram. Blazer poderia entrar em reuniões com dispositivos menores que uma moeda de um centavo, escondidos em uma lapela, na alça de uma bolsa, dentro de um celular ou chaveiro, ou até mesmo em uma garrafa descartável de água, sem medo de ser descoberto, de ficar encharcado em suor, ou de perder metade dos pelos do peito na hora de tirá-lo.

O equipamento não era o problema. O problema era que a maioria das pessoas de interesse para o caso não estava nos Estados Unidos.

Em suas ligações semanais, Norris, Berryman e Randall traçavam estratégias sobre com quem Blazer deveria falar, sob qual pretexto e o que poderia dizer para convencer a pessoa a se incriminar.

Porém, aterrorizados com a possibilidade de vazamentos, os promotores resistiram em enviar Blazer em operações secretas no exterior. Ele perdera o congresso da Fifa em Budapeste pelo mesmo motivo; seus novos chefes da federal não confiavam na polícia húngara, com quem precisariam trabalhar em parceria para manter a operação em sigilo. Por isso, inventou-se uma história sobre a saúde de Blazer para explicar sua ausência.

Mas as Olimpíadas de 2012, em Londres, estavam chegando e eram tentadoras demais para os promotores. Não apenas todo o Comitê Executivo da Fifa e todas as suas equipes estariam lá como a cidade seria tomada por toda a galáxia de membros de comitês de candidatura, intermediários, executivos de marketing esportivo, consultores e oficiais do coi. As oportunidades de interações com gravações potencialmente incriminadoras eram imensas. A Fifa receberia um grande contingente nos jogos, portanto ninguém ficaria surpreso ao ver Blazer por lá. Além disso, o tempo do cartola no Comitê Executivo não seria eterno, o que reduziria drasticamente o seu valor para operações secretas.

Por outro lado, os federais não confiavam na Polícia Metropolitana londrina, não depois dos vazamentos para o *The Telegraph*. Também não poderiam operar em Londres sem o conhecimento das autoridades locais, então, Randall e seu supervisor, Mike Gaeta, usaram a criatividade.

Após contatar os agentes do fbi instalados na embaixada norte-americana em Londres, criaram um plano inteligente. A Polícia Metropolitana de Londres, conhecida como Scotland Yard, era gigantesca. Com 32 mil oficiais, estava entre as maiores forças policiais do mundo, ligeiramente menor do que o Departamento de Polícia de Nova York. Mas, no coração da metrópole, havia uma agência de exercício da lei pouco conhecida e muito menor: a Polícia da Cidade de Londres. Oficialmente, essa força patrulhava uma área de 1,5 quilômetro quadrado no centro de Londres e contava com apenas cerca de setecentos oficiais. No entanto, como a cidade de Londres compreendia o centro financeiro britânico, o pequeno departamento de polícia desenvolvera uma divisão de crimes econômicos, que incluía uma unidade internacional especializada em crimes anticorrupção.

Sua equipe era formada por poucos investigadores de elite, que afirmaram que ficariam felizes em ajudar em uma investigação dos Estados Unidos. Garantindo a Gaeta e Randall que não haveria vazamentos, a equipe seguiu em frente, agendando reuniões para Blazer em Londres.

Assim que o cooperador secreto começou a receber as respostas aos seus primeiros e-mails, ficou claro que os investigadores teriam muitas oportunidades para "dar a fita", como se diz na linguagem policial.

* * *

Menos de duas semanas após o início das Olimpíadas, Berryman estava deitado na cama do seu hotel em Londres, tentando ouvir as batidas de seu próprio coração.

Era uma sensação engraçada. Seu coração parecia fora do ritmo, como se pulasse uma batida. Berryman nunca o sentira assim e, de repente, ficou muito assustado.

— Será que tomei a decisão certa? — ele se perguntava.

Desde que tinha chegado a Londres, Berryman esteve envolvido no que parecia ser o trabalho mais empolgante de sua carreira. O entusiasmo londrino sobre as Olimpíadas era quase uma febre e a cidade estava dominada por estrelas de cinema, magnatas e políticos ansiosos para estarem no centro do mundo por alguns dias.

Assim como a Copa do Mundo, os Jogos Olímpicos são uma oportunidade para a elite da governança esportiva se misturar aos barões e milionários que controlam as atividades não esportivas do planeta. Os chefões da Fifa, incluindo Joseph Blatter, estavam todos hospedados no hotel cinco estrelas May Fair, localizado no olho do furacão.

Por dias a fio, Berryman e Randall, acompanhados por um policial da cidade de Londres, ficaram agachados em uma van não identificada estacionada discretamente nas ruas do centro de Londres, onde os principais cartolas da Fifa estavam hospedados, enquanto Blazer, passeando em sua cadeira motorizada, conversava com alguns dos homens mais poderosos dos esportes.

Ele havia gravado secretamente, por exemplo, uma porção de russos,[2] incluindo Vitaly Mutko, que era membro do Comitê Executivo da Fifa desde 2009, era ministro do esporte na Rússia e presidira a União de Futebol da Rússia, e Alexey Sorokin, o charmoso e cheio de lábia ex-presidente da candidatura da Rússia à Copa do Mundo, que, desde então, havia sido nomeado presidente do comitê organizador do campeonato em 2018.

Cavando ainda mais fundo, Blazer cruzou o bairro de Mayfair até o escritório de Peter Hargitay, um assessor húngaro que recebeu US$ 1,3 milhão da candidatura australiana em 2009 para fazer "lobby direcionado ao corpo do Comitê Executivo da Fifa".[3]

Hargitay, fumante inveterado, de cabelos longos e grossos e um bigode fino, também tinha escritórios em Zurique e parecia ser amigo ou ter trabalhado para cada lobista político do futebol. Durante muitos anos, ele foi consultor de Joseph Blatter, e também viveu na Jamaica por uma década, portanto conhecia intimamente Jack Warner e muitos outros cartolas caribenhos. Antes de se juntar à candidatura australiana, trabalhara a favor da Inglaterra na Copa do Mundo e também como conselheiro de Mohamed bin Hammam.

Ainda assim, quando Blazer subiu, ofegante, as escadas para o seu escritório no segundo andar, no início de agosto, o único assunto concreto que discutiram foi o boato de que os computadores de Hargitay haviam sido hackeados durante o processo de candidatura para a Copa do Mundo. A reunião terminou em apenas vinte minutos.

Então, como sempre fazia após cada reunião, Blazer se dirigiu à van não identificada e entregou suas gravações, uma das quais estava escondida dentro de um chaveiro dado por Randall. Dentro da van, Berryman e Randall plugavam os dispositivos em um laptop para verificar se a gravação havia sido bem-sucedida e ouviam alguns trechos antes de analisar a conversa em detalhes em seus quartos de hotel.

Berryman adorava estar em Londres, sua cidade favorita, e estar lá enquanto fazia gravações dos criminosos que haviam pervertido seu esporte do coração tornava a experiência inesquecível.

Mas, naquele momento, estirado na cama do hotel, ele questionava seu desejo de ter ido.

Ao se preparar para a viagem, havia visitado seu médico para checar uma sinusite infecciosa. Era coisa de rotina, mas, quando a médica auscultou o coração do agente especial, fez uma careta. Logo, Berryman passava por uma bateria de exames e consultas com cardiologistas e cirurgiões que pareciam preocupados. O átrio esquerdo do seu coração estava inchado, diziam, provavelmente como resultado de um pequeno problema de válvula que tivera durante toda a sua vida adulta, e, então, desenvolvia uma perigosa arritmia.

Precisava ser operado logo, mas o momento não poderia ser pior.

Berryman não queria ficar de fora do que aconteceria em Londres. Ele e os demais vinham planejando a viagem havia meses. Não poderia dizer aos médicos o motivo para estar tão desesperado para viajar, então, simplesmente implorou: precisavam deixá-lo ir.

O cardiologista de Berryman lhe disse para não se preocupar e que ele poderia viajar sem maiores problemas, mas que entraria na faca assim que retornasse aos Estados Unidos e que, se qualquer coisa acontecesse, deveria largar tudo e voltar para casa.

Lutando para desacelerar seu cansado coração, Berryman pensou nos últimos doze dias. Tivera um pressentimento sombrio certa tarde, enquanto comia um sanduíche sentado num banco de parque no centro de Londres. Um cigano havia se aproximado, feito uma série de perguntas e olhado fixamente para ele.

— Algo lhe acontecerá e mudará sua vida para sempre — profetizou o velho, antes de desaparecer na noite sem dizer mais nenhuma palavra.

Outra vez, sentado sozinho na van de vigilância, na rua St. James, Berryman avistou Blazer indo em sua direção pelo retrovisor e teve a clara impressão de que estava sendo seguido. Blazer, que acabara de terminar uma gravação, parou para ver a vitrine de uma loja e um homem estranho, que andava atrás dele, também parou.

Em pânico, Berryman ligou para Randall e, quando Blazer se aproximou, não deixou que ele entrasse. Estavam sendo observados? Seu disfarce havia sido descoberto?

A pressão que Berryman colocava em si próprio, à medida que o caso se desenrolava, era imensa e crescente. Tinha 49 anos e havia sido agente da Receita Federal por mais de 25. Como entrara na agência logo depois da faculdade, poderia aposentar-se no final do ano, mas adiara isso para trabalhar no caso.

Ele poderia estar em casa, ocupado com o seu jardim e junto de sua esposa, ou trabalhando em um romance policial que estava escrevendo sobre um agente da Receita Federal que se junta a um agente do FBI para resolver uma série de crimes de ódio contra imigrantes. Em vez disso, Berryman não conseguia pensar em praticamente mais nada além do caso. Em geral, evitava operações de vigilância, deixando a tarefa técnica, demorada e, francamente, chata de supervisionar gravações consensuais para o FBI. Preferia examinar intimações. Mas, naquele caso, queria estar em tudo, cruzando o país para participar de quase todas as delações com Blazer, participando de cada reunião estratégica, planejando minuciosamente cada passo.

Berryman havia dispensado a ideia da aposentadoria por completo. Ele levava todos os seus casos a sério, mas aquele era especial e Berryman sabia que, independentemente de como terminasse, seria o seu último.

E, então, repentinamente, ele estava em um avião de volta para a Califórnia, onde, em 15 de agosto de 2012, um cirurgião cardíaco abriu seu tórax e salvou sua vida.

* * *

A última gravação de Blazer em Londres foi com José Hawilla.

Ele enviou um e-mail à secretária pessoal do executivo antes das Olimpíadas para propor uma reunião e os dois finalmente se encontraram antes do café da manhã, nos últimos dias dos Jogos.

Como Blazer havia contado aos promotores sobre Hawilla, o brasileiro se tornara alvo de grande interesse, e a esperança era flagrá-lo admitindo pagar propina. O plano era concentrar-se em um pagamento bastante peculiar[4] que Hawilla fizera ao antigo secretário-geral em 2003.

A história por trás do pagamento, segundo Blazer, era que ele estava precisando de dinheiro e ligou para pedir a Hawilla um empréstimo de US$ 600 mil.

Claramente, não era nenhum empréstimo, e ambos sabiam que Blazer não pretendia jamais devolver um centavo. Hawilla, através de um intermediário de confiança, providenciou o envio do dinheiro para a conta da Sportvertising, de Blazer, no FirstCaribbean International Bank, nas Ilhas Cayman. Mas o alto valor chamou a atenção do Departamento de Conformidade do FirstCaribbean, que escreveu pedindo pela "fonte desses recursos,[5] acompanhada de documentações comprobatórias".

Blazer, é claro, não tinha nada disso e enviou rapidamente um e-mail para a secretária de Hawilla. "Ele precisará formular um contrato para essa e outras transferências", escreveu.

Para justificar o pagamento, os dois homens combinaram de criar um contrato falso de prestação de serviços entre a Sportvertising e a Valente, empresa panamenha cujo proprietário era o intermediário em quem Hawilla mais confiava, que efetuara o pagamento. O documento de quatro páginas, confeccionado às pressas, estava repleto de erros e afirmava que a Sportvertising ofereceria "serviços de consultoria para um CLIENTE[6] ligado aos eventos esportivos, cujo objetivo é auxiliar o CLIENTE no desenvolvimento de negócios de patrocínio e publicidade".

Esses serviços vagamente definidos custariam à Valente, supostamente, um total de US$ 1,3 milhão, divididos em uma primeira parcela de US$ 600 mil e uma segunda de US$ 700 mil ao longo do ano. O contrato era deliberadamente retrodatado para 1º de outubro de 2002, para convencer os banqueiros do FirstCaribbean de que o documento era legítimo e que poderiam liberar os recursos para Blazer.

Da perspectiva da procuradoria, o contrato falso, somado à correspondência do banco e os e-mails de Blazer para a Traffic, traçava claramente todo o arco narrativo de um ato criminoso. A chave da questão era conseguir que Hawilla falasse sobre isso na gravação.

Porém, mencionar um pagamento secreto ocorrido havia nove anos durante um jantar em Londres era algo suspeito. Os cartolas do futebol não falavam sobre esse tipo de coisa após o fato ocorrido, principalmente em público. E, portanto, Norris e os demais inventaram uma história falsa, apoiando-se em notícias recentes sobre a Fifa. Michael Garcia, um advogado de Nova York, havia sido, semanas antes, escolhido pela Fifa como o novo investigador-chefe do seu Comitê de Ética. Garcia se tornou responsável por investigar novamente os eventos em Port of Spain e, consequentemente, a Concacaf como um todo. Assim, ficou decidido que Blazer diria a Hawilla que estava sendo pressionado por Garcia para revisar velhos contratos da confederação.

Obviamente, Garcia nem falara com Blazer, mas parecia que esse era um pretexto convincente o bastante, e Blazer, com seus gravadores a postos, repetiu a história quando ele e Hawilla se encontraram em Londres.

Após os cumprimentos habituais, Blazer, falando em espanhol, perguntou a Hawilla sobre o pagamento de US$ 600 mil, deixando claro para a gravação que recebera o dinheiro em duas parcelas, uma de um banco no Uruguai e outra de uma empresa no Panamá. Será que Hawilla se lembrava delas? Por acaso, teria esses documentos? Blazer disse que se sentia mal por perguntar, mas estava sendo investigado por esse procurador da Fifa, Garcia, e precisava mostrar os documentos para que o homem saísse da sua cola.

Hawilla e Blazer se conheciam havia anos e se davam bem. Mesmo depois que Blazer tirou a Traffic dos contratos de direitos da Concacaf, haviam mantido contato, e Hawilla até convidou Blazer para o casamento[7] de seu filho mais velho, realizado no Brasil muitos anos antes. Mas algo lhe pareceu estranho e Hawilla negou ter feito qualquer pagamento, insistindo que os dois jamais haviam feito negócios. Blazer, por sua vez, foi insistente, e, então, Hawilla, ansioso para terminar a conversa, disse que tentaria achar alguma coisa a respeito quando voltasse ao Brasil.

Foi a última gravação de Blazer nas Olimpíadas, a única que Berryman não havia conseguido ajudar a coordenar. Hawilla, que vinha pagando propina aos cartolas do futebol havia 25 anos, conseguira evitar se comprometer juridicamente.

Dezesseis

Do meu jeito*

Quando Jeffrey Webb assumiu a Concacaf, reforçou sua mensagem de reforma, nunca perdendo uma oportunidade de condenar seus antecessores, Warner e Blazer, e prometer uma nova e limpa era da governança no futebol. Para começar, o novo presidente fez todo um espetáculo público em torno de não aceitar salário, apesar dos avisos dos conselheiros de que, na verdade, a ausência de renda poderia causar uma má impressão, especialmente porque Webb deixara seu emprego no banco e não possuía meios óbvios de sustento financeiro.

Depois, em 14 de setembro de 2012, Webb convocou a primeira reunião do Comitê de Integridade, convidando um ex-sócio da PricewaterhouseCoopers, o ex-chefe de justiça de Barbados e um juiz federal norte-americano aposentado para presidirem o grupo de três pessoas encarregado de "garantir a prestação de contas,[1] transparência e boa governança" na Concacaf. Esse grupo iria, especificamente, supervisionar "todas as investigações referentes às práticas da liderança anterior".

---

* "My way", no original, uma referência à música homônima do cantor Frank Sinatra, mencionada em uma citação de Jeffrey Webb ao longo do capítulo. (N. T.)

As investigações, em si, seriam conduzidas por advogados da Sidley Austin, liderada por um ex-promotor federal de Nova York, detalhista e bem-apessoado, chamado Tim Treanor.

Sua responsabilidade era revelar vinte anos de delitos financeiros, o que não era uma tarefa fácil. Durante meses, Treanor e seus colegas se sentaram com os funcionários da Concacaf em maratonas de entrevistas, enchendo-os de perguntas sobre as finanças e operações da confederação, e as muitas soluções complicadas concebidas por Blazer e Warner. A equipe foi solicitada a entregar documentos, vasculhar planilhas intermináveis e voltar várias vezes para as entrevistas. Quem reclamasse que as sessões pareciam mais interrogatórios recebia uma escolha simples: coopere ou seja demitido.

Nem todos estavam dispostos a ajudar, é claro. Sanz, o novo secretário-geral, disse aos advogados da Sidley que, durante uma visita em setembro ao antigo escritório de Warner em Trinidad e Tobago, percebeu que documentos estavam sendo destruídos[2] e o próprio Warner se recusava a dar entrevistas.

E, quando o Comitê de Integridade escreveu para Blazer pedindo os documentos, não resultou em nada. "Recusamo-nos a atender à sua solicitação[3] por documentos, entrevistas ou quaisquer outras informações", escreveu seu advogado, Stuart Friedman. O ex-secretário-geral continuou visitando o escritório do 17º andar da confederação durante quatro meses após seu último dia no cargo e, quando Sidley apareceu para coletar documentos e copiar discos rígidos, todos os registros de Blazer já haviam desaparecido.

Mesmo sem os documentos, Treanor e seus colegas começaram a suspeitar de que havia, de fato, um teor de ilegalidade, principalmente porque Blazer falhara em declarar os impostos federais da Concacaf durante tantos anos. E, em troca de seu trabalho tão competente, a empresa cobrava um valor generoso, faturando US$ 1 milhão da confederação todos os meses.

No entanto, havia algo em que Treanor e seus colegas não mexiam: tudo o que aconteceu após 31 de dezembro de 2011, quando Blazer e Warner estavam fora da confederação. A missão da Sidley estava relacionada estritamente ao passado e, enquanto os advogados aplaudiam "a reforma iniciada por Webb",[4] além das "medidas adicionais para resguardar a integridade do esporte" tomadas por Sanz, prestavam pouca, ou nenhuma, atenção ao que

aqueles dois homens estavam aprontando, agora que controlavam as rédeas da confederação.

* * *

— Chega de Frank Sinatra — Webb declarou com toda a pompa para os
funcionários de olhos arregalados da Concacaf, em Nova York, durante sua
primeira visita pós-eleição. — Queremos Jay-Z.

O novo presidente declarou imediatamente que os escritórios adjacentes de Chuck Blazer e Jack Warner na Trump Tower precisavam ser reforma-
dos, então, levou a esposa brasileira de Sanz, Roberta, para redecorá-los.
Logo, ela havia replanejado todo o espaço, arrancando pesadas placas de
mármore em favor de linhas minimalistas e móveis de design moderno, entregando uma enorme conta de seis dígitos pelo trabalho.

Então, com a mesma rapidez, Webb abandonou o lugar, afirmando que
preferia trabalhar em casa, nas Ilhas Cayman, enquanto Sanz, que não podia
suportar os rígidos invernos de Nova York, estabeleceu-se em Miami. Webb
visitou um alfaiate, às custas da Concacaf, e comprou novos ternos adequa-
dos à sua posição. Contratou um especialista em relações públicas para
ensiná-lo a ficar bem diante das câmeras e, com sorte, alcançar um patamar
mais alto dentro da Fifa.

Webb amava os holofotes. Adorava relógios grandes e carros chamativos
que fizessem muito barulho; hotéis caros, jatos particulares e acomodações
luxuosas. Divorciado e pai de dois filhos, na época de sua eleição, já estava
noivo para se casar pela segunda vez, mas isso não o impedia de sair, noite
após noite, e pagar todas as contas com o cartão corporativo da Concacaf, é
claro.

Em Sanz, Webb encontrara um secretário-geral perfeito, disposto a
aprovar suas despesas extravagantes se fizesse o mesmo em troca. Webb
contratou o primo de sua noiva, um advogado de Miami, para ser seu conselheiro interno, enquanto Sanz trazia a mulher de seu melhor amigo para
cuidar dos recursos humanos, apesar de sua total falta de experiência na
área. Os dois cartolas viajavam para onde quisessem, contratavam quem
bem entendessem e faziam o que queriam. Uma confederação de futebol,
afinal, era um brinquedo maravilhoso.

CARTÃO VERMELHO 193

Em meados de julho, Webb convidou o Comitê Executivo da Concacaf, às custas da confederação, para uma viagem de vários dias ao luxuoso Ritz--Carlton, em Grand Cayman, onde um jantar de gala foi realizado em sua própria homenagem.[5] Diante de uma plateia de 250 pessoas, Webb foi ovacionado antes de receber a medalha Queen's Diamond Jubilee Medal of Honour das mãos de McKeeva Bush, a maior autoridade da ilha.

Depois, viajou a Londres para as Olimpíadas e foi apresentado por Sanz a José Hawilla. Os dois homens nunca haviam se encontrado e, embora o brasileiro falasse um espanhol excelente, além do nativo português, seu inglês era ruim. Como resultado, falaram por apenas alguns minutos; pouco mais de um aperto de mãos e algumas formalidades e sorrisos. Mas Webb despachou Sanz, logo depois, para que ele entregasse uma mensagem importante ao seu antigo chefe.

Webb queria que a Traffic "se tornasse a empresa oficial da Concacaf", Sanz disse a Hawilla, sentado no bar do saguão do hotel May Fair. Webb concordaria em vender todos os direitos de televisão e patrocínio da confederação com exclusividade para ele. Entretanto, acrescentou Sanz, Webb também queria uma propina de 25% sobre cada contrato, um valor que fez cair o queixo de Hawilla.

Após mais de duas décadas negociando propinas com os cartolas do futebol, Hawilla pensava que já tinha visto de tudo. Leoz, presidente da Conmebol, certa vez levara um contrato de direitos, não assinado, ao seu quarto de hotel e se recusara a assiná-lo até que Hawilla prometesse US$ 1 milhão no ato. Chefes de associações nacionais pediam, rotineiramente, uniformes gratuitos, bolas e outros equipamentos, além do dinheiro, sem mencionar passagens aéreas, acomodações e ingressos VIPs para eventos. Alguns cartolas nem sequer enviavam os melhores jogadores de suas seleções para competir em torneios se não recebessem um pagamento adicional antecipado.

Esses homens não eram cegos; viam o quanto a Traffic era rentável e o quão lucrativa havia se tornado a compra de direitos do futebol. Se era possível conseguir tanto dinheiro com os jogos, pensavam, eles também queriam a sua parte.

No entanto, as expectativas de Webb eram realmente astronômicas. Já conseguira US$ 3 milhões para assinar o mísero contrato da CFU para as eliminatórias da Copa do Mundo, que somava quase 15% do valor original do acordo. O contrato havia sido em parceria com a Media World, como parte do acordo da Traffic de dividir os contratos das eliminatórias da Concacaf entre as duas empresas. Como resultado, a parte de Hawilla na propina era de apenas US$ 1,5 milhão, mas, de novo, US$ 1,5 milhão ainda era muito dinheiro.

Primeiro, Hawilla dispensou categoricamente a ideia de concordar em pagar propinas ainda mais altas para Webb. Considerando a rapidez com que o valor dos contratos de direitos vinha crescendo, logo estaria devendo dezenas de milhões de dólares se não recuasse.

— Você não deveria se envolver nesse tipo de coisa — Hawilla alertou Sanz em Londres. — Sua carreira está apenas começando.

— Não sou eu — protestou Sanz. — É Jeff.

— Você é apenas um intermediário, Enrique — respondeu Hawilla. — Isso não vai acontecer.

No entanto, Sanz continuou insistindo ao longo de semanas e meses, dizendo que a Traffic precisava manter Webb feliz se quisesse garantir a região e manter concorrentes como a Full Play de fora. Além disso, argumentou, ajudaria a provar para Webb que ele, como secretário-geral, dava conta do trabalho.

Hawilla conhecia Sanz havia mais de doze anos, estivera em seu casamento e sentia-se compelido a protegê-lo. Por um lado, era preocupante que seu protegido estivesse tão profundamente envolvido no lado mais sujo do negócio, a parte que ele pessoalmente mais odiava. Mas, por outro, Hawilla queria desesperadamente que Sanz tivesse sucesso — para o bem de ambos.

No dia 13 de novembro, a Traffic transferiu US$ 1 milhão da propina[6] que devia a Webb pelas eliminatórias da CFU, usando a complicada série de transferências que Sanz e Hawilla haviam montado meses antes e incluindo uma taxa de US$ 200 mil para pagar os intermediadores que ajudaram a esconder a transação. Duas semanas depois, a Concacaf anunciou oficialmente o seu mais recente acordo de direitos, cedendo exclusivamente à Traffic os direitos de patrocínio, marketing, publicidade e hospedagem para a Copa Ouro de 2013, as duas próximas edições da Liga dos Campeões da Concacaf e diversos outros campeonatos menores.

Hawilla não havia ficado muito entusiasmado com o novo contrato. Era verdade que trazia o principal torneio da confederação de volta à Traffic pela primeira vez em mais de uma década. Mas a Copa Ouro de 2013 seria em menos de seis meses, pouco tempo para comercializar o evento ou angariar novos patrocinadores. No final, tudo o que a Traffic pôde fazer foi renovar com a Miller Lite como cerveja exclusiva do campeonato. Sob esse ponto de vista, o valor de US$ 15,5 milhões pelo pacote não parecia tão incrível.

Porém, de alguma forma, Sanz convenceu Webb a reduzir a propina para US$ 1,1 milhão para assinar o novo contrato. Comparado à demanda do presidente da Concacaf no verão anterior, de repente, aquilo pareceu uma tremenda barganha.

Dezessete

O pacto

Com muito mais de 100 milhões de seguidores da fé, o Brasil é o maior país católico romano do mundo. Enquanto ainda era colônia de Portugal, todos os brasileiros eram forçados a pagar impostos à Igreja, e, já em meados do século XIX, os padres recebiam salários do governo. O divórcio não foi legalizado no Brasil até o ano de 1977, quando quase 90% da população ainda se descrevia como católica.

No dia 6 de agosto de 1978, o papa Paulo VI sofreu um infarto fulminante logo após a comunhão, enquanto estava hospedado na residência papal de veraneio, no Castelo Gandolfo, e morreu três horas depois. Mas a morte do papa caiu no mesmo dia das semifinais do campeonato brasileiro. E, coincidentemente, a notícia chegou a Porto Alegre no meio de uma partida crucial entre Internacional e Palmeiras, com J. Hawilla narrando a ação para a TV Globo a partir da cabine de transmissão do estádio Beira-Rio.

Hawilla, que na época também atuava como comentarista, pausou seu falatório para dar uma notícia vinda de um de seus repórteres na lateral do campo.

— Os torcedores do Internacional estão devastados[1] com a notícia da morte do papa anunciada nos alto-falantes — disse o repórter.

Mas seu microfone o traiu. Longe de chorar e ranger os dentes, o público da televisão ouvia o canto crescente de mais de cinquenta mil torcedores eufóricos nas arquibancadas, incitando desesperadamente o Internacional à vitória, sem dar a menor atenção para a notícia.

Hawilla também era católico, mas não pronunciou nenhuma palavra em resposta. Sem mencionar o papa, simplesmente voltou à sua narração jogada por jogada, sem comentar o incidente, e deixou que a partida terminasse: um empate de um a um levou o Palmeiras à final.

No Brasil, a verdadeira religião é o futebol, e o esporte esteve no centro da vida de Hawilla por mais de cinquenta anos. Com ele, havia conhecido o mundo, se tornado amigo de lendas como Pelé e dado à sua família um estilo de vida que jamais poderia imaginar em sua infância, passada em uma fazenda no interior do país.

Apaixonara-se cedo pelo esporte, que o consumira com paixão e empolgação. Mas, naquele momento, queria sair.

Hawilla tinha orgulho do que construíra, mas, aos 69 anos, a diversão havia ficado para trás. A concorrência era muito mais feroz, as margens de lucro haviam sido reduzidas e, a cada ano, os cartolas do futebol eram mais ousados com seus intermináveis pedidos de propina.

Além de perder os direitos da maioria das eliminatórias sul-americanas da Copa do Mundo e ser obrigada a assinar um contrato de divisão de custos e receitas com a pequena novata Media World para manter as mãos nas eliminatórias da Copa do Mundo da Concacaf, a Traffic também havia perdido terreno em casa. Em agosto de 2012, Hawilla foi forçado a assinar outro contrato de colaboração[2], dessa vez com um antigo sócio que tinha deixado a Traffic e, em seguida, roubado os direitos da Copa do Brasil, oferecendo milhões de dólares em propina para três dos principais cartolas do Brasil.

A Traffic detinha esses direitos desde 1990, e Hawilla tinha pouca escolha além de se juntar ao seu antigo amigo. Rangendo os dentes, concordou em ajudar a pagar as propinas pela próxima década em troca de metade dos lucros do contrato.

Mas as dores de cabeça não pararam aí. Com o investimento da Traffic em um campeonato norte-americano de futebol profissional de segundo nível, a NASL, sangravam cada vez mais dinheiro todos os anos, uma vez que as franquias enfrentavam falta de público e titubeavam à beira da falência. Os clubes de Hawilla em Portugal e no Brasil também não geravam dinheiro; um enorme campo de treinamento que construíra a duas horas de São Paulo não estava funcionando; e uma academia de futebol juvenil, que deveria revelar craques para serem representados pela Traffic, era mal administrada e queimava dinheiro.

Mas ainda havia os jornais. Remontando ao seu passado jornalístico, Hawilla comprou o jornal de sua cidade, *Folha de Rio Preto*, por US$ 2,5 milhões, em 2005, e, quatro anos depois, comprou o jornal diário metropolitano *Diário de S. Paulo*, por mais de R$ 100 milhões. No final de 2012, ele possuía seis jornais diários que, como todos os diários impressos do mundo na era da internet, sofriam com a concorrência digital. Hawilla havia cortado custos, fechado escritórios e, como um último e doloroso recurso, dispensado repórteres — mas foi tudo em vão. Seus jornais se desvalorizaram a olhos vistos.

A única salvação eram as emissoras de TV. Hawilla possuía quatro delas, além de um estúdio de produção, e eram altamente rentáveis: ele calculou que valiam mais de US$ 160 milhões, sendo, de longe, o seu ativo mais interessante. Quanto ao resto, ou seja, toda a Traffic, ficaria feliz em vender tudo e sair do futebol de uma vez por todas.

Ele já havia tentado sair antes. Em 1999, Hawilla desfez-se de 49%[3] da Traffic para o fundo de investimentos Hicks, Muse, de Dallas, mas voltou a assumir sua propriedade alguns anos depois em troca de metade de uma *joint venture* que controlava os direitos para a Copa Libertadores. Depois, em 2008, o conglomerado francês de mídia Lagardère entrou em contato, oferecendo US$ 280 milhões pela Traffic e seu estúdio de produção, mas desistiu algum tempo depois por conta da crise financeira global.

Hawilla estava então ansioso para se livrar de tudo, sair do jogo e curtir os seus netos. Oficialmente, disse aos potenciais compradores que o preço da Traffic era US$ 200 milhões, mas, na verdade, aceitaria metade disso apenas para dar fim à situação.

O problema era que o valor da Traffic dependia dos contratos de direitos em seu portfólio. Cada contrato perdido havia reduzido o valor da empresa e, em grande parte, esse era o motivo para querer juntar forças com empresas de marketing esportivo rivais, como a Media World.

Mas, mesmo com as eliminatórias centro-americanas e a Copa do Brasil de volta às suas mãos, Hawilla tinha pouco a dizer aos potenciais compradores sobre o que levou a Traffic a perder seu ativo mais valioso.

Desde 1987, a Copa América havia sido a grande conquista da empresa — lucrara quase US$ 30 milhões apenas na edição de 2007. Fazia quase um ano que Hawilla processara a Full Play e a Conmebol, em Miami, pelo roubo descarado de seus direitos, e a disputa não mostrava nenhum sinal de chegar ao fim. No máximo, estava ficando mais acirrada. Os advogados de Hawilla em Nova York haviam contratado investigadores particulares para averiguar as relações financeiras dos cartolas sul-americanos, abalando novamente suas relações com a confederação.

Apenas dois anos antes, uma enorme festa havia sido realizada em homenagem ao 13º aniversário da Traffic, no badalado Hotel Unique, em São Paulo, e Hawilla fora brindado diante de trezentas pessoas por ninguém menos que Pelé.

"O homem mais poderoso do futebol brasileiro",[4] foi como o jornal carioca O Globo referiu-se a ele na ocasião.

Mas, então, Hawilla se sentia encurralado, como um refém ao que chamava secretamente de "um bando de ladrões". Se quisesse preservar o valor da Traffic para que fosse vendida, não tinha outra escolha senão continuar pagando propina para cartolas desonestos. Todo o futebol parecia estragado para ele, que começava a se sentir claramente uma vítima da indústria na qual desempenhara um papel fundamental como criador.

* * *

Em meados de outubro, Hawilla voou a Punta del Este para resolver alguns detalhes do casamento de seu filho caçula.[5]

Rafael Hawilla e sua deslumbrante noiva, filha de um importante advogado de São Paulo, se casariam em 17 de novembro de 2012 e queriam que seu grande dia fosse especial. A festa duraria vários dias, incluindo refeições gourmet em estabelecimentos locais, um jantar de ensaio no restaurante mais premiado do Uruguai, uma cerimônia na praia para centenas de convidados debaixo de um dossel personalizado, um torneio de pôquer no dia seguinte e bolsas customizadas de lembrança que incluíam cachecóis coloridos de seda com os apelidos da noiva e do noivo.

Havia milhões de detalhes a serem coordenados e os custos estavam à altura de um evento com pretensão para ser o casamento do ano. As contas ainda não haviam chegado, mas, quando tudo ficasse pronto, custaria mais de US$ 1 milhão.[6]

Ao contrário de Stefano, filho mais velho de Hawilla, Rafael mantivera-se longe da indústria do futebol. A preocupação com a felicidade de Rafael permitiu que Hawilla parasse de se lamentar pela Traffic e o estado deplorável dos seus negócios. Viajar ao Uruguai para resolver problemas do casamento parecia uma fuga momentânea da armadilha que armara, sem saber, para si mesmo, quando, anos antes, comprou uma pequena empresa de anúncios em pontos de ônibus chamada Traffic.

E, então, enquanto estava em Punta del Este, o telefone de Hawilla tocou.

Era Hugo Jinkis na linha, proprietário da Full Play. Ouvira dizer que Hawilla estava na cidade e, coincidentemente, ele também. Deveriam se encontrar, disse Jinkis, para conversar sobre a Copa América.

O mundo do futebol não é tão grande assim. Há uma quantidade limitada de torneios, congressos e campeonatos e, eventualmente, todos acabam se conhecendo em um nível mais ou menos pessoal. Jinkis e Hawilla não eram nem um pouco próximos, mas tinham amigos em comum e um deles os havia colocado recentemente em uma mesma sala no Rio de Janeiro para tentar solucionar o conflito.

Nessa reunião, Jinkis reclamara que o processo de Hawilla estava se tornando uma dor de cabeça cada vez maior. Os custos judiciais para uma disputa nos Estados Unidos eram exorbitantes e, de qualquer forma, estava tornando extremamente difícil para Jinkis começar a vender os direitos comerciais para a Copa América de 2015. Os patrocinadores não queriam tocá-la se houvesse o risco de um impedimento acabar com todo o campeonato. Se o conflito judicial continuasse por muito tempo, Jinkis temia que pudesse comprometer o valor do campeonato.

Então, propôs a formação de uma parceria para compartilhar o campeonato, assim como Hawilla fizera com a Media World e seu antigo sócio no Brasil. Se Hawilla concordasse em desistir do processo, Jinkis o incluiria no campeonato até 2023. Mas Jinkis também acrescentou um detalhe inesperado: seria uma divisão tripla. A terceira participante, explicou ele, seria a Torneos y Competencias, uma empresa argentina de marketing esportivo que, anos antes, havia sido parceira de Hawilla na Copa Libertadores e ainda administrava os direitos desses torneios.

Hawilla não conseguia entender por que Jinkis queria incluir outra empresa e recusou categoricamente. Do seu ponto de vista, a Copa América havia sido injustamente roubada dele, e já era humilhante o suficiente ter de negociar com alguém que considerava um ladrão. Por que deveria ser forçado a compartilhar o campeonato com mais um rival? Mas, conforme o tempo passava e o processo se arrastava, tornava-se visível que, sem a Copa América no portfólio da Traffic, simplesmente não haveria muito interesse de possíveis compradores.

Assim, quando Hugo Jinkis ligou para ele no Uruguai, Hawilla concordou em encontrá-lo novamente. A proposta do argentino não mudara. Continuava querendo incluir a Torneos y Competencias no negócio e suplicou que considerasse uma terceira reunião, dessa vez, com a presença do diretor executivo da empresa, Alejandro Burzaco, que por acaso também estava no Uruguai. Hawilla aceitou, ainda que de forma relutante.

Burzaco fizera uma fortuna com bancos e fundos privados antes de desistir de tudo para entrar na indústria do futebol. Era um homem extremamente carismático, e ele e Jinkis, conscientes da relutância de Hawilla, fizeram uma oferta tentadora durante o encontro.

Estiveram conversando com cartolas sul-americanos sobre uma ideia potencialmente muito lucrativa, disseram, algo que havia sido discutido durante anos, mas nunca chegou a lugar algum: uma edição especial da Copa América, celebrando o centésimo aniversário do campeonato, a ser realizada nos Estados Unidos em 2016.

Chuck Blazer sempre bloqueara a ideia, com medo de matar a Copa Ouro. Mas, agora que Enrique Sanz, um homem da Traffic, estava solidamente infiltrado na Concacaf, finalmente teriam a oportunidade de fazer o campeonato acontecer.

Chamariam o evento de Copa América Centenário, anunciaram Jinkis e Burzaco, salientando que já tinham a aprovação de cartolas sul-americanos estratégicos. Imagine: as maiores estrelas da América do Sul, incluindo o argentino Lionel Messi, o uruguaio Luis Suárez e o brasileiro Neymar, jogando em Chicago, Miami, Nova York. Os patrocinadores e as emissoras implorariam para estar lá. Os lucros seriam gigantescos. Estava interessado?

Sim, Hawilla finalmente admitiu, estava mais que interessado.

Dezoito

Os irmãos Warner

QUANDO OS AGENTES FEDERAIS COMEÇAM A se interessar pelas pessoas como alvos de suas investigações, existem inúmeras formas de vigiá-las.

A mais conhecida é a vigilância eletrônica, comumente chamada de *grampo*. Com um mandado sob o Título III da Lei Omnibus Crime Control and Safe Streets, de 1968, agentes podem grampear a linha pessoal ou o celular de uma pessoa, acessar seus faxes e mensagens de texto, ouvir sua caixa postal, ler cada um de seus e-mails e vasculhar chats do Facebook e mensagens diretas do Instagram sem que o suspeito saiba.

Para a infelicidade dos agentes, mandados do Título III não são fáceis de se conseguir. Os juízes fazem os promotores darem voltas consideráveis antes de emiti-lo. É necessário provar que há um provável crime e descrever quais leis acredita-se terem sido violadas. Os promotores precisam identificar quem é o seu alvo e, o mais trabalhoso de tudo, atestar em detalhes que já tentaram, sem sucesso, todos os outros meios possíveis de reunir evidências.

Grampos são o último recurso e, mesmo quando são liberados, podem causar problemas. Entre outras coisas, exigem uma grande força de trabalho formada por agentes que ficam 24 horas por dia em uma sala escura e abafada, ouvindo cada ligação em tempo real.

Mas existem outras ferramentas disponíveis que, além de menos invasivas do que um grampo, são muito mais fáceis de serem providenciadas.

No dia 11 de setembro de 2012, o terceiro promotor designado para o caso, Darren LaVerne, emitiu uma solicitação formal para um "dispositivo de registro de chamadas feitas e recebidas"*, a ser colocado em três celulares registrados no sul da Flórida, pertencentes a Daryan e Daryll Warner.

Conhecidos como *pen registers*, esses dispositivos oferecem uma extensa lista de todas as ligações feitas e recebidas por um número de telefone específico e também podem ser usados em e-mails. Apesar de não capturarem o conteúdo das comunicações, podem ajudar os investigadores a ter uma ideia de com quem os suspeitos falam e com qual frequência, algo particularmente útil quando se tenta entender o funcionamento de complexas organizações criminosas. Os dispositivos também são fáceis de serem liberados, recebendo a aprovação de juízes federais sem uma análise muito criteriosa.

No caso dos Warner, a solicitação do *pen register* não mencionava o futebol nem os temas principais da investigação, apenas que o Distrito Leste estava "conduzindo uma investigação sobre possíveis violações de leis penais federais". Um magistrado do Brooklyn concedeu essa autorização por sessenta dias, sem fazer nem um único comentário.

Com o dispositivo pronto, os investigadores receberiam atualizações constantes sobre cada ligação feita pelos irmãos Warner. Com sorte, isso ajudaria a rastrear o verdadeiro alvo: seu pai.

Cooptar Chuck Blazer havia sido uma jogada perfeita. Mas, além do próprio Joseph Blatter, Jack Warner parecia ser a pessoa mais importante que os agentes poderiam conseguir pegar. Ele havia sido presidente da Concacaf por 21 anos, membro do Comitê Executivo da Fifa por quase 29 e executivo da CFU por ainda mais tempo. Não havia quase ninguém no mundo do futebol que não cruzara o caminho de Warner e, por conta de sua aparen-

---

* Do original, *pen register* e *trap and trace device*, sendo o primeiro utilizado para identificar os números das chamadas efetuadas e, o último, das chamadas recebidas. Ambos os dispositivos são regulamentados nos Estados Unidos pelo estatuto *Pen Registers and Trap and Trace Statute*, de 1986. (N. T.)

te inclinação por fraude, suborno e roubo propriamente dito, certamente tinha sujeira suficiente no seu cérebro e nos armários para levar um magnífico indiciamento Rico para casa em pouco tempo.

Blazer dera aos promotores detalhes minuciosos dos atos corruptos de Warner, incluindo os subornos que aceitou em troca de seus votos na Copa do Mundo, além de evidências documentais. Mas chegar até Warner não seria tão fácil quanto simplesmente provar que ele havia cometido um crime.

Cinco meses antes, Warner havia sido nomeado ministro da Segurança Nacional de Trinidad e Tobago,[1] um cargo extremamente poderoso, que o tornava responsável pelos serviços de polícia e bombeiros, Exército, Força Aérea, guarda costeira, prisões e pelo Departamento de Imigração do país. Ainda que os promotores quisessem solicitar informações sobre Warner de Trinidad e Tobago ou requerer formalmente sua prisão a pedido do governo dos Estados Unidos, provavelmente a solicitação precisaria, por mais bizarro que fosse, passar primeiro pela mesa de Warner.

Registros de viagem mostravam que Warner ia aos Estados Unidos de tempos em tempos, mas ele era um alto funcionário de um governo estrangeiro e viajava com passaporte diplomático, o que lhe garantia imunidade. Não poderia ser preso, detido, intimado, procurado, nem processado.

Jack Warner, em outras palavras, era intocável. Mas seus filhos não.

* * *

Quando nasceu seu primeiro filho, Daryan, em 1968, Jack Warner já havia se comprometido com uma vida no futebol.

Cinco anos antes, Jack Warner fora eleito secretário-geral da Associação Central de Futebol, instituição regional que faz parte da complexa rede de ligas amadoras de Trinidad e Tobago, e era delegado da federação nacional do país. Daryll, seu segundo filho, nasceu em 1974, enquanto Warner realizava uma campanha bem-sucedida para secretário da federação, cargo que manteria por dezesseis anos, até assumir a Concacaf.

À medida que sua carreira no futebol prosperava, Warner viajava sem parar, vendo pouco os filhos e deixando a tarefa de criá-los para sua esposa, Maureen. Ela tolerava sua ausência e mantinha a família unida, enquanto o

CARTÃO VERMELHO 205

marido quase não participava da criação de Daryan e Daryll. Os garotos, por sua vez, raramente reclamavam.

Daryan era o inteligente.[2] Conquistou um diploma de Administração na Universidade das Índias Ocidentais, em Trinidad e Tobago, um mestrado na Universidade Howard, em Washington, e fez pós-graduação na Austrália e na Coreia do Sul. Falava coreano e um pouco de espanhol, administrava diversos negócios e gostava de mexer com ações *day trade*. Seu irmão mais novo era mais parecido com o pai, com os mesmos olhos arregalados, sorriso largo e um buraco entre os dois dentes posteriores. Mas Daryll era uma espécie de menino mimado, menos propenso à academia, e aparentemente sem o espírito empreendedor que movia Daryan.

Apesar de suas diferenças, algo os unia: cumprir as ordens do pai. Daryan era proprietário registrado de um clube de futebol profissional que seu pai fundara em Trinidad e Tobago e gerente da agência de viagens administrada pelo pai. Daryll havia sido, por muitos anos, executivo de desenvolvimento da Fifa no Caribe. E ambos estavam listados como diretores de inúmeras empresas fundadas pelo pai.

Foi Daryan quem, em 2006, vendeu ingressos para a Copa do Mundo, adquiridos pelo pai por intermédio da Fifa, com uma margem de lucro gigantesca e, quando a Fifa contratou a empresa de auditoria Ernst & Young para investigar o assunto, foi encarregado de encobrir as evidências, aceitar a culpa e garantir que seu pai não fosse envolvido. Quatro anos depois, Daryll entrou no esquema para ajudar o pai a conseguir mais ingressos da Copa do Mundo para Daryan revender, ignorando os avisos da Fifa[3] de que a prática era proibida.

Esse era o acordo no clã Warner. O futebol era o negócio da família e esperava-se que todos participassem. O pai era o chefe, entrando com a mente e a influência política, enquanto Daryan e Daryll eram os soldados, fazendo os bicos e, quando os problemas aparecessem, ficando em frente às balas para que seu pai permanecesse ileso.

* * *

Pouco tempo depois de entrar formalmente no caso, Steve Berryman verificou se havia quaisquer relatórios de atividades suspeitas.

Conhecidos pelos agentes como SAR (a sigla em inglês para Relatório de Atividade Suspeita), esses documentos são emitidos por funcionários de bancos e outros prestadores de serviços financeiros para alertar as autoridades sobre comportamentos que possam indicar qualquer tipo de crime econômico, principalmente lavagem de dinheiro.

Era uma rotina, algo que Berryman fazia em todos os casos, e raramente surgia algo interessante. E dessa vez não foi diferente. Em julho de 2011, o caixa de uma agência do JPMorgan Chase em Manhattan emitiu um SAR após processar um depósito em dinheiro de Daryan Warner.

Ele havia chegado ao caixa do banco com € 7.500[4] em dinheiro, pretendendo depositá-los em sua conta no banco. Mas, após ser informado de que, segundo a taxa de câmbio daquele dia, o depósito seria equivalente a US$ 10.636,50, Warner fez algo estranho. Pediu quinhentos euros de volta, deixando o total em US$ 9.336,50.

Para um caixa treinado, a transação parecia extremamente suspeita. De acordo com a lei federal, os bancos são obrigados a emitir um relatório de transação cambial às autoridades para todos os depósitos em dinheiro acima de US$ 10 mil. Quem quer evitar esse tipo de controle governamental, costuma fazer depósitos pouco abaixo desse valor, dividindo grandes quantias de dinheiro em diversas pequenas transações.

A prática é conhecida como estruturação ou, em sua versão mais colorida, *smurfing* — termo supostamente inspirado no desenho dos Smurfs, em que várias pessoas pouco suspeitas[5] fazem centenas de depósitos de baixo valor. Isso é ilegal, e por reduzir deliberadamente o valor da transação para que esse ficasse abaixo desse limite, Warner inadvertidamente deu ao caixa a impressão que estava tentando esconder algo. O SAR detalhando e a preocupação do caixa também foram achados muito animadores para Berryman.

Logo, o agente da Receita Federal conseguiu bloquear muitas das contas bancárias norte-americanas pertencentes a Daryan Warner e outros membros de sua família e começou a emitir intimações para acessar informações adicionais da conta. Também descobriu que os Warner viajavam quase exclusivamente de American Airlines, que tinha dois voos diretos por dia entre Miami e Port of Spain, portanto pediu os registros de voos da companhia aérea.

Com todos esses documentos em mãos, Berryman podia começar a enxergar uma narrativa clara e altamente ilegal. Descobrir depósitos estruturados era café com leite para um agente da Receita Federal, algo tão fácil e rotineiro quanto preencher uma multa para um guarda de trânsito. Berryman já tinha uma boa noção do que os Warner estiveram fazendo, então, era só uma questão de provar até os últimos detalhes.

Ao longo de março de 2012, Berryman assumiu a trabalhosa tarefa de reunir provas, rastreando recibos de depósitos e gravações de câmeras de vigilância, entrevistando caixas de bancos e efetuando análises grafológicas para verificar se as assinaturas encontradas realmente pertenciam a Daryan e Daryll Warner.

Era um trabalho meticuloso e terrivelmente demorado, que Berryman adorava. Era exatamente o tipo de coisa que ele apreciava por sua plenitude, por sua elegância, pelo fato de que não dependia de nada além de evidências documentais concretas. Ele determinou os minutos em que os depósitos foram feitos; tinha fotos dos Warner realizando as transações diante das câmeras, no caixa eletrônico; e, graças a uma entrevista com o caixa da agência Chase em Nova York, tinha provas de seu plano: reduzindo intencionalmente o tamanho do depósito para ficar abaixo dos US$ 10 mil, Warner tinha claro conhecimento da lei que estava sendo violada.

Os Warner claramente vinham fazendo depósitos estruturados durante anos, mas Berryman decidiu se concentrar em um período de cinco meses, que começava logo após a renúncia de Warner a todos os seus cargos no mundo do futebol.

Nesse intervalo, Berryman descobriu, Daryan e Daryll viajaram para Nova York, Frankfurt, Aruba, Las Vegas, Colômbia, Jamaica, Londres, Praga, São Petersburgo, Guadalajara e Dallas. Às vezes, viajavam juntos, em outras ocasiões, iam sozinhos, mas, quase sempre, paravam por alguns dias em Miami antes de voltar a Port of Spain.

Quase todas as vezes que pisavam nos Estados Unidos, os irmãos Warner faziam uma linha direta para uma agência bancária ou caixa eletrônico para depositar dinheiro. Principalmente dólares, mas também euros, rublos e libras. Berryman isolou 112 depósitos discretos, de menos de US$ 10 mil, em dez contas diferentes em bancos norte-americanos, efetuados ao longo de todas essas viagens, totalizando US$ 619.563,70.

No dia 29 de agosto de 2011, por exemplo, os dois Warner desembarcaram de um voo da American Airlines de Aruba para Miami e, em poucas horas, fizeram depósitos de US$ 8.954,82 e US$ 8.210,77 em contas de Daryll no Bank of America e no Citibank. Daryll voltou a Trinidad e Tobago no dia seguinte, enquanto seu irmão mais velho viajou, alguns dias depois, para Las Vegas, onde efetuou três depósitos distintos de US$ 9.900 em parcelas, em contas no Chase e no Citibank. Antes de voltar a Miami, ele depositou US$ 9.950 em uma conta no Chase, US$ 9.900 em uma conta no Bank of America, e US$ 9.800 e US$ 9.900 em uma conta no Wells Fargo. Finalmente, no dia 7 de setembro, depositou US$ 9.950 no Chase, US$ 9.800 no Citibank, US$ 9.920 no Bank of America e US$ 9.960 no Wells Fargo, em agências de Miami e Coral Gables.

No intervalo de dez dias, os irmãos haviam depositado mais de US$ 126 mil em dinheiro em sete contas diferentes em quatro bancos norte-americanos.

Analisando todos os comprovantes de depósito que juntou, Berryman lembrou-se de que os dias de Warner no futebol já haviam acabado quando tudo isso aconteceu. Ele se tornara ministro, recebendo um salário de funcionário público em Trinidad e Tobago. Era difícil não se perguntar de onde vinha todo aquele dinheiro.

* * *

O litoral de Miami é contornado por majestosos arranha-céus residenciais, radiantes monumentos que evidenciam riquezas internacionais recentemente adquiridas. Ao longo dos últimos quinze anos, bilhões de dólares foram injetados nesses prédios, que pareciam brotar como grama enquanto investidores estrangeiros faziam uso do mercado imobiliário para converter moedas estrangeiras em dólares e se estabelecer em segurança nos Estados Unidos.

O Skyline Condominium, no bairro de Brickell, a dois quilômetros e meio ao sul da região central de Miami, é um bom exemplo do que se pode chamar de escola de arquitetura do capital estrangeiro no sul da Flórida, que valoriza a rapidez da construção acima de qualquer pretensão de expressão artística. A torre branca e azul, finalizada em 2004, tem 35 andares e vistas arrebatadoras da baía Biscayne. O condomínio tem portaria, marina particular, piscina, quadra de vôlei de praia, academia e estacionamento VIP, particularidades que faziam o edifício se distinguir entre os outros.

No final de 2005, Daryll Warner comprou uma cobertura de três suítes[6] no Skyline por US$ 990 mil, financiando a compra com uma hipoteca adquirida com informações falsas sobre seu emprego, residência, renda e ativos. Ele disse ao credor que pagaria os US$ 300 mil de entrada de suas próprias contas, afirmando, portanto, que era o único comprador. Mas, na verdade, dois terços do dinheiro vinham de um cheque sacado da conta de uma empresa pertencente ao seu irmão mais velho, com os US$ 100 mil restantes de uma conta em nome do "Centro de Excelência da Concacaf".

Tarde da noite, na terça-feira, 20 de novembro de 2012, Steve Berryman estava sentado em um carro estacionado em frente ao Skyline, olhando para o apartamento de Warner e observando se todas as luzes haviam finalmente sido apagadas.

* * *

Várias semanas antes, Jared Randall recebera uma notificação automática de uma base de dados da Alfândega e Proteção de Fronteiras que monitora a entrada de qualquer pessoa no país, seja por via aérea ou marítima. Os agentes de cumprimento da lei podem inscrever nomes a serem monitorados e, quando uma dessas pessoas simplesmente reserva uma passagem aérea, o sistema é alertado, gerando um e-mail automático.

À medida que a equipe aumentava o escopo da investigação, sua lista de controle de fronteira vinha crescendo, e os alertas entravam com cada vez mais frequência, enquanto os cartolas do futebol entravam e saíam do país. As futuras chegadas representavam possíveis oportunidades, provocando longas discussões entre Norris e Berryman sobre os benefícios de entregar uma intimação no aeroporto, por exemplo, ou colocar alguém contra a parede, fazendo com que cooperasse. Mas, por conta da preocupação prioritária em preservar o sigilo do caso, a maioria dos alertas ia e vinha sem nenhuma resposta.

Daquela vez, era diferente. Jack Warner viajaria para Miami para o dia de Ação de Graças e sua esposa e os dois filhos também estariam lá. Era a oportunidade pela qual os investigadores estiveram esperando.

A cirurgia do coração afastara Berryman do trabalho por quase três semanas. Desde a sua volta, seu coração havia entrado em fibrilação atrial diversas vezes, episódios aterrorizantes que o fizeram achar que teria um infarto fulminante a qualquer momento. Quando viajou de Nova York para a Califórnia, no início daquela semana, ainda estava tão debilitado que não conseguiu levantar sua mala da esteira de bagagens e teve que pedir ajuda a um estranho.

Mas, na manhã do dia 20 de novembro, Berryman vestiu terno e gravata e se apresentou a um magistrado dos Estados Unidos, no tribunal federal do Brooklyn, para prestar juramento em uma denúncia sigilosa contra Daryan e Daryll Warner. Depois, embarcou para Miami e esperou próximo ao condomínio até ter certeza de que todos estavam dormindo, o que os agentes chamam de "colocar o alvo para dormir".

Cerca de uma hora antes do amanhecer do dia seguinte, Berryman encontrou-se com Randall, dois agentes locais do FBI e dois agentes da Receita Federal em Miami, no estacionamento de uma igreja. Como supervisor do esquadrão C-24, Mike Gaeta havia estado ausente do trabalho diário no caso, ocupado com as inúmeras investigações nas quais seus agentes estavam trabalhando, porém, naquele dia, ele também estava lá. Era algo importante. Todos os agentes vestiam coletes à prova de balas e jaquetas de náilon, com "FBI" ou "IRS-CID POLICE" impressos em letras garrafais nas costas.

Dirigiram-se juntos ao prédio de Warner, estacionaram na garagem subterrânea e subiram de elevador até o saguão, onde um guarda de segurança os acompanhou a um segundo elevador de alta velocidade, girando uma chave no painel de controle para impedir que fizesse qualquer parada indesejada.

Os sete agentes federais fizeram uma pausa na porta preta da cobertura para sacar as armas, que ficaram, entretanto, abaixadas. Então, Gaeta, com os mandados de prisão em mãos, bateu na porta. Ainda não eram nem seis da manhã da véspera do dia de Ação de Graças, e o prédio estava em total silêncio. Enquanto esperavam, os agentes permaneceram no hall atapetado, mergulhados em silêncio, com os olhos bem abertos.

Finalmente, Daryan, um homem baixo como seu pai, porém mais musculoso, com o bíceps saliente, rosto de menino e alguns cabelos grisalhos, abriu a porta, grogue de sono.

CARTÃO VERMELHO *211*

— FBI — anunciou Gaeta. — Você está preso.

Daryan deixou os agentes entrarem e eles se espalharam pelo apartamento, indo de quarto em quarto para garantir que não havia armas, antes de retornar e colocar suas pistolas de volta no coldre. Àquela altura, toda a família Warner estava na sala, com expressões atônitas. Os irmãos precisavam se vestir e pegar seus passaportes, disse Gaeta, e, enquanto faziam isso, talvez o pai estivesse aberto a uma pequena conversa.

Enquanto os outros agentes acompanhavam Daryan e Daryll aos seus quartos, Randall, Berryman e Gaeta se sentaram à mesa de jantar com Jack Warner.

Se não podiam prender o homem, talvez pudessem pegar seus filhos na sua frente e fazer com que cooperasse. Esse era o grande plano, e era por isso que Gaeta viajara para Miami. Construíra sua carreira convertendo brutos mafiosos genoveses em informantes. Havia iniciado o caso dois anos antes e, então, com sorte, daria um grande passo para resolvê-lo.

— Gostaríamos de falar com você sobre nos dar uma ajuda — começou Gaeta, com seu sotaque nova-iorquino parecendo ainda mais grave sob a atmosfera de tensão. — Esta é a sua chance de abrir o jogo e consertar as coisas.

Queria saber tudo sobre as propinas, disse ele. Sobre a Rússia e o Catar ganharem a eleição para sediar a Copa do Mundo. Sobre os ingressos, as empresas no exterior e Joseph Blatter.

— Você prometeu um tsunami — continuou Gaeta, em referência às declarações não oficiais de Warner anteriores à sua renúncia da Fifa. — Queremos saber tudo sobre o tsunami.

— Aonde — respondeu Warner — vocês estão levando meus filhos?

Era como se os dois homens estivessem falando sozinhos, fazendo contato visual, mas sem realmente se ouvirem. À medida que Gaeta ficava mais exaltado, acentuando fortemente o seu sotaque nova-iorquino, Warner parecia endurecer, e sua voz aguda, com o tom arrastado típico de Trinidad e Tobago, ficou ainda mais evidente. Seu nervosismo inicial desapareceu e seus traços finos enrijeciam cada vez mais. Warner era muito mais forte do que parecia.

— Esta é a sua chance de abrir o jogo — repetiu Gaeta.

Nesse momento, Warner segurava seu celular e parecia cada vez mais ansioso para usá-lo.

— Vou pensar no assunto — disse Warner, com o olhar fixo e tomado por uma fúria congelante. — Vou consultar um advogado.

Fim de papo. A conversa havia durado menos de dez minutos. Warner não mordera a isca.

Então, Daryan e Daryll estavam prontos. Os agentes ficaram imóveis, com olhar de decepção. Leram os direitos Miranda aos irmãos, colocaram algemas em seus pulsos, escoltaram-nos para fora da cobertura, desceram até a garagem e dirigiram até o discreto escritório de dois andares do FBI em North Miami Beach.

Quando chegaram lá, Jack Warner havia contratado advogados para os filhos. Quatro horas depois, Daryan e Daryll viajaram para Nova York, acompanhados por Randall e vários outros agentes, enquanto Berryman ficava em Miami para entrevistar alguns outros bancários sobre depósitos efetuados pelos Warner.

O caso que construíra contra eles era forte. Com depósitos estruturados de mais de US$ 100 mil em menos de um ano, cada irmão enfrentaria até dez anos de prisão, além de multas consideráveis. Tinham pouca escolha além de cooperar e, antes que o mês acabasse, eles, assim como Blazer, estariam servindo como delatores no Brooklyn, na esperança de uma sentença mais amena.

Norris e os demais haviam visualizado Warner como uma chave para todo o caso e passado meses criando estratégias sobre a melhor forma de fisgá-lo, até chegarem ao que parecia ser um ótimo plano. Mas o astuto trinitário-tobagense olhara no fundo dos olhos de seus antagonistas sem sequer piscar.

No dia seguinte à prisão de seus tão devotados filhos, que foram pegos bem na sua frente, Warner retornou à segurança de sua nativa Trinidad e Tobago, inatingível.

Dezenove

"Uma história triste e deplorável"

No começo de 2008, um tribunal federal no Brooklyn deu seu veredicto contra 62 membros[1] das famílias criminosas Gambino, Genovese e Bonanno e, em uma série de batidas em Nova York, Nova Jersey e na Sicília, os agentes federais fizeram dezenas de prisões. Os Gambino foram especialmente alvejados, com 54 membros da família presos e, depois de um tempo, toda uma geração da liderança Gambino foi para a prisão.

A operação foi um grande sucesso e estampou as primeiras páginas dos tabloides, que os promotores, orgulhosos, recortaram, enquadraram e penduraram nas paredes de seus gabinetes. Entretanto, as prisões e os processos subsequentes não foram capazes de desmontar todos os negócios dos Gambino. Com os velhos chefões fora de cena, uma nova liderança logo surgiu para assumir as atividades criminosas da família.

Em janeiro de 2011, os agentes deram início a uma operação ainda maior,[2] que prendeu 125 pessoas com base em dezesseis acusações diferentes. Todos os três membros da nova chefia da família Gambino foram apanhados e, em março de 2013, Norris abandonou temporariamente o caso do futebol para julgar um deles, um velho mafioso chamado Bartolomeo Vernace, passando as rédeas da investigação para Amanda Hector e Darren LaVerne.

Em 17 de abril, após um exaustivo julgamento que durou cinco semanas, Norris conseguiu condenações relativas ao crime organizado, narcóticos, jogos de azar, agiotagem, roubo, porte de armas e homicídio, e Vernace acabou sentenciado à prisão perpétua sem direito à condicional. Novamente, porém, as prisões e os processos não desmontaram completamente os negócios da família. Muito antes do julgamento de Vernace, outro mafioso, Domenico Céfalu, havia assumido a posição de novo chefão dos Gambino.

Era assim que funcionava a luta contra o crime organizado. Logo depois que se prendia uma geração de bandidos era preciso perseguir aqueles que haviam assumido o lugar deles.

* * *

Em 19 de abril de 2013, sir David Simmons, ex-chefe de justiça de Barbados, se apresentou no congresso da Concacaf, no hotel Westin Playa Bonita, no Panamá, para anunciar os resultados da longa investigação interna sobre a administração de Jack Warner e Chuck Blazer.

Trabalhando para o comitê de integridade, os advogados do Sidley Austin e uma equipe de contadores entrevistaram 38 testemunhas, analisaram quatro *terabytes* de dados e examinaram resmas de registros bancários, e-mails e outras correspondências. Sua conclusão, segundo Simmons, foi que a liderança anterior da Concacaf havia "desviado fundos" e "cometido fraude". Warner e Blazer gerenciaram toda a confederação em benefício próprio, visando ao lucro ilícito, e deveriam ser condenados.

O relatório final de 144 páginas, que ainda não havia sido levado a público, expunha uma narrativa impressionante de interesses próprios, ocultação de informações e roubo descarado. Juntando seu contrato de 10%, outros honorários e o uso generoso das contas de despesas da confederação para bancar seu estilo de vida, incluindo aluguel, Blazer surrupiou US$ 20,6 milhões da confederação entre 1996 e 2011, segundo descobriu a investigação. Ele havia colocado a organização futebolística em risco ao não declarar seus impostos de renda, e comprara por meio dela diversas propriedades para benefício próprio.

Warner, enquanto isso, abusou de sua presidência para tomar posse secretamente do Centro de Excelência, apropriando-se assim de US$ 26 milhões em fundos que pertenciam à Concacaf, incluindo US$ 462.200 enviados pela federação de futebol da Austrália relativos à candidatura daquele país à sede da Copa do Mundo de 2022. Warner tinha até aberto contas bancárias secretas que só ele controlava, em nome do Centro de Excelência da Concacaf, as quais recebiam depósitos diretamente da Fifa, ganhando esses benefícios sozinho.

— Contei uma história triste e deplorável[3] sobre a Concacaf — Simmons afirmou. — Uma história de abuso de posição e de poder escrita por pessoas que ajudaram a trazer lucro à organização, mas que enriqueceram às suas custas.

Depois da apresentação, Jeffrey Webb, cercado por Sepp Blatter e Enrique Sanz, convocou os repórteres para declarar em alto e bom som a sua desaprovação.

— Os membros estão obviamente muito desapontados — afirmou Webb —, alguns, profundamente desapontados, inclusive, e eles têm o direito de se sentir assim.[4]

* * *

Webb era presidente da confederação havia apenas dez meses, mas já se transformara num astro no mundo do futebol.

No fim de fevereiro, ele foi apontado como "Pessoa do Ano"[5] das Ilhas Cayman e, no início de março, Joseph Blatter nomeou-o presidente da nova força-tarefa da Fifa contra o racismo e a discriminação.

Com apenas 48 anos de idade, Webb era um dos sete vice-presidentes da Fifa, tornando-se um orador e embaixador do esporte cada vez mais solicitado, de forma que começaram a surgir rumores de que, um dia, ele poderia substituir Blatter como presidente de toda a organização.

Ele teve diversas conversas com a liderança da confederação sul-americana sobre a ideia de realizar uma Copa América Centenário e passou alguns dias, antes do congresso no Panamá, acompanhando Blatter e o secretário-geral da Fifa, Jerôme Valcke, em um tour pela República Dominicana, pelo Haiti e, finalmente, por Cuba, onde participaram de uma reunião com o próprio Raúl Castro. Em todos os lugares que ia, ele promovia as reformas que estava fazendo.

Webb realmente havia efetuado mudanças consideráveis, mas, em vez de fazer uma limpeza no esporte, elas eram voltadas a cercá-lo de pessoas leais apenas a ele que protegeriam seu volume crescente de atividades ilícitas.

Logo de início, Webb trouxe Sanz, com seu laço com a Traffic e as altas propinas que essa relação prometia. Era uma escolha extremamente descarada, que colocava os interesses pessoais de Webb à frente dos da confederação, e um claro indício de como ele via o papel de presidente: uma oportunidade de acumular o máximo de riqueza possível.

A posição oportuna de Sanz era mutuamente benéfica, claro, garantindo à Traffic uma enorme vantagem sobre os competidores, visto que Sanz, trabalhando com Webb, poderia impedir a entrada de todas as outras empresas de mídia esportiva. O acordo era estranhamente parecido com o criado mais de 35 anos antes, no nascimento da mídia esportiva moderna, quando a Coca-Cola e a Adidas inseriram o jovem Sepp Blatter na Fifa como diretor de desenvolvimento, assegurando seu monopólio do futebol durante anos.

Na sequência, Webb criou o Comitê de Integridade para arejar a impressão desagradável deixada pela administração anterior, enviando US$ 2 milhões do dinheiro da confederação[6] para Sidley Austin produzir seu relatório condenador, um gasto que entrou no topo dos generosos honorários mensais do escritório. Em outubro, ele formou o Comitê de Auditoria e Fiscalização de Normas, supostamente encarregado da tarefa crucial de analisar os livros da confederação para garantir que não ocorresse mais nenhum abuso financeiro. Entretanto, ele tomou o cuidado para que os caribenhos estivessem em maior número entre os membros do comitê, incluindo um amigo próximo vindo de Cayman.

Em dezembro, Webb formou um Comitê de Finanças formado por nove homens e dirigido por um lobista jamaicano de suas relações. Esse comitê também tinha maioria caribenha, incluindo outros amigos de sua terra natal.

Webb também criou um gabinete de integridade encarregado de monitorar a corrupção e, particularmente, erradicar o que diziam ser um surto de combinação de resultados na Concacaf, em particular nos países centro--americanos da confederação, que eram visados pelos sindicatos de jogos de azar. Contudo, a diretora do gabinete logo descobriu que Webb não tinha a menor intenção de realmente colocar em prática nenhuma de suas reformas e, depois de um tempo, ele simplesmente cortou relações com ela.

Em janeiro de 2012, Webb retirou um diretor panamense do Comitê Executivo da confederação e o substituiu por Eduardo Li, um costa-riquenho que vinha liderando a federação de futebol de seu país desde 2007. Ao contrário do panamense, Li era leal à Traffic e tinha uma relação próxima com Enrique Sanz. Em 2009, ele rejeitou uma oferta da Media World para comprar os direitos de transmissão na Costa Rica das eliminatórias da Copa do Mundo, aceitando, no lugar, uma oferta da Traffic. Durante as negociações, Sanz, que na época ainda tinha participação na empresa de marketing esportivo, aceitou pagar a Webb uma propina de seis dígitos.[7]

Há tempos, Chuck Blazer havia deixado claro que, quando seu mandato no Conselho Executivo da Fifa terminasse, não tentaria renová-lo, e Webb, por sua vez, deixou claro que queria que Sunil Gulati, o presidente da Federação de Futebol dos Estados Unidos, assumisse a cobiçada vaga aberta. Gulati tinha sido um dos mais declarados apoiadores de Webb e o havia colocado em contato com os advogados da Sidley Austin.

Contudo, houve uma oposição significativa entre os membros contra a candidatura de Gulati, visto que muitos o consideravam corrompido por sua velha e conhecida amizade com Blazer. Essas atitudes seriam "injustas", Webb disse aos delegados da confederação.

— Gostaria de acreditar[8] que nossos membros são muito mais maduros e superiores a isso.

Graças a um voto decisivo da minúscula nação caribenha de Anguilla, Gulati foi eleito por uma margem estreita e, como último item da agenda do congresso, Webb convenceu os presentes a permitir a entrada de cinco novos membros plenos na confederação — Guiana Francesa, Guadalupe, Martinica, Ilha de São Martinho e São Martinho —, fortalecendo ainda mais sua base de poder caribenha na Concacaf.

Webb não recebia salário e ostentava esse fato como um tipo de prova de suas boas intenções, mas seu estilo de vida era cada vez mais extravagante, graças, em grande parte, a todas as comissões e propinas que recebia, continuava sendo mantido.

Em 14 de dezembro, por exemplo, a última parcela de meio milhão de dólares do dinheiro que a Traffic havia aceitado pagar secretamente a Webb pelo acordo da CFU caiu na conta bancária de Costas Takkas em Cayman. Takkas, por sua vez, enviou parte da propina a uma de suas contas pessoais em Miami. Uma parcela desse dinheiro foi enviada[9] para a conta de um empreiteiro local, que estava se preparando para instalar uma piscina em uma mansão de oito quartos que Webb havia comprado perto de Atlanta e, quando um funcionário do banco questionou o objetivo da transação, Takkas disse que era um presente de casamento para Webb. Outra parte foi transferida para uma conta no SunTrust Bank, na Geórgia, que Webb usou para expandir suas propriedades imobiliárias na região.

Em 13 de janeiro, Webb adquiriu um imóvel de três quartos e 140 metros quadrados em Conyers, Geórgia, por US$ 64 mil. Então, em 15 de fevereiro, adquiriu outra propriedade imobiliária, também na Geórgia, pagando US$ 140 mil por uma estrutura de tijolos de quatro quartos cuja hipoteca tinha sido executada, na cidadezinha de Stone Mountain.

Chuck Blazer ainda estava conversando com os promotores, e Daryan e Daryll Warner estavam comprometidos até o pescoço em seus depoimentos. Mas esses colaboradores só podiam contar histórias do passado. Eles não sabiam nada sobre o que viria atrás deles.

A Concacaf era uma organização de Webb, então era tão corrupta quanto ele — ou ainda mais. Os crescentes paralelos aos casos da Cosa Nostra com que Norris e os demais promotores em sua equipe estavam acostumados a lidar teriam sido impressionantes — se alguém tivesse se dado ao trabalho de investigar.

* * *

Jack Warner estava instalado em segurança em Trinidad desde que seus filhos foram presos. Ele não havia falado sobre o incidente para ninguém nos cinco meses que se passaram e irradiou confiança em público, zombando da ideia de que ele já havia feito alguma coisa errada. Mas a verdade é que o cerco estava apertando.

No dia 20 de abril, o dia após a Concacaf ter lançado seu relatório de integridade detalhando as décadas de corrupção de Warner, a primeira-

-ministra de Trinidad e Tobago, Kamla Persad-Bissessar, voltou antes do previsto de sua visita a Washington. Ela se dirigiu às pressas à sua residência particular, nos arredores de Port of Spain, e na tarde de sábado convocou uma reunião de emergência em seu gabinete.[10]

Warner chegou usando uma *guayabera* rosa e branca, e esperou na varanda da frente, conversando com os outros ministros. Um pouco depois das 16 horas, ele foi recebido por Persad-Bissessar. Os dois se reuniram em particular por uma hora e, depois, Warner foi embora sem responder às perguntas dos repórteres que esperavam do lado de fora.

A série de escândalos aparentemente interminável de Warner o havia transformado numa figura bastante controversa desde a sua primeira indicação como ministro três anos antes. Mas ele era presidente do United National Congress, o mais poderoso partido político do país, que controlava a coalizão governista que havia colocado Persad-Bissessar no poder. Ele também fazia parte do Conselho de Segurança Nacional, que gerencia as operações de inteligência doméstica e internacional. Embora Warner fosse odiado por alguns, ele era enormemente popular em sua base e temido por outros políticos, que tinham medo de sua enorme capacidade de chantagem e vingança.

Como resultado, Warner foi capaz de resistir à indignação global pelo escândalo de suborno em Port of Spain, assim como à sua renúncia subsequente da Fifa, da Concacaf e da CFU. Ao mesmo tempo, o poder de Warner em seu país só parecia crescer.

A partir de fevereiro de 2013, começaram a se espalhar rumores de que os filhos de Warner — que há meses não eram vistos em Trinidad e Tobago — estavam sob prisão domiciliar em Miami. Warner, sempre no papel de político cauteloso, recusou-se a confirmar ou negar qualquer acusação, declarando que não iria "dizer nada até alguém ter coragem suficiente para publicar ou falar alguma coisa".[11]

Então, em 27 de março, o repórter da Reuters Mark Hosenball fez exatamente isso, publicando um artigo que afirmava que Daryan Warner havia se tornado uma testemunha colaborativa em "uma investigação do FBI sobre suspeitas de corrupção[12] no futebol internacional". O artigo, que citava uma autoridade do governo anônima que afirmou que a investigação

CARTÃO VERMELHO *221*

estava "tomando a forma de um caso de grande porte", curiosamente não mencionava Daryll Warner, mas deixava claro que Jack era um dos pontos focais do caso.

Fazia mais de um ano que nada sobre a investigação era mencionado na imprensa global. Claramente originário de uma fonte interna das autoridades judiciais, o novo vazamento era exatamente o tipo de imprudência que Norris, como principal promotor do caso, vinha tentando com tanta dificuldade evitar.

A reação pública em Trinidad e Tobago foi imediata e feroz, e protestos pela renúncia de Warner se intensificaram nos partidos políticos e sindicatos rivais. Entretanto, a primeira-ministra afirmou que estava aguardando a confirmação da veracidade das informações contidas no documento das autoridades norte-americanas "antes de fazer qualquer determinação ou pronunciamento".[13]

O movimento ficou mais forte quando o *Trinidad Express* começou a publicar, em 14 de abril, uma grande reportagem investigativa, dividida em várias partes,[14] sobre os negócios financeiros de Warner, revelando décadas de dinheiro desaparecido e provavelmente roubado, desvio de salários de jogadores de futebol, venda ilegal de ingressos para a Copa do Mundo e fraude pública. Contudo, em 18 de abril, o porta-voz da primeira-ministra insistiu que Warner "tem o apoio total de todos os membros do gabinete", observando que "ele é um dos ministros mais dedicados em nosso gabinete[15] e que desejamos que mais pessoas tenham essa mesma ética profissional".

O relatório da Concacaf, com toda a sua especificidade e detalhismo, provou-se, finalmente, a gota d'água. Warner se tornara um constrangimento público e uma distração para a administração, além de estar dominando os assuntos na ilha. Por sua vez, Warner disse que a questão "não me preocupa e, em minha opinião, é infundada e mal-intencionada".[16]

Já era noite de um sábado de primavera quando a primeira-ministra finalmente saiu da residência oficial e se apresentou sob os fortes holofotes das equipes de televisão. Parecendo cansada e usando um estiloso vestido vermelho, ela cumprimentou a imprensa com um sorriso tenso.

— Aceitei a carta de renúncia[17] de Jack Warner como ministro da Segurança Nacional — afirmou então Persad-Bissessar.

Três meses depois, Warner recebeu um telefonema[18] do chefe do departamento de imigração de Trinidad e Tobago, Keith Sampson, em que pediu a devolução dos passaportes diplomáticos dele e de sua esposa. O ministro do Exterior, como se revelou, esperava que Warner, ao renunciar, devolvesse seus documentos de viagem junto com o celular e o computador oferecidos pelo governo e as chaves de seu gabinete. Ele, entretanto, recusou-se a fazer isso, segundo relatórios locais. O governo dos EUA fez pressão e solicitou um pedido oficial mais urgente.

Em uma ligação telefônica, Warner pediu mais uma semana para que pudesse transferir seus vistos norte-americanos, emitidos em dezembro do ano anterior, para um passaporte regular. Sete dias se passaram, mas Warner ainda não havia devolvido os documentos. Em vez disso, publicou, em um jornal de cunho político fundado por ele, um artigo virulento contra o governo por ter a ousadia de, em primeiro lugar, solicitar tais documentos.

Finalmente, em 26 de junho, o Departamento de Imigração de Trinidad e Tobago cancelou os dois passaportes. A imunidade diplomática de Warner foi revogada, e ele poderia ser acusado de crime nos Estados Unidos.

Desafiador, Warner disse aos repórteres que não se importava com o passaporte. Não pretendia viajar para o exterior tão cedo.

* * *

Em 29 de abril de 2013, apenas dez dias depois que a Concacaf divulgou sua roupa suja, o Comitê de Ética da Fifa publicou os resultados, há muito aguardados, de sua análise[19] interna do caso da ISL. Como os promotores suíços antes deles, os investigadores éticos da Fifa descobriram que a empresa de marketing esportivo subornava os oficiais desde, no mínimo, o início dos anos 1990 em troca de direitos relacionados ao futebol, incluindo a Copa do Mundo. A ISL continuou pagando propinas até a sua falência, em 2001.

Com a exceção dos diretores da ISL que realmente pagaram as propinas, não ficou claro se alguém sabia quantos diretores da Fifa estavam na folha de pagamento da empresa. Mas, no fim, foi a corrupção que acabou com tudo: a empresa molhou tantas mãos que não conseguiu bancar seus pagamentos exorbitantes à Fifa e a outras organizações esportivas. A ISL, por anos uma das mais poderosas empresas de marketing esportivo do mundo, tinha literalmente se subornado até a falência.

Uma semana antes de a Fifa publicar suas descobertas, João Havelange, então com 96 anos de idade — que Blatter havia tornado presidente honorário vitalício da Fifa no momento de sua saída, em 1998 —, renunciou na surdina. Teixeira, por sua vez, abandonou todos os seus cargos no mundo do futebol no início de 2012. Os promotores suíços descobriram que os dois haviam aceitado pelo menos US$ 15 milhões da ISL ao longo dos anos, mas os liberaram depois que eles pagaram apenas um terço desse valor.[20] A Fifa afirmou que nesse meio-tempo, Leoz arrancou US$ 130 mil da ISL em 2000, e pode ter tirado mais US$ 600 mil ao longo dos anos. Em 24 de abril, apenas cinco dias antes de a Fifa publicar suas descobertas, Leoz também renunciou.

Com os três formalmente fora do jogo, a Fifa encerrou sua investigação, alegando que "qualquer outra medida ou sugestão seria supérflua".[21]

Vinte

"Deixe-nos fora dessa"

Pouco depois da virada do século xx, o rio Miami foi dragado e quantidades enormes de lodo, areia e calcário retirados de seu leito foram despejados na baía Biscayne, criando duas ilhas de resíduos fétidas e repletas de ratos junto à costa.

Depois de um tempo, as ilhas foram consolidadas em uma única porção de terra batizada de Brickell Key. A partir do fim da década de 1970, empreiteiras construíram uma ponte ligando-a ao continente e começaram a erigir uma série de condomínios compostos por torres altíssimas, cujas unidades foram vendidas, em sua maioria, a compradores ricos da América Latina. A maior parte dessas pessoas não morava ali em tempo integral, criando um enclave estranhamente pacífico através de um canal estreito de um dos distritos mais movimentados de Miami.

A maior parte de Brickell Key fica atrás de portões fechados e é patrulhada por seguranças. Um de seus únicos espaços públicos, o Mandarin Oriental, é um grandioso hotel cinco estrelas de 295 quartos que está entre os mais requintados de Miami.

Na manhã do dia 3 de maio de 2013,[1] Jared Randall, acompanhado por outro agente do FBI e um tradutor, chegou à recepção do Mandarin Oriental. Ele se identificou, mostrou seu distintivo e pediu para o recepcionista ligar para o quarto de José Hawilla e solicitar que ele descesse.

Hawilla, careca, de queixo barbeado, óculos de armação de arame e grandes olhos escuros, estava dormindo profundamente com a esposa. Não eram nem 6h30 da manhã, mas ele se vestiu rapidamente e desceu para o saguão para ver do que se tratava. Era natural ficar nervoso, ainda mais para um estrangeiro, quando o FBI aparecia sem avisar.

Escolhendo as palavras com cuidado, Randall contou ao brasileiro espantado que o governo estava investigando a corrupção no esporte. Em seguida, Randall fez questão de advertir Hawilla formalmente dizendo-lhe que, antes que continuassem, quaisquer mentiras ou deturpações poderiam ser consideradas atos criminosos.

Hawilla, falando em português, identificou-se e admitiu que era dono da Traffic e que tinha escritórios em Miami, localizados no quarto andar de um prédio na Brickell Key, a menos de cem metros do hotel.

Então, Randall foi direto ao ponto. Hawilla tinha subornado Ricardo Teixeira, Nicolás Leoz ou Julio Grondona, presidente da Associação Argentina de Futebol?

Hawilla respondeu que não, que a Traffic era uma empresa honesta que fazia as coisas do jeito certo. Ela não tinha e nunca teve esse tipo de conduta, ele insistiu.

— E quanto a Chuck Blazer? — Randall questionou. — A Traffic ou algum de seus intermediários subornaram ou ofereceram suborno a Chuck Blaker?

— Não — Hawilla respondeu.

— Você sabe de alguma empresa que foi usada para enviar dinheiro para Blazer?

— Não — Hawilla repetiu.

— Você consegue lembrar-se se algum dinheiro foi enviado a Blazer em nome da Traffic por intermédio de uma empresa no Panamá?

— Não.

— E quanto a alguma empresa no Uruguai?

— Não — Hawilla insistiu, ele não recordava de nada disso.

Com calma, Randall repetiu as perguntas diversas vezes, acompanhando Hawilla até o restaurante do hotel, onde o brasileiro pediu seu café da manhã. O agente não comeu.

Em seguida, depois de menos de quinze minutos, o breve interrogatório foi concluído. Randall agradeceu a Hawilla por seu tempo e saiu, deixando o executivo sul-americano perplexo e abalado.

* * *

Os últimos meses vinham sendo estressantes.

No começo de 2013, Hawilla finalmente colocou a maior parte de seus jornais à venda. Suas diversas tentativas de mudar o rumo das rendas módicas geradas pelos jornais foram pouco para conter o declínio abrupto na circulação e, mesmo depois de demitir oitenta funcionários, a hemorragia não cessava. Ele tinha finalmente admitido a derrota, preparando-se para considerá-la uma perda quase total.

Hawilla voou, então, para Buenos Aires[2] a fim de consolidar os planos de aliança para a Copa América. A reunião aconteceu no dia 13 de março, nos escritórios da Full Play, no 13º andar de uma torre comercial cintilante a poucos quarteirões do Estadio Monumental, o maior e mais tradicional da Argentina, onde a seleção do país derrotou a Holanda para conquistar seu primeiro título de Copa do Mundo.

Quinze pessoas estavam na reunião, e os executivos e seus advogados repassaram o acordo parassocial de três partes, bem como os aspectos técnicos da parceria, alocando responsabilidades para cada empresa. A Torneos ficaria encarregada de produzir a Copa América, a Traffic venderia os patrocínios, e a Full Play venderia os direitos de exibição e também administraria a nova empresa que eles estavam formando, que chamaram de Datisa.

A família Jinkis, da Full Play, e Alejandro Burzaco, da Torneos, disseram que haviam negociado para pagar à Conmebol US$ 80 milhões por cada edição do campeonato, incluindo a edição Centenário, em 2016. Era um aumento substancial em relação ao preço antigo, mas, considerando como os direitos do futebol haviam encarecido nos últimos anos — e quantas edições da Copa América o contrato cobria —, todos concordaram que era uma barganha.

Por coincidência, o encontro caiu no mesmo dia em que Jorge Bergoglio, o arcebispo de Buenos Aires, foi eleito o primeiro papa sul-americano, e o anúncio do Vaticano interrompeu a reunião. Argentinos exultantes foram às ruas para celebrar o papa Francisco, de forma que Hawilla e Burzaco aproveitaram a oportunidade para dar uma volta juntos. Os dois se conheciam há algum tempo e se davam bem.

Enquanto passeavam, Burzaco confidenciou a Hawilla que os três membros sul-americanos do Comitê Executivo da Fifa haviam pedido suborno em troca de seus votos para a eleição da sede da Copa do Mundo de 2022, aceitando dividir US$ 5 milhões para apoiar o Catar. Mas, depois, revelou-se, contou Burzaco, que Ricardo Teixeira, do Brasil, na verdade, tinha negociado uma propina de US$ 50 milhões pelos votos e ficou com quase tudo apenas para si, enfurecendo os outros dois cartolas — Julio Grondona e Nicolás Leoz — quando descobriram a verdade.

Era uma revelação terrível, Hawilla pensou. O mar de lama no evento mais importante do esporte parecia não ter fundo. Mas, de certo modo, a corrupção parecia fazer parte da rotina. Ele lembrou que Teixeira uma vez lhe mostrou um relógio caríssimo que havia ganhado de Mohamed bin Hamman, e tudo começou a fazer sentido. Ele não era o único que não conseguia escapar dos subornos. Era impossível fazer parte do mundo do futebol sem se envolver.

Quando os dois voltaram aos escritórios da Full Play, Mariano Jinkis disse que queria se reunir com eles em particular. Hawilla soube na hora qual seria o assunto. Jinkis e Burzaco lhe contaram que haviam pagado grandes propinas a uma dúzia de dirigentes sul-americanos, incluindo todo o Grupo dos seis, para garantir a Copa América, e que haviam prometido continuar os pagamentos em cada edição sucessiva do torneio. Até aquele momento, a contagem era de US$ 40 milhões, disse Jinkis, e, como sócia igualitária da Dafisa, a Traffic devia um terço desse valor. Também se esperava, Jinkis o lembrou, que ele retirasse o processo que havia aberto contra a Full Play e a Conmebol assim que possível.

Hawilla ficou chocado. Ele alimentava a esperança tola de que aquele acordo seria diferente. Mas não argumentou; tinha um voo de volta para o Brasil dali a uma hora, além disso, estava desesperado para fugir daquela conversa. Mariano Jinkis acompanhou-o até a saída, explicando que Hawilla nunca teria de fazer os pagamentos de propina diretamente. Ele insistiu que preferia lidar com aquilo pessoalmente.

— Pode ficar tranquilo — disse Jinkis abrindo um largo sorriso. — Porque já cuidei de tudo.

* * *

Hawilla foi para Miami no começo de maio para uma visita breve, destinada, sobretudo, a fechar o contrato de uma propriedade que ele estava comprando em Fisher Island. Repleta de condomínios de luxo em volta de um dos campos de golfe mais bem cotados dos Estados Unidos, o metro quadrado da região era o mais valioso de todo o país.

Por US$ 6,5 milhões, sendo metade em dinheiro, Hawilla estava comprando uma unidade de três quartos com 400 metros quadrados no lado da ilha voltado para o Atlântico, com vista para a praia artificial que contava com areia branca e fina importada das Bahamas. A interrupção inesperada do FBI aconteceu numa sexta-feira, e Hawilla tinha marcado de encontrar seu advogado para o fechamento formal da compra do apartamento na terça seguinte. Ele estaria de volta ao Brasil em menos de uma semana.

No final de semana, porém, foi difícil para ele não refletir sobre o que havia acontecido. Até que ponto as investigações do FBI haviam ido? De onde aquele jovem agente estava tirando tantas informações sobre negócios antigos? Era intrigante. Então, na segunda-feira, o telefone de Hawilla tocou. Era, para sua surpresa, Chuck Blazer.

Falando em espanhol, Blazer surpreendeu Hawilla, dizendo que agentes do FBI tinham ido ao seu apartamento naquela manhã fazendo perguntas insistentes sobre sua conta bancária nas Ilhas Cayman e sobre "duas empresas: uma no Uruguai, outra no Panamá". Ele perguntou, então, se Hawilla fazia alguma ideia do que estava acontecendo e do quanto o FBI sabia.

— Por favor, estou pedindo, como amigo, para... para... para... nos deixar fora dessa, por causa da investigação — Hawilla respondeu, apreensivo. — Eles também me visitaram. Dois caras do FBI também me procuraram.

— Você? — Blazer questionou, aparentando um tom de surpresa com sua voz áspera de barítono.

Hawilla explicou que os agentes haviam perguntado repetidamente sobre transferências de dinheiro para Blazer a partir de contas no Uruguai e no Panamá, e que ele havia respondido que não sabia de nada.

— Eles me perguntaram se havia pagamentos fora do contrato — continuou o brasileiro. — Não sei. A verdade é que eu não sei. Só peço para que você não nos mencione porque, senão, isso vai nos envolver em um... um... um... um problema muito sério, sabe?

* * *

Blazer começou a gravar secretamente seus telefonemas com Hawilla quase um ano antes.

Depois de contar a Norris e ao resto da equipe sobre as décadas de suborno da Traffic, Blazer vasculhou seus arquivos antigos em busca de evidências documentais.

Lembrava-se de ter recebido pagamentos de seis dígitos relativos a contratos da Copa Ouro, que havia assinado com as empresas de Hawilla, e, depois, encontrou alguns documentos de 1999 e 2000 mostrando transações para a sua conta bancária nas Ilhas Cayman. As transações — de US$ 200 mil, US$ 100 mil e US$ 99.985 — partiam de contas de empresas sediadas no Uruguai e no Panamá.

Essas empresas, a Tansy e a Metrobank, não tinham nenhuma relação óbvia com a Traffic, mas Blazer esclareceu que isso era porque Hawilla era cuidadoso e quase sempre usava intermediários para realizar transações em seu nome, para que os pagamentos aos cartolas não aparecessem nos livros de despesas. Havia, na realidade, uma miríade de empresas de fachada que os assistentes de Hawilla utilizavam para fazer pagamentos.

Procurando mais, Blazer também encontrou o contrato falso que ele e Hawilla haviam criado para explicar a transação de US$ 600 mil que ele havia recebido em 2003, bem como os e-mails que tinha enviado ao brasileiro a respeito do dinheiro na época.

Os promotores estavam cada vez mais convencidos de que Hawilla, se conseguissem fazer com que ele mudasse de lado, seria valiosíssimo para o caso. Atrair alguém que, durante décadas, vinha pagando as propinas poderia ampliar o caso. Um homem como Hawilla poderia provar ser tão — se não mais — útil do que Jack Warner.

Era Hawilla que estava pagando as propinas. Isso significava que ele poderia conduzi-los a um número inimaginável de dirigentes corruptos e fornecer a papelada para comprovar isso.

Blazer, com base em sua memória e nos documentos que havia encontrado, tinha dado um caminho muito bom, mas não era o bastante. Eles precisavam provar que Hawilla tinha conhecimento dos pagamentos, apesar de suas digitais não estarem diretamente neles. Transações da Traffic para a Tansy ou a Metrobank por volta do mesmo período em que essas empresas de fachada enviaram dinheiro para Blazer, e na mesma quantia, por exemplo, definitivamente ajudariam a fechar o cerco.

A solução fácil, sugeriu Berryman, era intimar o Delta National Bank & Trust Co. em Miami, que havia sido identificado nas transferências bancárias correspondentes como um dos dois principais bancos norte-americanos da Traffic e o banco que a empresa parecia preferir usar para pagamentos de suborno. Se alguma propina havia se originado do Delta, argumentou o agente da Receita Federal, isso apareceria imediatamente.

Mas Norris se recusou. O Delta não era um gigante como o Wells Fargo ou o Chase; era um banco particular minúsculo com apenas três agências em todo o mundo. Vinha fazendo negócios com a Traffic há tanto tempo que era possível, se não provável, que seus funcionários alertassem Hawilla ou alguma outra pessoa da Traffic sobre a intimação. O risco era simplesmente grande demais.

Em vez disso, eles decidiram fazer Blazer pegar Hawilla pelo telefone. Ao contrário de muitos delatores, ele parecia não sentir nenhuma culpa por fazer gravações secretas. Na verdade, às vezes, Blazer parecia se divertir com isso. Então, se ele conseguisse levar Hawilla a admitir que tinha feito os pagamentos, isso poderia bastar.

Blazer ligou pela primeira vez no início de junho,[3] tentando fazer com que Hawilla lhe enviasse os documentos que mostravam que ele havia pagado as propinas. Entretanto, Hawilla não se lembrava bem do pagamento e negou ter qualquer documentação, então, Blazer tentou induzi-lo a discutir as transações mais antigas, referentes ao Panamá e ao Uruguai. Hawilla resistiu, explicando que "não estamos envolvidos diretamente porque fazemos tudo por meio de outras empresas, entende?".

Blazer ligou novamente no final de junho de 2012 e, dessa vez, conseguiu colocar tanto Hawilla quanto seu filho mais velho, Stefano, que falava inglês, na linha. Ele conseguiu levar Stefano a admitir saber sobre a Tansy, a empresa uruguaia utilizada para transferir as propinas, mas isso ainda parecia pouco e, assim, os promotores tiveram a ideia de gravar Hawilla nas Olimpíadas de Londres, mas também não obtiveram resultados.

Provas de dolo à parte, Hawilla apresentava outro grande obstáculo. O Brasil não extraditava seus cidadãos. Mesmo se os promotores elaborassem o caso perfeito, eles não teriam como encostar em Hawilla se ele estivesse em seu país.

Por isso, tramaram um novo plano. Eles sabiam que Hawilla ia a Miami de tempos em tempos para ver como estava o escritório local da Traffic. Se eles esperassem pacientemente, talvez pudessem fazer uma abordagem da próxima vez que ele fosse ao país e pegá-lo mentindo ou pedindo para que outras pessoas mentissem, depois o prenderiam e o obrigariam a cooperar.

Mentir para um agente federal é considerado um crime[4] por si só, e tentar fazer outras pessoas mentirem ou deixarem de cooperar intencionalmente é uma obstrução clara da justiça. O segredo era um agente chegar fingindo inocência e simplesmente fazer a pessoa falar; não demoraria para ela cavar a própria cova. Era um truque típico do FBI. Abordar alguém que se sabia ser corrupto e tentar pegá-lo numa mentira.

Quando a oportunidade finalmente surgiu, no início de maio, os promotores mandaram Randall numa expedição de sondagem. Eles estavam apostando no fato de que Hawilla não era americano e provavelmente estava ainda mais despreparado para ser questionado por um agente do FBI. A coisa mais inteligente a fazer nessa situação seria fechar o bico e conseguir um advogado.[5] Felizmente, para os investigadores, Hawilla não fez isso.

* * *

Randall, dessa vez acompanhado por Berryman, voltou ao Mandarin Oriental na manhã do dia 9 de maio e solicitou ao recepcionista que ligasse para o quarto de Hawilla a fim de pedir que descesse até o saguão. O agente do FBI havia feito uma denúncia de obstrução de justiça contra ele no dia anterior, no Brooklyn, e depois voltou para Miami para realizar a prisão.

O voo de Hawilla de volta para São Paulo estava marcado para aquele dia, e ele e a esposa já tinham feito as malas na noite anterior. Mas, em vez do aeroporto, o homem de 69 anos foi levado de volta para o seu quarto de hotel por dois agentes e instruído a se vestir, para ser escoltado novamente até o escritório de campo do FBI.

Algemado à parede em uma sala de interrogatório fria, Hawilla se deparou com uma escolha difícil. Ele poderia, como era seu direito garantido por lei, insistir no comparecimento ao tribunal para fazer uma objeção inicial. Já era bem tarde na quinta-feira, então, ele provavelmente só conseguiria um magistrado no dia seguinte. Sendo assim, Hawilla não teria outra opção além de trocar suas roupas normais por um uniforme de presidiário e passar a noite com criminosos calejados no Centro de Detenção Federal de Miami.

Então, ele seria transferido para o Brooklyn, onde a denúncia tinha sido apresentada, sendo transportado pelo Con Air, o sistema aéreo prisional do governo, o que significaria realizar um itinerário maluco pelos EUA em uma série de aviões caindo aos pedaços, cheios de prisioneiros assustadores, algo completamente diferente de um voo comercial direto. Quando chegasse a Nova York, ele provavelmente passaria mais algum tempo na cadeia antes de sequer surgir a possibilidade de fiança. Ainda por cima, tudo aquilo se tornaria público, e ele sofreria uma grande humilhação. E a notícia chegaria com toda a certeza aos jornais brasileiros.

A outra opção era renunciar a seu direito de comparecimento e aceitar cooperar com a investigação em curso sobre a corrupção no futebol internacional. Nesse caso, explicaram os agentes, ele seria levado num voo comercial para Nova York no mesmo dia, hospedado em um bom hotel e não teria de passar nenhum segundo na cadeia. Tudo aconteceria na encolha, em grande segredo, e ninguém precisaria saber.

Fazia muito tempo que Hawilla era milionário. Ele viajava de primeira classe quando não estava num jatinho particular, comia em restaurantes com estrelas no Guia Michelin, pernoitava em hotéis de mil dólares a diária e estava acostumado a socializar com astros do esporte e executivos poderosos.

Ele falava um pouco de inglês, mas não conhecia quase nada do sistema judicial dos EUA, embora tivesse visto filmes suficientes para ter opiniões fortes sobre as prisões norte-americanas, repletas de bandidos cruéis que atormentavam os mais fracos.

Resistir à acusação certamente implicaria em um tempo atrás das grades, ao menos até ele conseguir a fiança, e Hawilla não queria nada disso, nem por um minuto. Se cooperar significava ficar livre das algemas e evitar a prisão, não parecia haver outra opção. Hawilla assinou a renúncia e aceitou ajudar. Só depois ele descobriria as verdadeiras ramificações dessa decisão.

* * *

Depois que os policiais federais levaram seu marido e a avisaram para não contar o que acontecera para ninguém, a primeira pessoa para quem Eliane Hawilla pensou em ligar foi Aaron Davidson. Tão longe de casa, ela não sabia a quem mais poderia recorrer. Davidson, presidente da Traffic Sports USA, era a escolha óbvia. Ele era americano, falava português e morava num apartamento logo do outro lado da Brickell Key, a cinco minutos a pé do hotel. Mais importante, Eliane tinha certeza de que ele seria discreto, garantindo que a prisão não aparecesse nas colunas de fofocas do Brasil. No telefone, quase histérica, ela contou a Davidson que o chefe dele tinha acabado de ser preso e precisava de ajuda.

Advogado, com 42 anos de idade, criado em Dallas,[6] Davidson estava na Traffic fazia uma década. Ele conheceu Hawilla quando trabalhava como advogado para a Hicks Muse, o fundo de capital privado do Texas, que adquiriu uma participação da empresa brasileira por um breve período no final dos anos 1990. Em 2003, quando Davidson estava promovendo um tour de golfe regional no México, Hawilla recrutou-o para ir a Miami e trabalhar na Traffic.

Com o tempo, Hawilla passou a confiar em Davidson para ser seus olhos e ouvidos nos Estados Unidos. Davidson, por sua vez, foi se tornando profundamente leal ao chefe; ele admirava Hawilla e considerava-o um gênio visionário do marketing, além de uma figura paterna calorosa e encorajadora.

Davidson correu para ficar ao lado de Eliane. Ficou com ela até horas depois, quando Hawilla finalmente recebeu permissão dos agentes para telefonar para a esposa e explicar o que estava acontecendo. Então, Davidson foi até o aeroporto de Miami com uma mala com as roupas e os remédios do chefe e a entregou para Randall e Berryman.

Naquela noite, Davidson saiu para comer com Eliane e Enrique Sanz. Durante o jantar, foi difícil falar de qualquer outra coisa além da prisão. A notícia havia sido um choque para todos. Eliane estava paralisada, aflita pelo marido com quem estava casada há 36 anos, e não queria ficar sozinha. Davidson e Sanz, por sua vez, não podiam deixar de ficar preocupados. Eles estavam profundamente envolvidos nas atividades criminosas da Traffic há anos.

Nenhum deles sabia por que Hawilla havia sido preso, e os agentes definitivamente não estavam dispostos a revelar nenhuma informação sobre o caso.

O que exatamente o FBI estava pesquisando?

Vinte e um

Não sou seu amigo

Hawilla começou a cooperar na manhã seguinte à prisão. De início, ele ficou hospedado no Plaza Athénée, um hotel chique no Upper East Side, em Nova York, porém, quando se tornou claro que o caso se arrastaria por algum tempo, ele se mudou para um apartamento emprestado por um amigo em um prédio na 64th com a Park, logo acima do Daniel, um restaurante sofisticado com três estrelas Michelin onde o brasileiro jantava com frequência.

Apesar dos confortos consideráveis de seu estilo de vida. Hawilla era lembrado constantemente de sua nova condição como suspeito de vários crimes. Para começo de conversa, ele odiava Nova York, onde, para seus padrões, pouquíssimas pessoas falavam espanhol ou português. Ele era submetido a um toque de recolher noturno e ao monitoramento de localização, além de ser obrigado a usar uma tornozeleira com GPS. Sempre que quisesse ir a qualquer lugar fora de um raio cuidadosamente circunscrito, precisava ligar para Jared Randall e pedir permissão.

Logo de cara, Norris havia questionado Hawilla extensamente sobre seus bens e, finalmente, estabeleceu uma fiança no valor de US$ 20 milhões.[1] Esse valor estava distribuído em US$ 5 milhões em dinheiro, a escritura de seu novo apartamento em Fisher Island e o título de todos os seus bens nos Estados Unidos, incluindo a Traffic Sports USA, seus contratos de direitos sobre a Copa Ouro e a Copa do Mundo, sua participação na Liga Norte-Americana de Futebol e todas as suas contas bancárias no país. Hawilla também, obviamente, teve de entregar seu passaporte.

Por causa de seu trabalho no futebol, durante décadas, Hawilla viajou com frequência, mas era muito caseiro. Tirando os dois anos passados em Boca Raton, no começo dos anos 1990, ele nunca havia morado fora do Brasil e raramente ficava fora de casa por mais de uma ou duas semanas seguidas. Sua família morava no Brasil, assim como seus amigos. A saudade, então, começou a definir a sua vida.

A situação atingiu seu ápice quando Hawilla comentou sobre o aniversário de sua esposa, Eliane.

Ela faria sessenta anos em 3 de junho de 2013, e Hawilla tinha planejado uma festa sofisticada para ela em São Paulo. Entre amigos, parentes e colegas, o casal esperava receber 150 convidados. Pouco depois, em 11 de junho, Hawilla completaria setenta anos, e tinha certeza de que seus três filhos estavam planejando uma festa surpresa para celebrar esse marco.

Ele disse aos promotores que perder esses eventos iria acabar com a sua vida. Além disso, Hawilla explicou, sua ausência provocaria suspeitas no Brasil. Ele era uma figura pública. As pessoas notariam sua ausência, poderiam até escrever sobre isso nas colunas de esportes e fofocas dos jornais. E isso, ele argumentou, poderia ser ruim para o caso.

Norris não se deixou abalar. A resposta era não. O Brasil não extraditava seus cidadãos, e o risco de Hawilla nunca mais voltar para os Estados Unidos era grande demais. Mas Norris não disse nada. Em vez disso, sugeriu, cauteloso, que um retorno ao Brasil poderia vir a ser uma recompensa por cooperar de maneira sincera com a investigação.

Por ora, o promotor sugeriu que Hawilla poderia dar a festa de Eliane em Miami e convidar as pessoas para irem até lá. Outra opção seria mandar sua mulher para a festa no Brasil junto com uma mensagem de que ele não poderia comparecer, ou simplesmente cancelar tudo. Naquele momento, ele não poderia, em hipótese alguma, voltar para casa.

Porém Hawilla tinha razão num certo ponto: sua ausência estendida levantaria algumas questões. Ele precisava de uma boa história de cobertura. Os promotores sugeriram que ele dissesse que estava nos Estados Unidos a negócios, tentando vender a Traffic, o que lhe daria uma desculpa plausível para exigir tanta papelada. Outra ideia era dizer que estava se reunindo com arquitetos e supervisionando uma grande reforma de seu novo apartamento em Fisher Island.

Uma terceira opção, sugerida por Hector, seria culpar algum tipo de doença. Hawilla considerou culpar o câncer de próstata, mas haviam dezenas de oncologistas de renome em São Paulo, de forma que a história não soaria muito convincente. Ele podia alegar problemas de audição, talvez, ou cardíacos. Finalmente, os promotores resolveram que Hawilla diria que estava sofrendo ataques de pânico que o impediam de voar e que estava em tratamento, mas que, no momento, não tinha autorização para viajar. Essa justificativa não era das melhores, e algumas pessoas no Brasil ficaram desconfiadas, porém todos pareceram, de uma forma ou de outro, engoli-la.

Toda aquela situação desastrosa era uma fonte de frustrações contínuas para Hawilla. Ele era um homem acostumado a um grande conforto e liberdades ainda maiores, uma figura pública admirada e poderosa e, então, todo o seu cotidiano o lembrava de tudo o que tinha ficado para trás.

Sem poder sair de Nova York, sua vida social não ia além dos jantares em restaurantes caros com a esposa. Seus telefonemas e suas interações com funcionários da Traffic no Brasil e em Miami eram cheios de mentiras e enganações. Quando começou a realizar operações secretas para a promotoria, usando uma escuta, começou a passar cada vez mais tempo com Jared Randall. Como único falante de espanhol no caso, Randall ficou empolgado por poder usar suas habilidades em idiomas para vigiar Hawilla.

Os cuidados com suas fontes talvez sejam uma das maiores especialidades do FBI. Os agentes têm a missão de trabalhar diretamente com os delatores, rastreando-os, planejando os detalhes de suas operações secretas e, quando não está acontecendo nada em particular no caso, simplesmente dando apoio. Eles comparecem em depoimentos e tomam notas, ficam de olho nas fontes quando estão em campo e, quando chega o dia de testemunhar no tribunal, as ajudam a se preparar. Um bom agente deve ser um psicólogo, uma babá e um coach de vida, trabalhando incansavelmente para manter os delatores motivados.

De certo modo, Randall tinha ficado ao lado de Hawilla o tempo todo, acompanhando-o do Mandarin Oriental até a sede do FBI, sentando-se ao lado dele na última fileira do voo da American Airlines para Nova York, depois, vigiando-o durante os dias tensos que se seguiram até ser estabelecida a fiança e ele ter de ser vigiado 24 horas por dia. Nesse novo círculo de pessoas que controlavam a vida de Hawilla, que faziam perguntas constantes, exigiam seus registros e o estimulavam a confessar todos os delitos, Randall se destacava como alguém com que ele conseguia falar sem se sentir pressionado; alguém em quem ele confiava.

Mas, como agente do FBI, também era dever de Randall lembrar Hawilla da verdadeira natureza da relação deles.

— José — Randall dizia —, *no soy tu amigo.*

* * *

— Seria um erro tentar adivinhar o objetivo dessa investigação — Norris disse a Hawilla em uma sala de conferência no Gabinete da Procuradoria-Geral dos Estados Unidos, no Brooklyn.

Era o alerta comum que ele dava a todos os delatores, lembrando-os que o único jeito de seguir em frente era a mais completa honestidade. Norris era bom em guardar segredos e não revelava quase nada sobre o caso aos delatores — nem a ninguém mais com quem conversava. Ele se esforçava para mantê-los no escuro sobre o desenvolvimento e o rumo do caso; às vezes, até os levava a acreditar em inverdades sobre a investigação se pensasse que isso poderia fazer com que o trabalho avançasse. Por outro lado, Norris esperava a total honestidade de seus colaboradores.

Hawilla estava ansioso para ganhar seu acordo de cooperação. Se Norris e os outros procuradores queriam que ele os ajudasse a coletar evidências sobre mais pessoas, a expandir o caso, a oferecer sua alardeada "assistência substancial", ele teria o maior prazer em lhes dar o que pareciam estar pedindo. A corrupção no futebol estava descontrolada, Hawilla disse, e as pessoas no ramo eram muito desonestas. Já era hora de alguém dar um jeito naquilo — uma frase que estava começando a soar terrivelmente familiar para Norris e os demais promotores.

Hawilla contou que havia começado a pagar propinas no final dos anos 1980 e citou então os nomes daqueles que haviam recebido o dinheiro.

Eram as mesmas pessoas sobre as quais Berryman e Norris vinham falando em suas conversas noite adentro, os pesos-pesados da América do Sul: Julio Grondona, presidente da Associação Argentina de Futebol; Nicolás Leoz, ex-presidente da Conmebol; e Ricardo Teixeira, ex-presidente da CBF. Chuck Blazer também havia recebido dinheiro, assim como Jack Warner.

Era como uma longa e cativante aula de história, contada não por um professor sem graça, mas por um dos próprios personagens do drama, um general que havia estado nas linhas de frente junto com as tropas.

Hawilla contou aos promotores sobre seus primeiros dias na Traffic, sobre intermediar contratos de patrocínio com a CBF quando Ricardo Teixeira assumiu e a confederação não tinha dinheiro, trazendo primeiro a Pepsi, depois a Coca-Cola e a Nike. Explicou quantos desses contratos proeminentes tinham envolvido pagamentos multimilionários para Teixeira; o contrato da Nike, de US$ 160 milhões por dez anos, por si só valia mais de US$ 2 milhões em comissões de marketing anuais[2] da American Sportswear para a Traffic, metade dos quais ele enviava secretamente a Teixeira como sua parte no negócio. Hawilla contou aos promotores sobre seus contratos de direitos ainda mais lucrativos e sobre como ele aprendeu a pagar propinas aos cartolas para afastar os concorrentes e manter os preços baixos.

Em particular, Hawilla falou sobre a Copa América. Ele contou como o campeonato começou, como abordou Nicolás Leoz com suas ideias de transformar o torneio esquecido em um negócio lucrativo e como Leoz, e depois também Teixeira e Grondona, começaram a exigir subornos a cada novo contrato. O torneio tinha sido um negócio muito lucrativo, Hawilla afirmou, até a empresa argentina Full Play tirá-lo da jogada após a edição de 2011.

Sem a Copa América, e com sua empresa em desalinho geral, Hawilla disse que estava completamente fora da indústria de propinas e que só queria vender a Traffic e dar um fim àquilo tudo. Ele insistiu em dizer que não fazia nenhum pagamento sujo havia dois anos, mas, ainda assim, explicou pacientemente aos promotores as muitas formas complicadas que havia desenvolvido no passado para enviar propinas. Seu método preferido era utilizar intermediários com empresas *offshore* que lhe proporcionavam contratos fictícios que usava para justificar os pagamentos, que eram então encaminhados aos destinatários da propina numa transação efetivada em algum local distante, originária de um lugar neutro como o Panamá. Um dos seus laranjas de confiança cobrava US$ 150 mil por ano pelo serviço, mais as comissões por cada transferência.

O que os investigadores ouviram confirmava todas as suas suspeitas. Berryman já tinha investigado todos aqueles grandes nomes, intimando a Chips e a Fedwire, localizando contas bancárias e intimando também os bancos, até criar pastas imensas, repletas de evidências, sobre cada suspeito em potencial, revelando uma rede de empresas e pagamentos interligados que só poderia ser explicada como suborno. Mas escutar todo aquele trabalho sendo validado pelo homem que estava do outro lado dessas propinas era emocionante. Havia uma sensação palpável de euforia por estarem muito próximos de algo grande.

A fonte de informações estava longe de secar. Hawilla lhes forneceu novos nomes a intimar e, menos de duas semanas depois de sua prisão, os promotores levaram Hawilla para Miami para começar a realizar as gravações. Ao contrário de Blazer, Hawilla achava desagradável e desonesta a ideia de usar uma escuta. Ofendido, ele resistiu, mas os promotores deixaram claro que ele não tinha escolha.

A pedido deles, Hawilla entrou em contato com Ricardo Teixeira. Fazia anos que os dois não conversavam, mas Teixeira estava morando em uma mansão espetacular à beira-mar[3] desde o começo de 2012, e a oportunidade parecia perfeita. Segundo Hawilla, o ex-cartola tinha recebido dezenas de milhões de dólares em propinas; ele havia saído do Brasil apenas porque estava sendo investigado pela polícia local por seu envolvimento em um enorme esquema de fraude relativo a um amistoso. Teixeira pareceu feliz em ouvir notícias de seu antigo colega, mas negou envolvimento em qualquer atividade desonesta, e as primeiras gravações, pelo menos, se revelaram infrutíferas.

Foi pedido a Hawilla que almoçasse com Enrique Sanz usando uma escuta. O principal objetivo desse encontro era ver se Sanz confessaria ter feito pagamentos de propina a Jack Warner no final dos anos 1990 e começo dos anos 2000, quando ele ainda estava na Traffic. Mas Sanz contornou a questão sem falar nada ou mudando de assunto.

Os promotores também queriam que Hawilla tentasse descobrir se Sanz desconfiava de algo sobre a investigação, considerando o risco de que a notícia de sua prisão pudesse ter vazado. Segundo Hawilla, Sanz não fazia ideia de nada, e uma história que Hawilla contou de que os agentes estavam se focando apenas em Blazer e Warner e possíveis problemas fiscais pareceu ter convencido Sanz de que seu antigo chefe não estava envolvido.

Para Norris e os outros, essas primeiras gravações não haviam produzido nenhuma prova concreta ou admissão de culpa, mas, mesmo assim, eles as consideraram um bom ponto de partida. Hawilla tinha prometido oferecer análises detalhadas de muitos esquemas de corrupção em que esteve envolvido ao longo dos anos, desde o fim dos anos 1980, e prometeu oferecer cópias de todos os documentos relevantes.

Todos concordavam que a investigação estava correndo de modo fantástico; o velho brasileiro rico podia ser um pouco irritadiço e sensível, mas estava se revelando um excelente cooperador.

Nenhum deles desconfiou que Hawilla poderia não estar contando a história completa.

* * *

Pouco depois de sua reunião em Buenos Aires para discutir a Copa América, Alejandro Burzaco, da Torneos, viajou para Zurique, onde o Comitê Executivo da Fifa estava realizando suas reuniões trimestrais. Burzaco aproveitou a oportunidade para almoçar com Enrique Sanz, Aaron Davidson, da Traffic, e Mariano Jinkis, da Full Play, a fim de negociar o último componente que faltava do contrato: a participação da Concacaf na edição Centenário do campeonato.

A oferta que estava na mesa da nova parceira, a Datisa, havia sido de US$ 40 milhões para a confederação pelos direitos comerciais e de transmissão, e mais US$ 7 milhões para subornar Jeffrey Webb a assinar o contrato. Mas Sanz disse que Webb queria mais. O presidente da Concacaf tinha ouvido rumores de um valor total muito maior para os dirigentes sul-americanos e, indignado pelo que considerava uma oferta ofensiva de tão baixa, exigiu a soma inacreditável de US$ 15 milhões apenas para si. Finalmente, Burzaco conseguiu negociar a propina para U$10 milhões — ainda assim uma quantia enorme —, com a participação estrangeira da confederação caindo para US$ 35 milhões.

Vencido esse último obstáculo, o contrato podia ser completado e, no fim de maio — por volta da mesma época em que Hawilla estava realizando suas primeiras gravações clandestinas para o Departamento de Justiça —, Burzaco começou a reunir as assinaturas necessárias dos principais cartolas. Como uma espécie de bônus por sua concordância, os líderes das nove associações de futebol sul-americanas receberiam propinas, assim como o novo presidente da Conmebol, Eugenio Figueredo, e seu secretário-geral. Quando a Copa América de 2023 acontecesse, a soma de propinas pagas pelo campeonato ultrapassaria os US$ 100 milhões; era o maior esquema em que qualquer um dos participantes já esteve envolvido.

Tudo estava em ordem e era então a vez de Hawilla incluir sua parte nas primeiras rodadas de propinas.

Em 3 de junho, menos de um mês depois de ser preso,[4] enquanto ainda insistia para os promotores que não estava mais no ramo de suborno, Hawilla autorizou pessoalmente uma transação de US$ 5 milhões da conta da Traffic no Delta National Bank, em Miami, para uma conta na Suíça controlada por Burzaco. Três dias depois, ele assinou uma segunda autorização de transação, enviando US$ 5 milhões para uma conta diferente na Suíça, controlada por Hugo e Mariano Jinkis. A soma de dois pagamentos de US$ 1,67 milhão devida a cada um de seus sócios, chegando à contribuição total de US$ 13,33 milhões da parte de Hawilla, seria enviada três meses depois.

Ambas as transações, como acontece com todas as transferências internacionais originadas nos Estados Unidos, passaram por bancos correspondentes norte-americanos e teriam sido facilmente rastreáveis. Mas apenas se alguém soubesse pelo que procurar.

Vinte e dois

Uma de prata, a outra de ouro

Steve Berryman subiu devagar os quatro lances de escada do escritório de Zorana Danis na terça-feira, 24 de setembro de 2013, sem saber se estava no lugar certo. Durante meses, desde que Hawilla mencionara sua associação com a corrupção do futebol sul-americano, ele realizou uma pesquisa meticulosa a respeito de Danis.

O agente da Receita Federal, ainda se esforçando para entrar em forma, um ano após sua cirurgia no coração, estava chegando no último andar de um velho edifício de tijolos que ficava em frente a uma loja de suprimentos industriais e a um terreno baldio coberto de mato em Jersey City, uma área desolada da região metropolitana de Nova York. Alguns indícios de revitalização tinham começado a brotar na vizinhança, mas, em sua maior parte, era um lugar desagradável, o último onde ele imaginaria que uma figura importante do mundo do futebol trabalharia.

No entanto, lá ficava a sede da International Soccer Marketing, a empresa de Danis que ela mesma administrava.

Berryman fazia questão de examinar os registros financeiros de todos os nomes suspeitos que encontrava no caso, mas Danis tinha se destacado, e não apenas por ser uma mulher envolvida em uma indústria dominada por homens. Ela não era cidadã norte-americana, mas morava nos Estados Unidos e, como ele logo descobriu, tinha uma conta no Citibank, o que significava que ele poderia intimar as contas dela sem medo de que Danis percebesse o que ele estava fazendo.

O que Berryman descobriu foi estimulante. Havia dezenas de pagamentos[1] consideráveis, de seis dígitos, para contas bancárias na Suíça, no Paraguai e no Uruguai ao longo de vários anos. No decorrer de um período de trinta meses, por exemplo, Berryman rastreou pouco mais de US$ 2 milhões em pagamentos que seus instintos lhe disseram que deveriam ser algum tipo de suborno. Muitos dos destinatários pareciam estar relacionados a Nicolás Leoz, ex-presidente da Conmebol, que Hawilla havia dito ser próximo de Danis.

Ele também verificou seus impostos e, ao examiná-los, descobriu que ela tinha feito uma dedução suspeita alguns anos antes, o que parecia muito com uma tentativa de disfarçar uma propina como uma despesa comercial legítima.

Ainda mais intrigante era a origem de Danis. Berryman, que passava a maior parte de seu tempo lendo a história do futebol, quando não estava trabalhando em suas volumosas intimações, descobriu que Danis tinha o aquele esporte no sangue.

Seu pai foi um goleiro que participou de oito jogos na seleção nacional da Iugoslávia, no final dos anos 1950, ganhando uma medalha de ouro nas Olimpíadas de 1960. Um macedônio excêntrico e carismático, Blagoje Vidinić[2] era um fumante inveterado conhecido por cantar ópera durante as partidas para manter seus colegas atentos e foi, por um breve período, considerado um dos jovens goleiros mais promissores da Europa.

Essa previsão nunca se realizou completamente e, depois de ficar pulando de um time a outro na Europa, ele terminou a carreira jogando em uma série de times desaverbados em Los Angeles, São Diego e St. Louis durante os primeiros anos do futebol profissional norte-americano. Vidinić, depois, tornou-se um treinador internacional, levando a seleção do Marrocos à Copa do Mundo de 1970 e a do Zaire ao torneio de 1974, quando ficou amigo de Horst Dassler, o diretor da Adidas conhecido por inventar o marketing esportivo moderno e que fundaria a gigante da corrupção ISL.

Dassler concedeu equipamentos gratuitos da Adidas aos times de Vidinić, que retribuiu o favor na véspera das eleições presidenciais decisivas da Fifa em junho de 1974. Enquanto tomavam um drinque no bar do saguão de um hotel em Frankfurt, na véspera da votação, Vidinić informou Dassler que ele vinha apostando no cavalo errado. Sir Stanley Rous, o inglês em exercício, iria perder, Vidinić informou-o, porque seu rival brasileiro, João Havelange, tinha conquistado o enorme bloco de votação africano. Dassler foi correndo ao quarto de Havelange para oferecer seu apoio ao futuro presidente, iniciando o que se tornou uma das relações mais influentes na história dos esportes. O ocorrido também consolidou uma relação duradoura entre Dassler e Vidinić, que trabalharia para a Adidas durante muitos anos.

Danis nasceu enquanto seu pai jogava em um clube em Belgrado, e o seguia pelo mundo em suas aventuras futebolísticas. Quando era adolescente, o pai treinou a seleção da Colômbia, onde ela aprendeu espanhol. Em 1989, não muito depois de se formar em Georgetown,[3] ela e o pai fundaram a International Soccer Marketing a fim de comprar e vender direitos de patrocínio no futebol.

No final dos anos 1990, ela conquistou o que se tornaria seu ganha-pão: a Copa Libertadores, o campeonato de clubes internacional anual da América do Sul. Embora a Conmebol cuidasse dos direitos de TV do torneio de forma separada, Danis ficou a cargo dos patrocínios, e vendeu os direitos para empresas como Toyota, Santander e Bridgestone. Os milhões de dólares em pagamentos suspeitos que saíam de suas contas, concluiu Berryman, pareciam ser propinas para Leoz e outros cartolas a fim de garantir que ela continuasse a receber esses direitos. Era exatamente o tipo de coisa que ele tinha visto com a Traffic.

Em meados de julho, Norris colocou um grampo em Danis[4] para tentar descobrir com quem ela conversava. Enquanto isso, a equipe armou estratégias para encontrar a melhor forma de se aproximar. Com marido e dois filhos nos Estados Unidos, Danis não parecia estar prestes a fugir, então, prendê-la seria um exagero. Mas, considerando o que Berryman havia juntado, eles definitivamente poderiam dar um bom susto nela.

Berryman optou por uma abordagem mais leve. Ele imaginou que Danis acharia que um agente da lei americano, ainda mais um agente da Receita Federal obcecado por números, não saberia nada sobre futebol. Então, ele se faria de bobo para ver se ela deixava algo escapar. Como fez em todas as suas entrevistas anteriores, Berryman redigiu um esboço detalhado de como queria que as coisas ocorressem, de modo muito parecido com como alguns atletas visualizam marcar um gol ou a linha de chegada em uma corrida.

— Eu trabalho na Califórnia — Berryman disse, sentando-se na sala Danis. — Estou pesquisando uma questão e me deparei com alguns pagamentos internacionais da sua empresa envolvendo algo chamado... Fifa?

Berryman errou propositadamente a última palavra, pronunciando-a como "Fai-Fa", e deixando-a no ar enquanto mantinha o rosto inexpressivo. Ele estava acompanhado por um agente novato da Receita Federal de Orange County chamado J. J. Kacic, que tinha recebido recentemente a missão de ajudá-lo. Com traços infantis, Kacic parecia muito jovem e, ao contrário do agente mais velho, realmente não sabia nada sobre futebol, de maneira que sua presença aumentava a credibilidade da farsa.

Não era nada demais, Berryman acrescentou mais que depressa. É só mais um caso chato sobre impostos. Ele tinha puxado alguns registros bancários e visto dinheiro saindo para o exterior, de forma que estava apenas se questionando aonde o dinheiro tinha ido parar, só isso. Em seguida, leu uma lista de transações realizadas na conta dela que havia selecionado cuidadosamente de antemão — aquelas que ele tinha certeza que não eram subornos, mas sim pagamentos legítimos a fornecedores. Assim, pensou Berryman, Danis imaginaria que ele não fazia a menor ideia do que ela estava fazendo.

Mais uma vez, ele repetiu que não era nada demais, mas será que ela poderia consultar alguns registros a fim de mostrar para que eram aqueles pagamentos? Danis, alta e magra, pareceu confusa, mas também aliviada. Ela concordou, e Berryman, mantendo a farsa de ignorância, juntou seus papéis, agradeceu e saiu, seguido por Kacic.

* * *

Em 18 de outubro, Norris e outros promotores deram a Daryan Warner o acordo de cooperação que ele vinha desejando desde a sua prisão, possibilitando que se declarasse culpado de apenas três acusações criminais num tribunal federal vazio do Brooklyn.

Embora estivesse em maus lençóis com os depósitos estruturados, os promotores determinaram, ao longo de meses de interrogatório, que o filho mais velho de Jack Warner tinha participado de vários outros esquemas de corrupção,[5] muitos envolvendo o futebol.

Para começo de conversa, ele moveu uma grande soma de dinheiro, por muito mais tempo do que Berryman havia detalhado em sua denúncia. Além disso, trabalhando com uma série de parceiros, Warner vinha vendendo ingressos da Copa do Mundo no mercado negro há quase duas décadas, no mínimo desde a Copa do Mundo de 1994 nos Estados Unidos. Mais importante, ele ajudou o pai a receber a propina de US$ 10 milhões do comitê de candidatura sul-africano para a Copa do Mundo de 2010, o mesmo pagamento que, mais tarde, exacerbaria as tensões entre Blazer e Warner nos meses antes de eles partirem um para cima do outro.

Havia poucas dúvidas de que Daryan e, em algum grau, seu irmão mais novo, Daryll, estavam envolvidos. Mas também havia limites ao que se poderia pedir que os dois fizessem contra o pai.

Quando ficou claro que Daryll Warner tinha pouco conhecimento sobre outras conspirações, os promotores seguiram em frente, concedendo a ele um acordo de cooperação e permitindo que ele se declarasse culpado de duas acusações não relativas a futebol, em meados de julho. Foi a primeira condenação do caso, mas o Warner caçula tinha se provado um cooperador um tanto decepcionante.

Seu irmão mais velho parecia muito mais promissor, considerando seu espírito empreendedor nos negócios de futebol da família. Ele estava disposto a oferecer evidências contra outras pessoas, e a fazer gravações consensuais ou usar uma escuta se necessário. Mas as pessoas que ele podia delatar se provaram menos interessantes do que o esperado. No fim, Daryan Warner simplesmente não conseguiu obter resultados concretos, especialmente em comparação a Hawilla, que parecia ter subornado todos os grandes dirigentes do hemisfério.

Ao permitir que ele se declarasse culpado, Norris estava dando a Daryan Warner aquilo que todo cooperador quer: uma promessa de que a promotoria pedirá indulgência ao juiz na hora de proferir a sentença. Quando a defesa se tornou oficial, as declarações formais pararam. Os movimentos de Warner continuaram restritos, ele ainda devia um contrato de US$ 5 milhões, com a garantia de US$ 600 mil em dinheiro e oito propriedades, e ainda estava sujeito ao monitoramento de localização por GPS com fortes restrições de liberdade. Mas ele basicamente só tinha de aguardar a sentença.

Warner declarou-se culpado de duas acusações de conspiração criminosa relativas a vendas realizadas no mercado negro, bem como à acusação original de estruturação com base na qual ele havia sido preso. Mover dinheiro de uma conta para outra ou mesmo escondê-lo não é um crime por si só. Só é considerado lavagem de dinheiro se os fundos forem "sujos" de alguma forma, ou seja, provenientes de um crime, como fraude, sonegação fiscal e peculato. Como resultado, as acusações de lavagem de dinheiro vêm aliadas a pelo menos um crime prévio ou "primário".

No caso de Daryan Warner, a acusação primária era fraude eletrônica: ele havia conspirado com outros para mentir à Fifa sobre seus planos para os ingressos que ela lhe havia concedido, dizendo à organização que não os venderia no mercado negro, e usou o e-mail — um meio de comunicação eletrônico — para ajudar a cometer a farsa. A parcela de lavagem de dinheiro veio depois que ele tinha vendido os ingressos, quando utilizou transferências bancárias internacionais para distribuir e, assim, ocultar os lucros da conspiração.

Por decreto, esses crimes somavam uma sentença de prisão combinada de até quarenta anos, mas ninguém acreditava que Warner cumprisse algo nem perto disso, considerando-se sua ficha anterior limpa e sua disposição a cooperar. Muito mais doloroso, de certa forma, foram os US$ 1.177.843,95 que ele aceitou conceder ao governo dos Estados Unidos, representando "uma parte da quantia[6] que o réu recebeu nas vendas de ingressos para a Copa do Mundo da Fifa de 2006".

Era consideravelmente mais do que os auditores da própria Fifa tinham determinado a princípio como os lucros do esquema, mas apenas uma fração do que a investigação norte-americana logo começaria a encontrar.

* * *

A segunda vez que Berryman foi ver Danis, ele foi até Manhattan acompanhado por John Penza, do FBI. Penza era um ex-policial de Nova Jersey que havia entrado para o FBI e trabalhado durante anos ao lado de Mike Gaeta em casos da máfia italiana.

Gaeta adorava Penza e, quando surgiu a oportunidade, convenceu-o a entrar no C-24, o Esquadrão contra o Crime Organizado Euro-Asiático, como seu braço direito. Então, surgiu a notícia de que Gaeta tinha recebido o cobiçado convite para trabalhar em tempo integral como assistente jurídico na embaixada dos Estados Unidos em Roma. Era um cargo de prestígio, normalmente reservado a homens com carreiras avançadas, e impossível de recusar. Gaeta partiria de Nova York em 2014 e ficaria fora por, pelo menos, dois anos, se não mais, o que significava que Penza assumiria o comando do esquadrão.

O caso do futebol havia se tornado um dos maiores do C-24, e valia a pena aprender mais sobre ele, portanto Penza, que tinha um topete farto de cabelo preto brilhante riscado por uma única linha grisalha e era aficionado por ternos caros e vistosos, ficou entusiasmado em ir com Berryman. Na saída, o agente da receita parabenizou-o por sua promoção iminente.

Danis achou os documentos que Berryman havia solicitado, mas esses documentos eram apenas uma manobra de distração e ele não se importava com o que diziam. Precisava apenas de um pretexto para vê-la pessoalmente de novo, o que fez na segunda semana de novembro.

— Este é o agente especial Penza — Berryman disse a Danis, propositadamente evitando mencionar que Penza era do FBI, porque queria manter a ilusão de que aquele se tratava apenas de mais um caso enfadonho sobre impostos. Berryman informou, então, que tinha voltado a Nova Jersey para discutir as transferências financeiras com mais detalhes.

Mas ele logo começou a descrever um conjunto totalmente diferente de transações das que possuía anteriormente, aquelas de que tinha certeza se tratarem de propinas. Com ar inocente, perguntou a Danis sobre elas, sem revelar que sabia do que se tratavam.

— Essa transação de US$ 250 mil — ele questionou, com uma expressão perplexa — feita em 21 de outubro de 2008, de sua conta no Citibank para uma conta do Banco do Brasil no Paraguai... foi referente a quê? E essa transação, que saiu da mesma conta do Citi para a mesma conta do Banco do Brasil, em 15 de dezembro? E essa de US$ 800 mil dividida em seis transações enviadas dentro de um período de dois anos para uma conta do Merrill Lynch no Uruguai? Foram para quê?

Enquanto descrevia a longa série de transferências, Berryman observou o rosto de Danis com atenção. Ele começou a notar uma mudança lenta, mas visível. Sem nunca dizer aonde estava querendo chegar, ele estava apresentando quase seu caso completo contra ela.

Então, depois de quase uma hora, Berryman mudou de tom abruptamente.

— Zorana — ele disse, recostando-se e ignorando os papéis empilhados em seu colo para olhar nos olhos dela com firmeza. — Podemos deixar isso de lado e conversar sobre o verdadeiro motivo pelo qual estou aqui?

Houve um longo silêncio constrangedor. Devem ter se passado cinco segundos inteiros.

— Eu sei por que você está aqui — Danis declarou baixinho. — Os pagamentos.

— Que pagamentos? — Berryman questionou, estreitando os olhos escuros. — Está se referindo às propinas?

— Sim, os pagamentos — ela respondeu, resignada. — Na América do Sul.

Assim como o pai, Danis era fumante, e sentiu uma necessidade súbita de um cigarro.

— Se importa se eu fizer uma pausa para fumar? — ela pediu.

— Sem problema — Berryman disse. — Mas não ligue para ninguém.

Danis deixou os dois em sua sala enquanto escapava por um momento, pegando um maço de Marlboro vermelho. Enquanto esperavam, Penza, que discretamente vinha tomando notas, ergueu os olhos, com um sorriso discreto no rosto.

Quando Danis voltou alguns minutos depois, parecia mais calma e mais decidida a contar sua história. Ela não estava sorrindo, claro, porém parecia aliviada — quase grata — pela verdade estar finalmente vindo à tona, e sentou-se à mesa pronta para conversar.

Os dois agentes acabaram ficando o dia todo.

* * *

A saúde de Chuck Blazer estava em declínio constante.

Pesando mais de duzentos quilos, Blazer achava cada vez mais difícil caminhar por distâncias que não fossem curtas. Ele não praticava exercícios, o que agravava suas outras condições, incluindo diabetes tipo dois e doença arterial coronariana, além disso, tomava constantemente vários comprimidos para manter os sintomas sob controle. A operação secreta que ele havia feito nas Olímpiadas foi exaustiva e, em novembro de 2012, Blazer acabou ficando muito doente,[7] indo parar no hospital com uma crise aguda de pneumonia. Quando finalmente voltou para casa, veio com um tanque de oxigênio amarrado à sua cadeira de rodas motorizada.

Então, na primavera de 2013, foi diagnosticado com câncer retal, precisando de vinte semanas de quimioterapia, seguidas por radioterapia. Dependendo da eficácia do tratamento, era provável que ele tivesse de passar por uma cirurgia que o deixaria, ao menos temporariamente, com uma bolsa de colostomia.

Com a saúde de Blazer definhando, também diminuiu sua utilidade como delator. Ele não tinha mais nenhum cargo oficial no futebol em qualquer nível e, depois que a Concacaf publicou o relatório que fez sobre ele e Warner, no mês de abril daquele ano, Blazer se tornou um pária no esporte. Eram poucas as chances de que conseguisse fazer alguém admitir um crime grave, de modo que obrigar Blazer a fazer mais gravações não só parecia cruel, mas sem sentido, dado seu estado de saúde.

Às 10h10 de 25 de novembro de 2013, Blazer entrou de cadeira de rodas no tribunal do juiz Raymond J. Dearie na Cadman Plaza, no Brooklyn, cercado por seus advogados, pronto para confessar uma amostragem muito limitada de suas décadas de atividade criminosa no futebol.

Ele não enfrentaria punição[8] por ajudar Warner a conseguir propinas do comitê de candidatura de Marrocos para a Copa do Mundo, em 1992, nem por vender ingressos no mercado negro para as Copas do Mundo de 1994, 1998 e 2002, o que admitiu ter feito, nem pelas centenas de milhares de dólares em subornos que havia recebido de Hawilla em troca dos direitos da Copa Ouro. Não haveria acusações por deixar de apresentar propositadamente as declarações de imposto da Concacaf ou pelas muitas outras indiscrições fiduciárias que ele havia perpetuado como secretário-geral da confederação.

CARTÃO VERMELHO 253

Mas Blazer sofreu acusação pelas contas tributárias que Berryman havia encontrado, bem como por conspiração de fraude eletrônica e conspiração relacionada à lavagem de dinheiro por seu papel em receber propinas para que a África do Sul sediasse a Copa do Mundo de 2010. Ele teria de pagar quase US$ 2 milhões ao governo.[9]

Havia mais um crime incrivelmente importante que ele teria de admitir.

Blazer foi um cooperador inestimável, abrindo os olhos dos promotores à podridão generalizada que aparentemente percorria todos os níveis do futebol e das empresas de marketing esportivo que lubrificavam o sistema com propinas. Ele entregou Hawilla e apresentou um mar de evidências sobre dezenas de outros suspeitos, principalmente sobre Jack Warner. Talvez mais importante, Blazer ajudou os promotores a entender a premissa de que a Fifa e todas as muitas confederações e associações que irradiavam dela operavam como um único empreendimento[10] coeso e corrupto.

Portanto, convinha que Blazer fosse o primeiro réu no caso a confessar uma violação da Rico.

"O principal objetivo do empreendimento era regular e promover o esporte do futebol em todo o mundo", dizia o documento de acusação de Blazer. No entanto, ele e outros cartolas tinham "corrompido a empresa envolvendo-se em diversas atividades criminosas, incluindo fraude, suborno e lavagem de dinheiro, em busca de ganhos pessoais", e "abusado de cargos de confiança, envolvendo-se em transações secretas em benefício próprio, desviando fundos e violando seus deveres fiduciários".

Ao olhar para Blazer, um homem doente e destruído, o juiz Dearie, conhecido pelos advogados por seu bom humor no tribunal, assumiu um tom sério ao perguntar como Blazer se declarava.

— Culpado — ele respondeu.

Quase dois anos depois do dia em que tinha sido confrontado no saguão de vidro da Trump Tower, era, finalmente, hora de deixar Chuck Blazer descansar.

Vinte e três

Confiança e traição

Durante os primeiros doze anos de sua carreira, Enrique Sanz esteve do lado dos dirigentes do mercado do futebol, atendendo às necessidades de presidentes, vice-presidentes e tesoureiros presunçosos, mesmo aqueles que pertenciam às mais insignificantes associações futebolísticas espalhadas pelo Caribe e pela América Central, para que assinassem os contratos de direitos de que a Traffic precisava.

Tudo isso mudou quando Sanz se tornou secretário-geral da Concacaf em meados de 2012. De repente, era ele o procurado, a pessoa para quem todos vinham trazer presentes. Fazia anos que ele participava de conferências e outros eventos do futebol, junto com a multidão de profissionais sedentos do marketing esportivo no fundo do salão, torcendo por uma oportunidade para puxar de lado algum dirigente depois de ouvir um discurso enfadonho. Naquele momento, era Sanz quem assumia o pódio nos congressos e, quando olhava para o outro lado do salão, podia avistar os jovens vendedores afoitos salivando na direção dele.

Era difícil não gostar da nova aura de importância que acompanhava o cargo — a imprensa esportiva, às vezes, referia-se a ele como "dignitário", em particular quando aparecia ao lado do presidente da Fifa, Joseph Blatter. O dinheiro também não era ruim. O salário de Sanz como secretário-geral era de US$ 800 mil ao ano, um aumento gigantesco em comparação ao que ele recebia na Traffic e, entre as muitas vantagens do cargo, havia uma conta de despesas aparentemente ilimitada e um veículo utilitário esportivo BMW X5 novinho[1] em folha, que se revelou útil para fazer viagens frequentes entre os escritórios da Concacaf e da Traffic para negociar novos contratos de direitos.

Em 15 de novembro de 2013, por exemplo, Sanz sentou-se com seu amigo[2] Aaron Davidson, presidente da Traffic Sports USA, para negociar os últimos detalhes da renovação do contrato da Copa Ouro, que cederia à empresa de marketing esportivo os direitos ao campeonato até 2021.

Durante anos, os dois contemporâneos vinham trabalhando como uma equipe, com Sanz adquirindo os direitos de cartolas e Davidson, por sua vez, revendendo esses direitos para emissoras de TV e patrocinadores. Quando Sanz deixou a Traffic, pareceu estranho, no começo, estar do outro lado da mesa de seu velho amigo, mas os dois entendiam o que estava acontecendo, e graças à relação próxima entre eles, e aos objetivos comuns, os dois conseguiam conversar.

Sem muita discussão, eles chegaram a um valor de US$ 60 milhões pelos direitos dos jogos da Copa Ouro e da Liga dos Campeões da Concacaf até 2022. Quanto à parcela particular do presidente da Concacaf, Jefrey Webb, US$ 2 milhões parecia um bom número.

A vida estava boa. No começo de novembro, Sanz recompensou-se por toda aquela sorte com uma casa dos sonhos, no valor de US$ 1,4 milhão, em uma cobiçada esquina de Coconut Groove, em Miami. Escondida entre muros de proteção, folhagens densas e palmeiras altas, a propriedade incluía um jardim tropical exuberante, uma piscina e uma casa de hóspedes.

Na parede, pendia um enorme quadro que Costas Takkas havia comprado de uma galeria nova-iorquina a pedido de Sanz, usando um cheque recebido como pagamento da primeira rodada de propinas concedidas a Webb. Do mesmo montante de dinheiro, Takkas também pagou pela reforma da cozinha nova de Sanz.

Até que, certo dia, no começo de janeiro de 2014, o agente especial do FBI John Penza atravessou a curta trilha até o portão de entrada de Sanz e tocou a campainha.

Como principal agente do caso, Jared Randall normalmente teria feito a viagem até Miami, mas ele estava fora do país numa missão temporária na embaixada dos Estados Unidos na Colômbia. Randall tinha ficado interessado em um cargo no exterior, mas esses cargos eram altamente competitivos, e desenvolver uma relação com o principal agente no escritório local oferecendo-se para missões curtas era uma boa maneira de trabalhar rumo a um cargo permanente. Mike Gaeta também estava fora do caso, tendo acabado de se transferir para Roma, então, a tarefa recaiu sobre Penza.

O elegante supervisor ainda era novo no caso, que, com a enorme quantidade de registros bancários e os diversos idiomas dos envolvidos, tinha se tornado um complexo quebra-cabeça. Se os promotores queriam alguém para abordar um cara em Miami chamado Enrique Sanz, era isso que Penza faria, mas ele não tentaria dar uma sacudida nele tão cedo.

Ele não se deu ao trabalho de fazer nenhuma vigilância nem nada extravagante. Penza simplesmente chegou de avião naquele mesmo dia, pegou um carro até a casa e, quando a mulher de Sanz atendeu a porta, pediu para que ela chamasse o marido, que já estava no trabalho, e dissesse a ele para voltar para casa. Ela obedeceu. Quando Sanz chegou, Penza lhe deu seu cartão e disse que precisava falar com ele em particular, explicou que havia uma investigação federal em andamento no Brooklyn sobre a corrupção no futebol, que ele estava sendo investigado pelos promotores e que deveria contratar um advogado.

Antes de ir embora, Penza disse mais uma coisa a Sanz: ele não deveria contar nada a ninguém.

* * *

Em agosto de 2013, o Brasil aprovou sua primeira lei[3] que concedia benefícios a réus que ajudassem em investigações criminais em andamento. Em troca de identificar os criminosos envolvidos com o crime organizado, prevenir outros atos ilegais ou localizar vítimas, os colaboradores poderiam ter suas sentenças reduzidas em até dois terços ou, em certos casos, até mesmo serem inocentados. Polêmica, essa lei é usada desde então para potencializar algumas investigações de grande porte sobre a corrupção desenfreada no país, que já levou a acusações contra dois ex-presidentes.

CARTÃO VERMELHO 257

Antes, porém, o Brasil não tinha um sistema formal de cooperação, e os réus viam poucas vantagens em ajudar a força policial. Pelo contrário, o próprio sistema judicial do país era visto como irremediavelmente corrupto, aplicando punições apenas aos fracos e oprimidos. Brasileiros ricos como José Hawilla, por outro lado, estavam acostumados a apagar suas pendências jurídicas com a ajuda de advogados caros, e viam a justiça como apenas mais um bem que se podia comprar e vender.

Por mais grave que fosse sua situação jurídica, Hawilla pareceu nunca ter entendido plenamente o conceito de colaboração, tampouco que ele tinha de fato feito algo errado. As propinas que havia pagado ao longo dos anos, sem dúvida, eram uma parte desagradável dos negócios, mas, para ele, eram apenas *gorjetas*, parte das despesas diárias dos negócios.

Norris e os demais promotores vinham tentando abrir os olhos dele para a sua situação. Eles estavam certos de que obrigá-lo a deixar de lado todos os seus bens, viver em Nova York durante o longo e frio inverno, usar uma tornozeleira e se apresentar constantemente ao FBI o convenceriam da gravidade do caso.

Mas, assim que as algemas foram tiradas, Hawilla voltou a se concentrar em proteger a Traffic para que pudesse ser vendida pelo preço mais alto possível. Para ele, era fundamental que os promotores nunca descobrissem que sua empresa não apenas havia continuado a pagar propinas, mas que, naquele exato momento, estava no meio de uma corrupção colossal envolvendo mais de dezenas de milhões de dólares em subornos para dirigentes em duas confederações ao mesmo tempo. Se essa informação vazasse, os promotores talvez pudessem encontrar um jeito de eliminar o contrato da Copa América, e Hawilla perderia muito dinheiro.

Mais de uma vez, ele considerou abandonar as declarações, parar com a colaboração e combater as acusações, assim, não teria de conversar com os promotores. Mas essa era uma manobra de alto risco e provavelmente o colocaria na prisão, então, em vez disso, Hawilla se esforçou para dizer aos investigadores o que achava que eles queriam ouvir enquanto fazia de tudo para esconder o resto da história.

Do mesmo modo, Hawilla representou o papel de pecador arrependido, dizendo a Norris e aos demais que estava envergonhado da corrupção do passado, pedindo desculpa pelo que chamava de "erros" e insistindo que havia abandonado aquele tipo de coisa.

Hawilla apoiou suas histórias com resmas de contratos antigos, instruções de pagamentos bancários e correspondências. Ele ajudou a ligar os pontos em alguns dos pagamentos incrivelmente complexos que Berryman havia rastreado em suas buscas exaustivas.

Ele se encontrava com os suspeitos usando uma escuta e aparecia nos escritórios de Miami da Traffic uma vez por semana para manter as aparências, aproveitando as visitas para buscar documentos solicitados por Norris. O velho brasileiro podia ser difícil, sem dúvida, mas todos no caso concordavam que ele era um colaborador muito melhor do que podiam esperar.

Até que, sem o conhecimento de Hawilla, Enrique Sanz também começou a cooperar.

Depois da visita do FBI, o secretário-geral da Concacaf contratou um advogado e, após considerar suas opções, decidiu ajudar a investigação. Ele voou para Nova York para comparecer ao Super Bowl, em 2 de fevereiro, e, no dia seguinte, dirigiu-se ao Brooklyn para fazer sua primeira declaração.

Os investigadores o tinham procurado, em grande parte, por causa dos anos que havia passado na Traffic e na empresa predecessora, em Miami, negociando pagamentos de propina a Jack Warner. No começo, esse era o principal foco de suas conversas com o jovem cartola. Mas, conforme Sanz continuava a falar, começou a surgir uma história de corrupção bem diferente e muito atual. Ao contrário de seu antigo chefe, ele contou tudo.

Não por acaso, Norris e os outros promotores vinham se encontrando separadamente com Hawilla, ao mesmo tempo que com Sanz, interrogando-o, entre outros tópicos relativamente antigos, sobre um contrato de patrocínio, de décadas passadas, que Hawilla havia intermediado entre a Coca-Cola e a CBF. Parecia apenas mais uma sessão de declarações, e Hawilla se comportou como sempre. Então, quando, apenas um dia ou dois depois, Sanz deixou claro para os promotores que o dono da Traffic vinha mentindo na cara deles havia meses, eles ficaram mais do que furiosos.

Um colaborador que mentia era inútil para a promotoria. Se Hawilla fosse pego numa mentira pelo advogado de defesa no banco das testemunhas, isso poderia tornar impossível conseguir uma condenação e estragar todo o caso. Toda a investigação estava em risco.

Norris convocou Hawilla até o Brooklyn na segunda-feira seguinte, 3 de março, e foi o mais claro possível. Hawilla poderia ser preso uma segunda vez. Naquele mesmo instante. Eles poderiam lançar novas acusações de obstrução e colocá-lo atrás das grades. Ele não fazia ideia de como eles poderiam tornar sua vida um inferno.

— Estamos aqui porque acredito que você tenha certas coisas a nos contar — Norris disse, dissimulando sua raiva com uma voz fria e monótona.

Sem mencionar Sanz ou mesmo sugerir o que ele sabia ou onde havia conseguido as informações, Norris disse a Hawilla que ele precisava entender que o estavam vigiando, espionando, ouvindo seus telefonemas. Não havia nada que eles já não soubessem e o que ele lhes contasse naquele momento e dali em diante seria um teste de sua honestidade. Aquela era a sua última chance, e seu séquito de advogados, que recebiam mil dólares por hora, envergonhado pelo comportamento do seu cliente, não teria como protegê-lo.

Hawilla finalmente caiu em si.

Ele confessou aos promotores que, mesmo sabendo que não deveria, tinha revelado, em particular, a Davidson e Sanz sobre a investigação criminal. Ele havia advertido os dois de que eles poderiam ser vítimas de gravações. Hawilla fez aquilo, ele disse, na esperança de que os dois outros fossem cuidadosos e evitassem falar coisas que pudessem implicar ainda mais a Traffic ou revelar seu grande segredo. O que, ele deixou bem claro, foi o motivo pelo qual Sanz foi evasivo quando Hawilla gravou a conversa que tiveram.

Mas isso não foi tudo. Longe disso.

Houve diversas reuniões, ele contou, com executivos da Full Play e da Torneos para resolver o processo da Copa América e juntar forças. Houve o acordo secreto com a Media World para dividir as eliminatórias da Copa do Mundo no Caribe. E houve muitos, muitos subornos — para os sul-americanos, claro, mas, particularmente, para Jeffrey Webb. Houve os US$ 3 milhões prometidos a ele pelo contrato da Copa do Mundo da CFU, e mais US$ 1 milhão pela Copa Ouro de 2013, além de um acordo de mais US$ 2 milhões por várias edições seguintes da Copa Ouro, e provavelmente outras também, era difícil acompanhar tantos pagamentos.

Poucas semanas antes, Hawilla acrescentou, ele tinha discutido isso tudo durante um almoço, em Miami, com Davidson. Este o havia atualizado sobre as últimas notícias em relação à Copa América Centenário. Davidson informou que os contratos estavam quase prontos para serem assinados e que a parte de Webb seria enorme — US$ 10 milhões, se eles conseguissem encontrar um jeito discreto de transferir uma quantia tão grande para ele.

Era espantoso. Sanz tinha dado aos promotores uma forte sugestão de que havia algo faltando, mas o que Hawilla estava lhes contando então era muito pior do que o que eles jamais poderiam ter previsto — e muito vergonhoso. A Traffic continuava a pagar propinas a torto e a direito; o homem que deveria limpar a Concacaf, Jeffrey Webb, era ainda mais sujo do que seus predecessores; eles nem sequer faziam ideia de que havia planos para sediar a Copa América nos Estados Unidos em 2016; e tudo isso estava acontecendo bem embaixo de seus narizes.

Quando Hawilla finalmente terminou o seu depoimento, Norris ordenou que ele fosse para casa e decidisse se estava 100% comprometido a cooperar. Se quisesse ficar fora da cadeia, era melhor ele estar.

* * *

No fim da manhã de 16 de março,[4] Aaron Davidson saiu de um voo no LaGuardia e pegou um serviço de transporte até um hotel próximo ao aeroporto, onde Hawilla o esperava no bar.

Davidson tinha ido a Los Angeles na semana anterior para assistir a uma partida do torneio de clubes anual da Concacaf, logo após ter voltado de Miami, e seu chefe ligou para perguntar se eles poderiam se encontrar. Era bem urgente, Hawilla disse, e a conversa tinha de ser pessoalmente. Hawilla ainda perguntou se ele poderia voar para Nova York logo no dia seguinte.

O advogado sabia que o chefe tinha sido preso, mas não estava com medo de ser envolvido. Hawilla havia tranquilizado Davidson várias vezes de que se tratava apenas de um caso fiscal e que ninguém do governo nunca tinha considerado investigá-lo.

Durante quase um ano, essa última parte tinha sido verdade. Como presidente da Traffic usa, Davidson dirigia o escritório de Miami, tomava conta da NASL, a pequena liga de futebol profissional que a Traffic possuía e que enfrentava dificuldades, e vendia alguns patrocínios. Ele se manteve longe do lado sórdido do futebol e, por muito tempo, Norris e os promotores haviam dito a Hawilla para não se dar ao trabalho de gravá-lo. Mas, por fim, havia ficado claro que, depois que Sanz saiu da Traffic, Davidson havia se envolvido diretamente no mesmo esquema de corrupção.

Uma churrascaria no hotel Courtyard by Marriott, no coração do Queens, pareceu um ponto de encontro estranho, ainda mais considerando a predileção de Hawilla por refeições gourmet e hotéis cinco estrelas. Mas Davidson era um funcionário leal; se Hawilla pedia para ele fazer algo, ele fazia.

Os dois pediram o almoço e depois de alguns minutos de conversa em português e espanhol, Hawilla ergueu a perna da calça, revelando o monitor de GPS que usava no tornozelo.

— Está vendo isso? — ele perguntou a Davidson. — Estou usando esta tornozeleira para não ir para a cadeia.

Os agentes do FBI, ele contou, estavam em cima dele, e planejando encontrá-lo no dia seguinte. Para "proteger a empresa, me proteger, proteger você e o Enrique", Hawilla disse que precisava dar aos agentes informações sobre os vários subornos em que a Traffic tinha se envolvido, particularmente os relacionados a Jeffrey Webb.

— Você não acha que ele está... — Davidson respondeu num sussurro.

— Não, não, não — Hawilla disse. — Não corremos esse risco.

O jovem advogado admirava o velho brasileiro esquelético, considerando-o um pioneiro que havia explorado o potencial financeiro do futebol, tirado o esporte provinciano da obscuridade e proporcionado a ele, Davidson, uma excelente carreira. Ele tinha total confiança em seu chefe.

Webb não estava sendo investigado, Hawilla garantiu-lhe. Mas era fundamental que Davidson o atualizasse da situação de seus contratos de direitos, incluindo as propinas, para que ele pudesse atualizar os agentes federais logo no dia seguinte. Se fosse pego mentindo para o governo, explicou Hawilla, teria sérios problemas.

Então, durante uma hora e meia, Davidson respondeu às perguntas de seu mentor.

Ele descobriu que Webb, a princípio, queria um pagamento de US$ 15 milhões pela Copa América Centenário, e que Sanz e Burzaco negociaram esse valor até chegar a US$ 10 milhões, mais US$ 2 milhões por um contrato a longo prazo da Copa Ouro. Davidson contou a Hawilla que Mariano Jinkis, da Full Play, tinha ligado para ele na semana anterior pedindo sugestões sobre a melhor forma de pagar a propina de US$ 10 milhões, mas que Davidson tinha lhe dito que eles poderiam discutir isso pessoalmente.

A Media World, parceira da Traffic nas eliminatórias da Copa do Mundo da Concacaf, também estava enfrentando problemas para pagar Webb, Davidson acrescentou. Ela ainda devia US$ 1,5 milhão para o presidente da confederação — sua metade do pagamento de US$ 3 milhões que Sanz havia negociado dois anos antes.

Com o progresso da conversa, Hawilla ficava voltando, pedindo para Davidson repetir informações sobre pagamentos, confirmar e esclarecer o que ele já tinha dito. Ele também queria que Davidson, como advogado americano, explicasse algo.

— Fazer todos esses pagamentos é, rigorosamente falando, ilegal?

— Se é ilegal?[5] — Davidson respondeu, um tanto incrédulo. — É ilegal. Em um panorama geral, é ruim para uma empresa que trabalha nessa indústria há trinta anos? É.

Depois que a reunião acabou, Davidson voltou para o aeroporto e voou para Miami, pensando em tudo o que precisava ser feito nas semanas seguintes. Enquanto isso, Hawilla saiu do hotel, encontrou-se com Jared Randall, que esperava nas proximidades, e, com o semblante sombrio, devolveu os aparelhos de gravação escondidos que estava carregando durante o almoço.

Hawilla estava finalmente 100% comprometido.

* * *

Um dia, em meados de março, Joe DeMaria, um advogado de defesa enérgico e que falava rápido, ligou de Miami para a promotora Amanda Hector com algumas más notícias.

Seu cliente, Enrique Sanz, estava com leucemia. Ele tinha apenas 39 anos, por isso seu prognóstico não era tão terrível, mas era uma doença muito grave que precisava ser tratada imediatamente. Ele não poderia continuar colaborando ou trabalhando de maneira secreta, ao menos não naquele momento e, no fim do mês, anunciaria uma licença da Concacaf.

DeMaria desenvolveu rapidamente uma boa relação com Hector, que havia assumido o comando de lidar com a cooperação de Sanz. Ele havia conversado com ela sobre o caso e dito que a teoria sobre a Rico usada no caso era agressiva demais: mais ambiciosa do que tudo o que ele já havia visto. DeMaria não acreditava que tantos crimes, em tantos lugares, pudessem estar interligados a um eixo central, e lhe disse isso. Hector escutou sem comentar. Ela sabia, no fim das contas, muito mais do que ele.

— Obrigada — Hector disse a DeMaria quando ele contou sobre o câncer de Sanz. — Mantenha-nos informados.

O diagnóstico apresentava um dilema. Em muito pouco tempo, Sanz havia se tornado uma parte vital da investigação.

Ele havia estado presente em quase todos os contratos que a Traffic tinha assinado na América Central e no Caribe desde o fim dos anos 1990, o que significava que poderia explicar, em primeira mão, novas e enormes vias de corrupção, as quais os promotores nunca haviam sequer considerado. Ele também podia continuar a servir como uma espécie de respaldo para Hawilla, ajudando a confirmar as informações que o relutante brasileiro oferecia.

Talvez ainda mais promissor fosse que, como secretário-geral da Concacaf, Sanz estava em uma excelente posição para ajudar a avançar o caso. Seria como se Chuck Blazer tivesse usado uma escuta para eles em 2010, quando tudo estava acontecendo, e não depois que havia sido desacreditado e praticamente expulso do esporte.

Sanz já havia mostrado sinais de grandeza como colaborador. Ele entendia o que precisava ser feito e, ao contrário de Hawilla, mantinha sua colaboração em completo sigilo; não havia contado nem mesmo para a sua esposa. E, depois de apenas algumas semanas, seu trabalho secreto já estava dando resultados.

Em 25 de fevereiro de 2014, por exemplo,[6] Sanz usou uma escuta numa reunião, em Miami, com Julio Rocha, o ex-presidente da associação de futebol da Nicarágua. Sanz contou aos promotores que, três anos antes, havia negociado um contrato para a Traffic para comprar os direitos das eliminatórias da Copa do Mundo de 2018 na Nicarágua e, para fechar o negócio, tinha enviado uma propina de US$ 150 mil que Rocha disse que dividiria com um colega.

Rocha não era mais o dirigente do futebol da Nicarágua, mas perguntou se Sanz poderia falar em favor dele na Traffic, que, em breve, estaria negociando os direitos para as eliminatórias da Copa do Mundo de 2022. Sanz achava, perguntou Rocha, que ele poderia ter um pedacinho desse contrato também?

Estava claro que esse era apenas o começo. Mas, com a doença de Sanz, a questão era o que fazer com ele. Ele tinha se envolvido em grandes atos ilegais ao longo de vários anos e, por definição, era um criminoso; deixá-lo completamente à solta estava fora de questão.

Ao mesmo tempo, parecia um pouco sádico e, talvez, até antiético prosseguir o processo contra Sanz, obrigando-o a continuar colaborando. Submetido à quimioterapia, seu cabelo iria cair, ele sofreria náuseas e diarreias terríveis e ficaria incrivelmente fraco e suscetível a infecções, o que significava que tinha de evitar o contato com outras pessoas.

Hector era uma promotora séria. Ela e sua irmã gêmea tinham se formado em Direito pela Yale e se tornado promotoras-gerais adjuntas dos Estados Unidos, uma no Brooklyn e a outra do outro lado do rio, em Manhattan. Ela era competitiva e conhecida por sua atitude determinada, que, às vezes, chegava a parecer linha-dura. Mas Hector defendeu clemência. Sanz, em sua opinião, era pai de uma criança pequena e poderia morrer — sem dúvida isso era mais importante do que qualquer caso de suborno.

Berryman assumiu uma postura mais veemente. Ele tinha analisado os registros bancários e rastreado todas as propinas e queria ter certeza de que Sanz não se safaria das grades. Mas a decisão final era de Norris, e ele ficou do lado de Hector. Por enquanto, Norris disse, eles dariam uma folga a Sanz.

Hector retornou a ligação de DeMaria para dizer que, embora os agentes federais se reservassem ao direito de incriminá-lo mais para a frente, naquele momento, ele deveria se concentrar em seu tratamento. Além disso, acrescentou, Sanz não estava livre.

Quando eles ligassem, era melhor ele atender.

Vinte e quatro

"Todos nós vamos para a prisão!"

Na manhã de 1º de maio de 2014,[1] a maioria dos principais cartolas do hemisfério ocidental se reuniu no luxuoso St. Regis Bal Harbour Resort, logo ao norte de Miami, para assistir ao anúncio formal da Copa América Centenário.

Depois da apresentação animada dos dois dirigentes, a mídia teve a oportunidade de fazer perguntas. Os repórteres, a maioria de língua espanhola, questionaram se o campeonato, estranhamente enfiado no já agitado calendário do verão de 2016, poderia ser um fracasso.

Ele estava programado para acontecer quase que exatamente no mesmo período que o superpopular Campeonato Europeu, e um pouco antes das Olímpiadas no Rio de Janeiro, que também incluíam um torneio de futebol. E não era apenas isso, pois, embora o evento estivesse totalmente elaborado, ainda não estava no calendário oficial da Fifa, o que significava que era possível que alguns clubes profissionais não liberassem os grandes astros para jogar no campeonato.

Figueredo, um homem frágil, no início da casa dos oitenta anos, que parecia ainda menor ao lado do mais jovem e mais robusto Webb, deu pouca importância a esses problemas, fez algumas piadas e parou um momento para mencionar seu "muito bom amigo" Enrique Sanz. "Estamos rezando por sua recuperação",[2] ele disse. Webb, por sua vez, chamou o campeonato, que aconteceria dali a dois anos, de uma "celebração única na vida".

Para os investigadores que trabalhavam no caso do futebol, os acontecimentos do dia não pareciam menos importantes.

Eles só ficaram sabendo da existência do Campeonato do Centenário menos de dois meses antes, mas, quando o descobriram, perceberam que ele apresentava uma oportunidade preciosa para flagrar as pessoas por meio das gravações. Uma coletiva de imprensa conjunta da Concacaf com a Conmebol atrairia vários dos alvos do inquérito e, ao contrário das Olímpiadas de Londres, aquele evento aconteceria dentro das amigáveis fronteiras dos Estados Unidos.

Assim, correndo contra o relógio, os promotores e agentes especiais se apressaram para preparar seu principal colaborador, José Hawilla, para a ação. Sob a supervisão deles, Hawilla marcou uma série de reuniões nos dias próximos ao evento.

Não foi difícil fazer isso. Como Hawilla não saía do país havia um ano, os latino-americanos estavam ansiosos para encontrá-lo, em particular seus novos sócios da Full Play e da Torneos y Competencias.

O empreendimento da Copa América estava se revelando um sucesso retumbante. Os Jinkis tinham conseguido vender os direitos de língua espanhola nos Estados Unidos da edição do centenário para a emissora Univision por US$ 71 milhões, mais do que o dobro do valor dos direitos equivalentes do torneio de 2015, a ser sediado no Chile.

Eles imaginaram que poderiam conseguir mais US$ 30 milhões da Fox pelos direitos em língua inglesa nos Estados Unidos. Isso significava que todos os direitos de vendas, incluindo a transmissão para o resto do mundo, mais os patrocínios, seriam puro lucro. Segundo seus cálculos, o empreendimento conjunto, a Datisa, receberia entre US$ 80 milhões e 100 milhões de lucro por cada edição da Copa América.

Porém, também havia motivos para preocupação. Os sócios de Hawilla tinham descoberto que Jeffrey Webb ainda não havia recebido sua propina de US$ 10 milhões e queriam entender qual poderia ter sido o impedimento. Eles também sabiam que Hawilla vinha tentando vender sua empresa e temiam que um novo proprietário da Traffic não entendesse como o mercado realmente funcionava.

— Meu medo é ter um sócio que diga: "Não pago subornos. Não fazemos esse tipo de coisa" — Mariano Jinkis disse durante uma reunião particular com seu pai e Hawilla em seu hotel à beira-mar na noite da véspera da coletiva de imprensa.

Hawilla recusou as propostas de vender sua parte da Datisa de volta a seus sócios, alegando que isso deixaria "a Traffic muito fraca". Por outro lado, ele expressou um certo incômodo pela maneira agressiva como os donos da Full Play distribuíam propinas — quase como se gostassem disso. Durante a conversa, Hugo Jinkis parecia quase deliciado ao explicar a complicada rede de empresas-fantasma que usava para fazer as transferências, passando o dinheiro de um país a outro para evitar análises minuciosas.

— Isso não vai mudar — Mariano Jinkis acrescentou. — Sempre haverá propinas. Vai haver propinas para sempre.

Embora Hawilla tenha relutado, no começo, a usar escutas e nunca tenha ficado realmente à vontade gravando seus amigos e sócios, ele tinha ficado mais habilidoso em guiar as conversas na direção em que Randall ou os outros agentes no caso o instruíam.

Logo após acompanhar a coletiva de imprensa da manhã seguinte, Hawilla puxou Davidson e foi até Webb. Os três posaram para uma foto junto do imponente troféu da Copa América e então Hawilla, usando Davidson como tradutor, tentou insistentemente fazer com que o presidente da Concacaf falasse sobre a propina de US$ 10 milhões. Quando viu que aquilo não daria em nada, Hawilla se retirou para a o bar localizado no lobby do hotel St. Regis, onde ele iria se encontrar com Burzaco, Hugo e Mariano Jinkis.

Aquela reunião se provou muito mais bem-sucedida. Entre petiscos, Hawilla conseguiu fazer com que seus colegas argentinos descrevessem, em detalhes, os mecanismos de propinas da Copa América, quem as havia recebido e as medidas que tinham sido tomadas para cobrir os rastros e fazer tudo parecer legítimo. Satisfeito, Hawilla fez as perguntas de acordo com as instruções prévias dos agentes federais, similares às que havia feito a Davidson algumas semanas antes.

— Pense bem... Quem poderia ser prejudicado por esse negócio? — Hawilla perguntou.

— Quer dizer, por esse contrato, por essa questão? — Burzaco respondeu com uma risada. — Todos nós.

Um potencial comprador da Traffic examinaria os contratos da Datisa e os documentos falsos que eles haviam forjado para justificar os pagamentos de propina e desconfiaria de tudo. Seria muito pior, disse o executivo da Torneos y Competencias, se as autoridades se envolvessem.

— Amanhã a agência que combate a lavagem de dinheiro na Argentina poderia vir investigar, por exemplo. Ou a do Brasil. Ou o Departamento de Justiça dos Estados Unidos, ou qualquer um. E vão perguntar: "Para que são todos esses pagamentos?" — explicou Burzaco. — Todos nós vamos para a prisão![3] — ele concluiu. — Todos nós.

Hawilla tinha feito um grande número de gravações naqueles dias, reunindo-se com várias pessoas, incluindo o presidente da CBF, que estava envolvido em pelo menos três esquemas diferentes de corrupção ao mesmo tempo. Apesar de sua atitude estranha e de seu comportamento suspeito, o colaborador conseguiu convencer as pessoas a admitir todo tipo de cumplicidade.

Mas aquela última fita foi a cereja do bolo.

Ao analisar a transcrição traduzida da reunião, os promotores no Brooklyn não podiam estar mais felizes. Era exatamente o tipo de evidência que eles desejavam. O cerco estava se fechando.

* * *

Como fazia toda manhã, Berryman pegou o telefone e passou os olhos por toda a caixa de entrada de seu e-mail antes de sair da cama. Em meio aos *spams*, mensagens pessoais e uma série de notificações do Google, estava um e-mail de Evan Norris, que o agente da Receita Federal abriu imediatamente.

As comunicações por escrito de Norris eram sempre curtas e iam direto ao ponto. "Julio Grondona está morto", ele escreveu,

Bem acordado, então, Berryman examinou algumas das notificações. Havia dezenas de matérias com a mesma notícia. Grondona, vice-presidente da Fifa e diretor de seu poderoso Comitê de Finanças, que tinha sido presidente da associação argentina de futebol desde 1979 e era um dos homens mais poderosos do mundo do futebol, tinha morrido subitamente em função de uma ruptura da aorta abdominal aos 82 anos. A fatalidade havia acontecido em Buenos Aires, no dia anterior, em 30 de julho de 2014.

Berryman suspirou. Ele tinha colocado toneladas de trabalho no colo do Grondona.

Conhecido como dom Julio, Grondona era o equivalente mais próximo, no mundo do futebol, a um mafioso de filme. Alto e esguio, com o cabelo penteado para trás, uma grande papada e cruéis olhos caídos, falava espanhol num murmúrio grunhido e se recusava firmemente a aprender qualquer outra língua. Ele vilipendiava os críticos, ridicularizava os rivais e era conhecido por comentários depreciativos contra os judeus e, em particular, os ingleses.

Grondona tinha admitido, com orgulho, ter votado para que a Rússia e o Catar sediassem a Copa do Mundo, dizendo que "votar nos Estados Unidos era como votar na Inglaterra". Além disso, ao longo de sua carreira, conseguiu escapar de diversos inquéritos dentro da Argentina.

Famoso por seu anel de ouro no mindinho que dizia *todo pasa*, Grondona projetava uma imagem humilde, fazendo reuniões em uma loja de ferramentas de sua propriedade localizada em um bairro pobre na periferia de Buenos Aires ou no escritório apertado nos fundos de um posto de gasolina em uma região isolada da cidade. Porém, na realidade, décadas de golpes e propinas o tinham deixado incrivelmente rico, com propriedades em toda a capital da Argentina, incluindo sua residência em um condomínio de luxo no bairro nobre de Puerto Madero, em Buenos Aires.

No começo, Berryman não teve sucesso em suas tentativas de investigar os subornos da Argentina. Grondona era excepcionalmente cauteloso com suas ações e nunca usava suas próprias contas para mandar ou receber dinheiro, e parecia sempre evitar transações dentro dos Estados Unidos.

Depois de um tempo, porém, o determinado agente da Receita Federal descobriu um jeito de pegá-lo: Alejandro Burzaco. Hawilla o tinha descrito como "a mesma pessoa" que Grondona e, realmente, era difícil diferenciar onde acabavam as questões financeiras de um e começavam as do outro. De fato, além dos filhos de Grondona, Burzaco era a única pessoa ao lado de dom Julio em seu leito de morte no hospital de Buenos Aires.

CARTÃO VERMELHO 271

Durante os meses anteriores, Berryman tinha concentrado suas atenções em Burzaco e sua empresa, a Torneos, usando intimações ao Fedwire e ao Chips como abertura inicial, e logo descobriu contas bancárias numeradas na Suíça que pareciam especialmente suspeitas. Berryman ainda não tinha certeza, mas parecia que Burzaco mantinha contas especiais que Grondona podia acessar sem, de fato, ter seu nome nelas. Ele também parecia fazer muitos negócios usando dinheiro em espécie.

Desvendar tudo isso era um projeto complicado e, assim que estava começando de verdade, Berryman recebeu a oferta de uma missão temporária na embaixada de Londres. Ele adorava a Inglaterra e, por anos, havia sonhado em morar lá; além disso, não escondia que aspirava a um cargo permanente no país para terminar sua carreira.

Ao mesmo tempo, Berryman não queria perder o ritmo no caso do futebol e, por isso, depois de se consultar com Norris, decidiu que poderia ir para Londres durante alguns meses simplesmente para conseguir trabalhar por mais horas e terminar tudo.

Mas ele também recebeu um pouco de ajuda. J. J. Kacic, o agente da Receita Federal de Orange County, que o havia acompanhado em sua primeira abordagem a Zorana Danis, estava em tempo integral no caso. Para ter mais tempo para se concentrar em Burzaco e Grondona, Berryman entregou a tarefa de rastrear o dinheiro da Full Play ao jovem agente. Toda manhã, Berryman se apresentava na embaixada norte-americana em Londres, ajudando a coordenar investigações de lavagem de dinheiro com as autoridades norte-americanas e britânicas. Depois, à noite, ele aproveitava a diferença de oito horas para a Califórnia e telefonava para Kacic a fim de analisar planilhas, linha a linha, e sugerir a emissão de novas intimações.

O caso do futebol estava aberto havia quatro anos, e Berryman vinha trabalhando nele em tempo integral havia três. Eles tinham feito um progresso enorme, mas não podiam esperar para sempre. Os homens que comandavam o futebol estavam envelhecendo, assim como Steve Berryman. Alguns meses antes, ele havia descoberto que o cartola brasileiro Ricardo Teixeira retornara ao seu país, onde conseguiria se livrar da extradição, e seria frustrante pensar que todo o trabalho realizado em torno do ex-presidente da CBF seria em vão.

Por causa da diferença de cinco horas para Nova York, o agente da Receita Federal foi obrigado a esperar por horas antes de ligar para Norris a fim de discutir a notícia. Norris era mais de dez anos mais jovem que Berryman e, às vezes, referia-se ao agente, de brincadeira, como "pai". Mas, então, foi Berryman quem procurou o promotor em busca de orientação paterna; apenas Norris era capaz de acalmar os sentimentos de frustração inevitáveis em um caso tão importante para ele.

Perder Grondona e Teixeira era definitivamente frustrante, mas não havia o que pudessem fazer. Eles tinham de se manter focados. E agiriam apenas quando estivessem prontos, o advogado insistiu, nem um momento antes.

— Muito bem — Norris acrescentou. — Vamos seguir em frente.

* * *

Nos últimos dias de agosto, os policiais das Ilhas Cayman prenderam um homem chamado Canover Watson[4] sob suspeita de armar um enorme esquema multimilionário para defraudar o sistema de saúde no território britânico.

A notícia irritou Berryman, que tinha Watson em seu radar, ainda que de modo distante. Watson era tesoureiro da Associação de Futebol das Ilhas Cayman, um dos oito membros do Comitê de Auditoria e Fiscalização de Normas da Fifa e um dos melhores amigos e confidentes mais próximos de Jeffrey Webb. Ele até era dono de uma mansão vizinha à de Webb, perto de Atlanta.

O que quer que Watson tenha aprontado em seu país não tinha nada a ver com futebol, embora a prisão levasse a Fifa a suspendê-lo temporariamente. Berryman teve a sensação de que mais um alvo em potencial talvez estivesse escapando, mas a prisão não foi uma surpresa.

Cerca de três meses antes, investigadores da unidade anticorrupção da polícia das Ilhas Cayman tinham entrado em contato tanto com o FBI quanto com a Receita Federal por meio de anexos legais provenientes do Caribe. Eles estavam em busca de informações sobre Watson, e também sobre Webb, e, por conta disso, seus requerimentos foram logo levados até Jared Randall e Berryman. Os escritórios da Polícia Secreta das Ilhas Cayman estavam perguntando sobre as propriedades que ambos os homens compraram na Geórgia, e estavam esperando conseguir informações sobre os bancos envolvidos nessas transações.

O primeiro instinto de Norris e dos demais promotores foi ignorar os questionamentos. Eles não arriscariam a integridade de toda a investigação para ajudar em um caso menor de corrupção em um pequeno *resort* turístico com sessenta mil habitantes.

No entanto, Webb tinha se tornado um foco central no caso do futebol, e era difícil não questionar o que os policiais daquela ilha estavam investigando, mas a prisão de Watson trouxe o assunto, já quase esquecido, à tona. Depois de muito debate, a equipe decidiu convidar os agentes da Polícia Secreta das Ilhas Cayman para irem a Nova York para uma conversa.

Com o passar do tempo, tornava-se cada vez mais frustrante não poder pedir ajuda a outros países. Graças ao rastreamento do dinheiro feito por Berryman, a equipe conseguiu descobrir um número considerável de dados sobre os suspeitos, mas havia grandes reservas de informações escondidas no exterior em que eles simplesmente não podiam pôr a mão, em particular na Suíça, com suas fortes proteções de privacidade bancária. O país tinha a política de notificar os donos de contas sempre que fornecia registros para governos estrangeiros, o que fez com que tais indagações não tivessem valor legal.

Mas aquele caso era diferente. Os caimaneses foram até os EUA procurar o FBI em busca de informações, e não o contrário, e conhecer os agentes estrangeiros parecia uma boa oportunidade para descobrir uma coisinha ou outra sem ter de revelar nada sobre o caso que estavam investigando.

Coordenar a visita exigiu certo esforço, pois o frio era rigoroso quando os caimaneses finalmente chegaram a Nova York. Depois de algumas reclamações sobre o clima, eles explicaram a fraude de Canover Watson. Ele tinha sido um astro em ascensão na comunidade empresarial, vencedor do Prêmio de Liderança Jovem Caimanese e, em 2009, foi eleito presidente de um comitê do governo que supervisionava o sistema de saúde nacional. Um ano depois, o comitê concedeu um contrato multimilionário para um novo sistema privado de saúde chamado CarePay.

Contudo, o sistema não funcionou como deveria e nunca chegou a ser implementado completamente. Logo as autoridades locais começaram a investigar. Elas descobriram que Watson e um sócio controlavam em segredo a empresa responsável pela administração do sistema de saúde do governo, o que era um conflito de interesses óbvio. O sócio era um velho amigo de Watson chamado Jeffrey Webb.

Alguns meses depois de o contrato do CarePay ser concedido, continuaram os visitantes, começou a vir à tona uma série de transações suspeitas. Webb comprou uma casa de 900 m² em Loganville, na Geórgia, em 24 de junho de 2011 e, exatamente sete dias depois, Watson adquiriu uma casa de 700 m² logo ao lado.

Por volta do mesmo período, o Fidelity Bank, onde Webb ainda trabalhava na época, aprovou um empréstimo de US$ 240 mil para a J&D International,[5] uma empresa controlada por Jack Warner. Os rendimentos desse empréstimo estavam associados à conta usada para receber os fundos do CarePay que, de lá, iam para uma conta do Wells Fargo na Geórgia. Alguns meses depois, quando chegou a primeira quantia relariva ao CarePay, o empréstimo do J&D International foi quitado. Entre outras coisas, os investigadores estrangeiros pretendiam descobrir o que havia acontecido com o dinheiro da conta do Wells Fargo.

Norris e Berryman se entreolharam. Webb estava claramente envolvido em muito mais do que contratos corruptos da Copa Ouro. Considerando sua importância para a investigação, sem mencionar suas relações com Warner, era tentador pensar em analisar os registros bancários das Ilhas Cayman.

Mas parecia arriscado demais. A polícia estrangeira, como eles haviam aprendido, não era de confiança. Os promotores lamentaram em dizer que achavam que não poderiam ajudar, mas teriam o maior prazer em pagar um jantar naquela noite, a fim de parabenizá-los pelo seu bom trabalho.

Sendo um território britânico, por lei, o comissário de polícia das Ilhas Cayman deveria ser do Reino Unido. Uma grande parcela da força policial, de 360 membros, das ilhas também é britânica — atraídos pela chance de viver alguns anos em um paraíso tropical com uma das taxas de crime mais baixas de todo o Caribe.

Por acaso, os investigadores do caso de Canover Watson eram todos britânicos expatriados, e Berryman, sendo um anglófilo de coração, se deu bem com eles.

— Posso adivinhar de que parte da Inglaterra vocês são — Berryman disse. Com base em sua infância na Inglaterra, bem como o recente período que passou na embaixada norte-americana em Londres, ele ouviu os sotaques dos homens com um sorriso no rosto. — Você é do norte da capital. E você é de Leeds, ou Manchester. E você — Berryman olhou para o terceiro policial — torce pelo Sunderland ou pelo Newcastle.

Algumas horas de socialização o convenceram de que aqueles homens eram de confiança e, embora tenha precisado de uma certa persuasão, Norris e os outros promotores também se deixaram convencer. Eles ajudariam a investigação caimanesa, afinal, e, em troca, teriam informações inestimáveis sobre as atividades financeiras de Webb, que poderiam ajudar a fechar o caso que estavam montando contra ele.

A investigação sobre o futebol dos Estados Unidos, que tomava a forma de um dos maiores inquéritos de corrupção internacional da história, chegando a dezenas de países em diversos continentes, finalmente tinha um parceiro estrangeiro.

A ironia do fato de ser um dos mais famosos paraísos de evasão fiscal e lavagem de dinheiro no mundo não escapou a ninguém.

Vinte e cinco

Retaliação

"Podre", gritava a enorme manchete no *Daily News* de Nova York de domingo, 2 de novembro de 2014. "A vida secreta do todo-poderoso do futebol".

A primeira página trazia uma imagem de Chuck Blazer ao lado de Joseph Blatter, com o troféu da Copa do Mundo sobreposto à imagem. Dentro, uma matéria de quatro páginas trazia a notícia de que Blazer havia sido preso por sonegar impostos e se tornara colaborador do FBI, usando uma escuta nas Olímpiadas de Londres.

A matéria, bem no estilo dos tabloides nova-iorquinos, não poupou nenhum detalhe, referindo-se a Blazer como "corrupto e corpulento" e narrando com entusiasmo seu estilo de vida exagerado, seus pequenos pecados pessoais e como ele usou um chaveiro com um gravador para registrar conversas de forma sigilosa. Segundo a matéria, Blazer "habitava um mundo de jatinhos particulares, amigos famosos, ilhas secretas, contas bancárias internacionais e tanta comida e bebida refinadas que, depois de um tempo, ele passou a precisar de uma frota de cadeiras de rodas motorizadas para transportá-lo de um banquete a outro".

Era louco, certamente, mas os autores do artigo também estavam dando um grande furo, revelando ao mundo, pela primeira vez, que Blazer vinha ajudando secretamente em uma investigação criminal. A matéria afirmava que tanto a Receita da Fazenda dos Estados Unidos como o FBI estavam envolvidos no inquérito, que os promotores eram do Brooklyn e que a investigação estava examinando casos de fraude e lavagem de dinheiro.

Foi, a princípio, uma leitura bem perturbadora para Norris naquela manhã de domingo. Não havia muito mistério sobre a fonte: a ex-namorada de Blazer, Mary Lynn Blanks, a ex-atriz de novelas[1] que estava com ele na época em que começou a colaborar. Ela não estava presente quando Berryman e Randall abordaram Blazer pela primeira vez, tampouco havia participado de alguma das declarações ou operações secretas, mas era óbvio que o ex-cartola tinha lhe contado o que estava acontecendo.

Os dois moravam juntos, afinal, e foram companheiros constantes por anos. Não muito depois das Olimpíadas, porém, eles haviam enfrentado uma separação amarga. Blanks e seus filhos se mudaram, deixando Blazer sozinho em seu apartamento cavernoso na Trump Tower.

Saber que o vazamento veio de Blanks, e não de alguém de dentro da investigação, diminuiu a consternação de Norris. Ele também ficou aliviado por ver que o *Daily News* não mencionava a declaração de culpa de Blazer, nenhum dos outros colaboradores, nem que a investigação estava sendo desenvolvida em torno da Rico, com réus em todo o mundo.

Blazer foi queimado como colaborador, mas ele estava gravemente doente e não tinha mais muita utilidade para a investigação. Tudo o que a matéria do *Daily News* fez foi lembrar Norris de que não se podia manter um caso dessas dimensões em segredo para sempre. Se esperassem demais, o próximo vazamento poderia ser realmente prejudicial.

A enorme quantidade de evidências que os investigadores haviam reunido àquela altura, incluindo inúmeras intimações bancárias e empresariais, milhares de documentos entregues por colaboradores e centenas de horas de gravações clandestinas em diversas línguas, era imensa.

Havia evidências incriminadoras, em maior ou menor grau, sobre cartolas atuais ou antigos em quase todos os países do hemisfério ocidental. Depois de enfrentar dificuldades com um caso que, a princípio, não parecia ir a lugar nenhum, o maior problema de Norris agora não era encontrar alvos, mas decidir quando interromper a investigação para que os promotores pudessem instaurar o processo.

Por algum tempo, Norris e a equipe crescente de promotores — agora quatro no total — vinham pensando em quando e onde finalmente trazer o caso à tona. O objetivo, como nos casos da máfia, era uma grande prisão em massa, que apanhasse o maior número possível de réus de uma única vez.

Claramente, a melhor oportunidade para agir seria em um grande evento da Fifa. As reuniões e os campeonatos da organização atraíam não apenas os principais dirigentes, mas também os executivos de marketing esportivo que faziam todo o mercado funcionar.

O maior evento da Fifa era, obviamente, a Copa do Mundo, mas a edição de 2014 havia acabado meses antes e, dada a proibição constitucional do Brasil de extraditar seus cidadãos, uma captura em Copacabana nunca seria levada em consideração.

O ano seguinte, 2015, teria vários campeonatos e congressos regionais, como a Copa América no Chile e o congresso da Concacaf nas Bahamas, mas nenhum deles era uma garantia de atrair uma quantidade suficiente de alvos de outras regiões para valer o esforço. A escolha mais óbvia era o encontro da Fifa em Zurique. Na terceira semana de março, o Comitê Executivo da Fifa se encontraria e, então, no final de maio, a federação realizaria seu congresso anual, concluindo as eleições presidenciais, em que Joseph Blatter estaria concorrendo a seu quinto mandato consecutivo.

Cada evento tinha seus prós e contras. As eleições certamente teriam maior repercussão, mas parte da equipe temia que uma prisão em massa nessa ocasião enviasse a mensagem errada sobre o que os Estados Unidos estavam tentando fazer; eles temiam que isso pudesse ser interpretado como um ataque direto ao futebol em si. As reuniões de março, por outro lado, estavam próximas e, como não tinham tanta repercussão, corriam o risco de atrair menos suspeitos. De todo modo, parecia claro que o grande evento aconteceria em Zurique, o que implicaria uma coordenação com as autoridades da Suíça, conhecidamente difíceis de lidar.

Ao longo da última década, os promotores norte-americanos vinham investigando agressivamente os bancos suíços por cumplicidade em evasão fiscal. Nessas operações, foram extraídos US$ 780 milhões do banco UBS, em 2009, e US$ 2,6 bilhões do Credit Suisse, no começo de 2014, além de obrigarem dezenas de outras instituições financeiras a pagarem multas menores e a mudar suas práticas a fim de evitar o indiciamento. Entre outras coisas, a famosa "barreira de silêncio" da nação tinha sido parcialmente violada: pela primeira vez, os bancos suíços foram obrigados[2] a ceder informações de contas sobre contribuintes dos Estados Unidos às autoridades norte-americanas.

A campanha do Departamento de Justiça tinha sido duramente criticada pela imprensa e pelo público suíços, que a viam como uma forma de imperialismo norte-americano, uma espécie de agressão jurídica que havia feito as instituições mais respeitadas do país se curvarem e as obrigado a alterar uma cultura arraigada de sigilo que era motivo de orgulho nacional. Convencer os suíços a conduzir uma prisão em massa enorme e à vista de todos contra outra das organizações mais proeminentes do país, a Fifa, claramente exigiria algumas negociações delicadas.

Então, menos de uma semana depois de a matéria do *Daily News* ser publicada, o presidente norte-americano na época, Barack Obama, anunciou que indicaria Loretta Lynch como procuradora-geral,* ocupando o posto que era de Eric Holder.

Lynch era a procuradora do Distrito Leste de Nova York e, como tal, a investigação do futebol seria um caso seu. Embora estivesse vários cargos acima de Norris e dos demais promotores, ela sabia da investigação desde seus estágios iniciais, e Norris a atualizava regularmente sobre o progresso. Ocupando um cargo importante, ela tinha inúmeros outros casos com que se preocupar, e era conhecida por confiar em seus promotores. Na maior parte do tempo, simplesmente deixava Norris seguir seus instintos.

No cargo de procuradora-geral, ela poderia ser inestimável. Como conhecia bem o caso, sem dúvida, seria possível contar com sua ajuda para abrir caminho com as principais autoridades da Procuradoria-Geral suíça e ajudar a convencê-los a se juntar a eles.

Um dos argumentos fundamentais era que esse caso, na realidade, não era direcionado contra o futebol. No fundo, tratava-se de um caso interna-

---

* O procurador-geral dos Estados Unidos dirige o Departamento de Justiça e é encarregado de todos os assuntos relacionados com o direito, além de ser responsável pela fiscalização da aplicação das leis. Ele é nomeado pelo presidente do país após ratificação pelo Senado. É equivalente ao cargo de ministro da Justiça no Brasil. (N. E.)

cional de lavagem de dinheiro; o veículo usado para o suborno e a fraude, gerando todo aquele dinheiro sujo, apenas, por acaso, era o futebol. Em vez de um ataque contra a Fifa, seria, na verdade, uma tentativa de livrar o esporte dos dirigentes que haviam corrompido a federação. Os Estados Unidos, argumentavam os agentes, estavam apenas cuidando dos melhores interesses do esporte.

Além disso, o público suíço não nutria muito afeto pela Fifa. Depois de anos de notícias negativas e acusações incessantes de corrupção, a instituição tinha se tornado uma vergonha nacional, cada vez mais definida por sua incapacidade de se autopoliciar.

A investigação do comitê de ética de Michael Garcia era um exemplo perfeito.

Depois de mais de um ano e meio de interrogatórios em todo o mundo, análises de centenas de milhares de páginas de documentos e faturamentos que somavam quase US$ 10 milhões, o ex-procurador tinha finalmente apresentado, no início de setembro, seu ansiosamente aguardado relatório sobre o processo de candidatura para sediar as Copas do Mundo de 2018 e 2022.

Um mês depois, porém, a Fifa anunciou que não publicaria o documento de 434 páginas porque precisava "respeitar os direitos pessoais dos indivíduos[3] mencionados no relatório" e, em vez disso, publicaria apenas um resumo. Então, quando a sinopse de 42 páginas foi publicada, em 13 de novembro de 2014, Garcia a condenou publicamente, dizendo que continha "diversas representações materialmente incompletas e errôneas dos fatos".[4] E, quando a Fifa rejeitou um pedido de Garcia para que publicasse o relatório completo, o ex-promotor se demitiu como uma forma de protesto, gerando mais uma vergonha para a organização futebolística.

Sem o poder da intimação nessa investigação, Garcia tinha conseguido descobrir poucas informações interessantes. Nenhuma das pessoas em quem os agentes estavam interessados — Ricardo Teixeira, Mohamed bin Hamman, Nicolás Leoz ou Jack Warner — aceitou falar com Garcia. O ex-promotor não conseguiu conduzir a parte russa da investigação pessoalmente porque, de forma irônica, ele havia sido colocado numa lista de americanos proibidos de pôr os pés no país[5] como retaliação pelas sanções impostas pelos Estados Unidos pela Lei Magnitsky. Além disso, os russos tinham evitado a investigação quase que completamente alegando que os computadores que haviam utilizado para a candidatura eram alugados e que seu proprietário os havia destruído.

Como documento investigativo, o relatório de Garcia era, na melhor das hipóteses, decepcionante. No máximo, os promotores do Brooklyn destacavam um símbolo da impunidade cancerígena que assolava a Fifa. Se o relatório não contivesse alguma evidência importante de corrupção, a Fifa claramente não faria nada com ele. Para a pequena equipe de promotores e agentes especiais que trabalhavam no caso, não havia ninguém em todo o mundo do futebol realizando qualquer tentativa séria de limpar o esporte além deles.

Quando o inverno se aproximou e os dias foram ficando mais curtos, os investigadores começaram a conversar mais concretamente sobre o momento em que finalmente dariam o grande passo e o mundo todo descobriria o que eles vinham planejando.

Seria um grande e importante dia. Para celebrar os anos de trabalho duro, Norris prometeu levar Randall e Berryman para jantar no Peter Luger, uma famosa churrascaria do Brooklyn, na qual garçons velhos e rabugentos serviam pratos de filé a oitenta dólares. Parecia um tributo adequado porque o Luger também era o restaurante favorito de Chuck Blazer.

Blazer tinha sido um excelente colaborador. O caso jamais teria existido sem a sua ajuda. Quando o artigo do *Daily News* foi publicado, Randall recortou a primeira página e a pendurou em sua baia no 23º andar do número 26 da Federal Plaza, ao lado do recibo do primeiro almoço que tiveram com Blazer mais de três anos antes.

Como piada, alguém havia rabiscado o jornal.

"Não carrego chaveiros", dizia um balão de fala saindo da boca de Blazer.

"Agora carrega", dizia um segundo balão. "Você trabalha para mim."

* * *

Desde o momento em que pegaram Hawilla, dezoito meses antes, os promotores tinham um forte interesse em descobrir exatamente quais eram as suas propriedades e quanto elas valiam.

Ele era muito rico, claro, mas os procuradores queriam que ele catalogasse, detalhadamente, todos os seus bens e também apresentasse uma noção do valor pelo qual eles poderiam ser vendidos. Assim, ao mesmo tempo que relatava as minúcias das propinas que havia pagado, os intermediários que usou e os contratos falsos que forjou, o brasileiro foi obrigado, diversas vezes, a expor sua carteira, por assim dizer.

Os promotores ouviam com atenção extasiada enquanto Hawilla lhes contava sobre a Traffic e as suas várias divisões, sobre a Liga de Futebol Norte-Americana, sobre suas emissoras de TV, as diversas fazendas que possuía no interior de São Paulo, suas quatro casas no Brasil e o apartamento em Fisher Island, seus muitos carros, suas várias contas bancárias, e até sua coleção de arte brasileira, que incluía uma pintura, segundo as estimativas de Hawilla, no valor de US$ 200 mil.

Eles também ficaram de olho em suas tentativas de vender a Traffic. Apesar de certo interesse de compradores europeus, a empresa ainda permanecia no mercado, o que era frustrante. Enquanto isso, Hawilla havia, em setembro de 2013, se livrado de seus jornais,[6] incluindo o *Diário de S. Paulo*, por apenas R$ 30 milhões — uma enorme perda no que havia se revelado um péssimo investimento. Mais recentemente, Hawilla havia convencido investidores chineses[7] a comprar os centros de treinamento de futebol que ele havia construído no município de Porto Feliz, no interior de São Paulo, junto com o Desportivo Brasil, o time local que ele possuía, por R$ 38 milhões.

A grande desonestidade de Hawilla nos primeiros nove meses de colaboração se devia, em grande parte, a uma tentativa de proteger o valor das empresas que ele havia construído do zero. Mas seu comportamento exasperador revelava uma total falta de compreensão das regras da colaboração com uma investigação federal e, mais importante, da lei norte-americana de combate a organizações corruptas e influenciadas pelo crime organizado — a Lei Rico.

Quando a Rico foi aprovada,[8] em outubro de 1970, ela marcou a primeira vez em 180 anos que o governo federal dos Estados Unidos teve o poder de confiscar bens de indivíduos como consequência direta de seus crimes. Até então, o governo poderia confiscar bens utilizados para *cometer* crimes — como o barco que um traficante de drogas usava para contrabandear cocaína —, mas não poderia tirar a propriedade de criminosos simplesmente porque eles cometeram um crime.

A Rico sistematizava os esforços para separar os criminosos das empresas corruptas e de todos os ganhos desonestos de seus esquemas de corrupção. Os violadores eram punidos com multas e até vinte anos de prisão, mas, talvez, a ferramenta punitiva mais inovadora e poderosa era o confisco de bens. Os condenados pela Rico poderiam ser obrigados a entregar quaisquer bens direta ou indiretamente associados ao empreendimento criminoso em que estavam envolvidos. O confisco, portanto, serviu, ao mesmo tempo, como penalidade e impedimento, feito para mandar uma forte mensagem aos pretensos criminosos: o governo pode tirar até o seu último centavo.

Em 12 de dezembro de 2014, José Hawilla finalmente assinou seu acordo de colaboração com os promotores do Distrito Leste de Nova York.

O acordo dizia que o brasileiro aceitava ser enquadrado na Rico e admitir a culpa por conspiração para fraude eletrônica, conspiração para lavagem de dinheiro e obstrução da justiça — uma acusação que tinha sido expandida para incluir não apenas suas interações com Blazer, as quais provocaram sua prisão, mas seus meses e meses de mentiras ditas aos promotores enquanto colaborava. A farsa de Hawilla havia trazido à tona a investigação, porém isso complicou ainda mais a situação do delator, pois o colocou em grande risco. No total, seus crimes somariam uma sentença máxima de oito anos e, embora os promotores pudessem fazer recomendações, a palavra final sobre o tempo de prisão seria sempre do juiz.

Entretanto, são os promotores dos casos Rico que determinam de forma definitiva quanto dinheiro será confiscado criminalmente. Nos termos de seu acordo de cooperação, negociado e assinado por Norris, Hawilla consentia em retornar ao governo dos Estados Unidos da América um total de US$ 151.713.807,43.

Era uma soma espantosa, mais de 75 vezes o confisco de Chuck Blazer e três vezes o Produto Interno Bruto de Montserrat, um dos países-membros da cfu cujos direitos das eliminatórias da Copa do Mundo Hawilla havia adquirido graças a uma propina de US$ 3 milhões a Jeffrey Webb. Para pagar o confisco, Hawilla teria pouca escolha além de liquidar grande parte do que possuía por qualquer valor que conseguisse, incluindo — e especialmente — a Traffic.

A primeira parcela, de US$ 25 milhões,[9] venceu no mesmo dia em que Hawilla, um homem abatido de 71 anos, enfrentou o juiz Raymond Dearie pouco depois das 10h15 em seu tribunal em Cadman Plaza.

Hawilla tinha chegado aos Estados Unidos em maio de 2013 para passar apenas uma semana e nunca mais saiu.

Durante os dezenove meses seguintes, ele ficou detido em um país que não era o seu, separado de seus amigos e de sua família, e sujeito aos caprichos de meia dúzia de promotores que não falavam sua língua e não sabiam nada sobre o esporte a que ele havia dedicado a vida. Hawilla viu suas empresas serem vítimas de concorrentes agressivos e seu império de negócios encolher e, quando foi encurralado, foi obrigado a quebrar confiança e trair pessoas que ele conhecia e amava por décadas.

Com a acusação ainda longe de acontecer e um julgamento no qual ele talvez fosse chamado para depor ainda bem depois disso — sem mencionar o provável termo de prisão —, levaria anos até que Hawilla fosse liberado para ir para casa. Além das histórias inventadas por ele de doenças plausíveis, Hawilla foi, de fato, diagnosticado com câncer na boca enquanto colaborava e passou por uma breve série de quimioterapia e radioterapia. Enquanto isso, uma doença pulmonar preexistente agravou-se devido a todo o estresse.

Foi um período deprimente, assustador e de isolamento profundo. Como a investigação ainda era secreta, o tribunal do juiz Dearie estava vazio, e Hawilla foi obrigado a confessar seus crimes sozinho, sem nem sequer a presença de sua fiel esposa, Eliane, ao seu lado.

Vinte e seis

A casa caiu

Uma pessoa economicamente mais contida teria, talvez, organizado um congresso da Concacaf diferente daquele realizado no Atlantis Paradise Island Resort, nas Bahamas, em 16 de abril de 2015.

Poderia não ter sido necessário acomodar dúzias de funcionários que chegavam em jatinhos particulares em quartos luxuosos, nem oferecer festas noturnas com *open bar* sem hora para acabar, tampouco pagar múltiplas suítes para si próprio e para a família, que também voava às custas da confederação. O evento, orçado em aproximadamente US$ 3 milhões à Concacaf, poderia, muito possivelmente, ser realizado com um toque ligeiramente mais modesto.

Mas esse não teria sido o estilo de Jeffrey Webb.

O presidente da confederação viajava, como era um hábito seu, sem parar, arrastando uma comitiva crescente de amigos e conselheiros. Chegou às Bahamas, na verdade, logo após ter retornado de uma viagem ao Cairo, onde participou de um congresso da Confederação Africana de Futebol, junto com Enrique Sanz, ambos acompanhados por suas esposas.

Esse evento foi agradável, porém o da Concacaf seria um estouro. Seria uma oportunidade de mostrar ao mundo, e especialmente a Joseph Blatter, que também estaria presente, o quanto a confederação havia progredido nos três anos desde que Webb havia substituído Jack Warner. O Atlantis, um estabelecimento de renome, e absolutamente ostentoso, foi invadido por funcionários uniformizados da confederação, e um vídeo exibido num telão enorme transmitia cenas dos feitos de Webb durante todo o evento.

Blatter chegou ao Atlantis no dia 15, desembarcou de uma Mercedes sedã, conduzida por um motorista, num casaco esportivo leve e camisa branca, parecendo um tanto cansado. O senhor de 79 anos estava em plena campanha e comparecera a praticamente todos os eventos na programação da Fifa nos meses anteriores, mas o Caribe era especial.

A região era sua base política desde que Jack Warner havia apoiado sua primeira campanha presidencial, em 1998, e Blatter considerava Webb um sucessor leal. Na verdade, os dois homens vinham se apoiando mutuamente havia mais de doze anos.

Em 2002, quando tinha apenas 37 anos e ainda era desconhecido nos círculos sociais, Webb surgiu para defender Blatter, que depois enfrentou acusações de corrupção por parte do seu próprio secretário-geral e de múltiplos membros do Comitê Executivo da Fifa.

No congresso da Fifa, no Grand Hilton, em Seul, Blatter negou os pedidos de quinze diferentes associações-membros para falar, entre elas a Somália, os Países Baixos e a Inglaterra. Webb, porém, pôde se pronunciar e correspondeu sugerindo que, para ele, um banqueiro, as finanças do futebol estavam muito bem e que não entendia para que tanto alarde.

— A Fifa é uma família[1] — disse Webb —, e uma família deve se unir.

Ele foi recompensado com sua primeira nomeação na Fifa, como vice-diretor do Comitê de Auditoria Interna e, dois anos depois, a federação concedeu US$ 2,2 milhões para a construção de um "Centro de Excelência" nas Ilhas Cayman. Em 2009, Blatter, acompanhado por Warner, visitou a casa de Webb para comemorar a inauguração de um pequeno escritório construído com uma parcela dos fundos — cuja maior parte foi enviada para a associação de futebol local, sem que nunca prestassem contas a respeito dela. Webb, chamando Blatter de "pai da nossa família futebolística",[2] ofereceu uma festa de gala para homenageá-lo.

Em 2013, Blatter nomeou Webb presidente de uma nova Força-Tarefa contra o Racismo e a Discriminação e, em outubro daquele ano, declarou que a Fifa poderia ter um novo presidente "num futuro próximo" e que essa pessoa "poderia ser Jeffrey Webb",[3] um prognóstico modesto que elevou enormemente o status do presidente da confederação.

Então, nas Bahamas, foi mais uma vez a hora de Webb se mostrar útil. Ele fez isso ao excluir o que chamou de discursos "políticos", impedindo, dessa forma, que os rivais de Blatter à presidência — o príncipe Ali bin Al--Hussein, da Jordânia, Michael van Praag, da Holanda, e o ex-astro meio--campista de Portugal Luís Figo, todos ali presentes — nem sequer se pronunciassem durante o evento. Foi o mesmo golpe dado por Warner em 2002.

— Webb — disse Blatter aos delegados da federação —, é meu colega, meu amigo, meu irmão.

E uma vez mais sugeriu que via o caimanês como um herdeiro provável ao seu trono.

— Ele é um vencedor — continuou Blatter —, por isso, vejamos aonde ele irá.[4]

No que se referia a Webb, contudo, o principal evento do dia foi sua eleição pelas associações-membros da confederação para o segundo mandato como presidente. Foi apenas uma formalidade, visto que Webb uma vez mais não teve nenhum oponente, mas, de toda forma, tratou a votação como se tivesse sido uma vitória gloriosa.

— A Concacaf está mais do que nunca unida por um único ponto de vista — disse numa declaração.

Essa visão, claro, era a sua. De fato, o congresso inteiro pareceu ter sido cuidadosamente planejado para conceder a Webb ares de ainda maior importância.

Os participantes, incluindo grande parte da imprensa, foram bombardeados com uma série de relatórios otimistas quanto às atividades da confederação, às suas reformas bem-sucedidas e a seus planos ambiciosos para o futuro. Enrique Sanz, parecendo pálido e cansado, com seus cachos outrora espessos reduzidos a um corte rente de cabelos finos após todos os tratamentos contra o câncer, anunciou, ante a aprovação da plateia presente, que a confederação apresentaria um superavit de US$ 1,1 milhão para aquele ano fiscal.

Mas, na verdade, essa quantia, assim como muito do que vinha realmente acontecendo na confederação, era uma mentira.

Quando o departamento financeiro da Concacaf investigou os números algumas semanas antes, projetou um prejuízo de US$ 6,5 milhões no ano,[5] como consequência, em grande parte, do marketing inflado e das despesas de viagem; no entanto, Webb rejeitou aqueles dados em favor de números mais auspiciosos. Depois de recusar publicamente uma remuneração pelo cargo logo após sua eleição, Webb começou a receber, na surdina, um salário de US$ 2 milhões,[6] chegando a gastar até US$ 100 mil em cada excursão internacional, percorrendo o mundo com seus amigos, a bordo de jatinhos particulares fretados por uma agência de viagem, que lhe ofereciam comissões em troca de negócios lucrativos.

O próprio congresso, a princípio, fora planejado para acontecer nas Ilhas Cayman, mas fora realocado para as Bahamas, a um custo significativo, e sem muita explicação. O motivo não mencionado foi que Webb não punha os pés em sua terra natal desde a prisão de Canover Watson, em agosto do ano anterior, e não tinha nenhuma intenção de voltar para lá.

Watson foi formalmente acusado de corrupção, lavagem de dinheiro e fraude, em novembro de 2014, e aguardava julgamento. Em certo momento, Webb enviou a própria esposa para George Town para cuidar de alguns assuntos, mas a polícia local a chamou para ser interrogada. Desde então, Webb viveu constantemente aterrorizado que a investigação sobre Watson, seu melhor amigo, o alcançasse. Ele, então, alertou Costas Takkas, seu braço direito, para que também evitasse as Ilhas Cayman.

Em todos os lugares a que ia durante o congresso nas Bahamas, Webb estava sempre cercado por três enormes e intimidadores guarda-costas que impediam que qualquer pessoa o abordasse. Normalmente aberto à imprensa, ele rejeitou os pedidos para entrevistas e evitou jornalistas.

Isolado e paranoico, Webb publicamente mostrava um rosto otimista, projetando-se como o futuro presidente da Fifa. Mas isso, cada vez mais, era apenas uma fachada.

Ele realizou negócios secretos com mais de uma dúzia de fornecedores que o beneficiaram nas despesas da confederação e, como resultado, as reservas de caixa da Concacaf foram definhando. A Copa América Centenário representou uma imensa entrada de dinheiro, mas foi um evento único, que teria lucrado pelo menos US$ 5 milhões a mais se não fosse a ganância de

Webb. Funcionários do escritório de finanças começaram a avisar, desanimados, que a confederação logo estaria falida.

Entretanto, nada disso impediu que Webb oferecesse mais uma festa em sua própria homenagem. Depois de encerrado o congresso no Atlantis, alguns convidados passaram a noite em claro ao som de um DJ e drinques à vontade. Somente essa festa, comentavam à boca pequena os funcionários da confederação entre si, custou US$ 70 mil.

* * *

Entre a centena de dirigentes, executivos de marketing esportivo, funcionários, fornecedores de alimentos e de serviços, atletas, esposas, namoradas e outros oportunistas que foram às Bahamas, um participante se destacou: o agente do FBI Jared Randall.

O congresso da Concacaf era a última chance de fazer gravações clandestinas de um grande número de cartolas antes das prisões em Zurique, que aconteceriam dali a um mês. Assim que o mundo inteiro soubesse sobre o que os federais estavam interessados, seria muito mais difícil conseguir que as pessoas falassem abertamente sobre os atos de corrupção.

Com isso em mente, Randall orquestrara uma operação nas Bahamas. Ao contrário de outras operações, tais como a visita de 2012 a Londres, dessa vez, a programação foi menos roteirizada e mais aberta a improvisos. Também, ao contrário de outras visitas, Randall foi sozinho.

Assim que se registrou no Atlantis, foi se encontrar com Enrique Sanz, colocou escutas nele e pôs o delator para trabalhar. O jovem secretário-geral estava bem posicionado dentro da Concacaf, e uma estrela ascendente como ele conseguiria, sem dúvida, entrar no quarto de qualquer um; talvez até no do próprio Joseph Blatter. A despeito de seus sérios problemas de saúde, Sanz mostrara-se muito engenhoso e um delator discreto.

Com um pouco de sorte, eles conseguiriam algumas novas provas incriminadoras. E, de toda forma, era uma grande oportunidade para Randall conseguir pessoalmente observar a opulência de um evento relacionado à Fifa, algo que ouvira por quase cinco anos.

Este era o plano: entrar, observar alguns cartolas e voltar para casa. Mas Randall não imaginava que as pessoas também o observariam.

Além dos seguranças corpulentos, Jeffrey Webb também tinha levado para as Bahamas uma pequena equipe de detetives de Miami. Paranoico depois do caso das Ilhas Cayman e obcecado com vazamentos, o presidente da Concacaf estava convencido de que havia um espião dentro da confederação e praticamente não conseguia pensar em mais nada.

Um desses detetives avistou Randall, horas após a sua chegada, sentado de shorts num dos sofás da área pública, jogando no celular, com uma mochila. Algo nele simplesmente não parecia encaixar. Ele não conversava com ninguém, não participava de nenhum dos eventos da Concacaf e, estranhamente, ficava levando aquela mochila para qualquer parte que fosse.

Seguindo um palpite, o investigador observou-o quando Randall atravessou o hotel imenso e, depois, saiu pela porta de vidro para o que acabou sendo um encontro cara a cara com Enrique Sanz. Ele tirou uma foto com seu celular e a enviou ao chefe.

Por que diabos o secretário-geral da Concacaf se encontrava em segredo com aquele desconhecido?

Essa desconfiança cresceu ainda mais à noite, quando Randall foi visto pairando do lado de fora de um churrasco para os convidados da Concacaf, ainda de shorts quando todos estavam bem vestidos para o encontro, e ainda com a mochila.

Depois de trocarem algumas ideias, os detetives resolveram agir. Confrontaram Randall, perguntando-lhe quem ele era e o que fazia ali.

O agente do FBI de repente se viu numa situação impossível. Se dissesse a verdade, arriscaria toda a investigação. Qualquer palavra sobre a corrupção do futebol provavelmente iria virar fofoca e se espalhar pelo hotel como um vírus, e a captura em Zurique estaria completamente arruinada. Mas, por outro lado, se ele fosse pego numa mentira, a situação poderia azedar rapidamente para Randall.

Quando ele não respondeu, o detetive avisou que ligariam para a polícia. Empalidecendo, o agente retornou ao seu quarto, fez as malas e foi direto para o aeroporto, onde pegou um voo para casa.

A operação de Randall terminou ali.

* * *

Certa manhã, no início de maio, Roberta Sanz voltou para casa depois de ter deixado o filho na escola e encontrou o marido, Enrique, desacordado no chão. A casa deles em Coral Gables por acaso ficava bem diante do Hospital Mercy Miami, e Sanz foi levado às pressas para o pronto-socorro. Ele não demonstrava reação, parecia estar em coma, e ninguém sabia o que de fato havia acontecido. Os médicos disseram que era crucial descobrirem com rapidez.

Desde que foi diagnosticado com um tipo agressivo de leucemia, o secretário-geral da Concacaf passou um tempo considerável em tratamento para combater a doença. Oficialmente, ele retornou ao trabalho no dia 1º de janeiro, mas reincidências eram comuns em seu estado, e ele se mostrava cada vez mais frustrado com as opções de tratamento. Os transplantes de células-tronco, sua maior esperança, com frequência tinham efeitos colaterais ainda piores do que a quimioterapia.

Sanz, frustrado e cansado, experimentou, então, terapias alternativas, inclusive o veneno do escorpião azul, uma suposta cura miraculosa para o câncer que se originara em Cuba e nunca fora aprovada pela FDA — a agência norte-americana de regulação de alimentos e medicamentos. Seria possível que Sanz tivesse tomado uma dose grande demais do remédio e se envenenado ou sofrido uma reação adversa?

Desesperada no quarto do hospital, Roberta Sanz pegou o celular do marido. Talvez nele tivesse alguma pista do que ele estivera fazendo que pudesse ajudar os médicos. O aparelho havia sido dado pela Concacaf e, deduzindo que alguém da confederação pudesse destravá-lo, ela o levou a Webb, o qual estava profundamente abalado pelas notícias sobre o grave estado de Sanz. Webb, por sua vez, entregou o telefone a Eladio Paez, um dos detetives particulares contratados para protegê-lo.

Paez, um ex-detetive da polícia de Miami, vinha trabalhando para Webb havia mais de dois anos. Naquela época, ele já fazia diversos trabalhos como *freelancer*, investigando o passado dos cartolas da América Central, por exemplo, ou organizando equipes de segurança para uma viagem a El Salvador.

Calvo e avantajado, de óculos e com uma barba grisalha, Paez tinha um relacionamento próximo com Webb, que passava cada vez mais tempo se preocupando com a investigação de Canover Watson. Em fevereiro, o assistente pessoal de Watson fora acusado no inquérito; no início de abril, promotores em Cayman disseram ter encontrado novas provas, inclusive e-mails, sugerindo que mais pessoas poderiam estar envolvidas no caso, e que uma "terceira pessoa" não nomeada tinha ajudado a financiar a defesa de Watson.[7]

Paez avisou várias vezes a Webb que poderia haver mais investigações em outras jurisdições, inclusive, e especialmente, nos Estados Unidos. Ele referiu-se aos rumores de que Chuck Blazer tinha usado uma escuta e de que Daryan Warner também havia cooperado com os investigadores, mas Webb dispensou tais exemplos como legados da administração anterior, não sendo uma preocupação sua.

O detetive particular desbloqueou o celular e copiou todo o seu conteúdo. Ele começou revisando minuciosamente seus arquivos. A primeira coisa que verificou foram as mensagens de SMS, encontrando várias trocadas com o agente do FBI Jared Randall, cujo contato estava salvo como "J-Rod". As mensagens de meses anteriores mencionavam promotores, uma investigação e gravações secretas. Paez não teve dúvidas quanto ao que estava acontecendo.

Webb tinha razão. Havia um espião na Concacaf.

* * *

Nos anos anteriores, Jeffrey Webb juntara uma quantidade impressionante[8] de bens, incluindo cinco relógios Rolex e mais de meia dúzia de outros relógios de luxo, bem como uma caixa repleta de diamantes e pérolas presenteados à segunda esposa. Ele possuía cinco casas nos Estados Unidos, incluindo a mansão de três andares nos arredores de Atlanta, onde morava, duas Mercedes-Benz e um Range Rover. E, por fim, Webb comprou uma Ferrari 458 Spider no valor de US$ 263.553.

A Ferrari conversível era uma carruagem moderna de motor potente que anunciava, sem dúvida, que seu proprietário chegara ao topo e não temia — na verdade, queria — ser flagrado em toda a sua importância.

Webb não cresceu na riqueza; seu pai era um imigrante jamaicano e a família passou por dificuldades algumas vezes enquanto ele ainda era jovem.

Envolveu-se com o esporte ainda moço e, por mais que a Associação de Futebol das Ilhas Cayman nunca tivesse levado a campo uma seleção minimamente de respeito, ele conseguiu conferir-lhe uma reputação considerável e mais dinheiro ao longo dos anos.

Do ponto de vista de Webb, a Concacaf era apenas um degrau; ele estava se preparando para algo maior. Algum dia, quem sabe em apenas quatro anos, ele estaria no topo do mundo futebolístico, sendo o primeiro negro e caribenho a liderar a organização esportiva mais poderosa do mundo. O carrão italiano, de uma maneira bem notável, revelava essa ambição.

Em 1º de maio de 2015, Webb registrou sua novíssima Ferrari vermelha no Departamento de Finanças do Estado da Geórgia. O cartola colocou-a no nome da esposa, mas não havia dúvidas quanto a quem era o proprietário do veículo. Ele tinha pagado um extra para ter placas customizadas com suas iniciais: JW.

Três semanas mais tarde, Webb embarcou num voo para Zurique para participar do congresso anual da Fifa.

Ele nunca mais voltaria a dirigir sua nova Ferrari.

Vinte e sete

Captura

Steve Berryman fez uma refeição leve num restaurante no centro de Manhattan na noite de terça-feira, 26 de maio de 2015, para, depois, voltar ao hotel e descansar. Foi difícil frear os pensamentos que rodavam em sua cabeça até adormecer, mas, de alguma forma, o agente da Receita Federal conseguiu cochilar por uma hora e meia antes de se levantar, trocar de roupa e sair para a noite fresca de primavera.

Chegou à entrada do edifício na Federal Plaza, pouco depois das onze da noite, onde encontrou Richard Weber, o diretor da Divisão de Investigações Criminais da Receita Federal dos Estados Unidos, juntamente com seu pequeno contingente de conselheiros e um assessor de comunicação. Subiram de elevador até o escritório local do FBI conversando agitados e, depois, entraram num cômodo amplo a que todos chamavam *sala de guerra*.

Lá havia fileiras de mesas, lousas brancas e, mais ao fundo da sala, diversas televisões sintonizadas em canais a cabo com o volume no mudo. Evan Norris e os quatro outros promotores do caso já haviam chegado, assim como John Penza, o chefe do Esquadrão contra o Crime Organizado Euro-Asiático do FBI, e diversos outros agentes que ajudaram no caso. Alguém levara uma caixa de *donuts*.

A maioria dos grandes escritórios locais tem uma sala de guerra. Equipadas com agentes trabalhando em turnos o dia inteiro para monitorar as diferentes atividades ligadas à agência, também eram usadas em operações importantes. O que aconteceu 45 minutos mais tarde por certo se qualificava como tal. Havia uma espécie de ansiedade na sala enquanto todos se cumprimentavam, apertando as mãos e trocando sorrisos. Uma quantidade enorme de trabalho levara àquele momento e, finalmente, estava na hora do espetáculo.

Norris começou a redigir o indiciamento no início do ano, mas, o caso em si, ele já vinha montando e refinando havia muito mais tempo, desde que Chuck Blazer se declarara culpado.

O promotor fez frequentes viagens a Washington para se consultar com procuradores do Departamento de Justiça do Crime Organizado e Seção de Gangues, o OCGS, a fim de ajustar sua minuta e garantir que seu argumento central — que a Rico se aplicava porque o próprio futebol se tornara um empreendimento criminoso e corrupto — fosse aceito.

Depois de muitos serões e fins de semana trabalhando, Norris concluiu a acusação no início de março, antecipando-se às reuniões trimestrais do Comitê Executivo da Fifa, que estavam programadas para mais tarde naquele mês. Os suíços, depois de muitas visitas de Norris e de outros agentes americanos, concordaram em auxiliar no caso, mas, no último instante, postergaram a captura, programada para março, alegando que não havia tempo suficiente para organizar tudo.

Àquela altura, entretanto, os promotores já haviam entregado o primeiro Tratado de Assistência Legal Mútua (MLAT) para a Suíça. O MLAT é o equivalente a uma intimação internacional, explicando a natureza da investigação e identificando, naquele caso, quase duas dúzias de possíveis alvos. Esse MLAT solicitava formalmente informações a respeito de 55 contas bancárias diferentes, uma cópia do relatório Garcia apresentado à Fifa no outono anterior e arquivos da investigação que a Receita Federal tinha feito e que já estava, havia tempos, concluída.

O primeiro MLAT de quase sessenta páginas, traduzido para o alemão, foi apresentado em 17 de março e um segundo, solicitando informações sobre outras contas bancárias, foi apresentado ao Departamento Federal de Justiça da Suíça em 21 de abril.

Berryman chegou em Nova York no início de maio e trabalhou sem parar com um jovem promotor chamado Keith Edelman que se juntou à equipe para ajudá-los a levar o caso para os Estados Unidos. Os dois prepararam meticulosamente mais tratados, que enviariam a outros países assim que as acusações se tornassem públicas.

Quando os documentos ficaram prontos, eles tiveram de redigir montanhas de mandados de apreensão. Berryman tinha uma lista que identificava quais contas bancárias espalhadas pelo mundo pertenciam a cada réu. Uma peça-chave da estratégia era apertar financeiramente os acusados: enquanto a polícia suíça arrastava pessoas para a cadeia, suas contas estariam congeladas, tornando essas pessoas mais vulneráveis e, esperava-se, mais propensas a fazerem acordos com a promotoria.

Por fim, havia o preparo do Grande Júri. Berryman e Randall passaram horas com os promotores repassando os depoimentos que dariam, cuidadosamente ensaiando com exatidão o que eles deveriam dizer a fim de ajudar a convencer pelo menos doze cidadãos a tornar o indiciamento um auto de acusação, o que dava sinal verde aos investigadores.

O fator decisivo era o indiciamento final que Norris havia redigido. Ninguém no caso jamais vira algo semelhante.

Era algo conhecido como *indiciamento eloquente*, o que significava que, em vez de apenas recitar os 47 crimes diferentes citados, o documento recontava em detalhes a narrativa por trás das alegações. As 161 páginas eram um trabalho de pesquisa cuidadoso de não ficção, narrando uma história complicada de diversas gerações de dirigentes e de executivos do marketing esportivo que davam e recebiam suborno para "alavancar seus objetivos corruptos".

A argumentação poderia ter sido tirada quase que textualmente dos casos de máfia nos quais Norris havia trabalhado. A Fifa e suas múltiplas confederações regionais e associações nacionais, ele escreveu, na verdade, eram parte de um empreendimento único que nos últimos 25 anos fora corrompido por seus próprios funcionários, "envolvidos em diversas atividades criminosas, inclusive fraude, suborno e lavagem de dinheiro em troca de ganhos comerciais e pessoais".

Uma engrenagem crucial no caso foi o conceito de "fraude de serviços justos", que, nos Estados Unidos, é utilizado mais frequentemente contra funcionários públicos corruptos. Sob o código de ética da Fifa e das confederações regionais, dirigentes não poderiam receber suborno nem comissões. Ao aceitarem subornos e comissões, portanto, esses funcionários privaram as organizações futebolísticas para as quais trabalhavam de seus "direitos de receberem serviços justos e verídicos". Por terem usado e-mails, telefones, mensagens de texto e transferências bancárias para negociar e aceitar subornos, eles estavam sendo acusados de fraude eletrônica e conspiração para fraude eletrônica.

Visto que os cartolas também tentaram "esconder a localização e o passe dos lucros dessas atividades" por meio de elaboradas empresas de fachada, contas bancárias no exterior e contratos falsos, estavam sendo acusados de lavagem de dinheiro e conspiração para lavagem de dinheiro.

E, por fim, por terem conspirado secretamente entre si para corromper e enredar a instituição futebolística para ganho próprio, e defraudar as "organizações as quais foram escolhidos para servir", estavam sendo acusados de conspiração Rico.

Para opor críticas potenciais de que o caso envolvia excesso de judicialização e era um exemplo de como os Estados Unidos aplicam sua própria lei em outros países, a acusação foi cuidadosamente montada para incluir crimes ocorridos em algum momento em solo norte-americano — dinheiro que havia sido repassado por bancos correspondentes com sede no país, por exemplo, ou esquemas de suborno orquestrados em telefonemas feitos para a Flórida.

A acusação também se desviou de outra possível argumentação: que o suborno comercial não era sequer ilegal em alguns dos países dos acusados. Isso era irrelevante; os cartolas estavam sendo acusados por usarem meios eletrônicos norte-americanos para defraudarem suas organizações futebolísticas de seus serviços, não de infringirem as leis de suborno.

Tudo era imensamente complicado, mas, em suma, a teoria de Norris se resumia ao seguinte: se a Traffic pagou ilegalmente US$ 1 milhão a Webb para assinar um contrato de direitos sobre a Copa Ouro, a Concacaf não só havia deixado de receber o valor da propina, cuja quantia teria sido paga diretamente à confederação, mas também qualquer outro valor superior recebido por esses direitos caso um processo de licitação legal e competitiva tivesse ocorrido.

E porque todas essas confederações futebolísticas foram criadas para "desenvolver e promover o futebol mundialmente", Norris escreveu, as vítimas derradeiras dessa corrupção desmedida foram as centenas de milhões de partes interessadas no cenário esportivo. Visualizando, em outras palavras, as pobres crianças amantes de futebol dos países em desenvolvimento que não têm campo para jogar, chuteiras para calçar, bolas para chutar.

Essas crianças hipotéticas, com lágrimas descendo pelos seus rostinhos encardidos, foram as que acabaram sofrendo mais pela ganância desmedida de Chuck Blazer, José Hawilla, Jeffrey Webb e de todos os outros cartolas corruptos do mundo.

Na quarta-feira, 20 de maio, os procuradores, assim como Berryman e Jared Randall, foram à sala do Grande Júri do Tribunal Federal do Brooklyn e pediram permissão para indiciarem Jeffrey Webb, Jack Warner, Nicolás Leoz, Aaron Davidson, Alejandro Burzaco, Hugo e Mariano Jinkis, Costas Takkas e seis outros cartolas.

O Grande Júri acolheu a acusação e ela foi mantida em sigilo. No dia seguinte, 21 de maio, mandados formais de prisão foram transmitidos às autoridades suíças juntamente com um terceiro MLAT solicitando mais registros bancários.

Tudo estava pronto.

Uma vez que as confederações regionais de futebol se reuniriam em Zurique, em 26 de maio, e o congresso da Fifa começaria no dia 28, o plano era atacar em 27 de maio.

Para evitar chamar a atenção, a Suíça solicitou que nenhum agente norte-americano se envolvesse diretamente. Policiais suíços à paisana começariam pelo hotel Baur au Lac, onde os membros do Comitê Executivo da Fifa estavam hospedados. Não haveria armas, nenhuma jaqueta de náilon, nada de coletes à prova de balas e tampouco algemas. A polícia se retiraria antes que qualquer pessoa no hotel sequer tivesse saído da cama. Caso tudo corresse conforme o planejado, ninguém saberia de nada até que as acusações fossem reveladas numa coletiva de imprensa no Brooklyn, horas mais tarde.

Às dez para a meia-noite, a equipe de campo de Nova York despertou um agente do FBI na Suíça com um telefonema internacional. Ele esperava próximo ao Baur au Lac e passaria as informações à medida que surgissem.

Tudo ficou muito silencioso na sala de guerra. Tinha chegado a hora.

Precisamente às seis da manhã,[1] do dia 27 de maio de 2015, um belo dia límpido de primavera em Zurique, uma meia dúzia de policiais vestindo calças jeans, tênis e jaquetas leves passou pelas portas giratórias do Baur au Lac e se aproximou do balcão da recepção. O pequeno vestíbulo, surpreendentemente austero para um hotel que cobrava mais de US$ 600 o pernoite em seu quarto mais barato, estava quase vazio.

Um dos policiais calmamente explicou o motivo de estarem ali, solicitou números de quartos e suas respectivas chaves, que o recepcionista entregou antes de telefonar para os quartos e alertar os hóspedes sobre o que estava acontecendo.

Então, poucos minutos depois, algo inesperado aconteceu.

A faixa de rolagem na parte inferior da tela de notícias da CNN nas televisões instaladas na sala do FBI, que vinha transmitindo notícias sobre as finais da NBA e sobre uma onda de calor na Índia, subitamente mostrou uma mensagem diferente: "Os EUA anunciam acusações de corrupção contra altos funcionários da Fifa, a Federação Internacional de Futebol".

A captura fora tratada com o maior sigilo. Alguns membros da equipe nem sequer contaram aos seus cônjuges. A paranoia era tanta que John Koskinen, delegado da Receita Federal, foi informado sobre a investigação apenas naquele mesmo dia, uma vez que já tinha sido presidente da Fundação Americana de Futebol e havia preocupações de que ele pudesse, inadvertidamente, deixar alguma informação do caso escapar para algum amigo envolvido no esporte.

Mesmo assim, de algum modo, apesar dos esforços dos promotores, alguém vazou a informação.

Mais de uma hora antes de a polícia suíça chegar ao Baur au Lac, dois repórteres e um fotógrafo do *New York Times* chegaram ao hotel. Às 5h52, horário suíço, o jornal publicou uma história muito bem editada em seu site com a manchete: "Cartolas da Fifa enfrentam acusações de corrupção nos EUA".[2]

A história citava anonimamente palavras de um funcionário da força policial: "Estamos pasmos pelo tempo que isso vem acontecendo e como envolveu quase tudo que a Fifa fazia".

Os jornalistas — um repórter policial que viera dos Estados Unidos e um correspondente esportivo europeu — estavam sentados, tranquilos, no saguão, discretamente tirando fotos com seus celulares quando a polícia chegou. Vinte e seis minutos depois de a primeira notícia ter sido postada, o jornal a atualizou, confirmando as prisões que aconteciam em Zurique.

O artigo dizia "as autoridades suíças começaram uma operação extraordinária na madrugada desta quarta-feira para prender diversas autoridades do futebol e extraditá-las para os Estados Unidos sob acusações de corrupção federal", observando que o caso estaria no Distrito Leste de Nova York e que a ainda sigilosa denúncia alegava fraude eletrônica, lavagem de dinheiro e extorsão. Dessa vez a menção a um agente da força policial, que evidentemente conhecia bem o caso, fora removida.

Os jornalistas do *New York Times* começaram a tuitar as fotos da captura quase em tempo real, e suas histórias logo chegaram a outros canais, incluindo a CNN, percorrendo o mundo com tanta rapidez que foi impossível acompanhá-las.

Norris se virou para Berryman, que estava ao seu lado na grande sala. E se aproximou do companheiro para não serem ouvidos. O normalmente controlado promotor estava furioso, como ninguém jamais havia visto.

— Filhos da puta! — ele disse. — Esses filhos da puta...

* * *

Jeffrey Webb havia chegado em Zurique a tempo de participar das reuniões do Comitê Executivo da Fifa marcadas para segunda-feira à tarde e terça pela manhã. Seria uma estada relativamente longa, visto que uma segunda, e extraordinária, reunião do Comitê estava marcada para o sábado, no dia seguinte à eleição presidencial. De lá, ele voaria direto para a Nova Zelândia, para a Copa do Mundo Sub-20.

A terça-feira, 26 de maio, foi bastante agitada.[3] Webb e a esposa estavam hospedados no Baur au Lac. Mas a maioria dos membros da Concacaf, bem como os da Conmebol, estava hospedada no Renaissance Zurich Tower, um hotel ligeiramente menos luxuoso e mais voltado aos negócios a quinze minutos de distância.

A agenda de Webb naquela terça cinzenta e nublada incluía uma cerimônia com Juan Ángel Napout, o último presidente da Conmebol, para anunciar a assinatura de uma "aliança estratégica" entre as duas confederações. Depois disso, os membros da Concacaf se reuniriam para ouvir os discursos finais das campanhas de Joseph Blatter e do príncipe Ali, da Jordânia, o único candidato rival ainda na corrida pela presidência da Fifa. Todos os demais haviam desistido. E, naquela noite, Webb ofereceria um coquetel para os membros da sua confederação no Sheraton.

Já era tarde quando Webb, por fim, passou pelas portas giratórias do Baur au Lac, com o braço sobre os ombros da esposa. Subiram para o quarto e ainda estavam profundamente adormecidos quando a polícia suíça bateu à porta, pedindo educadamente que Webb se trocasse e arrumasse uma mala, para, depois, acompanhá-lo até um carro sem identificação.

Quando os oficiais acompanharam o amigo dele, Eduardo Li, um costa-riquenho membro do Comitê Executivo, no térreo, uma manada de repórteres já havia chegado ao Baur au Lac. Em pânico, funcionários do hotel, desesperados em proteger a privacidade dos hóspedes, se adiantaram e conduziram Li por uma saída lateral. Um deles estendeu um lençol entre a porta do hotel e o carro da marca Opel que aguardava Li junto ao meio-fio, impedindo que os fotógrafos tirassem fotos dele. Em questão de minutos, essa imagem icônica — o lençol recém-lavado que escondia a identidade de um cartola preso por seus negócios sujos — espalhou-se por todo o mundo.

Lá em cima, em uma das suítes, Neusa Marin, esposa do ex-presidente da Confederação Brasileira de Futebol, José Maria Marin, desesperada, ligou[4] para o quarto de Marco Polo Del Nero, que sucedera seu marido na CBF em março. A polícia tinha acabado de bater à sua porta e, enquanto o marido arrumava uma mala, ela implorava que Del Nero o ajudasse. O homem recomendou que ela ficasse calma e disse que logo estaria lá.

— Ele está vindo — Neusa garantiu ao marido de 83 anos de idade.

Mas Del Nero não foi. Em vez disso, desceu, tomou café da manhã, participou de uma reunião emergencial com cartolas do futebol brasileiro em outro hotel e depois foi diretamente ao aeroporto de Zurique para voltar ao Brasil.

Entre aqueles que tomaram o desjejum no restaurante do hotel naquela manhã também estava Alejandro Burzaco.[5] Ele havia chegado em Zurique no dia anterior, mas estava hospedado no Park Hyatt, a poucos quarteirões dali.

O presidente da Torneos y Competencias já tinha planos de se encontrar com o presidente da Conmebol no Baur au Lac às nove horas para discutirem pagamentos de propina para a Copa Libertadores, e saíra de seu hotel meia hora antes.

Durante o trajeto realizado a pé, Burzaco recebeu duas mensagens incitando-o a olhar as notícias do *The New York Times*. Havia uma investigação norte-americana sobre a corrupção no futebol, prisões haviam sido feitas e ele, de alguma forma, estava metido naquilo. Alarmado, mas também curioso, continuou sua caminhada até o hotel para ver o que era tudo aquilo.

Quando chegou, o Baur au Lac estava cercado por repórteres, e os seguranças haviam fechado a entrada principal, mas deixaram Burzaco entrar no restaurante por uma porta lateral. Na sala destinada ao café da manhã, ele encontrou uma cena de caos. Esposas cujos maridos haviam sido levados choravam. Funcionários do meio futebolístico, frenéticos, tentavam contratar advogados para os colegas presos. A batida acontecera horas antes, a polícia já não estava mais presente e ninguém sabia com exatidão o que estava acontecendo.

Burzaco pediu sua refeição e permaneceu ali por quase uma hora e meia enquanto discutia com gravidade sobre a situação com amigos e colegas. As pessoas se perguntavam quem havia sido preso e se a investigação afetaria a eleição presidencial da Fifa na sexta-feira.

Depois do café da manhã, o argentino subiu para o quarto de outro cartola, em seguida, saiu do hotel e caminhou até uma cafeteria onde se encontrou com um advogado para discutir a sua situação. De lá, ele ligou para o genro de Julio Grondona, o falecido chefe da Associação Argentina de Futebol, que também estava em Zurique, e lhe pediu que o levasse de carro para a Itália imediatamente. Em poucas horas, Burzaco estava em Milão, bem longe da polícia suíça.

As autoridades conseguiram rastrear Rafael Esquivel, que tinha sido presidente da Federação Venezuelana de Futebol por 28 anos e era acusado de receber propina de Hawilla, Burzaco e dos Jinkis tanto pela Copa América quanto pela Libertadores. Ele estava hospedado no Renaissance e tomava sempre café da manhã com Luis Segura, que era o presidente da Associação Argentina de Futebol na época.

Enquanto comiam, os dois homens discutiram acaloradamente a respeito das prisões, imaginando se seriam ou não de alguma forma envolvidos no caso.

— Ei, veja isto! — Luis Segura disse, de repente, ao rolar a tela do celular. — O seu nome está na lista![6]

Esquivel foi escoltado pela polícia suíça para fora do hotel alguns minutos depois, arrastando uma mala de rodinhas atrás de si.

Perseguidas por telefonemas de repórteres, as autoridades suíças logo reconheceram as prisões, pondo um fim ao plano cuidadosamente programado daquele dia. As leis de privacidade suíças proíbem a publicação de nomes e de imagens de acusados até que a pessoa seja condenada, mas aquele 27 de maio logo se transformou num anárquico cada um por si.

— Tínhamos ordens de conduzir as prisões em sigilo, evitando fotografias — um dos policiais que prendeu Esquivel confessou a um repórter que testemunhou a cena em primeira mão.

O agente do FBI em Zurique, em contato constante com as autoridades suíças, repassou informações após cada uma das prisões subsequentes aos seus colegas em Nova York. Os nomes dos acusados haviam sido escritos numa das lousas brancas, e os agentes riscavam um a um à medida que as prisões eram confirmadas, Webb, Li, Julio Rocha, Costas Takkas, Eugenio Figueiredo, Marin e, por fim, Esquivel. E foi só. A operação, informou o agente, chegara ao fim.

Porém, isso representava apenas metade da lista. Os promotores sabiam que Warner estava em Trinidad e Tobago, e um pedido de prisão preventiva já estava a caminho de Port of Spain, com outro sendo enviado ao Paraguai para a prisão de Nicolás Leoz. Mas eles ainda tinham esperanças de também apanhar Burzaco e Hugo e Mariano Jinkis, na captura em Zurique. Seria possível que tivessem sido alertados pela imprensa e fugido?

Berryman acabou saindo do escritório por volta das 2h30 da manhã. Ele ainda tinha um longo dia pela frente, mas, naquele momento, não havia muito a fazer a não ser dormir por algumas horas.

Caminhando na direção de seu hotel, Berryman notou como as ruas de Manhattan estavam desertas àquela hora. Ele tinha acabado de participar de um dos maiores trabalhos policiais, o mais difícil e excitante de toda a sua vida. Notícias da batida tumultuariam a Europa, abafando qualquer outra coisa. No entanto, ali, na capital financeira do mundo, onde tanto do dinheiro do suborno fluiu ao longo dos anos e onde o caso foi montado, parecia que nada estava acontecendo.

"Puta merda!", Berryman pensava ao caminhar. "Puta merda!"

* * *

A batida à porta de Aaron Davidson foi ouvida bem antes do nascer do sol.

Ele comprou o apartamento de três quartos no 12º andar de um arranha-céu em Brickell Key no fim de 2012, na época em que Sanz havia comprado sua casa em Coconut Grove. O escritório da Traffic ficava a uma pequena distância a pé, do lado oposto da ilha, e o apartamento de Davidson, que custara US$ 1,2 milhão, tinha uma sacada espaçosa com vista para a baía Biscayne e uma bela academia.

Ele tinha ido para a cama na terça-feira à noite antes que as notícias se espalhassem e permaneceu alheio ao tumulto que varria o mundo futebolístico até que Jared Randall e vários outros agentes federais chegaram trazendo um mandado de prisão. Davidson ficou surpreso, mas é claro que ele sabia o que estava acontecendo. Muitas das coisas estranhas que se sucederam ao longo dos anos de repente começaram a fazer sentido, e ele sentiu mágoa e raiva crescentes por Hawilla.

Foi Hawilla, ele percebeu então, que o traíra, incitando-o a fazer uma viagem repentina e peculiar para o hotel perto de LaGuardia no ano anterior. Foi Hawilla quem lhe garantiu incessantemente que a investigação não tinha nada a ver com ele, que ele estava a salvo e que não estava sendo investigado. Fora tudo uma mentira. Como pôde ser tão estúpido?

Davidson ficou surpreso com a amabilidade de Randall e não ofereceu resistência. Assim como Hawilla, Daryan e Daryll Warner, ele acompanhou os agentes até o escritório local do FBI, contratou um advogado, renunciou ao seu direito de um primeiro comparecimento em Miami e voou diretamente para Nova York sob custódia. Ele foi a 18ª pessoa a ser presa naquele dia.

Randall tinha voado para Miami no dia anterior, insistindo em estar ali em vez de permanecer na sala de guerra com os outros membros principais da equipe. Depois de prender Davidson, Randall se apressou para South Beach para se juntar ao grupo de agentes do FBI e da Receita Federal que se preparava para entregar o mandado de busca na administração da Concacaf.

Eles chegaram à Concacaf antes das seis da manhã numa minivan sem identificação, com dúzias de caixas de papelão vazias e mostraram o mandado para o segurança do prédio. Como todo o resto na operação cuidadosamente orquestrada, a batida deveria ter sido conduzida em sigilo, para poder ser anunciada quando as acusações fossem reveladas mais tarde naquele mesmo dia. Mas, de alguma forma, uma equipe de televisão equipada com uma câmera já os aguardava quando eles chegaram,[7] filmando toda a operação.

* * *

Às 10h30 da manhã, Norris, num conservador terno cinza, camisa branca e gravata azul, postou-se de mãos cruzadas diante de uma plateia de jornalistas e câmeras no Gabinete da Procuradoria-Geral dos Estados Unidos, no Brooklyn, ouvindo outras pessoas descreverem seu caso para o mundo.

A artilharia pesada estava toda ali. Loretta Lynch, que começara a trabalhar como procuradora-geral apenas um mês antes, depois de uma das mais prolongadas disputas da história, pronunciou-se primeiro. Depois, foi seu substituto no Brooklyn, o procurador-geral adjunto Kelly Currie, seguido pelo diretor do FBI James Comey, que, com seus mais de dois metros de altura, pairava acima da nova e baixinha procuradora-geral. Richard Weber, o diretor de cabeça lustrosa do Departamento de Investigações Criminais da Receita Federal falou em seguida, finalizando com orgulho a coletiva de imprensa que ensaiara antes.

— Esta é, de fato, a Copa do Mundo das fraudes[8] — disse ele —, e hoje nós estamos mostrando o cartão vermelho para a Fifa.

Norris ajudou a esboçar todos os pontos mencionados, preparou gráficos explicando como os esquemas de suborno funcionavam e montou o comunicado à imprensa e o pacote de informações entregue aos repórteres. Assim, ele conquistou a admiração dos seus pares no Departamento de Justiça por ter mantido sigilo por tanto tempo, e mesmo outros promotores no Brooklyn se maravilharam por ter conseguido ficar de bico fechado em relação a um caso que dominara sua vida por quase cinco anos.

Quarenta minutos depois, um repórter fez uma pergunta detalhada sobre a Copa América, e Currie, que não tivera envolvimento algum com o caso até fazer parte do Distrito Leste de Nova York, no fim do ano anterior, chamou Norris ao microfone.

Finalmente, Norris teve a chance de receber os créditos por todo o seu trabalho árduo. Seu momento sob os holofotes, entretanto, durou no máximo trinta segundos.

— A acusação é bem detalhada e existe um sumário na segunda página — disse ele, parecendo mais sério do que de costume. — Consultem o item sobre o esquema da Copa América. — Foi só o que ele disse.

Na coletiva de imprensa, era para ter sido a primeira vez que o mundo ouviria a respeito da captura, das acusações e da confissão de culpa de Blazer, Hawilla e dos irmãos Warner, sendo que tudo estava sendo revelado ao mesmo tempo. Esse era o plano.

Logo em seguida, o procurador-geral da Suíça anunciaria sua própria investigação criminal, concentrada na licitação para as Copas do Mundo de 2018 e 2022, e informaria ao público que, além das prisões, tinham feito uma batida na sede da Fifa naquela manhã.

Mas não foi assim que aconteceu.

As autoridades suíças estavam furiosas porque o vazamento tinha comprometido a privacidade dos acusados e atraído os jornalistas para a sede da Fifa para testemunhar o que, supostamente, seria uma batida secreta executada pela polícia. E, ainda mais embaraçoso, a presença dos repórteres do *New York Times* no hotel deu ao público a impressão de que a força policial suíça agia à disposição da força policial norte-americana. Tudo foi, descrevendo de maneira sutil, uma situação constrangedora.

Ainda assim, se o objetivo era atrair publicidade, deu certo.

A notícia foi grande nos Estados Unidos, mas, em todo o resto do mundo, foi como se uma bomba nuclear tivesse sido detonada. Não se falava em outra coisa. Os Estados Unidos enfrentaram a corrupção no futebol, algo que ninguém acreditou que pudesse acontecer em parte alguma, e Loretta Lynch recebera as glórias de seu maior caso como procuradora-geral.

Em meio ao furor, a Fifa já tinha dado sua coletiva de imprensa. Um porta-voz, Walter de Gregorio, de modo bizarro, reivindicou os créditos pela investigação e assegurou que a eleição presidencial ainda aconteceria dali a dois dias.

— Joseph Blatter — disse um impaciente De Gregorio — está muito tranquilo porque sabe e já sabia de tudo antes. E, hoje, confirmou, uma vez mais, que não está envolvido.[9]

Mohammed bin Hammam e Vitaly Mutko, ministro dos Esportes russo, ambos opinaram sobre a notícia horas antes de as acusações terem sido reveladas. Até mesmo Jack Warner, escondido em Trinidad e Tobago, conseguiu falar alguma coisa antes de as pessoas que de fato montaram a investigação mais importante da história do futebol tivessem a chance de se pronunciar.

— Se o Departamento de Justiça me quer, eles sabem onde me encontrar — Warner disse a um repórter.[10] — Durmo muito bem à noite.

Menos de três horas mais tarde, Warner se entregou para a polícia em Port of Spain. Embora um juiz tenha estabelecido fiança de 2,5 milhões de dólares de Trinidad e Tobago, ou aproximadamente US$ 400 mil, Warner não foi capaz de apresentar a documentação necessária a tempo e foi forçado a passar a noite na cadeia.

Um mandado de prisão preventiva também foi enviado ao Paraguai, mas, antes de conseguir chegar ao seu destinatário, Nicolás Leoz se internou num hospital, alegando ter sofrido de uma crise coronariana. Fontes próximas aos seus advogados observaram timidamente que o código criminal paraguaio proíbe a prisão de qualquer um que sofra de uma doença grave.

A Argentina também tinha recebido mandados de prisão preventiva, mas, até então, ninguém fora preso, o que significava que pelo menos três acusados estavam desaparecidos — Burzaco e os dois Jinkis. Randall, tendo terminado de entregar os mandados em Miami, voou de volta a Nova York e começou a preparar os chamados "alertas vermelhos" para a Interpol, que alertaria todos os países do mundo para que detivessem os acusados restantes caso eles tentassem atravessar suas fronteiras.

Em seguida, vieram os pedidos de extradição. Havia sete homens na cadeia em Zurique, além de Warner em Trinidad e Tobago e Leoz no Paraguai, e os Estados Unidos tinham de solicitar formalmente a extradição de cada um deles.

Em outras palavras, ainda havia muito trabalho a ser feito. Conforme a noite se aproximava, as pessoas envolvidas no caso começaram a sair do Gabinete da Procuradoria-Geral dos Estados Unidos, no Brooklyn, para voltarem para casa. Alguns conseguiram dormir algumas horas entre a captura da meia-noite e a coletiva de imprensa, mas todos estavam exaustos.

Norris, ainda furioso com o vazamento, finalmente, acabou indo embora também, sem fazer menção à Peter Luger, a churrascaria onde planejara levar Randall e Berryman para comemorar.

Vinte e oito

"Um grande dia para o futebol"

Treze horas antes da captura, Zorana Danis entrou num tribunal federal no Brooklyn[1] ao lado de seus advogados. Com tantas coisas acontecendo naquele dia, a promotoria dos Estados Unidos só dispunha de um único procurador assistente, Sam Nitze, que havia sido incorporado ao caso apenas um ano antes, para testemunhar o momento da verdade de Danis.

Charmosa e atraente, a proprietária do International Soccer Marketing havia se tornado popular na investigação desde que mudou de lado, no final de 2013. Ela ajudou os investigadores a entenderem algumas das complexidades do futebol sul-americano e foi essencial na construção do caso contra Nicolás Leoz.

Danis recebeu permissão para se defender contra apenas duas acusações, sendo que nenhuma delas envolvia extorsão. Uma era de conspiração em fraude eletrônica graças à propina que pagara em troca dos direitos de patrocínio na Copa Libertadores, e a outra era por fazer uma declaração falsa em seu imposto de renda porque tentara colocar um suborno de US$ 1,25 milhão como despesa dedutível.

— Eu sabia que minha conduta ao pagar propinas e comissões era errada — Danis, que também havia concordado em devolver US$ 2 milhões, disse ao juiz. — Isso não deveria ter acontecido.

Na manhã seguinte, quando o grande indiciamento foi aberto no Brooklyn, também foram revelados os documentos de acusação contra Blazer, Hawilla e os dois irmãos Warner. Mas Danis não estava neles.

Na verdade, a promotoria certificou-se de que nem uma única palavra sobre ela fosse mencionada por qualquer pessoa.

* * *

Em casos Rico, os promotores raramente consideram a investigação encerrada quando as acusações são entregues. Na verdade, isso costuma ser apenas o começo. Muito antes de enfrentarem o Grande Júri, os promotores planejam um documento para uma segunda acusação, chamada de "indiciamento substituto", que expande o número de réus. O primeiro indiciamento pode ser essencial para se chegar a ele.

Ao redigir o documento, Norris certificou-se de descrever cada uma das conspirações criminosas em detalhes, identificando o papel desempenhado por cada réu, ao mesmo tempo que informava pistas sobre contas bancárias, empresas de fachada e outras provas potenciais. Também recheou a acusação com menções a coconspiradores não identificados, 25 no total, deixando indícios fortes sobre quem era cada um deles era.

O coconspirador número dez, por exemplo, foi descrito como "um funcionário de alto escalão da Fifa, da Conmebol e da Associação Argentina de Futebol", o que o identificava como Julio Grondona. O coconspirador número sete era evidentemente Mohamed bin Hammam, mencionado como "um funcionário de alto escalão da Fifa e da AFC, a confederação regional que representa parte da Ásia", e que concorreu à presidência da Fifa em 2011.

O coconspirador número cinco era o "chefe da Controladoria" de uma empresa de Nova Jersey que controlava "patrocínios e direitos de patrocínios associados à Copa Libertadores" e que pagava "subornos e comissões para o réu Nicolás Leoz" e outros para manter esses benefícios. A única pessoa que possivelmente se encaixava nessa descrição era Zorana Danis.

Quando a acusação foi revelada, Norris soube que se espalharia como um incêndio em meio aos dirigentes corruptos do futebol em todo o mundo. Eles inspecionariam cada linha, tentando decifrar como o caso estava se desenvolvendo, que direção tomaria e se também estavam ou não sendo investigados.

A descrição do coconspirador número cinco identificaria Zorana Danis para aqueles que a conheciam. Norris fizera isso deliberadamente. Ao manter em segredo a confissão de culpa dela, a promotoria sinalizava que ela também deveria ser um alvo.

Alguém, quase certamente, ligaria para Danis para discutir as propinas, para lhe perguntar o que ela sabia, ou para lhe dizer que ficasse calada, sem nunca suspeitar que ela vinha cooperando com os agentes federais e que estaria gravando seus telefonemas.

Essa era a beleza de um indiciamento detalhado e muito bem descrito: assim que ele é revelado, os telefones começam a tocar.

* * *

Na manhã seguinte às prisões, a Concacaf convocou uma reunião emergencial em Zurique para empossar um novo presidente. Alfredo Hawit, de Honduras, era o vice-presidente mais antigo da confederação, portanto, pelo estatuto, automaticamente assumiu o posto, assim como — ironicamente — Lisle Austin tentara fazer, sem sucesso, exatos quatro anos antes.

Samir Gandhi, o procurador da Sidley Austin, foi para a cidade num voo noturno partindo de Nova York, e a cena que testemunhou no hotel Renaissance assemelhava à de um funeral. Os delegados do Caribe, em especial, estavam atordoados. Alguns choravam abertamente, enquanto outros protestavam, furiosos, dizendo que aquilo era uma enorme conspiração. Ninguém conseguia acreditar que Jeffrey Webb, o grande reformador, a esperança caribenha, fosse, na verdade, um corrupto.

Em meio a tanto ranger de dentes, Gandhi apresentou um plano de ação. A confederação precisava lançar de imediato uma investigação internacional, tanto para descobrir quanto Webb roubara como para determinar qual alcance teria a exposição dos atos criminosos.

— Vocês vão nos apoiar? — ele perguntou aos delegados.

Pela segunda vez em três anos,[2] a Concacaf se autoinvestigava por motivos de corrupção.

No dia seguinte, 29 de maio, Joseph Blatter se apresentou para a reeleição, ignorando legiões crescentes de descontentes raivosos do lado de fora do Hallenstadion, em Zurique, onde a votação aconteceria. Tomando seu lugar no palco diante de 209 membros da associação, ele desconsiderou com desdém as alegações de que dezessete anos à frente da Fifa já eram mais que suficientes.

— O que é a noção do tempo?[3] O tempo é infinito e nós o dividimos. Considero que o tempo que passei à frente da Fifa seja bem curto e que continuará sendo — Blatter desafiou. — Eu simplesmente gostaria de permanecer com vocês.

O sentimento parecia ser mútuo. Apenas dois dias depois de o mundo saber que existia uma imensa investigação que comparava a organização presidida por ele à máfia, Blatter foi eleito para o seu quinto mandato. Venceu com folga o príncipe Ali, com 133 votos contra 73 na primeira rodada, levando seu rival a desistir.

No dia seguinte, Blatter disse a um repórter de uma rádio que as prisões haviam sido cuidadosamente planejadas para minar a sua candidatura.

— Com respeito ao sistema judiciário dos Estados Unidos — disse ele —, se eles têm um crime financeiro relacionado aos cidadãos norte-americanos, então, devem prender essas pessoas lá, e não em Zurique enquanto estamos num congresso.[4]

No domingo, Jack Warner, saído da cadeia sob fiança, exibiu duas entrevistas gravadas que ele conduzira, vestido com a cor verde-limão de seu partido político. Ele também acusou os Estados Unidos de conspirarem contra o futebol, alegando que "ninguém lhes deu o direito[5] de fazerem o que estão fazendo".

Como prova dessa conspiração, Warner mostrou uma cópia impressa de uma publicação norte-americana: "Fifa freneticamente anuncia a Copa do Mundo de 2015 no verão dos Estados Unidos", dizia a manchete.

— Se a Fifa é tão ruim, por que os Estados Unidos querem sediar a Copa do Mundo? — Warner perguntou, com uma expressão incrédula. — Aceite a derrota, como um homem, e vá em frente.

Mas as alegações de Warner logo se tornaram piada quando foi revelado que o artigo citado era do *The Onion*, uma publicação satírica.

316 *Ken Bensinger*

Então, na segunda-feira, surgiu um novo vazamento. O *New York Times*, uma vez mais citando fontes anônimas próximas à investigação criminal norte-americana, relatou que Jérôme Valcke, o secretário-geral de Blatter, aprovara pessoalmente a transferência de US$ 10 milhões pagos pela África do Sul a Jack Warner, como parte do esquema para ganhar o direito de sediar a Copa do Mundo de 2010.

No dia seguinte, 2 de junho, a Fifa convocou jornalistas em sua sede para uma coletiva de imprensa emergencial. Por terem sido convocados sem aviso prévio, apenas algumas poucas dezenas de repórteres chegaram a tempo de ver Blatter, num terno azul e gravata listrada, assumir o palco.

— A Fifa necessita de uma ampla vistoria — anunciou Blatter, falando em francês. — Por mais que eu tenha recebido o mandato de membros da Fifa, não sinto que o tenha recebido de todo o mundo do futebol; dos fãs, dos jogadores, dos clubes, das pessoas que vivem, respiram e amam o futebol tanto quanto todos nós da Fifa. Portanto, resolvi renunciar ao meu mandato e convocar um congresso eletivo extraordinário. Continuarei a exercer minhas funções como presidente da Fifa até essa eleição.

Foi inacreditável; algo que os fãs do futebol jamais teriam imaginado uma semana antes. Joseph Blatter, recém-reeleito como senhor supremo do mundo futebolístico havia meros três dias, estava renunciando. "Um grande dia para o futebol", foi a manchete do tabloide britânico *The Daily Mirror*. "Blatter, acabou, pessoal", comemorou o *Daily Express*.

* * *

Por uma incrível coincidência, *Paixões unidas*, um filme de US$ 27 milhões encomendado por Blatter e quase que inteiramente pago pela Fifa, estreou nos Estados Unidos apenas três dias depois de o chefe do futebol ter anunciado sua renúncia.

Apenas duas pessoas foram ao cinema[6] Laemmle, no bairro North Hollywood, em Los Angeles, para a primeira exibição na tarde de 5 de junho. Um senhor, imigrante mexicano, disse estar ali porque gostava da Copa do Mundo. O outro, após ter assistido ao filme, disse que ele "era muito estranho" e que lhe pareceu bem pouco honesto em retratar a história.

O filme, no qual Tim Roth estrelou como Blatter, apresentou-se como uma biografia cuja personagem principal é a Fifa. Na verdade, trata-se de uma história que mostra como aparentemente todos na Fifa, por mais de um século, eram irremediavelmente corrompidos, intolerantes, corruptos ou incompetentes — exceto Blatter, que emerge como uma espécie de santo esforçado e dedicado apenas ao esporte e a milhões de crianças pobres que o jogam ao redor do globo.

João Havelange, seu predecessor, é descrito como um maquinador insensível e comprador de votos, que entra em choque com Blatter ao lhe dizer que mantinha uma lista negra sobre seus rivais para usá-la contra eles. Já a Inglaterra, cuja imprensa atormentou Blatter durante todo o seu mandato, é descrita como racista, sexista e convencida. Na história, a única personagem, além de Blatter, que escapa desse tipo de tratamento brutal é Horst Dassler, o pai intelectual da indústria do marketing esportivo que, então, estava no centro da pior crise da Fifa de todos os tempos.

Quando foi exibido pela última vez, em 11 de junho, a bilheteria total do filme nos Estados Unidos foi de US$ 918. *Paixões unidas*, um filme concebido para enaltecer Joseph Blatter, recebeu a distinção de ser o lançamento comercial de pior resultado na história americana.

* * *

No fim da manhã do dia 9 de junho, Alejandro Burzaco, acompanhado por um advogado,[7] deixou o luxuoso hotel Greif, na montanhosa cidade medieval de Bolzano, no nordeste da Itália. Vestindo uma camisa social azul e jeans, ele atravessou a praça do mercado da cidade, passou diante da catedral de oitocentos anos, do período românico, para, por fim, chegar à delegacia, onde se entregou.

Burzaco vinha se comportando com discrição desde que chegara a Milão, no dia 27 de maio, viajando pela Itália na companhia do seu advogado argentino, que era um amigo próximo e encurtara as férias para se encontrar com ele. Para evitar serem rastreados, os dois homens dividiam quartos de hotel registrados no nome do advogado, até que se mudaram para um apartamento acanhado numa praia da costa oeste da Itália.

Burzaco logo contratou um advogado de defesa de Nova York, que foi duas vezes para a Itália para discutir sua situação. Ele tinha dupla cidadania, sendo ítalo-argentino, portanto poderia permanecer na Itália enquanto esperava o tempo passar e apostava na possibilidade de não ser deportado caso fosse apanhado. Ele poderia tentar voltar para a Argentina, mas correria o risco de ser preso no aeroporto. Ou poderia ligar para os promotores no Brooklyn e oferecer sua cooperação na esperança de um acordo de leniência.

Burzaco pertencia a uma família proeminente na Argentina. Seu irmão foi congressista e chefe da polícia de Buenos Aires, e era bem relacionado com o candidato favorito a ser o próximo presidente do país. Ainda assim, a pedido do governo norte-americano, a maioria dos bens de Burzaco foi bloqueada na época das apreensões. E, no mesmo dia, seus funcionários em Buenos Aires destruíram incontáveis documentos comprometedores da empresa, assim como o servidor secreto de computador no Uruguai, onde havia anos de subornos registrados.

Após refletir um pouco, ele decidiu abrir mão da extradição e tentar a sorte com o Departamento de Justiça dos Estados Unidos. Escolheu se entregar em Bolzano porque era uma pequena cidade que ficava fora dos roteiros turísticos mais procurados e com isso esperava atrair pouca atenção. Mas a polícia local, sedenta por publicidade, resolveu fazer uma coletiva de imprensa, e os repórteres logo cercaram a pequena cadeia da cidade.

Dois dias mais tarde, Burzaco recebeu um telefonema do irmão dizendo-lhe que ele corria perigo. Aparentemente uma ordem fora dada em Buenos Aires para que a polícia estadual o impedisse de falar com os promotores americanos a qualquer custo, mesmo que tivessem de matá-lo para isso.

Burzaco ainda estava na Itália, em prisão domiciliar num hostel nas proximidades de Bolzano enquanto aguardava ansiosamente que as formalidades para a extradição fossem concluídas. Sua família e alguns amigos foram visitá-lo nesse meio-tempo, e ele se convenceu de que estava tomando a decisão correta.

Finalmente, em 29 de julho, Burzaco voou da Itália para o aeroporto Kennedy em Nova York, onde Jared Randall o recebeu no portão de desembarque e o prendeu. Ele começaria a se reunir com os promotores no dia seguinte, mas, por acaso, seu time favorito, o River Plate, estava jogando a primeira rodada da Copa Libertadores naquela noite. Randall, que tinha de vigiá-lo até ele fazer o acordo, sintonizou o jogo num rádio portátil para que pudessem ouvi-lo.

Burzaco foi acusado dois dias depois. Assistindo da tribuna estavam sua irmã, a mãe, o irmão, a ex-mulher e diversos amigos.

De acordo com um estudo de 2009 referente a cortes criminais em todo o país, o valor médio de uma fiança para todos os tipos de crimes era de US$ 55.400, sendo que homicídio, o mais grave dos crimes, chegava a um pouco mais de US$ 1 milhão. O presidente executivo da Torneos y Competencias, com 51 anos de idade na época, não foi acusado de nenhum crime violento, muito menos de homicídio. As acusações que enfrentava eram fraude eletrônica, lavagem de dinheiro e extorsão. Mas ele também não era um réu comum, e aquele não era um caso típico.

A fiança de Burzaco seria de US$ 20 milhões, garantida por US$ 3,3 milhões em dinheiro, três imóveis e suas ações na Torneos, que os promotores estimavam valer pelo menos US$ 15 milhões. Ele foi colocado em prisão domiciliar em Nova York, sem permissão do FBI para sair da casa, e teria de pagar por seguranças particulares 24 horas por dia, além do monitoramento por GPS.

A investigação tinha outro delator, de certo modo, tão importante quanto fora Hawilla ou Blazer. Burzaco disse aos promotores que havia pagado mais de US$ 150 milhões em subornos para dezenas de cartolas do futebol ao longo de muitos anos. Ele era muitíssimo inteligente, instruído, amante do futebol e falava inglês impecavelmente. Quase quatro meses mais tarde, Burzaco também recebeu seu acordo de cooperação, concordando em admitir culpa em três acusações e devolvendo a soma considerável de US$ 21.694.408,49.[8]

* * *

Em 26 de julho, o México derrotou a Jamaica por 3 a 1, diante de 69 mil torcedores no estádio Lincoln Financial Field, na Filadélfia, conquistando o seu décimo título da Copa Ouro. Ao final da partida, o novo presidente hondurenho da Concacaf, Alfredo Hawit, foi ao meio do campo e entregou o enorme troféu para o meio-campista mexicano Andrés Guardado, que fizera o primeiro gol da partida com um drible espetacular.

No mesmo dia, Hawit teve um encontro particular com Fabio Tordin,[9] um consultor de Miami, para discutir a tentativa fracassada da empresa de marketing esportivo Full Play, mais de três anos antes, de conseguir os direitos da Copa Ouro e de outros campeonatos da Concacaf. Foi Tordin quem fez a negociação, primeiramente colocando Hugo e Mariano Jinkis em contato com Hawit e dois outros centro-americanos e, depois, ajudando a coordenar os pagamentos das propinas.

Quando a investigação criminal norte-americana veio a público e os Jinkis foram indiciados, Tordin disse a Hawit que se preocupava com a possibilidade de outros subornos serem descobertos. Somente Hawit havia recebido US$ 250 mil, e Tordin estava aterrorizado. O presidente da confederação respondeu, com tranquilidade, que não havia motivo para preocupações visto que ele havia engendrado um modo inteligente de cobrir seus rastros usando um contrato falso. Ninguém jamais saberia de nada.

Infelizmente para Hawit, Tordin estava usando uma escuta. Pouco depois que a acusação foi anunciada, os promotores no Brooklyn lhe enviaram o que era conhecido como carta-alvo, alertando-o de que estava sob investigação. Por isso, Tordin contratou um advogado e, em pouco tempo, também passou a cooperar.

O tempo de Hawit como presidente da Concacaf acabou sendo extremamente breve.

Vinte e nove

Um defensor zeloso

David Torres-Siegrist dirigia sua minivan para casa[1] depois de ter cantado no coral da missa de meio de semana em Arcádia, Califórnia, quando seu treinador assistente de futebol o chamou no celular.

— É o meu tio — disse o homem. — Ele foi preso e precisa de ajuda. Seu nome é Eugenio Figueredo.

Torres-Siegrist tinha cinco filhos. Além dos seus compromissos junto à igreja que frequentava, ele trabalhava como voluntário num time de futebol juvenil como treinador, era monitor de um grupo de escoteiros e participava da Associação de Pais e Mestres na escola dos filhos. Também era um advogado atuante que havia cuidado de uma ampla variedade de litígios civis nos últimos doze anos, grande parte deles processando ou defendendo pequenas municipalidades em disputas de contratos.

O nome Figueredo não lhe pareceu conhecido, portanto Torres-Siegrist imaginou que deveria se tratar de algum problema pequeno, talvez direção alcoolizada, e respondeu que ficaria feliz em ajudar.

— Maravilha! — respondeu o amigo. — Quando você pode ir para Zurique?

Torres-Siegrist, que tinha cabelos cacheados castanhos, barba curta e modos informais, nascera e fora criado no sul da Califórnia; preferia bermudas e chinelos e nunca fora portador de um passaporte antes. Na manhã seguinte, dirigiu-se à agência governamental expedidora de passaportes na região oeste de Los Angeles e esperou na fila por horas para conseguir um emergencial.

No dia seguinte, 29 de maio, ele partiu para Zurique, aproveitando o voo de onze horas para se atualizar na torrente de notícias sobre a Fifa que dominou o mundo desde o início das prisões, dois dias antes. Ele não acompanhava o futebol internacional e, até então, não fazia ideia de que o tio uruguaio do seu amigo fazia parte da elite mundial do esporte, muito menos que era um dos oficiais que fora preso no Baur au Lac.

Chegando à Suíça, ele foi diretamente do aeroporto encontrar-se com a esposa de Figueredo, Carmen Burgos, que estava hospedada na casa de um amigo. As contas bancárias de Figueredo haviam sido bloqueadas, e Burgos, já exausta, descobrira que não poderia sacar um mero franco suíço nos caixas automáticos.

O indiciamento era nos Estados Unidos, por isso ela sabia que o marido precisaria de um advogado norte-americano, mas os poucos com quem ela conversara mencionaram honorários gigantescos, além disso, Burgos achava o processo todo muito assustador.

Torres-Siegrist era norte-americano e falava espanhol. Talvez, Burgos sugeriu, ele pudesse ajudar a negociar um preço melhor com os advogados. Mas, após ter passado os dias seguintes em Zurique, em reuniões com diversas das grandes firmas de advocacia, o advogado da Califórnia ficou enojado.

Em vez de discutirem os fatos do caso, os advogados das firmas só queriam falar da remuneração. Os honorários de uma delas eram de US$ 1.400 a hora; de outra, US$ 1.800; uma terceira se recusava a ir até Zurique a menos que Burgos depositasse várias centenas de milhares de dólares como caução. Torres-Siegrist, então, sugeriu uma alternativa mais viável: contratá-lo. Era verdade que ele nunca tinha lidado com um caso criminal antes, mas algo em seu íntimo lhe dizia que ele conseguiria fazer aquilo.

O que eles tinham a perder? O advogado suíço que Figueredo já havia contratado os incitava a abrir mão da extradição e fazer um acordo o mais rápido possível. Um advogado uruguaio que voara de Montevidéu deu-lhes o mesmo conselho. Os Estados Unidos, disseram eles, eram simplesmente poderosos demais. Figueredo perderia o processo de extradição inicial, disseram eles, e mesmo com apelos à Suprema Corte da Suíça, ele acabaria sendo arrastado até o Brooklyn em não mais do que seis ou sete meses.

Torres-Siegrist acreditava ser capaz de fazer mais do que aquilo. Quando não estava com Burgos, entrevistando advogados ou visitando Figueredo em sua imaculada cela suíça, ele ficava pensando incessantemente sobre o caso e as questões que se referiam a ele.

Aquele não era um típico caso Rico. Era algo muito maior. Tratava-se de esporte, claro, mas também de política global, e assuntos imensos e complicados como identidade nacional, sem mencionar os incontáveis bilhões gastos em transmissões televisivas, patrocínio e infraestrutura em torno de cada Copa do Mundo. A Fifa era poderosa, e, pela desvairada comoção dos torcedores em todo o mundo após as prisões, era difícil acreditar que alguém no planeta estivesse contente com o estado das coisas. Por certo, pensou Torres-Siegrist, devia existir alguém que estivesse insatisfeito com as investigações e tivesse conselhos úteis para partilhar.

Depois de uma semana em Zurique, ele tinha de voltar para sua família. No dia anterior ao regresso, contudo, pegou um trem para Berna, a capital do país, e pediu um táxi. Era um dia cinzento e chovia forte quando Torres-Siegrist tocou a campainha no portão da embaixada russa.

A inspiração, como se referiria a isso mais tarde, surgiu-lhe num rompante. A Rússia sediaria a próxima Copa do Mundo, em 2018. Se existia alguém que poderia criticar a vultosa investigação norte-americana que questionava a integridade da Fifa e do futebol como esporte e que também dispunha de recursos para fazer algo a respeito, sem dúvida, era a Rússia.

Depois de algum tempo, um guarda apareceu. Era sábado, por isso ninguém do Departamento Legal da embaixada estava ali, ele explicou. Torres-Siegrist, encharcado, entregou-lhe seu cartão de visita e voltou a entrar no táxi que o aguardava.

"Um advogado", Torres-Siegrist repetia com frequência para si mesmo, citando as regras de conduta profissional da Ordem dos Advogados dos Estados Unidos, "pode ser um defensor zeloso dos interesses de um cliente".

* * *

Figueredo, baixo e magro, acabrunhado, começara sua vida no futebol como lateral-direito do Huracán Buceo,[2] um time de Montevidéu, e lentamente foi subindo na hierarquia do esporte, tornando-se, finalmente, o presidente da Conmebol em 2013. Fora do futebol, o único emprego que Figueredo teve por algum tempo foi como vendedor de carros usados. Jovem, trabalhou por um curto período numa revendedora da Volkswagen, mas pediu demissão para abrir sua própria pequena concessionária de carros usados. Fechou a loja quando completou sessenta anos, alegando ser sua única fonte de renda. Mas ele enriqueceu graças às décadas de propinas recebidas das empresas de marketing esportivo em sua posição como primeiro dirigente do futebol do Uruguai e, especialmente, da Conmebol.

Ele investiu grande parte desse dinheiro em imóveis, basicamente no Uruguai, e também em um próspero território na região nordeste de Los Angeles chamado Arcádia, onde o sobrinho favorito de sua esposa morava. Entre as propriedades, estava uma casa de luxo com seis quartos e piscina, que Figueredo comprou por US$ 475 mil e, mais tarde, acabou valendo pelo menos o triplo disso.

Ele foi cuidadoso e usou várias empresas de fachada, bem como inúmeras variações dos nomes da esposa e dos filhos, para esconder a verdadeira propriedade de todos esses bens. Além disso, em 2005, solicitou a cidadania norte-americana, falsamente alegando sofrer de "demência severa" para se esquivar da exigência de proficiência na língua inglesa.

Steve Berryman havia rastreado até essa mínima informação, assim como as declarações de renda fraudulentas, permitindo que os promotores atingissem Figueredo com acusações adicionais que acrescentariam 25 anos à pena máxima, tornando mais plausível a probabilidade de ele cooperar.

Figueredo esteve envolvido com a Conmebol por duas décadas e tinha um relacionamento próximo com os homens mais poderosos do esporte. Não havia como saber que informações ele poderia entregar assim que as autoridades suíças autorizassem sua extradição e ele estivesse cooperando como todos os outros.

* * *

Sentado à mesa da sala de conferências no Brooklyn, do lado oposto de Evan Norris, Torres-Siegrist descobriu que estava ficando de muito mau humor.

Estavam na segunda metade do mês de julho, e seu cliente, Figueredo, ainda estava na sua cela na cadeia da Suíça. Os advogados suíço e uruguaio estavam também no caso do qual estava pendente convencer Figueredo a fazer um acordo, alegando que os promotores o tratariam melhor caso agisse com mais rapidez.

Essa parecia ter sido a estratégia de Jeffrey Webb. Aconselhado por seu advogado americano, então sócio de uma grande firma multinacional, mas que já tinha sido promotor federal em Nova York por quase uma década, Webb abriu mão da extradição assim que a petição formal foi emitida pelos Estados Unidos em 1º de julho.[3]

O ex-presidente da Concacaf chegou ao aeroporto Kennedy em 15 de julho. Ele foi detido e libertado em um intervalo de três dias com o pagamento de uma fiança de US$ 10 milhões. Para garantir a sua liberdade, Webb teve de entregar as escrituras de dez propriedades suas, da esposa e de vários familiares; o fundo de pensão da esposa; a parte dela num consultório médico; uma dúzia de relógios de luxo; grande parte das joias da família; e três carros — inclusive sua Ferrari novinha.

Webb teve de entregar até a aliança da esposa.[4] Isso foi sugestão de Berryman. Ele havia rastreado um pagamento suspeito no valor de US$ 36 mil a uma joalheria e, depois de ter passado algum tempo pesquisando as fotos postadas on-line da luxuosa festa de casamento do casal em 2013, percebeu aonde tinha ido parar aquele dinheiro.

Torres-Siegrist estava ansioso em discutir com os promotores os termos da cooperação, mas Norris só estava interessado em discutir o valor da fiança. Ele queria US$ 15 milhões, sendo que boa parte teria de ser em espécie, e isso não era negociável. Cooperação era algo que eles podiam discutir assim que Figueredo estivesse no Brooklyn.

Torres-Siegrist ficara sabendo sobre como os promotores apertaram Webb, que havia feito de tudo para agradá-los. Ele conversou também com os advogados de alguns dos outros réus, partilhando informações sobre o caso, e eles também reclamaram das fianças gigantescas pedidas. Até mesmo Aaron Davidson, peixe pequeno se comparado a alguns dos dirigentes no caso, teve de pagar US$ 5 milhões.

O advogado californiano olhou ao redor na sala de conferências. Ela estava um pouco castigada pelo uso ao longo dos anos, era prática, mas, certamente, não causava grande impressão. Era assim, então, que aquele lugar tão temido era por dentro, pensou ele.

Os dois advogados deviam ter mais ou menos a mesma idade, mas, de certa forma, não poderiam ser mais diferentes. Norris frequentara a faculdade de Direito de Harvard, e tudo nele irritava Torres-Siegrist, em especial sua atitude fria e superior. Torres-Siegrist frequentara a Universidade Southwestern, em Los Angeles, conhecida pelo seu programa de meio período para as pessoas que precisavam trabalhar enquanto estudavam, e passou alguns anos dando duro em casos menores em pequenos tribunais do Condado de Los Angeles. Norris, ele pensou, agia como um odioso elitista.

A caminho do Brooklyn, Torres-Siegrist fez uma breve parada em Washington, onde foi até a embaixada russa para se encontrar com um advogado que havia entrado em contato com ele pouco depois de ter deixado seu cartão de visita na Suíça. O advogado russo disse que estavam pesquisando o caso e também sugeriu que Torres-Siegrist voltasse à embaixada da Rússia da próxima vez que retornasse à Suíça.

Figueredo, com 83 anos de idade, vinha sendo bem claro: não queria ser extraditado. Aceitar cada uma das exigências intratáveis daquele advogado de Harvard não pareceu ser uma defesa zelosa de seu cliente, aquilo mais se parecia com uma rendição. Para Torres-Siegrist, aquela não era uma opção.

* * *

Em 24 de julho, Torres-Siegrist reuniu-se com um contato político da embaixada russa em Berna, que lhe entregou registros de casos antigos nos quais os Estados Unidos perderam mandados de extradição na Suíça. Um deles, de 2005, envolvia um cientista nuclear russo[5] que o governo suíço prendeu atendendo a ordens de promotores norte-americanos que o acusaram de roubar US$ 9 milhões dos fundos do Departamento de Energia. Antes que ele pudesse ser extraditado, contudo, a Rússia preencheu seu próprio pedido de extradição também o acusando de crimes financeiros. A Rússia venceu, e os Estados Unidos nunca conseguiram colocar um único dedo nele.

O segredo para manter alguém longe dos Estados Unidos era algum outro país, de preferência o da sua cidadania, peticionar a sua extradição. O contato político sugeriu, então, a Torres-Siegrist que tentasse descobrir se o Uruguai poderia iniciar um inquérito contra Figueredo.

O russo também sugeriu enfaticamente que o advogado fosse a São Petersburgo, onde a Fifa estaria promovendo o sorteio dos grupos para a Copa do Mundo de 2018, no Palácio de Constantino, no dia seguinte. Como primeiro encontro oficial antes do campeonato, todos os dirigentes principais da Fifa estariam presentes, e havia alguém importante que desejava encontrar-se com ele lá.

Em menos de três horas, o contato lhe arranjou um visto de sete dias, e Torres-Siegrist reservou seu voo enquanto esperava. Ele passou a tarde de 25 de julho jogando conversa fora com dirigentes do futebol no Palácio de Constantino, onde recebeu tratamento de tapete vermelho e foi acolhido na área VIP. Por fim, recebeu um telefonema pedindo-lhe que fosse ao aeroporto Levashovo na manhã seguinte, e que alguém passaria em seu hotel naquela noite para recolher todos os seus aparelhos eletrônicos — celular e laptop — antes da reunião.

Levashovo era uma base militar, completamente diferente do aeroporto comercial no qual Torres-Siegrist chegara ao país. Às vezes, era utilizado por aviões particulares e, enquanto o advogado esperava, observou um fluxo constante de dirigentes da Fifa sendo trazidos em Bentleys com motoristas para que pegassem os voos de volta para suas casas, dentre eles Joseph Blatter.

Por fim, Torres-Siegrist foi chamado a uma sala de reuniões, onde foi acolhido por Vitaly Mutko.

Mutko, de rosto arredondado e expressivo e cabelos negros penteados para trás, era presidente da União de Futebol da Rússia, membro do Comitê Executivo da Fifa e presidente do comitê organizador local para a Copa do Mundo de 2018. Desde 2009, ele também era ministro do Esporte e um conselheiro próximo a Vladimir Putin, que conhecera no início dos anos 1990, quando os dois trabalhavam no governo municipal de São Petersburgo.

Falando em inglês com um sotaque bastante carregado, Mutko disse a Torres-Siegrist que estava a par do caso Figueredo e estava ansioso para ajudar.

— Como pode ver — disse o ministro —, nós gastamos bilhões de dólares em infraestrutura para a Copa do Mundo.

Ele ainda acrescentou que era altamente desejável para os Estados Unidos difamar a Fifa e, por extensão, a Copa do Mundo na Rússia.

A reunião durou vinte minutos, durante os quais Mutko falou de um modo geral sobre o caso, mas também mencionou estratégias específicas que poderiam ser usadas para derrotar os norte-americanos no pedido de extradição. Sobre algumas coisas, disse ele, Torres-Siegrist seria informado e participaria delas; outras, por necessidade, seriam feitas sem o seu conhecimento.

— Todos os recursos estarão disponíveis para isso — Mutko lhe garantiu antes de se despedir.

Torres-Siegrist voltou para seu hotel, apanhou o celular e o laptop e voou de volta à Suíça, com a cabeça atordoada. Ele não sabia muito bem como sua vida comum como advogado que litigava em disputas de contratos municipais dera uma guinada tão dramática. Mas, pelo menos, ele agora conseguia visualizar muito bem para onde o caso do seu cliente estava indo.

* * *

Em 14 de setembro, Loretta Lynch concedeu, em Zurique, uma coletiva de imprensa conjunta com Michael Lauber, o procurador-geral da Suíça. Aparentemente, ela viajara até lá para participar de uma reunião anual de promotores federais, mas os funcionários públicos norte-americanos do alto escalão normalmente não compareciam a tais eventos.

Na realidade, a presença dela era parte de um esforço para aplacar a situação com as autoridades suíças, ainda incomodadas com o vazamento ocorrido durante as prisões de 27 de maio. O fato de a conferência dos promotores acontecer na Suíça naquele ano deu a desculpa perfeita para que Lynch subisse ao palco com Lauber, apertasse sua mão diante das câmeras e elogiasse o trabalho de seus companheiros.

— Quero agradecer ao governo suíço pela sua assistência no processo de extradição — disse Lynch. — Não poderíamos querer um parceiro melhor do que o procurador-geral Lauber.

Três dias mais tarde, o Departamento de Justiça Federal da Suíça decidiu a favor da petição para levar Figueredo para os Estados Unidos, tornando-o assim o primeiro dirigente do futebol preso naquele caso a enfrentar a extradição forçada. Segundo a lei, Figueredo tinha um mês para apelar.

Em 13 de outubro, apenas um dia antes do prazo final, a Corte Contra o Crime Organizado do Uruguai formalmente submeteu à Suíça uma petição para a extradição de Eugenio Figueredo, acusando-o de fraude e de lavagem de dinheiro.

Promotores em Montevidéu ressuscitaram um indiciamento realizado dois anos antes que fora feito contra Figueredo, Julio Grondona e a Conmebol, acusando-os de corrupção.

O indiciamento alegava que ele e outros oficiais da Conmebol haviam conspirado para rejeitar ofertas concorrentes pelos diretos dos torneios de futebol porque aceitaram propinas dos atuais detentores de tais direitos. Não oferecia provas concretas, apenas a sugestão de que as autoridades "seguiriam o dinheiro para determinar quem estava se beneficiando indevidamente". Os promotores uruguaios ignoraram o indiciamento quando ele foi apresentado — questionando, entre outras coisas, se ele não poderia, em vez disso, ser levado ao Paraguai, visto que era onde a Conmebol estava sediada — e isso caiu numa espécie de limbo legal.

Então, de repente, e bem na hora certa, o indiciamento não tão fundamentado se tornou uma investigação ativa. Na sua petição, a corte dizia que Figueredo foi indicado como estando disposto a "cooperar com o sistema judiciário uruguaio", que buscaria uma sentença de dois a quinze anos para ele.

Poucos acreditaram que a petição uruguaia fosse obter sucesso. Afinal, era um minúsculo país, se comparado tanto em tamanho quanto em população com o estado de Oklahoma. Por mais que, em relação a demais países sul-americanos, tivesse uma democracia bastante estável, sua reputação quanto à imposição das leis não chegava perto à dos Estados Unidos.

A maior diferença, no entanto, estava no teor das acusações. As feitas pelos Estados Unidos contra Figueredo estavam amparadas por uma investigação detalhada e completa que inequivocamente expunha os argumentos dos promotores em relação aos delitos baseada em testemunhas múltiplas e uma resma de documentos.

A teoria do Uruguai parecia sutil em comparação. Baseava-se, em grande parte, em acusações sem provas do indiciamento de dois anos antes e a única evidência era os registros de doze anos de transações imobiliárias entregues pelo próprio Figueredo, que a corte do Uruguai argumentava dizendo que "não se relacionavam com sua capacidade econômica,[6] nem de nenhuma fonte de renda legítima derivada do seu trabalho como dirigente de um esporte".

Além disso, a petição não trazia argumentações substanciais quanto à natureza das fraudes que alegadamente geraram todo o dinheiro de Figueredo, além de mencionar vagamente que tanto dinheiro só podia ser "fruto de conspirações e esquemas artificiais" destinados a prejudicar várias instituições do futebol.

Apesar das diferenças gritantes entre as duas petições, em 9 de novembro, o Departamento Federal de Justiça da Suíça deu ganho de causa ao Uruguai, dizendo que, porque Figueredo abria mão da extradição para o Uruguai e não para os Estados Unidos, eles o enviariam para casa — desde que os Estados Unidos não fizessem objeção.

Só que os Estados Unidos de fato fizeram. Os advogados do Departamento de Justiça alegaram que, já que os Estado Unidos pediram a prisão do dirigente do futebol sul-americano em maio, "muito antes de o Uruguai ter entrado com o pedido de extradição do senhor Figueredo", deveriam receber prioridade.

Com o apelo norte-americano pendente, Torres-Siegrist planejou viajar para Nova York no início de dezembro para se encontrar pela segunda vez com Norris e discutir a fiança de Figueredo. Todos esperavam que o Uruguai fosse perder. Era hora, diziam os promotores, de o país enfrentar a situação com seriedade. Mas algo no íntimo do advogado lhe disse para não ir ainda, e ele postergou a reunião.

Em 18 de dezembro, a corte suíça uma vez mais favoreceu o Uruguai, declarando que as acusações criminais descritas na petição cobriam "todos os fatos contidos no pedido de extradição norte-americano" e apontando a idade e a condição física de Figueredo como fatores decisivos. "Melhores perspectivas de reabilitação parecem estar no Uruguai", dizia o parecer judicial, observando que a decisão não impedia os Estados Unidos de solicitarem, no futuro, a extradição de Figueredo ao Uruguai por conta da fraude de imigração.

Torres-Siegrist estava profundamente adormecido quando o telefonema com a boa notícia o despertou. Eram três da manhã em Arcádia, mas ele não se importou. Esse fora o caso mais excitante e difícil da sua vida, e ele dançou pelo quarto, dando gritos de pura alegria.

Mais tarde, naquele mesmo dia, depois de ter confirmado três vezes que Figueredo de fato iria para o Uruguai e que essa decisão era final, Torres-Siegrist foi até a agência de correios de Arcádia e enviou um cartão de boas-festas alegremente decorado para Norris, no qual estava escrito: "Feliz Natal!".

TRINTA

PLUS ÇA CHANGE

NA ESCURIDÃO, ANTES DO AMANHECER, POLICIAIS suíços à paisana entraram uma vez mais no saguão do Baur au Lac,[1] precisamente às seis da manhã da quinta-feira de 3 de dezembro de 2015.

Assim como seis meses antes, a polícia chegou sem fazer alarde, da maneira mais imperceptível possível. Desta vez, entretanto, os policiais estavam determinados a manter a operação sigilosa debaixo dos panos, e instruíram os funcionários do hotel a esvaziarem o saguão. Depois, subiram para os quartos do presidente da Concacaf, Alfredo Hawit, e de Juan Ángel Napout, o presidente paraguaio da Conmebol.

Os dois homens eram vice-presidentes da Fifa e estavam na cidade para participar de dois dias de reuniões do Comitê Executivo, que haviam começado na tarde anterior. Os dois latino-americanos foram a um jantar para os dirigentes de alto escalão no exclusivo restaurante Sonnenberg na noite anterior e, naquele dia, eram esperados novamente na sala de reuniões subterrânea da Casa da Fifa às nove da manhã para uma segunda reunião, na qual o comitê votaria uma série de reformas que visavam à melhoria da integridade da instituição.

Hawit, que viajara para a Suíça com a esposa, abriu a porta quase que imediatamente após a polícia ter batido, e um dos policiais leu a ordem de prisão, que foi traduzida em alemão, inglês e espanhol. Ele respondeu ao policial que tinha o direito de contatar o consulado de Honduras.

Ele e Napout tiveram tempo para se trocarem e arrumarem uma mala, depois, foram acompanhados para o ar gélido invernal de fora do hotel e, apressados, cruzaram a ponte até o estacionamento onde diversos carros sem identificação os aguardavam. Em pouco mais de meia hora, foram todos embora, e os funcionários do Baur au Lac se apressaram para concluir os preparativos para o café da manhã.

As prisões, que praticamente espelharam aquelas realizadas em maio, marcaram o ápice da segunda fase das investigações sobre o futebol.

Oito dias antes, o Grande Júri Federal no Brooklyn entregou um indiciamento substituto, que, de alguma forma, conseguiu fazer com que a primeira versão do documento parecesse insignificante. Com 236 páginas, o novo documento de acusação ficou entre os mais longos e detalhados da história das cortes federais norte-americanas.

O indiciamento foi redigido por Norris com o auxílio de outros oito promotores assistentes norte-americanos no caso. Só o sumário tinha uma página e meia e continha 92 acusações de crime contra 27 réus. Dezesseis desses eram novos, embora muitos fossem dirigentes que Norris e os outros promotores estivessem investigando havia anos, mas não tinham conseguido acusar da primeira vez, tais como Ricardo Teixeira e Marco Polo Del Nero, do Brasil.

Esses nomes foram acompanhados por um bando de outros nomes do futebol ligados a vários esquemas de corrupção. Os promotores conseguiram expandir o caso exponencialmente graças, em grande parte, à torrente de cooperadores que os procuraram no Brooklyn nos meses anteriores, na esperança de fazerem acordos de leniência.

De fato, não menos do que sete pessoas se declararam culpadas naquele mês de novembro, entre elas Alejandro Burzaco, Jeffrey Webb e José Margulies, um intermediário brasileiro-argentino que auxiliara Hawilla, entre outros, pagando incontáveis propinas por várias décadas. Todos estavam ajudando na investigação de forma sigilosa e, coletivamente, concordaram em entregar mais de US$ 41 milhões em troca dos seus acordos de cooperação.

Toda aquela ajuda adicional permitiu que a promotoria intensificasse e solidificasse significativamente as alegações reveladas em maio, fortificando o caso existente contra homens como Leoz, Warner e os dois Jinkis, que ainda brigavam contra a extradição em seus países de origem.

No entanto, uma leitura atenta das novas acusações mostrou que a maior parte do novo terreno conquistado nos seis meses precedentes vinha da América Central. Sete dos novos nomes nesse indiciamento vinham dessa região, entre eles Hawit.

Assim como Jeffrey Webb havia chegado à presidência da Concacaf no rastro de um escândalo que derrubou o líder anterior, projetando-o como um reformador, Hawit também assumiu o poder em meio ao caos e prometeu mudanças positivas.

— A Concacaf tem sido vítima de fraude[2] — Hawit disse apenas um dia depois das prisões de 27 de maio. — Estamos num momento importante do jogo, um momento que não devemos desperdiçar. A Concacaf permanece pronta para auxiliar no processo de reconstrução da Fifa de uma maneira que fortaleça o esporte nos muitos anos vindouros.

Entre os primeiros atos que ele implantou como presidente foi a decisão de formalmente despedir Webb, e, alguns dias mais tarde, a Concacaf também suspendeu Enrique Sanz, motivada pela revelação de que ele estivera secretamente cooperando com o Departamento de Justiça. Em agosto, Hawit despediu o secretário-geral, acometido pelo câncer,[3] pagando-lhe um montante não revelado como acordo de rescisão.

Assim como Webb começou seu mandato anunciando uma investigação interna sobre a liderança anterior da confederação, que foi conduzida pela Sidley Austin, Hawit também lançou uma investigação interna, de novo conduzida pela Sidley Austin.

E assim como Webb foi o primeiro nome do indiciamento original, e foi arrancado, bem antes do nascer do sol, do conforto luxuoso do Baur au Lac e lançado para a desonra e a vergonha pública, Hawit também, seis meses mais tarde, passou por isso.

Três presidentes sucessivos da Concacaf — Warner, Webb e Hawit — e três presidentes sucessivos da Conmebol — Leoz, Figueredo e Napout — corrompidos, indiciados e desgraçados. Como dizem, um *déjà-vu*.

Norris escreveu no indiciamento: "A corrupção nesse meio tornou-se endêmica.[4] Certos réus e seus coconspiradores subiram ao poder, acumularam ilegalmente significantes fortunas pessoais ao defraudarem as organizações às quais foram escolhidos para servir, foram expostos e, depois, expulsos dessas organizações ou forçados a renunciar. Outros réus e seus coconspiradores chegaram ao poder no rescaldo do escândalo, prometendo mudanças. Mais do que remediar o prejuízo feito ao esporte e às instituições, esses homens e seus companheiros rapidamente se envolveram nas mesmas práticas ilegais que enriqueceram seus predecessores."

Houve mais um aspecto em que a segunda rodada de prisões no Baur au Lac se assemelhou àquela ocorrida em maio.

Quinze minutos antes de a polícia suíça entrar no luxuoso hotel do centro de Zurique, na manhã de 3 de dezembro, um repórter do *New York Times*[5] passou pelas portas giratórias e se acomodou no saguão diante de uma bela vista. Enquanto os policiais chegavam com seus carros, um fotógrafo que aguardava do lado de fora enviou uma mensagem ao repórter, que passou a informação aos editores em Manhattan.

O repórter enviou um *tweet* do seu telefone como furo de reportagem das prisões às 6h01 e, vinte minutos mais tarde, o jornal publicou um artigo no seu site, mais de doze horas antes de Loretta Lynch agendar uma coletiva de imprensa em Washington para anunciar os indiciamentos.

Uma vez mais os promotores foram passados para trás pelo *Times*.

* * *

Em 26 de fevereiro de 2016, Joseph Blatter acordou cedo[6] e começou a dançar, como fazia todos os dias. Essa era a principal forma de se exercitar do homem de 79 anos, que começava alongando o corpo compacto. Com o rádio sintonizado numa estação local de música pop, Blatter andou se sacolejando ao redor do amplo apartamento localizado no distrito mais abastado da cidade, no alto de uma colina com vista para as margens orientais do lago Zurich.

Contudo, aquela não era de modo algum uma manhã como as outras, pois, dentro de poucas horas, Blatter — e o mundo — estaria testemunhando, após dezoito anos, a eleição de um novo presidente da Fifa.

A eleição era o ponto central de um congresso da Fifa que começava, naquela manhã, no Hallenstadion, a cavernosa arena do outro lado da cidade

338 *Ken Bensinger*

que era o lar do formidável time de hóquei de Zurique, o zsc Lions. Milhares de pessoas, incluindo dirigentes, a imprensa e espectadores, se acotovelariam no estádio para a eleição, mas Blatter não estaria entre eles. Ele fora banido pelo Comitê de Ética da Fifa de todas as atividades futebolísticas, o que significava que seria forçado a assistir à eleição de casa, pelo tablet.

O gestor suíço jamais imaginara que sua vida no futebol terminaria daquela maneira. Nas últimas quatro décadas, a Fifa vinha ocupando uma posição central em sua vida. Ele fazia a maioria das refeições e recebia a maior parte dos visitantes no Sonnenberg, o restaurante adjacente à antiga Casa da Fifa; sua residência se localizava exatamente entre as duas sedes da instituição e até os porta-copos da sua cozinha tinham o logo da Fifa.

A decisão de renunciar ao cargo após a humilhação das prisões, no mês de maio anterior, não fora fácil de ser tomada, mas, pelo menos, isso lhe propiciaria uma transição tranquila ao sair da poderosa instituição. Ao mesmo tempo, ele desempenharia o papel de abençoar o sucessor escolhido — assim como João Havelange fez com ele quando foi eleito pela primeira vez em 1998. Afinal, Blatter não fora citado no indiciamento norte-americano e, por conta da concentração das investigações nas Américas do Sul e do Norte, parecia improvável que fosse.

Seu plano era estar no Hallenstadion naquele dia especial, para poder, pessoalmente, e com graciosidade, entregar a coroa da Fifa para seu líder seguinte, que, esperava ele, o recompensasse com a mesma presidência honorária vitalícia que fora dada a Havelange em 1998. Aquele seria o ponto alto do legado de Blatter, que, naquele momento, era mais importante do que tudo para ele.

Mas as coisas não aconteceram como planejado. Durante as reuniões do Comitê Executivo, no mês de setembro anterior, a Procuradoria-Geral suíça fez uma batida na sede da Fifa,[7] vasculhando o escritório de Blatter e apreendendo numerosas caixas de documentos, bem como seu computador. A promotoria federal anunciou, então, que abrira uma investigação criminal contra Blatter.

O inquérito se referia a um pagamento de 2 milhões de francos feito por Blatter a outro dirigente, no início de 2011, enquanto estava em campanha de reeleição contra Mohamed bin Hammam. Ocorrendo tão próximo à eleição, aquilo pareceu preocupante, como se Blatter tivesse tentado comprar apoio político com o dinheiro da Fifa. Os promotores, então, quiseram saber se o dinheiro era de fato um "pagamento desonesto" feito "à custa da Fifa", o que, sob a lei da Suíça, seria um crime.

Duas semanas mais tarde, o Comitê de Ética da Fifa baniu Blatter temporariamente por noventa dias a depender da investigação sobre o pagamento. O estresse da situação estava começando a pesar seriamente em Blatter. Ele apelou contra o banimento, mas, enquanto aguardava uma decisão, sofreu um grave colapso nervoso, no início de novembro, e foi internado no hospital.

— Eu estava realmente entre os anjos que cantavam e o diabo[8] acendendo o fogo — disse Blatter depois de receber alta do hospital.

A Fifa finalmente negou seu apelo e, em seguida, baniu Blatter do esporte por oito anos, uma penalidade, depois, reduzida para seis anos. Para Blatter, que completaria 85 na época em que a sentença expirasse, o banimento da Fifa equivalia a uma expulsão vitalícia.

Nos nove meses anteriores, Blatter fora publicamente humilhado, envergonhado, zombado e repreendido, alvo de promotores em dois países e expulso da organização que definira boa parte da sua vida adulta. No entanto, quando o congresso de fevereiro se iniciou com um vídeo prometendo "um novo caminho para o progresso", o antigo e vivaz relações-públicas pareceu estar surpreendentemente bem-humorado.

Vestindo jeans e um paletó cinza de alfaiataria por cima de uma camisa social azul-marinho, com suas iniciais bordadas nos punhos, Blatter sentou-se num banquinho na cozinha e assistiu ao evento em seu iPad, fazendo caretas ante os longos discursos e lançando comentários sarcásticos a respeito dos cinco candidatos à presidência.

— Por que está usando essa gravata verde estúpida, Jérôme? — perguntou, apontando para a tela enquanto o ex-diplomata francês Jérôme Champagne, seu velho amigo, começava a discursar.

Champagne, assim como o príncipe Ali e o candidato sul-africano, Tokyo Sexwale, não tinha muitas chances de vencer. Os que estavam na frente eram o xeique Salman bin Ibrahim, do Bahrein — o sucessor de Mohamed bin Hamman como presidente da Confederação Asiática de Futebol —, e Gianni Infantino, outro suíço que era secretário-geral da confederação do futebol europeu, a Uefa.

As eleições da Fifa eram eventos extremamente longos, e aquele não foi diferente, chegando a mais de cinco horas e meia de duração. Enquanto Blatter assistia, Corinne, sua filha única, periodicamente entrava na cozinha para ver como ele estava. Em outro cômodo, seus dois conselheiros conversavam baixo a respeito de sua estratégia de relações-públicas.

O apartamento era tipicamente suíço, quase sem enfeites, de uma maneira que cada detalhe atraía um grau extremo de atenção. Não havia quase nenhum dos troféus que se haveria de esperar de um homem que, por 41 anos, estivera no topo do mundo futebolístico. Na sala de estar, além de um vaso azul com flores secas, havia um certificado do Real Madrid nomeando Blatter como membro honorário. Na prateleira logo acima, havia uma lembrança emoldurada do papa Bento XVI e, ao lado, um porta-retratos de prata vazio. E isso era tudo.

No dia das prisões de maio, no Baur au Lac, Blatter ligou para o ministro da Defesa, a quem conhecia pessoalmente. O ministro contou a Blatter que o ministro da Justiça não havia avisado ninguém do governo sobre o que estava para acontecer. Tudo tinha se passado em segredo absoluto. Blatter, então, se convenceu de que toda aquela investigação era uma forma elaborada de vingança dos Estados Unidos, que ele acreditava estarem mordidos por não terem sido escolhidos como país-sede do mundial de 2022. A investigação de corrupção no futebol, em outras palavras, era um caso de frustração extrema.

— Se tivessem vencido — Blatter disse, com amargura —, eles não teriam começado isso.

No Hallenstadion, o penúltimo candidato a se pronunciar, Gianni Infantino, assumiu seu lugar no palco. Com cabeça calva e protuberante e sobrancelhas negras e grossas, começou mostrando sua habilidade linguística, falando primeiro em inglês, depois em italiano, alemão, alemão-suíço, francês, espanhol e, por fim, português.

— Cinco meses atrás, eu não pensava em me candidatar[9] — disse Infantino, voltando para o inglês. — Mas muitas coisas aconteceram nos últimos meses.

E continuou:

— A Fifa está em crise. Não temo assumir responsabilidades e seguir em frente, fazendo o que é certo para o futebol e o que é certo para a Fifa.

Infantino havia feito uma extensa campanha na África e na América Latina pregando transparência e reforma. Mas o centro da sua plataforma era dinheiro. Ele prometeu, repetidamente, aumentar os fundos distribuídos para cada uma das 209 associações-membros, a cada quatro anos, para US$ 5 milhões, mais de duas vezes e meia acima do que estava sendo distribuído na época. Além disso, prometeu um adicional de US$ 1 milhão para as federações nacionais mais pobres, para cobrir custos de viagem; US$ 40 milhões para cada confederação, para serem usados em projetos de desenvolvimento dentro dos países-membros; e US$ 4 milhões para torneios juvenis. Por fim, disse ele, expandiria a Copa do Mundo das atuais 32 para 40 seleções, o que significava mais oito países para receber enormes influxos de caixa a cada quatro anos.

O xeique Salman criticou o plano de Infantino, dizendo que ele levaria a Fifa à "bancarrota". Após as prisões, uma fila de patrocinadores, incluindo a Sony, a Johnson & Johnson e a Emirates Airlines, rasgou seus contratos com a Fifa, mesmo com as consequências do custo legal disso. A organização suíça sem fins lucrativos logo anunciaria um prejuízo de US$ 122 milhões em 2015, ano no qual, mais tarde seria revelado, pagou US$ 3,76 milhões a Blatter.

Salman também fez promessas financeiras, mas eram muito mais modestas e, disse ele, realistas. Mas o barenita evidentemente deixou de lado o que mais importava.

A plataforma de Infantino era condescendência pura e simples. Não importava em que idioma se expressasse, ele estava se oferecendo para comprar os votos usando os incríveis poderes de gerar dinheiro do esporte mais popular no mundo para financiar essa despesa, assim como Blatter fizera antes dele, e Havelange antes de Blatter. Lucro não precisava de tradução: a despeito de todo o escândalo e das promessas de reforma, o corpo gerencial do futebol ainda estava organizado em torno do oportunismo financeiro.

— O dinheiro da Fifa é o seu dinheiro — Infantino trovejou, incitando uma forte onda de aplausos e alguns gritos animados na plateia.

A votação em si foi um processo longo e agonizante, pois cada um dos membros se aproximava das cabines eleitorais, um de cada vez, atravessando o extenso piso da arena e parando para socializar e apertar mãos ao longo do caminho. Sem uma maioria absoluta após a primeira rodada, o processo se repetiu. Todo o exercício democrático demorou quatro horas e, para ocupar parte do tempo, Blatter e a filha entraram na Mercedes Classe S com motorista que a Fifa ainda o deixava usar sem custo e foram almoçar no Sonnenberg.

No fim, Infantino e sua promessa de grandes baldes de dinheiro que cascatearia das montanhas da Suíça venceram por 115 votos a 88.

Aos 45 anos, Infantino era muito mais jovem que seu predecessor. Como esperado, ele imediatamente prometeu mudanças profundas e se promoveu como um novo tipo de líder. De maneira notável, organizou um desfile com numerosas estrelas aposentadas do futebol para a segunda-feira seguinte à eleição dele — num clima terrivelmente úmido e cheio de neve. Mas era difícil deixar de perceber as semelhanças singulares entre ele e Blatter.

Ambos eram suíços, poliglotas e viviam dos seus trabalhos, administrando cada pequeno aspecto das organizações que gerenciavam. Ambos trabalharam em diversas secretarias sob a direção de presidentes carismáticos em seus cargos prévios. E ambos cresceram na remota região montanhosa da Suíça conhecida com Valais, nas pequenas cidades de Viso, e, no caso de Infantino, Briga, empoleiradas às margens da nascente do rio Ródano, quinze quilômetros de distância uma da outra.

Antes de sair para almoçar, Blatter lançou um olhar para a tela do tablet e observou o longo processo de votação, depois, balançou a cabeça calva.

— Não posso ser a consciência de todas essas pessoas — disse ele, fazendo uma breve pausa. — Estou feliz porque a minha presidência acabou.

* * *

Na primeira vez em que Steve Berryman se encontrou com Evan Norris e Amanda Hector, em setembro de 2011, ele foi preparado com uma longa lista de nomes de dirigentes do futebol que acreditava que fossem corruptos e deveriam enfrentar a justiça. Desde então, os promotores prenderam diversos deles e indiciaram tantos outros, mas muitos ainda permaneciam intocados.

As repercussões dos dois indiciamentos e de toda a publicidade que eles geraram foram tremendas. Pessoas surgiam dos lugares mais inesperados para oferecer informações úteis, como antigos funcionários da Torneos y

Competencias e da Full Play que, por anos, mantiveram em segredo listas das propinas para dirigentes do futebol.

Outros — incluindo o filho de um cartola do futebol sul-americano que fazia lavagem de dinheiro, a quem dois dos amigos de Berrryman na Receita Federal confrontara ao sair de um avião em Los Angeles e que foi logo pego numa mentira — precisaram de um pouco de encorajamento.

Esses novos cooperadores ajudaram a amarrar pontas soltas, tornando ainda mais claro que a teoria do caso que Norris desenvolvera era verdadeira e, mais importante, seria aceita no tribunal. Isso não se tornaria o mesmo insucesso do escândalo de Salt Lake City.

Contudo, encontrar até a última testemunha possível a fim de praticamente garantir as condenações de cada um dos réus nos julgamentos ou prender dirigentes do futebol da América Central que aceitaram uns trocados em troca de um resultado favorável num jogo não era o que motivava Berryman e o mantinha trabalhando dia após dia; isso era mais um dever de casa.

Mais de quatro anos de investigações incessantes acrescentaram um número considerável de desejos à lista original de Berryman, e era o seu propósito de caçá-los que o motivava. Eles eram os homens que debocharam e humilharam um lindo jogo com finalidades pessoais e egocêntricas. Se as vítimas derradeiras de toda essa corrupção eram os próprios torcedores, então Barryman, como um fã, também se considerava uma vítima.

Foi por esse motivo que ele sugeriu, logo no início, que Norris incluísse algumas linhas nos acordos de devolução de dinheiro que deixassem claro que o montante seria destinado às vítimas de corrupção em vez de ir para o Tesouro americano, como costuma acontecer. A ideia era que as organizações futebolísticas, assim que se endireitassem, requisitassem o dinheiro para reinvesti-lo no esporte, demonstrando a ideia de que eram os indivíduos, e não as instituições, que eram corruptos.

Norris adorou a ideia, sentindo que isso ajudaria a enviar a mensagem de que o caso não era uma imensa angariação de fundos por parte do Tio Sam. Começando por Hawilla, em cada um dos acordos de confisco aparecia que os fundos seriam "sujeitos à restituição" e que "quaisquer indivíduos ou instituições que se qualificassem como vítimas" poderiam requerê-los. Em março de 2016, a Fifa, então presidida por Infantino, fez exatamente isso: formalmente pediu que o Departamento de Justiça oferecesse alguns dos mais de US$ 200 milhões que os réus no caso, até aquele momento, tinham consentido em entregar em juízo.

Também foi Berryman quem incentivou Norris, quando este apresentou seu primeiro MLAT para a Suíça, a incluir um pedido para ver os documentos ocultos da investigação da International Sport and Leisure (ISL).

A resposta inicial da Suíça foi de duas páginas, graças às leis de privacidade restritivas do país, mas, no fim de 2015, o procurador principal no caso, Thomas Hildbrand, concordou em deixar Berryman ver tudo com a condição de que não poderia tirar fotos nem fazer anotações. Então, Berryman viajou até a Suíça e se sentou no escritório do promotor por uma semana, lendo 72 caixas de documentos antes de voltar para casa.

Era uma coisa maravilhosa, tão completa que inspirou Berryman a seguir em frente, revelando-lhe que muitas das suas suspeitas sobre o alto escalão da Fifa eram justificadas. O trabalho que os investigadores realizaram nos últimos cinco anos havia sido inovador, mas ele estava convencido de que muito mais ainda poderia ser feito. Com duas acusações completas, Berryman redobrou os seus esforços.

No início de 2016, Berryman foi até o Brooklyn para uma nova reunião na qual tentaria convencer seus superiores a respeito da importância da questão. Enfrentando um grupo maior de promotores do que em 2011, ele fez uma apresentação de três horas com a ajuda do PowerPoint em uma tentativa de convencer Norris e os outros a deixar que ele atraísse suas atenções para uma nova região do mundo.

A Confederação Asiática de Futebol tem 47 associações-membros, estendendo-se desde a Palestina e Jordânia, no Oriente Médio, até o Japão e a Coreia do Sul, no Leste Asiático, bem como a Austrália. Nenhum país da AFC jamais ganhou uma Copa do Mundo, mas a qualidade do jogo na região, e especialmente a influência dos seus membros no palco futebolístico mundial, vem progredindo constantemente.

O que mais interessou a Berryman na confederação foi o fato de que, até meados de 2011, seu presidente era Mohamed bin Hammam, o catarense bilionário cujos envelopes recheados de dinheiro em Port of Spain colocaram tudo em movimento, e que foi acusado muitas vezes de pagar propinas para ajudar seu país a conquistar o direito de sediar a Copa do Mundo de 2022.

Bin Hammam era um dos nomes no topo da lista original de Berryman. Embora ele fosse mencionado nos dois indiciamentos como um coconspirador anônimo, os promotores jamais se convenceram de que tinham provas suficientes para de fato indiciá-lo.

A Ásia era uma questão difícil de solucionar. Com grandes centros financeiros em Hong Kong, Xangai e Singapura, seu sistema bancário não dependia muito dos bancos correspondentes norte-americanos para fazer transferências de dinheiro para o Ocidente, o que dificultava a busca de Berryman por novas pistas sem deixar rastros. Ainda assim, ele bem sabia que só precisava de um delator bem situado para tudo se revelar.

Por isso, enquanto o restante da equipe se concentrava em extrair informações dos novos delatores sul-americanos em busca de provas, confiando em réus hesitantes em admitir sua culpa, e revisando intimações para garantir que nenhuma pedra deixaria de ser revirada, Berryman se ocupou em pesquisar dúzias de dirigentes da AFC atrás de um elo fraco. E quando ele, por fim, encontrou o que procurava, sentiu a mesma descarga de adrenalina que sentira quando espiou pela primeira vez a ficha de Chuck Blazer muitos anos antes.

Mais ou menos na época em que a Fifa elegeu Infantino como seu novo presidente, Berryman enviou dois de seus colegas para o oceano Pacífico com o objetivo de visitar os escritórios de uma obscura associação nacional em um país pouco conhecido pela qualidade de seu futebol. Os agentes perguntaram se podiam ver alguns documentos inócuos e deixaram para trás o cartão de visitas de Berryman.

Quando o presidente da associação entrou em contato, nervoso, alguns dias depois para ver do que se tratava, Berryman minimizou o significado. Ele já havia rastreado as contas do homem[10] e sabia que estava levando subornos por anos, incluindo um pagamento altamente suspeito de US$ 100 mil realizado pelo próprio Bin Hammam. Mas, assim como havia feito com Zorana Danis, o agente da Receita Federal se fingiu de bobo, sugerindo que eles se encontrassem pessoalmente.

Não era nada para se preocupar, Berryman assegurou, "apenas um caso chato de imposto".

Epílogo

O julgamento

Logo depois das sete da noite de 14 de novembro[1] de 2017, Jorge Delhón, vestindo terno e carregando uma maleta de couro, encontrou uma pequena passagem no arame farpado que cerca os trilhos do trem da linha metropolitana que cruza o bairro de Lanús, nos arredores de Buenos Aires, e se espremeu através dele. O advogado de 52 anos parou do outro lado da cerca e esperou.

Às 19h26, o trem 3251 da linha Roca atingiu Delhón enquanto se dirigia para o sul, matando-o instantaneamente. O maquinista declarou que viu o homem descer na direção dos trilhos e puxou o freio de emergência, mas foi tarde demais para parar o trem. Os policiais que investigaram a cena encontraram diversos papéis e documentos legais na maleta de Delhón, além de um bilhete rabiscado, aparentemente para sua esposa e seus quatro filhos.

"Eu amo vocês. Não posso acreditar", dizia o pedaço de papel.

Várias horas antes, Delhón havia sido citado em depoimento durante um julgamento no tribunal federal do Brooklyn. Alejandro Burzaco, ex-diretor executivo da Torneos y Competencias e, após a sua própria confissão, cooperador do governo, contou ao júri que, durante um período de três anos, havia pagado mais de US$ 4 milhões em propina a Delhón e um sócio.

As propinas, explicou Burzaco, foram pagas na época em que Delhón trabalhava como advogado contratado em uma iniciativa do governo chamada *Fútbol para Todos*, a qual, em 2009, havia adquirido os direitos de transmissão das principais ligas de futebol profissionais da Argentina. Durante muitos anos, quem controlava esses direitos era a Torneos, e a perda desse negócio havia sido um baque terrível.

Os pagamentos, que permitiram à Torneos manter as mãos no campeonato argentino, representavam apenas uma fatia minúscula de todos os subornos que Burzaco confessou ter pagado durante seus quase quinze anos na indústria do marketing esportivo. Segundo suas próprias estimativas, ele havia pagado pelo menos US$ 160 milhões em propinas a cerca de trinta pessoas ao longo dos anos, antes de ser indiciado, em maio de 2015.

A revelação era chocante, marcando a primeira vez em que a sórdida rede de pagamentos secretos apontada no caso do Departamento de Justiça havia sido diretamente ligada a autoridades públicas. A trágica morte de Delhón aconteceu pouco menos de noventa minutos depois que as notícias do depoimento de Burzaco eclodiram na Argentina, onde as agências de notícias acompanhavam o caso avidamente. As últimas ligações realizadas pelo advogado foram para outro suposto recebedor de propina, que, mais tarde, afirmou que Delhón parecia tão agitado que ele o convidou para ir a sua casa. Ele nunca chegou.

Na manhã seguinte, Burzaco, parecendo cansado e exaurido, desabou em lágrimas no banco dos réus antes mesmo de o júri se sentar, tendo que ser escoltado para fora para se recompor. O saguão do tribunal, cheio de advogados e jornalistas, ecoava com especulações sobre o que havia acontecido. Ele estaria abalado com o suposto suicídio? A pressão era grande demais?

Mas, fora do tribunal, Burzaco contou a um agente do FBI que um dos réus havia feito um gesto ameaçador para ele, movendo as mãos como se estivesse cortando sua garganta, e que já tinha feito esse mesmo movimento enquanto olhava para Burzaco no dia anterior.

O réu, Manuel Burga, havia sido presidente da Federação Peruana de Futebol durante doze anos, até o final de 2014, e foi acusado no segundo indiciamento do caso do futebol, um ano depois. Finalmente, foi extraditado para os Estados Unidos e, então, enfrentava uma acusação por conspiração Rico, que implicava uma sentença máxima de vinte anos.

Os dois outros réus, José Maria Marin, que havia sido presidente da Confederação Brasileira de Futebol, e Juan Ángel Napout, o ex-presidente uruguaio da Conmebol, também foram acusados de conspiração Rico, além de fraude eletrônica e lavagem de dinheiro.

Depois de uma hora, Burzaco voltou ao tribunal e ganhou as manchetes internacionais novamente com seu depoimento de como a Torneos, com a gigante da mídia mexicana Televisa e a brasileira TV Globo, havia pagado US$ 15 milhões em propina a um alto executivo da Fifa em troca dos direitos televisivos das Copas do Mundo de 2026 e 2030.[2]

Burzaco esclareceu ao júri, em detalhes, a mecânica de anos de acordos corruptos para as Copas Libertadores e América e explicou como utilizou contratos falsos e empresas-fantasma no exterior, que chamava de "veículos", para transferir propina por meio de pagamentos aparentemente legítimos.

Burzaco era uma testemunha fantástica. Exaustivamente preparado por seu advogado, o ex-procurador federal Sean Casey, que estivera com ele na Itália quando decidira cooperar, o carismático argentino era impressionantemente sério em certos momentos e absolutamente hilário em outros. Enquanto contava a história de sua decisão de ajudar a promotoria, Burzaco foi sóbrio e empático, desabando em lágrimas, mais uma vez, e deixando o tribunal em silêncio total.

Quando terminou o dia e o júri saiu do tribunal, a juíza Pamela Chen retornou ao gesto de Manuel Burga naquela manhã. A juíza, ex-promotora, disse ter visto uma fita de segurança de um dos incidentes e acreditava haver uma "causa provável para crer" que Burga tentara influenciar uma testemunha, o que configurava um crime federal grave.

Sob protestos veementes do advogado de Burga, que ameaçou pedir a anulação do julgamento, a juíza Chen colocou o réu no que chamava "prisão domiciliar extrema", limitando rigorosamente com quem poderia falar e cortando seu acesso à internet e a e-mails pelo tempo em que o caso continuasse aberto.

Se havia qualquer preocupação de que o tão esperado julgamento sobre a investigação do futebol nos Estados Unidos seria monótono e entediante, arrastando o júri por tecnicidades dolorosamente chatas, ela tinha sido esquecida. Por duas vezes, um cooperador do governo chorara no julgamento; um dos réus fizera, aparentemente, ameaças de morte no tribunal; e um advogado a mais de oito mil quilômetros de distância tirara sua própria vida após ter seu nome mencionado.

E era apenas o terceiro dia.

* * *

Evan Norris entrou na sala 4F norte do tribunal federal do Brooklyn na manhã seguinte, vestindo um casaco azul-escuro. Sentou-se no saguão entre os repórteres, as famílias dos réus e outros espectadores, com uma expressão levemente pensativa no rosto.

Após mais de cinco anos liderando o caso, de sua primeira fagulha de ideia até os dois indiciamentos em massa, saiu da função no início de 2017 e deixou o Departamento de Justiça em agosto do mesmo ano. Como acontece com a maioria dos procuradores federais em Nova York recebendo um salário do governo, a pressão financeira da vida em uma cidade cara finalmente havia alcançado Norris.

Então, Norris juntou-se ao grupo de investigações internacionais de um escritório que tinha entre seus clientes membros da alta sociedade, chamado Cravath, Swaine & Moore, trabalhando próximo a um de seus antigos supervisores do Distrito Leste. Em junho, recebeu um prêmio que o reconhecia[3] como o melhor procurador-geral adjunto dos Estados Unidos e, em sua festa de despedida, no Brooklyn, prometeu usar parte do seu novo salário na iniciativa privada para comprar sua primeira televisão, a qual, disse ele, havia pesquisado exaustivamente.

Amanda Hector, que havia entrado logo no início do caso e trabalhado diretamente com alguns dos delatores mais importantes, deixou o Departamento de Justiça em dezembro do ano anterior, aceitando um emprego como conselheira-geral em um fundo de investimentos.

Jared Randall, o jovem agente do FBI que foi o primeiro a se encontrar com Blazer, também deixou a agência. Seu objetivo de participar de uma missão permanente no exterior não se concretizou e, meses antes, ele foi transferido para o escritório do FBI em Los Angeles para trabalhar em investigações de corrupção internacional. Acompanhou o julgamento da melhor forma que conseguiu pelos noticiários.

Mike Gaeta, o agente veterano do FBI que soube de um potencial caso contra a Fifa pela primeira vez por meio de Christopher Steele em 2010, manteve contato com o ex-espião britânico. Por conta disso, foi a primeira autoridade norte-americana a receber o controverso dossiê de alegações de Steele sobre as tentativas da Rússia de influenciar a eleição presidencial dos Estados Unidos e a candidatura de Donald Trump.

No verão de 2017, Gaeta voltou a Nova York após mais de três anos alocado em Roma, mas o C-24, o Esquadrão contra o Crime Organizado Euro-Asiático, não estava mais sob seu poder. Perto da aposentadoria, recebeu um novo esquadrão para supervisionar e não acompanhou o julgamento da Fifa pessoalmente.

O único promotor restante com tempo considerável no caso antes do primeiro indiciamento, Sam Nitze, liderava a equipe de três promotores — que incluía ainda Keith Edelman e Kristin Mace — no julgamento. Um esguio ex-repórter[4] que trocara o jornalismo pelo direito, Nitze vinha se qualificando para o julgamento desde julho e, em setembro, ele e os outros promotores deram duro sete dias por semana para se prepararem.

Era um trabalho gigantesco. Todo julgamento era sinônimo de trabalho árduo, mas nenhum dos promotores havia lidado com um caso tão complicado como aquele antes. O grande volume de evidências, que somavam milhões de páginas, e a longa lista de potenciais testemunhas de todas as partes do mundo exigiam uma organização exaustiva, quase impossível. A preparação para o julgamento colocou uma pressão sobre suas vidas pessoais e os deixou exaustos antes mesmo de a seleção do júri ter início.

Entre as mais de quarenta pessoas acusadas no caso, 24 haviam confessado e concordado em cooperar, incluindo, mais recentemente, um banqueiro argentino[5] que confessou, em junho, ter ajudado Burzaco a manter contas na Suíça, onde milhões de dólares em propinas a Julio Grondona foram depositados em sigilo.

Quinze outros réus haviam escapado da promotoria. Jack Warner e Nicolás Leoz, dois alvos primários da investigação, impediram suas extradições com uma série de recursos.

Hugo e Mariano Jinkis, enquanto isso, haviam conseguido evitar totalmente a extradição quando, no final de 2016, um juiz argentino negou o pedido com base no fato de que os Jinkis, proprietários da Full Play, estavam sendo investigados por crimes semelhantes em seu próprio país. Esse inquérito, que segundo alguns boatos havia sido baseado em provas fornecidas pelos próprios Jinkis, parecia não dar em lugar algum. Dois meses depois, Mariano Jinkis ficou em segundo lugar em um torneio nacional de golfe e seu retrato sorridente saiu impresso nos jornais locais.

Entretanto, com apenas três exceções, todos os réus que foram levados aos Estados Unidos finalmente confessaram. Eram esses três homens, cada um dos quais havia sido extraditado contra sua vontade e insistido em sua inocência, que enfrentariam o julgamento a partir de 13 de novembro.

Como parte dos vários esquemas envolvendo propinas oferecidas por empresas de marketing esportivo em troca de direitos do futebol, os promotores declararam que Manuel Burga havia conspirado para receber US$ 4,4 milhões; José Maria Marin, US$ 6,5 milhões; e Juan Ángel Napout, US$ 10,5 milhões.

Provar as acusações feitas aos réus a um júri formado por cidadãos não familiarizados com o futebol, e ainda menos com a complexa legislação de fraude e crime organizado, testaria as teorias que Norris desenvolvera anos antes: que, por causa da corrupção, a Fifa e o futebol internacional operavam como sindicatos do crime organizado; que a corrupção era endêmica; que os homens à frente do esporte haviam abusado de suas posições de confiança em favor de seus próprios interesses; e que haviam dependido fortemente das instituições norte-americanas para praticar os seus crimes.

Mas não seria Norris quem defenderia esses argumentos. Tudo o que podia fazer, sentado no saguão com os espectadores, era observar.

* * *

Na petição apresentada pela Fifa[6] ao tribunal federal, solicitando a restituição de dezenas de milhões de dólares confiscados por réus condenados no caso, a organização suíça sem fins lucrativos atestava ser vítima de seus próprios cartolas corruptos que "abusaram brutalmente de sua confiança para enriquecer, enquanto causavam prejuízos significativos, diretos e indiretos, à Fifa".

"O dano causado pela ganância dos réus", continuava a petição, "não pode ser subestimado."

Em virtude da fuga dos patrocinadores, querendo se distanciar de uma organização queimada, além de despesas judiciais titânicas, a Fifa relatou perdas financeiras líquidas da ordem de US$ 122 milhões em 2015 e US$ 369 milhões em 2016, projetando um prejuízo ainda maior para os anos seguintes.

Em março de 2017, uma Fifa aparentemente castigada entregou uma investigação interna de corrupção de 1.300 páginas, encomendada ao procurador-geral da Suíça na sequência da primeira operação. Três meses depois, finalmente, publicou integralmente o Relatório Garcia, mantido em segredo por tanto tempo, sobre as candidaturas às Copas do Mundo de 2018 e 2022, mas apenas após uma agência de notícias alemã ameaçar vazar o documento.

A Procuradoria-Geral suíça, enquanto isso, não mostrava sinais de estar perto de resolver sua investigação em curso sobre Joseph Blatter. Anunciou, em junho de 2017, sua primeira condenação relacionada ao futebol. O alvo foi o mesmo banqueiro argentino que confessara no Brooklyn, em junho. Ele concordou em pagar uma multa de US$ 650 mil como punição pelos crimes de falsificação de documentos e não declaração de uma suposta lavagem de dinheiro, mas não enfrentaria pena de prisão.

A França também abriu sua própria investigação criminal sobre possíveis atos de corrupção nas candidaturas às Copas do Mundo de 2018 e 2022. E, entre maio e julho de 2017, a polícia espanhola prendeu o ex-presidente do popular clube Barcelona, além do presidente em exercício da federação nacional espanhola, como parte de investigações distintas envolvendo alegações de dinheiro sendo desviado de amistosos jogados pelas seleções brasileira e espanhola.

A Torneos, ex-empresa de Burzaco, assinou um acordo do tipo *deferred prosecution agreement* (DPA)* com o Departamento de Justiça, tendo substituído toda a sua estrutura administrativa. Burzaco concordou em entregar em juízo US$ 113 milhões. A Conmenbol encerrou seu contrato com a Datisa no início das acusações, livrando a confederação de encontrar outra parceira comercial para apoiar a Copa Centenário. Essa edição foi, em todas as

---

* Acordo pré-processual voluntário praticado nos Estados Unidos, no qual a promotoria concede anistia ao réu, concordando em retirar as acusações em troca do cumprimento de determinadas exigências. (N. T.)

instâncias, a de maior sucesso em toda a história da Copa América, chegando a quase 1,5 milhão de espectadores por partida, que foram televisionadas e assistidas em mais de 160 países.

Por sua vez, a Copa do Mundo de 2018, pela qual a Rússia lutara com tanto afinco em 2010, chamando a atenção indesejada de ex-espiões britânicos e agentes ativos do FBI, seguiria conforme o planejado.

Oito anos de uma das investigações internacionais mais intensas, ambiciosas e exaustivas da história dos Estados Unidos haviam abalado profundamente a Fifa e suas confederações, mas a Rússia ainda tinha a sua Copa do Mundo.

A partir de junho de 2018, centenas de milhões de torcedores dispostos a esquecer temporariamente toda a corrupção voltaram, mais uma vez, sua atenção para o campo, onde os 32 melhores times do mundo competiram pelo maior prêmio do futebol.

Essa foi a primeira Copa do Mundo desde que o poder judiciário norte-americano revelou ao mundo a verdadeira extensão da corrupção presente nos bastidores do esporte, e, ainda, o maior teste da relação entre a Fifa e os torcedores. Mas teria essa investigação sobre as entranhas do futebol causado um grande impacto sobre o esporte, ou simplesmente foi esquecida em meio ao fervor gerado por um evento tão popular?

Independentemente da resposta, uma coisa é clara: quando se trata de jogar futebol, os Estados Unidos ainda têm muito o que aprender.

No dia 10 de outubro, pouco menos de um mês antes de o julgamento ter início, a seleção norte-americana enfrentou Trinidad e Tobago na final das eliminatórias regionais da Copa do Mundo. Após chuvas pesadas, o campo do estádio a meia hora de Port os Spain ficou completamente alagado e, com o time visitante altamente favorecido, somente 1.500 pessoas compareceram para assistir.

Mas um gol contra do zagueiro norte-americano Omar Gonzalez, seguido por um chute certeiro de um atacante trinitário-tobagense, foi decisivo. Os Estados Unidos perderam por dois a um e, foi eliminados da Copa do Mundo de 2018.

Foi um resultado chocante e humilhante: a primeira vez em que os Estados Unidos haviam sido eliminados do campeonato desde 1985, quando o jovem Chuck Blazer era vice-presidente executivo da Federação de Futebol dos Estados Unidos. Encarregado de competições internacionais e administrando a seleção nacional, na época, ele testemunhou a eliminação do time pessoalmente, continuando o que era então um hiato de 35 anos sem participar do maior evento do esporte.

Blazer mais uma vez esteve presente, quatro anos depois, quando a seleção dos Estados Unidos, em Trinidad e Tobago, finalmente se qualificou para a Copa do Mundo de 1990 de maneira histórica. Já fora da federação, ele foi à casa de Jack Warner no dia seguinte para lançar sua carreira como cartola do futebol internacional e, pelos 25 anos seguintes, os Estados Unidos se qualificaram para todas as Copas do Mundo.

Naquela época, Blazer desempenhou um papel crucial em transformar um hobby discretamente popular em uma legítima e crescente potência cultural e econômica na América. Seja por visão, sorte, ou a previsão de algum estatístico sobre as rápidas mudanças demográficas do país, o antigo vendedor havia se amarrado a um foguete.

Blazer também provou ser um dos executivos do esporte mais corruptos da história dos Estados Unidos, um pioneiro não apenas no crescimento do futebol, mas também na sua corrupção. Se não tivesse aceitado propinas no final dos anos 1990, seria quase impossível imaginar que a investigação criminal norte-americana chegasse aonde chegou.

Em 12 de julho de 2017, os advogados de Chuck Blazer anunciaram que ele sucumbira às várias doenças das quais vinha sofrendo nos últimos anos de sua vida. Blazer morreu ainda esperando sua sentença.

"Sua má conduta, pela qual assumiu plena responsabilidade, não deve ofuscar as ações positivas realizadas por Chuck em nome do futebol mundial", escreveu a advogada de defesa de Blazer, Mary Mulligan, em um *release* de imprensa que anunciava a sua morte.

Jack Warner, antigo amigo de Blazer e parceiro de longa data à frente da Concacaf, não havia deixado Trinidad e Tobago desde a sua volta após o encontro com o FBI no final de 2012. Três meses depois de ser indiciado, Warner perdeu uma eleição parlamentar e permaneceu sendo um cidadão comum desde então, lutando contra sua extradição.

Como era esperado, Warner comemorou a notícia da eliminação dos Estados Unidos da Copa do Mundo com júbilo, chamando-o de "o dia mais feliz da minha vida".[7]

* * *

Steve Berryman chegou a Nova York seis semanas antes do início do julgamento e hospedou-se em um hotel no centro da cidade. Exibindo os hábitos minuciosos e detalhados que definiam seu trabalho, o agente da Receita Federal ajudou Nitze e outros promotores a prepararem cada potencial testemunha do Estado, muitas das quais acabaram nem prestando depoimento. Passou incontáveis horas revisando cada evidência do caso, relendo milhares dos seus próprios e-mails e analisando planilhas de Excel, até sentir que se lembrava de cada detalhe.

Comparado ao imenso volume de trabalho que os promotores tiveram de lidar — incluindo dezenas de movimentos e intermináveis disputas com os advogados de defesa em relação as evidências —, a participação de Berryman não parecia ser muito, mas ele estava empenhado em ser tão útil quanto possível.

Quando o julgamento começou, sentou-se ao lado dos promotores, em sua comprida mesa no tribunal, estudando habilmente os advogados de defesa e observando cada testemunha, servindo como um par extra de olhos para a equipe.

Desde o primeiro instante em que o conhecera no aeroporto Kennedy, em julho de 2015, Berryman teve certeza de que Alejandro Burzaco seria uma ótima testemunha para o julgamento, caso a coisa chegasse àquele ponto. Era esperto, apaixonado por futebol e falava excelente inglês. Mas, principalmente, Burzaco era preciso, o que lhe dava credibilidade. Pensava antes de falar e era rápido no gatilho, o que seria terrível para os advogados de defesa no interrogatório, já que ele nunca deixava um milímetro sequer para que explorassem suas respostas, ao mesmo tempo que causaria empatia no júri. Poucas vezes em sua carreira Berryman conhecera uma testemunha melhor que aquela.

José Hawilla era outro assunto.

Quatro anos, seis meses e vinte e cinco dias após sua prisão em Miami, Hawilla subiu ao banco dos réus. Era 14 de dezembro, o décimo terceiro dia de julgamento. Sua barba estava desgrenhada e seu problema no pulmão progredira significativamente, obrigando-o a carregar um tanque de oxigênio pelo tribunal.

Embora parecesse sagaz e pronto nas sessões preliminares anteriores ao julgamento, seu comportamento mudou naquele momento. Seu depoimento era fundamental, pois tinha feito muitas das gravações que ajudariam a incriminar os réus e reforçar a narrativa de que a Fifa e suas confederações haviam sido cooptadas por criminosos que as administravam com fins de lucro pessoal ilícito.

De pé em uma tribuna próxima ao júri, Nitze pediu que Hawilla contasse a história de sua vida e reproduziu as gravações das conversas do executivo falando com cartolas e parceiros comerciais ao longo de refeições descontraídas, ligações para velhos amigos e confidências aos seus funcionários sobre os negócios.

— Onde aconteceu essa reunião? Quem é essa pessoa falando? — perguntaria Nitze.

Mas, à medida que a manhã avançava, as pausas de Hawilla ficavam cada vez mais longas e suas respostas cada vez mais vagas. Quando Nitze perguntou sobre o valor total da propina que Hawilla e seus amigos haviam concordado em pagar pela Copa América, ele fez uma pausa.

— Não tenho certeza. Estou confuso. Não sei do que você está falando — disse, por meio de seu tradutor.

O interrogatório foi pior. Os advogados de defesa haviam examinado o arquivo de Hawilla e sabiam sobre sua obstrução, sobre como havia sido pego em uma mentira e como havia continuado mentindo em vez de cooperar. Retrataram-no como um homem falso, que não era digno de confiança, alguém que fez gravações secretas e traiu seus amigos mais próximos. Hawilla tinha, ainda, observaram eles, sido desonesto com o FBI.

— Você se sentou à mesa com esses homens e mentiu para eles? — um advogado de defesa de José Maria Marin perguntou, indignado.

— Sim — respondeu Hawilla, passivamente.

Apesar de seus problemas óbvios, Hawilla havia sido parte essencial do caso — o homem que pagou mais subornos, durante mais tempo, do que qualquer outra pessoa na América do Norte ou do Sul, e cujo extenso portfólio nas duas regiões reforçava a jurisdição de que o caso precisava. Do ponto de vista da promotoria, ele e Burzaco eram quase idênticos: pagadores profissionais de propina que se tornaram cooperadores só depois de não verem outra saída.

Mas, para um júri, os dois homens eram completamente diferentes. Burzaco emergiu do seu depoimento de quatro dias banhado em virtudes, um ·homem altruísta que se entregara voluntariamente porque queria limpar o esporte que tanto amava. Hawilla, por outro lado, só pensava em si próprio, alguém que diria ou faria qualquer coisa para salvar seu pescoço. Até mesmo suas desculpas, repetidas inúmeras vezes durante dois dias no banco dos réus, soavam vazias.

— Foi um erro — lamentava. — Não devíamos ter pagado. Estou muito arrependido.

Os jurados ouviram uma longa lista de testemunhas, mas, à medida que o caso progredia, Nitze, confiante de que tudo estava dando certo, começou a mencionar nomes. Era um risco calculado. Algumas poucas testemunhas e o caso pareceria raso e pouco convincente. Mas insistir em um argumento tão vigorosamente pode fazer um promotor parecer implicante.

Após quase quatro semanas de depoimentos, e com o Natal se aproximando rapidamente, o júri mostrava sinais de cansaço. Um jurado chegou a dormir tantas vezes durante a sessão que a juíza decidiu tirá-lo do caso, trazendo outra pessoa. Havia, entretanto, uma última testemunha que Nitze não pretendia riscar da sua lista.

Steve Berryman assumiu a tribuna poucos minutos após o meio-dia, em 7 de dezembro, dando início a três dias de depoimentos que se tornaram o coração de todo o caso. Enquanto Nitze operava um projetor suspenso, Berryman analisava uma série de recibos de transferências, depósitos, ordens de pagamento, e-mails, fotografias, registros dos bancos correspondentes, Fedwire e Chips, recibos de hotéis e registros de companhias aéreas, traçando meticulosamente a rota do dinheiro e, em alguns casos, as movimentações pararelas dos réus para receber o pagamento.

Em uma progressão dramática, Berryman mostrou como Hawilla transferiu US$ 5 milhões de sua parte das propinas da Copa América de um banco em Miami para uma conta suíça controlada por Burzaco, da Torneos, em junho de 2013; como, poucas semanas depois, US$ 3 milhões foram enviados da mesma conta suíça para uma conta em Andorra, onde foram transferidos para uma segunda conta no mesmo banco; e, em apenas uma semana, como metade dos US$ 3 milhões foi enviada da conta de Andorra em três parcelas iguais para uma conta no banco Morgan Stanley, nos Estados Unidos.

Essa última conta — Nitze provou mostrando ao júri uma cópia do cartão do Morgan Stanley — pertencia a José Maria Marin, a quem foi prometida metade dos US$ 3 milhões destinados à liderança do futebol brasileiro por propinas da Copa América. Colocando a cereja do bolo, Berryman e Nitze, trabalhando em conjunto, revelaram como Marin gastara US$ 118.220,49 dessa mesma conta em artigos de luxo nas lojas mais caras de Nova York, Las Vegas e Paris, em apenas um mês.

Foi um depoimento devastador, quase irrefutável. Os advogados de Marin ficaram furiosos com a promotoria por constranger seu cliente, revelando seu hábitos, incluindo o fato de que ele havia gastado US$ 50 mil em apenas uma marca de luxo, a Bulgari. Mas, intimamente, admiraram a eficiência do agente da Receita Federal no tribunal. O caso jamais teria sido costurado sem a diligência do seu trabalho, todos concordaram.

Quando Berryman finalmente desceu da tribuna, no dia 12 de dezembro, a promotoria descansou. Mais tarde no mesmo dia, um dos advogados de defesa localizou o agente e, quebrando o protocolo, deu-lhe um abraço.

— Você fez um ótimo trabalho, Steve — elogiou o advogado. — Só queria que você soubesse disso.

* * *

No dia 15 de dezembro, começaram as deliberações. As instruções aos jurados, lidas pela juíza Chen, estendiam-se por 54 páginas. Ela os alertou sobre a complicada legislação referente à Lei Rico, fraude eletrônica e lavagem de dinheiro que precisariam considerar.

A defesa, ao longo do julgamento e em seus argumentos finais, nunca afirmou que o futebol não era corrupto. Na verdade, ela elogiou com frequência a promotoria pelo trabalho feito para livrar o esporte de décadas de irregularidades. Sua argumentação, contudo, era baseada no fato de que, apesar de outros executivos claramente terem aceitado propina, seus clientes jamais aceitaram. A investigação, atestavam eles, havia alcançado e acusado homens inocentes.

Em seu argumento final, Sam Nitze ridicularizou a ideia de que "todos, exceto eles", aceitavam propinas. A decisão diante dos jurados, disse ele, era fácil.

— Existem mistérios a serem resolvidos, existem enigmas. Este não é um deles — continuou Nitze, visivelmente exausto com a tensão de seis semanas de julgamento e meses de preparação. — Certas coisas são exatamente o que parecem ser.

Uma semana depois, José Maria Marin e Juan Ángel Napout foram condenados[8] em nove das doze acusações contra eles, incluindo as graves acusações relacionadas à Lei Rico. Napout enfrentaria uma sentença máxima de 60 anos de prisão; Marin, 120.

Nitze pediu à juíza para mandá-los diretamente para a cadeia, em vez de esperar suas sentenças em prisão domiciliar, como é comum em casos de colarinho-branco. Com suas fortunas e cidadanias estrangeiras, argumentou ele, o risco de fuga era gigantesco.

A juíza Chen, que provavelmente não decretaria sentenças "muito significativas", concordou. Napout, cuja família inteira esteve presente no tribunal durante o julgamento, virou-se para sua esposa e entregou-lhe com tristeza seu relógio, a aliança de casamento, a corrente em volta de seu pescoço e o cinto, antes que os oficiais levassem ele e Marin sob custódia.

Os dois oficiais de futebol sul-americanos passariam o Natal no Centro de Detenção Metropolitana, no Brooklyn.

Então, no dia 26 de dezembro, o júri deu seu último veredicto declarando Manuel Burga inocente de conspiração tipo Rico, houve um único voto contra ele.

Burga, alto e lacônico, passou suas horas livres durante o longo processo de julgamento e deliberação lendo romances históricos e fazendo palavras cruzadas em uma revista chamada *Super Mata Tiempo*. Enquanto Napout e Marin tinham enormes equipes de defesa, com vários advogados defendendo seus casos, Burga tinha apenas um advogado, um ex-promotor cabeludo de Fort Lauderdale, que reclamava insistentemente com a juíza por não ter tido tempo suficiente de fazer tudo que considerava ser necessário para o caso.

Burga havia sido extraditado do Peru um ano antes, sob a condição de que os Estados Unidos o processassem apenas pela acusação de conspiração relacionada à Lei Rico. O Peru estava conduzindo sua própria investigação sobre Burga por fraude e lavagem de dinheiro, e não queria que o homem fosse duplamente acusado pelos mesmos crimes.

Talvez, teorizaram os promotores após o veredicto, a decisão do júri tenha se baseado no fato de que havia apenas uma acusação contra ele. Comparando Napout e Marin, com todas as suas acusações complicadas, talvez Burga parecesse peixe pequeno. Ou poderia ter sido, ainda, porque a teoria de sua corrupção era mais complicada — como sabia da investigação peruana, escolheu não receber as propinas que negociara, planejando captá-las mais adiante. Talvez os jurados, após sete semanas, estivessem simplesmente exaustos e quisessem ir para casa.

Qualquer que tenha sido o motivo, foi uma absolvição dolorosa, e Nitze, Mace, e Edelman acharam difícil não se perguntar o que havia dado errado. Os veredictos de culpa contra Napout e Marin haviam sido um grande alívio, sustentando a premissa de toda a investigação — de que o futebol, em si, havia sido manchado e de que seus cartolas defraudaram deliberadamente as instituições às quais deveriam servir. Burga, estavam certos, não era diferente.

Mas, ainda assim, ele escapou.

* * *

Berryman ficou sabendo dos veredictos em casa, no sul da Califórnia. Ele viajou de volta no dia 21 de dezembro, ansioso para encontrar a família depois de meses extenuantes em Nova York. Ao longo de sua carreira, Berryman havia assistido a outros oito julgamentos, e nunca mais perdeu um veredicto. Porém, as férias estavam se aproximando e ele precisava desesperadamente de um descanso.

Para os promotores, acostumados a vencer em quase 100% dos casos, não havia dúvidas. Mas Berryman se recusava a especular; assistira a muitos julgamentos em sua carreira e sabia que era impossível prever a decisão de um júri. Estava satisfeito por ter realizado o seu trabalho.

O dia em que o veredicto de Burga foi lido, 26 de dezembro, é o Boxing Day, uma data tradicionalmente importante para o futebol na Inglaterra.*

---

* O dia 26 de dezembro é um feriado que se originou no Reino Unido e é celebrado em vários países que anteriormente faziam parte do Império Britânico, quando os nobres ingleses presenteavam seus empregados por conta do Natal. A primeira partida de futebol oficial disputada entre dois clubes na história aconteceu justamente nesta data, o Boxing Day de 1860. Assim, os ingleses mantêm a tradição e as equipes de quatro divisões diferentes, desde a Premier League até a League Two, a quarta divisão inglesa, entram em campo para celebrar a data. (N. E.)

Oito diferentes partidas com times da primeira divisão inglesa foram disputadas naquele dia, todas televisionadas nos Estados Unidos.

Foi um ótimo dia para Steve Berryman: seu amado Liverpool deu um banho no Swansea City por cinco a zero.

Posfácio

O depois

Nos primeiros dias de fevereiro de 2018, José Hawilla embarcou discretamente em um voo para São Paulo. Quase cinco anos após sua prisão no Mandarin Oriental, em Brickell Key, estava indo para casa.

No passado, os promotores do Brooklyn haviam recusado suas insistentes tentativas de retorno, cientes de que o Brasil não extradita seus próprios cidadãos, o que levantava a possibilidade de que nunca voltaria. Dessa vez, estavam quase certos de que, aos 74 anos, realmente não pretendia voltar.

A doença crônica nos pulmões que prejudicara sua fala no julgamento progredira rapidamente e o prognóstico era cada vez mais grave. Hawilla ainda não havia sido sentenciado e já devia ao governo mais de dois terços dos US$ 151 milhões que concordara em ceder como parte de sua confissão. A investigação continuou e, inegavelmente, ele poderia fornecer mais informações úteis ao caso. No entanto, Sam Nitze e os outros promotores foram piedosos e deixaram-no ir. Pouco depois de sua chegada ao Brasil, Hawilla, fraco e debilitado, disse a um repórter que havia voltado "de vez".

No dia 25 de maio, Hawilla, titã derrotado do futebol sul-americano, deu seu último suspiro em um hospital em São Paulo, rodeado pela esposa e pelos filhos.

"A chave para o escândalo da Fifa está morta", informaram as manchetes locais.

Três semanas depois, a Fifa concedeu os direitos de sediar a Copa do Mundo de 2026 a uma candidatura tripla entre Canadá, México e Estados Unidos.

Desde que o Departamento de Justiça revelou suas primeiras acusações, a Fifa havia dado passos extraordinários para ser vista com bons olhos pelos promotores, fornecendo documentos e testemunhas especializadas, reformando seu processo de licitação e votação para a Copa do Mundo, expulsando administradores seculares e pagando milhões de dólares aos seus advogados norte-americanos para garantir que a organização mantivesse seus status de "vítima" da corrupção recém-descoberta. Um único advogado de Quinn Emanuel recebeu da Fifa US$ 105.601,88 apenas para assistir ao julgamento, e a instituição suprema do futebol pretendia, então, solicitar dezenas de milhões de dólares em restituição aos condenados no caso.

Enquanto isso, a chamada candidatura "United 2026" demonstrava um entendimento altamente refinado de como o futebol operava no nível global, estruturando sua proposta em torno de uma mensagem central: dinheiro. Uma Copa do Mundo na América do Norte, prometia a candidatura, geraria impressionantes US$ 15 bilhões de lucro à Fifa, quantia que seria abundantemente distribuída entre todas as 211 associações afiliadas.

Porém, antes que os Estados Unidos pudessem ter a Copa do Mundo que tanto desejavam, Vladimir Putin teria a sua.

No dia seguinte à votação da Copa do Mundo, em 14 de junho, Putin se sentou na cabine presidencial do estádio Luzhniki, em Moscou, com um sorriso frio no rosto. Assistiria à partida de abertura da Copa do Mundo da Rússia ao lado do presidente da Fifa, Gianni Infantino, e de Mohammed bin Salman bin Abdulaziz Al Saud, príncipe herdeiro da Arábia Saudita.

Oito anos antes, Putin garantira que a Rússia não mediria esforços para obter o direito de sediar o evento esportivo mais famoso do mundo, dando início, involuntariamente, ao grande caso de corrupção no futebol. Mas, apesar das profundas consequências que se seguiram, Putin saiu ileso e mais poderoso do que nunca, passando a interferir tão livremente na política internacional quanto se envolvia no âmbito esportivo.

Como forma de contrariar os promotores norte-americanos e a Fifa, Putin fez questão de chamar Sepp Blatter para a Copa do Mundo como seu convidado pessoal, ignorando o fato de que a Fifa banira seu malquisto ex-presidente de qualquer um de seus eventos durante seis anos. Mais tarde, viria à tona que os agentes do Kremlin haviam hackeado os computadores da Fifa, no final de 2016, para extrair informações sobre jogadores russos que utilizassem drogas para melhorar o desempenho esportivo, como parte do programa secreto de doping do país.

No entanto, a jogada de relações públicas de Putin não terminou com a final da Copa do Mundo, assistida simultaneamente por centenas de milhões de pessoas em todo o planeta. No dia seguinte, ele voou para Helsinque para se encontrar com Donald Trump, que o cobriu de elogios "por um excelente trabalho em sediar a Copa do Mundo".

"Foi uma das melhores de todos os tempos e sua equipe também se saiu muito bem. Fizeram um ótimo trabalho", continuou Trump.

Nada disso escapou a Steve Berryman, que assistia avidamente à Copa do Mundo de sua casa perto da praia, no sul da Califórnia, acordando de madrugada para pegar as primeiras partidas durante a fase de grupos e torcendo por sua seleção favorita, a Inglaterra, que fazia seu melhor campeonato em décadas.

O dia 30 de junho foi particularmente especial, com a França exibindo juventude e atletismo a caminho de derrotar a Argentina por 4 a 3, enquanto o Uruguai mostrava sua típica garra ao eliminar Portugal por 2 a 1. Era sábado, mas também o último dia da carreira de 30 anos de Berryman como agente especial da Receita Federal.

Berryman tivera, sem dúvidas, uma atuação notável, coroada pelo maior e mais emocionante caso em que já trabalhara. Porém, aproximava-se da aposentadoria compulsória por idade e parecia claro que a investigação sobre o futebol ainda poderia se estender por muitos anos. Havia uma equipe da Receita Federal, que ele havia ajudado a treinar sobre os pontos sensíveis da corrupção nos esportes, ainda trabalhando no caso, além dos dedicados promotores do Brooklyn. Berryman sentia que a investigação da Fifa estava em boas mãos.

Em outubro, ele e outros promotores, paralegais e agentes especiais que participaram do julgamento encontraram-se em Washington para receber o prêmio *Attorney General's Award for Excellence* — uma das maiores honras concedidas pelo Departamento de Justiça Norte-Americano. Berryman, com seu traje formal composto por um terno preto e uma gravata listrada, fez questão de anunciar a todos que dedicava seu prêmio a Evan Norris.

* * *

José Maria Marin entrou todo atrapalhado no tribunal do Brooklyn na manhã do dia 16 de agosto de 2018, com um aspecto frágil e abatido, em seu nada elegante macacão bege de prisioneiro.

Durante quase oito meses, estivera preso no enorme *Metropolitan Detention Center*, que abriga mais de dois mil detentos acusados ou condenados por terrorismo, tráfico de drogas, assassinato e afins. A esposa de Marin, Neusa, com suas unhas sempre impecáveis, havia retornado ao Brasil logo após o fim do julgamento, em dezembro do ano anterior; os únicos que visitaram o homem de 86 anos na prisão foram seus advogados.

Neusa voltou a Nova York para a audiência e sentou-se na primeira fila, com saia branca e blusa preta de bolinhas brancas, observando atentamente enquanto o advogado de seu marido, Charles Stillman, dirigia-se à juíza.

"Marin construiu seu império do zero, filho pobre de um lutador de boxe fracassado, e usou sua habilidade como jogador de futebol para conseguir dinheiro e financiar sua educação", começou contando o experiente advogado. Era verdade que Marin havia sido condenado por corromper o esporte para seu ganho pessoal, mas, "em seu coração, não acreditava estar fazendo mal a ninguém", dizia Stillman.

Nas palavras de Stillman, "hoje, é um homem destruído", acometido por problemas de saúde, isolado pelo idioma, solitário. Seria maravilhoso, continuou, se a juíza o liberasse imediatamente com o tempo de prisão já cumprido. "Imploro pela sua misericórdia."

Nitze se levantou, então, para explicar a postura do governo. O mundo havia mudado drasticamente desde a primeira acusação. O caso do futebol, que capturara a atenção de todo o planeta durante tanto tempo, tinha perdido as primeiras páginas dos jornais em meio ao crescente caos político que abalava Washington após a eleição presidencial norte-americana de 2016. Porém, para a equipe de promotores que dedicara tanto de suas vidas ao caso mais complicado da história, a sentença de Marin era extremamente importante.

A Fifa pode ter sido momentaneamente afetada pela investigação criminal, mas estava longe de aprender sua lição. Novos escândalos continuavam emergindo no esporte com frequência alarmante e a nova liderança do futebol mundial parecia tão pouco preocupada com a transparência e prestação de contas como a antiga.

Poucos dias antes da sentença de Marin, relatórios revelaram que o código de ética da Fifa havia sido alterado para incluir uma nova cláusula de difamação, punindo cartolas do futebol com longos banimentos por criticarem publicamente a organização ou seus membros. Era, em essência, um estatuto antidenúncia, criado para impedir que terceiros conhecessem o funcionamento interno da organização, não importava o quão corrupta fosse.

Como o Departamento de Justiça demorou a perceber, a investigação norte-americana estava longe do fim. Para Nitze e os outros promotores, portanto, era evidente que uma mensagem precisava ser enviada: de nada valeria a suada condenação de Marin sem a punição apropriada.

"Ele recebeu milhões de dólares em suborno que deveriam ter ido para as confederações e para as categorias de base do futebol", argumentou Nitze, com a voz cada vez mais indignada. Era difícil não ver a ironia, observou habilmente, de um homem que teve sua carreira lançada graças à beneficência do futebol roubar, décadas mais tarde, milhões desse esporte, potencialmente privando outros jovens da mesma oportunidade que lhe fora oferecida.

"Estes não são crimes sem vítimas. Essa é a corrupção profundamente enraizada que tanto prejudicou o esporte e teria feito muito pior se não fosse impedida", acrescentou Nitze.

Na sua vez de falar, Marin debulhou-se em lágrimas.

"Ao longo de minha vida, o futebol sempre foi um grande amor, motivo de orgulho e uma forma de pagar pela minha educação. Agora, infelizmente, ele se tornou a minha ruína."

Enquanto falava, as lágrimas do velho homem se transformaram em um pranto que ecoava pelo tribunal. Porém, em meio ao sofrimento, havia um tom inconfundível de provocação. Ajoelhado, em seu traje de prisioneiro, Marin protestava pela imparcialidade de seu processo, alegando repetidamente que seu envolvimento na corrupção era mínimo. Era um espetáculo doloroso, mas que, por outro lado, comprometia a mensagem de arrependimento que seus advogados haviam tentado transmitir. Em pânico, Stillman e seus colegas imploraram por um breve recesso para que pudessem calar seu cliente.

No final, a juíza Chen condenou Marin a quatro anos na prisão federal, o que considerava um ato de clemência em respeito à sua idade avançada, mas não foi nada gentil em seu julgamento.

"Marin e seus conspiradores foram o próprio câncer no esporte que ele diz amar. Não há justificativa para esse crime", afirmou Chen.

Treze dias depois, Chen condenou Juan Ángel Napout — aos 60 anos, muito mais jovem do que Marin — a nove anos atrás das grades.

"Claramente, os outros corruptos devem receber uma mensagem clara de que esse comportamento recorrerá em graves consequências. Não se pode roubar milhões em propina dessas organizações e sair impune", disse a juíza.

* * *

Na mesma época das audiências, a Fifa, a Concacaf e a Conmebol enviaram seus pedidos de restituição aos réus condenados, afirmando serem vítimas ostensivas da corrupção endêmica no esporte.

Em longos pedidos judiciais, exigiam a restituição de gigantescas despesas jurídicas acumuladas desde que o escândalo eclodiu, pelos salários e despesas de viagens que haviam pago aos advogados de defesa e pelos rendimentos que afirmavam ter deixado de ganhar por causa do suborno generalizado que assolava o esporte.

A Fifa alegava que as ações de homens como Marin e Napout haviam "prejudicado" sua "capacidade de utilizar seus recursos para ações positivas ao redor do mundo". Gastara quase US$ 28 milhões em advogados e contadores forenses, admitia, em grande parte, para "evitar uma acusação em qualquer investigação futura".

A Conmebol, chamando a si mesma de "força global pelo bem", pediu a incrível quantia de US$ 85 milhões em faturamento perdido pelos torneios da Copa América e Copa Libertadores, prometendo investir esse dinheiro para melhorar a infraestrutura do futebol "e criar oportunidades de educação por todo o continente".

Juntas, as três organizações demandavam US$ 123 milhões. Porém, quando a juíza Chen anunciou sua decisão, no dia 20 de novembro, concedeu pouco menos de dois por cento desse total: apenas US$ 2,6 milhões.

Foi, nas palavras de um advogado de defesa que acompanhava o caso, uma decisão "notável". Chen atacou os advogados que representavam as organizações do futebol, considerando seus argumentos "evidentemente frívolos" e suas cobranças "extremamente excessivas". Acusou as confederações de desperdiçarem o tempo do tribunal e chamou suas tentativas de calcular perdas teóricas de "mera especulação".

Acima de tudo, sua decisão de conceder quase nada destacou a profunda ironia que permeava todo o caso.

A Fifa, a Concacaf e a Conmebol foram, tecnicamente, vítimas das conspirações descritas pelo processo: afinal, haviam sido enganadas quanto aos serviços honestos de seus cartolas. Porém, era difícil para qualquer pessoa razoável enxergá-las como vítimas em qualquer sentido além do jurídico.

O maior escândalo do futebol derrubou múltiplas gerações da liderança do esporte. Após as condenações, no entanto, esses cartolas corruptos foram substituídos por novos que, a cada dia, pareciam não menos corruptos e tão privilegiados quanto os antigos; acordos de patrocínio suspeitos foram eliminados e substituídos por outros igualmente duvidosos; contratos sujos foram rapidamente rasgados e substituídos por novos, ainda mais lucrativos.

Enquanto a Fifa e as confederações gastavam quantias astronômicas para evitar acusações, contratando agências de relações públicas para limpar sua imagem, em hotéis cinco estrelas e em voos de primeira classe para seus cartolas, as verdadeiras vítimas da corrupção arraigada no futebol — crianças pobres sem treinamento e equipamentos, atletas de elite das ligas femininas obrigadas a disputar torneios internacionais em campos de grama sintética, equipes amadoras desprovidas de patrocínio — continuaram sem receber nada.

Será que a Fifa parecia deixar no ar a dúvida: teria a decisão da juíza, mudado alguma coisa?

AGRADECIMENTOS

COMO EM QUALQUER GRANDE PROJETO, ESTE livro teria sido impossível sem a contribuição de outras pessoas, que forneceram generosamente as informações, os recursos, as eventuais críticas e a inspiração de que eu precisava ao longo do caminho. Uma lista de todos que ajudaram de alguma forma chegaria a centenas de nomes. A todos eles, sou imensamente grato. Embora alguns dos meus apoiadores mais valiosos prefiram permanecer anônimos, quero mencionar algumas pessoas que foram especialmente essenciais para tornar este livro realidade.

Meus agradecimentos aos maravilhosos e pacientes colegas do *BuzzFeed*, que me colocaram no caminho de encontrar esta história e me deram o tempo necessário para apurá-la e escrevê-la. Especialmente, estou em dívida com meu editor, Mark Schoofs, que me contratou e, apesar do seu geral desdém pelos esportes, permitiu que eu começasse minha trajetória no *BuzzFeed* com um extenso perfil de Chuck Blazer. Minha gratidão, também, a Ben Smith, que apoiou a ideia deste projeto e permitiu que eu tirasse um tempo considerável para ler um ciclo interminável de notícias para realmente torná-lo realidade; a Nabiha Syed, que me ensinou a enfrentar os tribunais em busca de informações e a como escrever uma carta efetiva para um juiz; a Ariel Kaminer, que foi o primeiro a querer fazer uma noite de autógrafos para mim; a Katie Rayford, que me ajudou a descobrir como falar bem e a posar para um retrato; a Heidi Blake, que abriu caminho para a cobertura da corrupção na Fifa e proporcionou indicadores fundamentais. E a Jonah Peretti, que lutou pela equipe investigativa do *BuzzFeed* desde o início, encorajou-nos a correr riscos e defendeu com zelo o nosso trabalho.

Fiquei sem palavras com o apoio de tantos jornalistas internacionais, que foram pacientes o suficiente para me ensinar algumas coisas sobre o esporte mais popular do mundo. Principalmente, fui auxiliado por Martyn Ziegler, Richard Conway, Simon Evans, Andrew Jennings e Tariq Panja, na Grã-Bretanha; Jamil Chade, na Suíça; Martín Fernandez, Allan de Abreu, Sergio Rangel e Juca Kfouri, no Brasil; Diego Muñoz, no Uruguai; Alejandro Casar González, Ezequiel Fernández Moores, Gustavo Veiga e Marcela Mora y Araujo, na Argentina; e Tim Elfrink, Kartik Krishnaiyer, Paul Kennedy, Brian Quarstad e Clive Toye, nos Estados Unidos.

Muitos não jornalistas também participaram, compartilhando conhecimento, ideias e hospitalidade nas minhas inúmeras viagens de apuração na Europa e nas Américas do Norte e do Sul. Patrick Nally foi uma fonte extraordinária no desenvolvimento do marketing esportivo, enquanto Scott Parks LeTellier me ensinou mais do que eu podia imaginar sobre a Copa do Mundo de 1994. Ariel Neuman me ajudou a entender a mente dos promotores, enquanto Judy Mahon e Jill Fracisco deram vida, nos mínimos detalhes, aos trabalhos internos da Concacaf. Acompanhados de chá e biscoitos em seu escritório no West End, Greg Dyke me perguntou, provocativamente: "Mas quem são os *heróis* desta história?". Enquanto David Dein, com chá e biscoitos no café Wolseley, sugeriu graciosamente onde eu poderia procurar para encontrá-los de fato.

Os maravilhosos Baranzellis, de Basileia, que não apenas me receberam em sua casa como me ajudaram a me recuperar de uma das piores gripes que já tive. Da mesma forma, minha tia, Jane Kanter, e meu tio, Byron Cooper, que me ofereceram um lugar para ficar em Manhattan e eu realmente abusei da sua boa vontade. Florence Urling-Clark e Sophie Davidson abriram suas portas para mim em Londres e seus arredores, enquanto Martin Plot e Anabel Wichmacki me abrigaram em Buenos Aires e me empanturraram com um *asado* incrível.

Preciso dar os devidos créditos ao meu empresário, Justin Manask, por ter a visão do quanto a semente de uma ideia poderia ir longe e estar completamente certo. E ao meu agente, David Patterson, que levou a ideia para a Simon & Schuster (s&s) e atendeu minhas muitas ligações ansiosas. Na s&s, quero agradecer a Johanna Li por sua paciência e clareza, Jonathan Evans por seu olhar de águia, Lisa Rivlin por sua revisão precisa e cuidadosa, e Jonathan Karp por aceitar apostar em minha proposta enquanto o meu editor estava de férias. Bob Bender, meu editor imperturbável, voltou dessa viagem com sua calma e seu bom humor característicos para me mostrar como montanhas podem ser movidas como uma pena e que o excesso de personagens nunca é uma coisa boa.

Estou em dívida com Peter Nichols e David Jelenko, da Lichter Grossman Nichols Adler & Feldman, por me apoiarem ao longo de muitas longas negociações contratuais; e com Chantal Nong, da Warner Brothers; Jennifer Todd, da Pearl Street Films; e Guymon Cassidy e Darin Friedman, da Management 360, por acreditarem que poderia haver um filme em toda essa obscura indústria do futebol. Obrigado também a Gavin O'Connor e Anthony Tambakis por acrescentarem sua visão criativa àquele projeto.

Teria sido muito mais difícil terminar este livro sem o carinho dos amigos e das pessoas amadas. Jason Felch se destaca como um verdadeiro amigo que também tem uma ótima cabeça para histórias, enquanto a paixão de Jon Weinbach por curiosidades do passado do futebol me manteve inspirado. Steve Kandell forneceu leituras fundamentais e várias ideias geniais no final do processo, assim como James Ellsworth e Harriet Ryan, enquanto Laura Geiser me resgatou da ideia de querer ser editor de fotos quando o prazo já estava no limite.

O grande jornalista Shelby Grad foi meu motivador pessoal durante esse processo e, ao longo de incontáveis tigelas de sopa asiática, foi me convencendo de que escrever um livro poderia não ser uma missão impossível. E não existem palavras no meu vocabulário para agradecer à minha colega e amiga Jessica Garrison por tudo o que ela fez para que eu conseguisse.

Meu irmão, Greg, sempre foi meu melhor amigo e sempre esteve lá quando precisei conversar. Meu pai, Richard, um homem da ciência, tem sido uma rocha e um herói durante toda a minha vida e ainda é um excelente escritor. E minha mãe, a melhor editora que já conheci, me colocou neste caminho da escrita há muito tempo e nunca deixou de me inspirar com seu fogo, paixão e criatividade.

Acima de tudo, quero agradecer à minha maravilhosa família. Meus filhos, Mateo e Sofia, suportaram minhas longas ausências, sempre me recebendo em casa com abraços e um entusiasmo infinito. E minha amorosa e paciente esposa, Patricia, que apoiou minha decisão de escrever este livro, segurou a fortaleza em minhas inúmeras viagens em busca de só mais uma pequena informação e acalmou os meus nervos quando ninguém mais seria capaz de fazer isso. Ela me ouviu ler a minha prosa inacabada, desatou os meus nós quando fiquei preso e simplesmente esteve sempre lá. Ela é a melhor parceira e amiga que eu poderia desejar. Agora, estou feliz em estar de novo em casa com ela.

Notas

Uma nota sobre as fontes

O LONGO INQUÉRITO SOBRE A CORRUPÇÃO no futebol, que veio a público com as sensacionais prisões de 27 de maio de 2015, tornou-se rapidamente um dos escândalos esportivos mais divulgados e acompanhados da história.

Três anos, dezenas de indiciamentos e um julgamento público depois, o caso permanece aberto. Ainda é considerado uma investigação ativa, com agentes norte-americanos que continuam cavando. Inquéritos criminais em outros países, inclusive e especialmente na Suíça, também estão em andamento.

Como as investigações não estão fechadas, os indivíduos com conhecimento direto de suas manobras têm sido extremamente relutantes — e, em muitos casos, barrados por mecanismos legais — em discuti-las em qualquer nível de detalhes. Como resultado, coletar informações sobre a origem e o desenvolvimento do inquérito norte-americano, que passou a ser conhecido, informalmente, como Caso Fifa e é o assunto deste livro, tem se provado uma tarefa difícil e fugidia.

Para produzir esta narrativa, fui obrigado a recorrer a inúmeras fontes que concordaram em falar apenas sob a condição de que permaneceriam em anonimato e de que a informação fornecida não seria atribuída a elas. Grande parte da história contida neste livro depende de contribuições generosas dessas fontes protegidas.

Em quase todos os casos, utilizei as informações compartilhadas por elas para desenvolver segundas e terceiras fontes capazes de verificar e amplificar interações, estratégias, conversas ou aspectos particulares do caso; isso, por sua vez, permitiu que eu retornasse às minhas fontes originais para refinar suas memórias. Esse processo de comparar e checar novamente permitiu que eu me aproximasse da verdade, identificando datas, eventos e locais cruciais. Na medida do possível, tentei proteger a identidade das minhas fontes, conseguindo que outras pessoas preenchessem os detalhes sobre seu pensamento e passado. Citações anônimas nas notas foram extraídas de entrevistas diretas e não são identificadas para honrar o meu compromisso de proteger a identidade das fontes.

O julgamento criminal de cinco semanas de Juan Ángel Napout, José Maria Marin e Manuel Burga, que começou no tribunal federal do Brooklyn em 13 de novembro de 2017, das quais pude estar presente em quase todas e observar pessoalmente, provou ser um recurso inestimável para checar e confirmar as informações contidas neste livro, além de expandir e aguçar o meu entendimento sobre inúmeros aspectos do caso. Aproximadamente 1.500 provas foram admitidas ao longo do julgamento, de fotografias a e-mails e gravações clandestinas, e muitos desses itens também foram ferramentas extremamente úteis.

Além disso, também fiz uso de milhares de páginas de documentos judiciais, incluindo três indiciamentos altamente detalhados e outros documentos incriminatórios do Caso Fifa, assim como arquivos de dezenas de outros casos civis e criminais, conciliações, registros corporativos, e-mails pessoais, notas escritas à mão e memorandos de reuniões. Alguns desses documentos são de domínio público; muitos outros não são. Finalmente, apoiei-me fortemente em relatos recentes da mídia sobre muitos dos eventos aqui descritos. Sem as contribuições diárias da mídia esportiva, este projeto seria impossível.

Desde que foi secretamente aberta, há quase oito anos, essa investigação envolveu o que um advogado de defesa chamou de contribuições "hercúleas" de cerca de vinte promotores federais e investigadores encarregados diretamente do caso, além de centenas de outras autoridades norte-americanas que desempenharam papéis menores, porém vitais, sem mencionar os papéis desempenhados por inúmeros cartolas do futebol e executivos de marketing arraigados no obscuro e fechado mundo do futebol internacional. Capturar todos os detalhes e nuances de um caso tão extenso e complexo seria uma empreitada impossível, não importa o tempo que levasse. Ainda assim, acredito que esta seja a mais completa e precisa reportagem sobre o Caso Fifa realizada até hoje. Sou profundamente grato pela generosidade dos indivíduos que aceitaram me oferecer uma ajuda tão inestimável.

Um: O agente Berryman

1. O Chet Holifield Federal Building, em Laguna Niguel, hospeda escritórios locais de várias agências federais, incluindo a Administração da Segurança Social, a Administração de Arquivos e Registros Nacionais e a Receita Federal. Uma breve história sobre esse monumento arquitetônico particular pode ser encontrada em *Chet Holifield Federal Building: GSA's decision to renovate and retain appears appropriate* (Washington: U.S. General Accounting Office, 1987).

2. Hosenball, Mark. "FBI examines U.S. soccer boss's financial records", Reuters, 16 de agosto de 2011.

3. Berryman foi um dos muitos agentes da Receita Federal e do FBI envolvidos na investigação sobre o chefe de polícia de Orange County, Michael S. Corona, que resultou em seu indiciamento por corrupção no fim de 2007. Ele foi condenado por manipulação de testemunhas em janeiro de 2009 e sentenciado a 68 meses de prisão.

4. O caso criminal dos Estados Unidos, por meses o mais famoso do mundo, foi extensivamente revisado a partir de perspectivas legais, jornalísticas e acadêmicas. Veja, por exemplo, Cecily Rose, "The Fifa corruption scandal from the perspective of public international law", *ASIL Insights*, 23 de outubro de 2015.

5. Além do que foi publicado na imprensa, diversos executivos do futebol expressaram essa opinião para mim pessoalmente, ao longo de minhas pesquisas. Entre eles, encontra-se Joseph Blatter, o ex-presidente da Fifa, que acredita que o caso foi encomendado pelo próprio presidente dos EUA à época, Barack Obama. Diversos advogados de colarinho-branco, representando os acusados, manifestaram opiniões semelhantes, alegando que o ex-promotor Eric Holder abriu o caso a pedido do ex-presidente Bill Clinton.

Dois: Cutucando a onça

1. Charles Sale, "England 2018 chairman Thompson's wife Ann sees her woes pile up after a Fifa crash", *Daily Mail*, 8 de junho de 2010.

2. Gerald Imray, "South Africa Spent $3 Billion on 2010 World Cup", *Associated Press*, 23 de novembro de 2012. Para ver a lista completa das despesas da África do Sul, verificar "2010 FIFA World Cup Country Report", de 23 de novembro de 2012.

3. Andrew Harding, "South Africa's World Cup Advice to Brazil", *BBC*, 9 de junho de 2014. Veja também: Andrew Guest, "What's the Legacy of the 2010 World Cup?", *Pacific Standard*, 10 de junho de 2014.

4. Graham Dunbar, "Fifa president declares re-election bid", *Associated Press*, 10 de junho de 2010.

5. Steele se tornou o tema de várias coberturas midiáticas no começo de janeiro de 2017 por causa de seus memorandos alegando a existência de laços entre o presidente Donald J. Trump e o governo russo. As informações sobre a vida e os negócios de Steele foram retiradas, em parte, de entrevistas com vários associados, atuais e antigos, muitos dos quais permanecem anônimos em razão da confidencialidade das atividades e fontes de Steele.

6. As informações sobre o trabalho de Steele na candidatura England 2018 para a Copa do Mundo e suas suspeitas sobre as atividades russas foram tiradas, em parte, de um relatório de dezoito páginas enviado em novembro de 2014 pelo *The Times* de Londres ao comitê parlamentar britânico, que investigava o processo de candidatura da Copa do Mundo da Fifa. Essa informação foi corroborada e substanciada por entrevistas e publicações na imprensa, incluindo "Former MI6 spy known to U.S. agencies is author of reports on Trump in Russia", de Mark Hosenball, Reuters, 11 de janeiro de 2017.

7. O artigo expondo Triesman foi publicado pela primeira vez por Ian Gallagher no *The Mail on Sunday*, em 16 de maio de 2010.

8. As descrições de Gaeta vêm de diversas entrevistas com oficiais da força policial atuais e antigos, incluindo John Buretta, um ex-promotor federal, do Distrito Leste de Nova York, Richard Frankel, o ex-agente especial do FBI encarregado do escritório de Nova York, e Dave Schafer, um ex-agente especial, seu antigo assistente.

9. Ivankov, nascido na Geórgia, também conhecido como "Yaponchik", foi tema de várias publicações, sendo chamado de "o pai da extorsão". Veja, entre outros, James O. Finckenauer e Erin J. Waring, *Russian Mafia in America: immigration, culture, and crime* (Boston: Northeastern University Press, 1998).

10. Há muitas informações disponíveis sobre o suposto figurão do crime organizado russo conhecida como Taiwanchik em dois casos criminais abertos contra ele e outros no Distrito Sul de Nova York. Além disso, ele recebeu extensa cobertura midiática, incluindo uma entrevista em um restaurante de Moscou onde declarou, em 2013: "Eu não sou ruim como vocês pensam". Andrew E. Kramer e James Glanz, "In Russia living the high life; in America, a wanted man", *New York Times*, 1º de junho de 2013.

TRÊS: "O SENHOR JÁ ACEITOU PROPINA ALGUMA VEZ?"

1. Michael E. Miller, "How a curmudgeonly old reporter exposed the Fifa scandal that toppled Sepp Blatter", *Washington Post*, 3 de junho de 2015.

2. Jennings recontou diversos aspectos de seu primeiro encontro com o FBI em vários artigos ao longo dos anos. Por exemplo, em um artigo em primeira pessoa publicado no *The Mail on Sunday*, em 31 de maio de 2015. Detalhes adicionais foram dados por Jennings durante diversas entrevistas.

3. Esta e outras citações de Havelange foram retiradas das memórias do ex-presidente da Fifa, algumas das quais foram publicadas pela organização em 24 de abril de 1998, enos preparativos de sua aposentadoria.

4. David Yallop, pp. 154-55.

5. Em uma série de entrevistas, Patrick Nally compartilhou, em detalhes, o funcionamento do projeto que ele e Dassler apresentaram à Fifa em meados dos anos 1970. A história foi recontada diversas vezes, mas ninguém o fez melhor que Barbara Smit no excelente e bem embasado livro *Sneaker wars*.

6. De *A guide to the Fifa/Coca-Cola world football programmes*, publicado por West Nally.

7. Entrevista com Joseph Blatter.

8. Andrew Jennings, "Scandal at Fifa. Top African officials in cash-for-votes claim against president", *Daily Mail*, 28 de fevereiro de 2002.

9. De "Swiss prosecutors close investigations against Blatter", *Deutsche Press-Agentur*, 4 de dezembro de 2002.

10. Em 11 de maio de 2010, o Ministério Público do cantão suíço de Zug rejeitou o processo penal contra Havelange e Teixeira e divulgou um pedido de 42 páginas detalhando as descobertas da investigação de "gestão desleal na Federação Internacional de Associação de Futebol". Descobriu-se que ambos os homens haviam secretamente aceitado "comissões" da ISL, mas que a lei suíça não previa indiciamento nesse caso.

11. Andrew Jennings, "Fifa 'misled' detectives on trail of missing pounds 45m", *Daily Telegraph*, 30 de julho de 2008.

QUATRO: UM CARA DO QUEENS

1. Blazer detalhou suas viagens, incluindo sua estadia na Rússia, em seu blog de viagens, cujo nome original era *Travels with Chuck Blazer* [Viagens com Chuck Blazer] e, depois, foi renomeado para *Travels with Chuck Blazer and his friends* [Viagens com Chuck Blazer e seus amigos].

2. Os detalhes biográficos sobre Blazer, aqui e nas páginas seguintes, foram tirados, em parte, de Pappefuss e Thompson e de várias deposições civis de uma ação judicial civil na Corte Suprema de Nova York contra Blazer, *Fred Singer Direct Marketing Inc. v. Charles Blazer, Susan Blazer and Windmill Promotions Inc.* Informações adicionais foram reunidas por meio

da minha reportagem sobre Blazer: "Mr. Ten Percent: the man who built — and bilked — american soccer", *BuzzFeed News*, 6 de junho de 2014.

3. A associação foi fundada em 1972, mas, conforme ela crescia para incluir uma porção maior do estado, o nome deixou de fazer sentido. Em 1984, foi renomeada para Associação de Futebol Juvenil do Sudeste de Nova York, nome que carrega até hoje.

4. Bill Varner, "Soccer official rises through the ranks", *Yonkers Herald Statesman*, 25 de setembro de 1984.

5. Informações sobre a renda de Blazer durante o tempo em que trabalhou na Liga de Futebol Norte-Americana, bem como outros detalhes dessa época, foram retiradas de um depoimento de Blazer de 24 de julho de 1989, tomada como parte de um processo civil intitulado *Fred Singer Direct Marketing Inc. v. Charles Blazer, et al.*, julgado pelo Supremo Tribunal de Nova York no condado de Westchester.

6. Bruce Pascoe, "Soccer club tops Canada in debut, 2-1; 2.716 attend at Mason", *Washington Post*, 27 de julho de 1987.

7. Singh, Valentino, p. 173. Esses livros fornecem informações detalhadas adicionais sobre a vida de Warner e os primeiros anos da Concacaf com Blazer.

8. Guillermo Cañedo faleceu na manhã de 21 de janeiro de 1997. Blazer foi eleito por cinco votos a dois na sexta-feira, 24 de janeiro.

9. Todas as informações a respeito da receita da Concacaf incluídas neste livro foram extraídas dos 990 formulários de impostos preenchidos pela confederação durante os anos 2008--2011. Embora Blazer não tenha guardado esses documentos, em 2012, a Concacaf arquivou retroativamente os formulários.

10. As informações sobre as atividades financeiras de Blazer foram retiradas, em grande parte, do *Integrity Committee Report of Investigation* da Concacaf, publicado em 18 de abril de 2013.

11. O e-mail e os aspectos do envolvimento de Blazer e Warner no esquema de propina da Copa do Mundo de 2010, assim como vários outros esquemas criminosos, são descritos detalhadamente em diversos documentos judiciais arquivados no Distrito Leste de Nova York, incluindo a página 23 da investigação contra Warner que estava sob segredo de justiça em 25 de novembro de 2013.

12. Comunicado de imprensa da Fifa, 2 de junho de 2015.

13. Jack Bell, "Soccer Report; Grenada Has Hopes of Upset", *New York Times*, 25 de maio de 2004.

14. De uma imagem digitalizada do cheque, parte do arquivo do repórter.

Cinco: O voto

1. As informações técnicas sobre o edifício foram retiradas de materiais de imprensa da Fifa e de materiais do arquiteto responsável Tilla Theus, que mora em Zurique. As demais descri-

ções vêm de uma visita não oficial ao edifício, feita por mim em 2016, incluindo à sala de reuniões do Comitê Executivo.

2. Michael Marek e Sven Beckmann, "Underground skyscraper serves as Fifa's headquarters", *Deutsche Welle*, 16 de maio de 2010.

3. A Football Association inglesa, conhecida como EFA, mantém os registros dessa correspondência, que é amplamente citada na literatura sobre o futebol e sua história.

4. Da história oficial da Fifa sobre a Copa do Mundo, disponível no site da Fifa.

5. Os livros financeiros da Fifa são mantidos e organizados em um ciclo de quatro anos que coincidem com a Copa do Mundo — sua maior fonte de renda. Os relatos anuais, assim como os arredondamentos dos quatro anos, são divulgados para acesso público, estando disponíveis desde 2002. Os relatos financeiros anteriores foram compilados a partir de documentos da Fifa disponíveis em outros meios e de comunicados de imprensa da época.

6. Martyn Ziegler, "We will rid game of its devils: Blatter", *Press Association Sport*, 20 de outubro de 2010.

7. Owen Gibson, "Fifa officials accused of taking bribes in $100m scandal: Panorama claims could affect England 2018 bid", *The Guardian*, 30 de novembro de 2010.

8. Martyn Ziegler, "England changes improve in World Cup race", *Press Association Sport*, 1º de dezembro de 2010.

9. Os detalhes dessa ligação provêm de duas longas entrevistas pessoais com Joseph Blatter, em fevereiro e agosto de 2016.

10. O anúncio da Fifa, com imagens do palco e do público, foi gravado e está inteiramente disponível on-line.

11. Uma transcrição completa da conferência de imprensa de Putin em Zurique foi publicada pela Agência de Informação Russa, Oreanda, em 3 de dezembro de 2010.

12. Descrições do escritório local do FBI em Nova York foram retiradas de diversas entrevistas com agentes e ex-agentes do FBI, assim como de uma observação pessoal do edifício e dos escritórios.

13. Jeré Longman, "Russia and Qatar expand soccer's global footprint", *New York Times*, 2 de dezembro de 2010.

SEIS: JACK × CHUCK

1. Detalhes desta e de outras comunicações entre Warner, Blazer e Bin Hammam presentes neste capítulo foram uma cortesia do arquivo do jornalista britânico Martyn Ziegler.

2. De um documento de 2 de junho de 2011 intitulado *Affirmation of Chuck Blazer*.

3. Informações sobre isso e sobre o Centro de Excelência de Trinidad e Tobago foram traçadas a partir do *Integrity Committee Report of Investigation* da Concacaf.

4. De *Affirmation of Chuck Blazer*.

5. Os relatos da visita de Blazer a Warner em Trinidad vêm, sobretudo, de Valentino Singh, pp. 164-164, assim como de Jack Warner e Valentino Singh, pp. 71-73.

6. Informações sobre as finanças de Blazer na época foram encontradas em seu depoimento em de 24 de julho de 1989.

7. Detalhes biográficos da vida de Warner são baseados, sobretudo, em suas duas biografias.

8. Ao todo, quinze pessoas, incluindo sindicalistas, advogados e jornalistas, foram raptadas, torturadas e assassinadas por forças do governo, no que ficou conhecido como os "Assassinatos de Dezembro". Os acontecimentos geraram protestos intensos e rompeu as relações entre o Suriname e a Holanda. Especialmente interessante é o documento da Comissão Interamericana de Direitos Humanos, *Report on the human rights situation in Suriname*, publicado em 3 de dezembro de 1983.

9. Simpaul Travel. Esse episódio é descrito em detalhes por Andrew Jennings em *Jogo sujo: o mundo secreto da Fifa*, pp. 329-352.

10. Comentário de Marcel Mathier, conforme citado em "Fifa vice-president escapes sanction over World Cup tickets", *Agence France Presse*, 6 de dezembro de 2006.

SETE: PORT OF SPAIN

1. Muitos aspectos dos eventos de 10 e 11 de maio de 2011, descritos ao longo deste capítulo, foram registrados em dois relatórios distintos sobre o suposto suborno: *Report of Evidence of Violations of the Fifa code of Ethics*, preparado por John P. Collins, 22 de maio de 2011; *Report to the Fifa Ethics Committee on Allegations Related to the Meeting of the* CFU *on May 10-11, 2011 in Trinidad and Tobago*, preparado pelo FGI Europe AG em 29 de junho de 2011. Informações adicionais foram tiradas de depoimentos, memorandos, capturas de tela de mensagens de texto e afirmações de Blazer, Anton Sealey e Fred Lunn. As cópias foram cortesia de Martyn Ziegler. Mais informações estão disponíveis em cópias das decisões de 29 de maio de 2011, da decisão do Comitê de Ética da Fifa sobre Jack Warner da decisão arbitral sobre Bin Hammam no Tribunal Arbitral do Esporte, entregue em 19 de julho de 2012.

2. Paul Kelso, "Revealed: Fifa's secret bribery files on Warner and Bin Hammam", *Sunday Telegraph*, 29 de maio de 2011.

3. Arny Belfor, "New evidence of $40K cash gifts in Fifa scandal", *Associated Press*, 10 de junho de 2011.

4. O discurso completo de Warner foi gravado em segredo. Uma cópia do vídeo foi publicada, pela primeira vez, pelo *The Telegraph* em 12 de outubro de 2011.

5. Depoimento de Chuck Blazer, 23 de maio de 2011, cortesia de Martyn Ziegler.

6. Cópia de "Report of evidence of violations of the Fifa code of ethics", de Collins & Collins, 22 de maio de 2011, cópia no arquivo do autor.

7. Martyn Ziegler, "Fifa duo face corruption charges", *Press Association Sport*, 25 de maio de 2011.

8. Um relato excelente e doloroso das audiências de ética da Fifa naquele dia, incluindo citações diretas de transcrições e da conferência de imprensa posterior, pode ser encontrado em Heidi Blake e Jonathan Calvert, pp. 358-378.

9. Uma transcrição completa dos comentários de Warner no lado de fora do parlamento de Trinidad e Tobago foi publicada pelo *Trinidad Express* em 27 de maio de 2011.

OITO: UM HOMEM FEITO

1. Uma cópia do contrato está nos arquivos do autor.

2. Nancy Armour, "Chuck Blazer is witty, gregarious and a whistleblower", *Associated Press*, 4 de junho de 2011.

3. Randall escreveu um e-mail curto para Eaton na noite de 13 de junho de 2011, dizendo: se você tiver planos de voltar aos Estados Unidos, mais especificamente Nova York, eu adoraria falar com você".

4. As complicadas transferências bancárias foram primeiro detalhadas por Heide Blake e Jonathan Calvert, pp. 390-391. Mais tarde, elas foram comprovadas nos documentos do Departamento de Justiça enviados a Trinidad e Tobago. Veja Camini Maraji, "US 1.2M bribe for Jack", *Trinidad Express*, 9 de junho de 2015.

5. A carta é detalhada no *Report to the Fifa Ethics Committee on Allegations Related to the Meeting of the* CFU *on May 10-11, 2011 in Trinidad and Tobago*, p. 4.

6. Warner foi entrevistado pela Bloomberg TV em 20 de junho de 2011.

7. Martyn Ziegler, "Blazer: I had to act on bribery claims", *Press Association Sport*, 29 de maio de 2011.

8. *Integrity Committee Report of Investigation* da Concacaf, pp. 55-56.

9. Os dois livros de Strong são *Shining path: terror and revolution in Peru* (Nova York: Crown, 1993) e *Whitewash: Pablo Escobar and the cocaine wars* (Londres: Pan, 1995).

10. Jennings publicou a maioria de sua correspondência com Blazer, incluindo mensagens detalhadas neste capítulo, em seu site transparencyinsport.org.

11. Doreen Carvajal, "For Fifa executives, luxury and favors", *New York Times*, 18 de julho de 2011.

12. E-mail de Blazer para Jennings, de 12 de agosto de 2011, publicado em transparencyinsport.org.

13. Mark Hosenball, "FBI examining U.S. soccer boss's financial records", Reuters, 16 de agosto de 2011.

Nove: Rico — A lei norte-americana contra a corrupção

1. Wilson, um herói entre determinado grupo de contadores forenses, escreveu uma autobiografia intitulada *Special agent: a quarter century with the Treasury Department and the Secret Service*, publicada em 1965 e esgotada.

2. Elmer L. Irey, *Tax dodgers: the inside story of the t-men's war with America's political and underworld hoodlum* (Nova York: Greenberg, 1948). Irey foi diretor da Unidade de Inteligência do Departamento do Tesouro durante a investigação de Capone.

3. Gerald e Patricia Green foram condenados por um júri federal em Los Angeles, em 2009, por pagarem US$ 1,8 milhão em propina para conseguir quase US$ 14 milhões em contratos no Festival de Cinema de Bangkok. Ben Fritz, "Hollywood producers are guilty of bribing Thai official", *Los Angeles Times*, 15 de setembro de 2009.

4. Dois oficiais da indústria bélica Pacific Consolidated Industries confessaram, em 2008 e 2009, terem pagado aproximadamente US$ 70 mil em suborno para ganhar contratos com o Ministério da Defesa do Reino Unido.

5. Carta ao editor, *Columbia Daily Spectator*, 7 de outubro de 1998. Norris reagia a um artigo opinativo que exaltava as virtudes do exploração laboral.

6. Sarah McGonigle, "Legal aid sees rise in 3L retention", *Harvard Law Record*, 10 de dezembro de 2002.

7. O julgamento de seis semanas de Charles Carneglia começou em janeiro de 2009, com Norris proferindo um argumento final de cinco horas de duração. "Senhoras e senhores, Charles Carneglia não foi um bom menino quando jovem e não é um bom menino hoje", introduziu Norris ao júri, que condenou o antigo matador Gambino por quatro acusações de assassinato, além de formação de quadrilha, roubo, extorsão, sequestro e conspiração para vender maconha.

Dez: O dinheiro de Blazer

1. Após Welch e Johnson serem absolvidos no dia 5 de dezembro de 2003, o juiz federal David Sam comentou que nunca havia visto um caso tão desprovido de "intenção criminosa ou propósito maligno". Paul Foy, "Judge throws out Salt Lake City case", *Washington Post*, 6 de dezembro de 2003.

2. Há inúmeros relatos da amizade entre Gulati e Blazer. Veja, por exemplo, Nathaniel Vinton, Christian Red e Michael O'Keeffe, "From Fifa storm to reform: u.s. soccer prez Gulati wades through shock of corruption scandal to pave new road for World's Game", *Daily News* de Nova York, 13 de dezembro de 2015.

3. Gulati foi indicado por unanimidade para o cargo em uma reunião do Comitê Executivo da Concacaf em Curaçao no dia 28 de março de 2007.

4. Gail Alexander, "Jack clears air on $$ paid to Blazer", *Trinidad Guardian*, 3 de setembro de 2011.

5. *Integrity Committee Report of Investigation* da Concacaf, p. 53.

6. A Concacaf publicou um release anunciando a demissão planejada de Blazer no dia 6 de outubro de 2011.

7. Do formulário federal 990 de declaração de impostos da Concacaf para o ano fiscal 2011, que foi arquivado pela Receita Federal em 28 de dezembro de 2012. Os rendimentos totais eram de US$ 60.044,279, enquanto as despesas totais eram de US$ 30.986,338, resultando em um retorno líquido para a organização sem fins lucrativos de mais de US$ 29 milhões.

8. *Integrity Committee Report of Investigation* da Concacaf, pp. 63-65.

9. Ibid., pp. 59-60.

10. Ibid., p. 50.

11. Ibid., p. 53.

Onze: A virada de mesa

1. Paul Goldberger, "Atrium of Trump Tower is a pleasant surprise", *New York Times*, 4 de abril de 1983.

2. Por lei, cidadãos norte-americanos e residentes permanentes devem emitir um Relatório de Bancos Estrangeiros e Contas Financeiras, ou Fbar, junto com sua declaração de imposto de renda. A penalidade máxima para o não cumprimento criminoso dessa exigência, considerado uma violação de lavagem de dinheiro, são cinco anos de prisão.

3. Pelo menos cinco diferentes tribunais de recursos sustentaram o argumento de que o privilégio da Quinta Emenda contra atos de autoincriminação não se aplica a intimações para relatórios de bancos estrangeiros. Veja Lynley Browning, "New u.s. tactic for suspected Swiss bank tax cheats", Reuters, 28 de dezembro de 2011.

4. Uma série de reformas legislativas do sistema judiciário criminal, em meados dos anos 1980, resultou na criação da declaração de política diretriz 5K1.1, Assistência Substancial às Autoridades: "Sob moção do governo declarando que o réu forneceu assistência substancial na investigação ou acusação de outra pessoa que tenha cometido um crime, o tribunal poderá se distanciar das diretrizes" para fins de sentença. Os cooperadores buscam o que hoje é conhecido como carta 5K, solicitando uma redução da sentença.

Doze: A joia da coroa

1. Certos aspectos da história do relacionamento entre Blazer e Hawilla foram extraídos do blog pessoal de Blazer, *Travels with Chuck Blazer and His Friends*, incluindo um post do dia 9 de maio de 2008 sobre esse assunto.

2. Hawilla fundou a empresa, ao lado do imigrante colombiano Jorge Martinez, no dia 11 de maio de 1990. Finalmente, Hawilla comprou a parte de Martinez e o nome da empresa foi mudado para Traffic Sports USA Inc. em 2 de setembro de 2003. Depois de enfrentar por muito tempo uma grave doença, Martinez faleceu em 2017.

3. USA v. *Hawit, et al.*, indiciamento substituto, 25 de novembro de 2015, p. 70.

4. *Integrity Committee Report of Investigation* da Concacaf, p. 6.

5. Diversos perfis de Hawilla produzidos pela imprensa brasileira foram particularmente úteis para traçar sua biografia. Entre eles: Allen de Abreu e Carlos Petrocilo, "J. Hawilla, do cachorro-quente ao império", *Diário da Região*, 31 de maio de 2015; Adriana Negreiros, "O dono da bola (e do time, do jogador, do campeonato, do jornal, da TV, da publicidade)", *Playboy Brasil*, março de 2009; Joyce Pascowitch, "Bola na rede", *Poder*, dezembro de 2010; José Roberto Caetano, "O dono da bola é J. Hawilla, dono da Traffic", *Exame*, 8 de novembro de 2013.

6. USA v. *José Hawilla*, informação criminal, apresentada em 12 de dezembro de 2014, p. 21. Informações substanciais sobre as atividades comerciais de Hawilla neste capítulo foram extraídas deste e de outros documentos incriminatórios em diversos casos criminais arquivados no Distrito Leste de Nova York. Além disso, Hawilla concedeu longos depoimentos, em dezembro de 2000 e abril de 2001, ao Senado e à Câmara dos Deputados brasileiros, respectivamente, e as transcrições dessas entrevistas, que resultaram em centenas de páginas, estão carregadas de detalhes importantes sobre suas atividades comerciais. Finalmente, um depoimento de Hawilla, em 5 de setembro de 2002, concedido na ação *T&T Sports Marketing v. Dream Sports International v. Torneos y Competencias*, no Distrito Sul do Texas, foi útil para esclarecer certos aspectos dos seus grupos empresariais, incluindo o curto investimento da Hicks, Muse.

7. Joyce Pascowitch, "Bola na rede", *Poder*, dezembro de 2010.

8. USA v. *José Hawilla*, informação criminal, p. 24.

9. USA v. *Charles Blazer*, informação criminal, apresentada em 25 de novembro de 2013, p. 18.

10. A federação hondurenha de futebol processou a Traffic no Tribunal Federal dos Estados Unidos, em Miami, em setembro de 2006; a Traffic processou de volta; a disputa acabou caindo em arbitragem. Detalhes sobre o assunto foram extraídos desses registros judiciais.

11. Copias de contratos da Traffic referentes à Copa América foram preenchidos no tribunal do condado de Miami-Dade, de acordo com *Traffic Spots v. Conmebol and Full Play*.

12. *Traffic Spots v. Conmebol and Full Play*, tribunal do condado de Miami-Dade, em 21 de novembro de 2011.

13. Ibid., p. 127; detalhes adicionais sobre o pagamento de suborno foram retirados de diversos outros documentos judiciais, incluindo a informação criminal e a transcrição da confissão de Miguel Trujillo em 8 de março de 2016; a informação criminal e a transcrição da confissão de Fabio Tordin em 9 de novembro de 2015; e a transcrição da confissão de Alfredo Hawit em 11 de abril de 2016.

Treze: Rainha por um dia

1. A matéria do *Telegraph* foi escrita por Claire Newell e Paul Kelso.

2. Paul Kelso, "Fbi's investigation in alleged Fifa corruption heads for the Caribbean", *The Telegraph*, 14 de dezembro de 2011.

3. As datas das delações de Blazer são detalhadas em seu acordo de cooperação, assinado em 25 de novembro de 2013.

4. Estatísticas mensais, trimestrais e anuais sobre as transações da Fedwire estão postadas no site da Reserva Federal dos Estados Unidos.

5. Detalhes dos atos corruptos confessados por Blazer estão contidos em *USA v. Blazer*, informação criminal, além de seu acordo de confissão, ambos emitidos em 25 de novembro de 2013.

6. Os valores foram extraídos do relatório contábil final da Fifa pelo ciclo 2007-2010 da Copa do Mundo.

7. Brian Trusdell, "abc and espn get u.s. rights to 2010, 2014 World Cups for $100 million", *Associated Press*, 2 de novembro de 2005.

8. Extraído da declaração de impostos 990 da confederação.

9. Do contrato de janeiro de 2001 entre a Traffic e a Conmebol, apresentado em 21 de novembro de 2011, no processo *Traffic v. Conmebol and Full Play*.

Catorze: O rei está morto. Vida longa ao rei!

1. *USA v. Hawit, et al.*, indiciamento substituto, p. 131.

2. Michael Klein, "Webb was director of Jack Warner's Cayman company", *Cayman Compass*, 8 de julho de 2015.

3. Transcrição da confissão de Jeffrey Webb, 23 de novembro de 2015, p. 26.

4. "Webb accepts nomination for Concacaf president", *Cayman News Service*, 26 de março de 2012.

5. Graham Dunbar, "Concacaf tries to oust Chuck Blazer from Fifa", *Associated Press*, 23 de maio de 2012.

6. Ibid.

7. Michelle Kaufman, "New Concacaf chief could enhance South Florida's soccer appeal", *Miami Herald*, 27 de julho de 2012.

8. Ibid.

9. Detalhes da complicada série de transações foram extraídos de diversas fontes, mas principalmente de *USA v. Hawit, et al.*, indiciamento substituto, pp. 133-135.

Quinze: Mais rápido, mais alto, mais forte

1. *USA v. Blazer,* informações, pp. 16-17.

2. Mary Papenfuss e Teri Thompson, pp. 145-146.

3. Michael J. Garcia e Cornel Borbély, *Report on the inquiry into the 2018/2022 Fifa World Cup bidding process*, p. 66.

4. Muitos detalhes das interações de Blazer com Hawilla gravadas e que levaram à sua eventual prisão foram extraídos de uma cópia da denúncia sigilosa e do depoimento do FBI contra Hawilla, apresentado em 8 de maio de 2013 e assinado por Jared Randall.

5. Extraído de um fax de 18 de fevereiro de 2003, enviado do FirstCaribbean International Bank para a Sportvertising.

6. Cópia do contrato de quatro páginas, revisado pelo autor.

7. *Travels with Chuck Blazer and His Friends*, 9 de maio de 2008.

Dezesseis: Do meu jeito

1. *Release* de imprensa da Concacaf.

2. *Integrity Committee Report of Investigation* da Concacaf, p. 16.

3. Ibid., Apêndice B.

4. Ibid., p. 12.

5. Ron Shillingford, "Webb spun his charm superbly", *Cayman Compass*, 18 de julho de 2012.

6. *EUA v. Hawit, et al.*, indiciamento substituto, p. 133.

Dezessete: O pacto

1. Paulo Maia, "A morte do papa e o jogo de futebol", *Jornal do Brasil*, 8 de agosto de 1978.

2. O amigo de longa data e sócio de Hawilla, Kleber Leite, comprou os direitos para a Copa do Brasil, maior campeonato profissional de elite do país, até 2022. O acordo, firmado em dezembro de 2011, não foi revelado até maio seguinte. A Traffic e a Klefer, empresa de Leite, assinaram um contrato de divisão de custos e receitas em 15 de agosto de 2012. Detalhes do acordo podem ser encontrados em *USA v. Hawit, et al.*, pp. 80-82.

3. Jill Goldsmith, "Hicks Muse nabs 49% of Brazil's Traffic SA", *Variety*, 28 de julho de 1999.

4. Gilberto Scofield Jr., "J. Hawilla, o dono do nosso futebol", *O Globo*, 4 de junho de 2010.

5. Rafael Hawilla casou-se com Adriana Helú em 17 de novembro de 2012, na praia de Manantiales. O casamento e a lua de mel foram o acontecimento da temporada em Punta del Este e receberam considerável atenção da imprensa em blogs brasileiros sobre moda e sociedade.

6. Denise Mota, "50% dos casamentos de luxo no Uruguai têm brasileiros no altar", *Folha de S.Paulo*, 31 de janeiro de 2013. Um dos proprietários do clube de praia onde o casamento foi realizado estimou os custos em US$ 1,5 milhão.

DEZOITO: OS IRMÃOS WARNER

1. Warner foi eleito pela primeira vez ao parlamento de Trinidad e Tobago em 2007, como presidente do partido United National Congress (UNC). Em maio de 2010, o UNC formou uma aliança com vários outros partidos e venceu as eleições nacionais por uma enorme diferença. Warner, que recebeu mais votos do que qualquer outro candidato no país, foi recompensado com o Ministério do Trabalho e do Transporte. O líder da oposição, Keith Rowley, disse que sua nomeação posterior "deveria ser motivo de preocupação para todos os cidadãos conscientes de Trinidad e Tobago".

2. Detalhes sobre a formação de Daryan Warner foram extraídos de USA *v. Daryan Warner*, transcrição de confissão, 18 de outubro de 2013.

3. Em declaração oficial, a Fifa disse: "Jack A. Warner deveria, particularmente, garantir que seu filho, Daryan Warner, não abuse do cargo exercido pelo seu pai". Rob Hughes, "Fifa clears Warner in ticket scam", *New York Times*, 6 de dezembro de 2006.

4. Detalhes dos depósitos feitos pelos irmãos Warner foram extraídos de uma denúncia sigilosa em USA *v. Daryan Warner and Daryll Warner*, apresentada em 20 de novembro de 2012. Steve Berryman prestou depoimento na denúncia.

5. Existe algum debate sobre a autoria do termo *smurfing* com o significado desse arranjo criminoso de depósitos. Gregory Baldwin, ex-procurador do Departamento de Justiça baseado em Miami, geralmente recebe os créditos pela criação do termo, no final dos anos 1980. No entanto, depoimentos em julho de 1985 indicam o uso do termo numa audiência no Comitê Judiciário da Câmara sobre lavagem de dinheiro.

6. O esquema de hipoteca do irmão Warner mais novo é detalhado em USA *v. Daryll Warner*, informação criminal, apresentada em 15 de julho de 2013, pp. 1-3.

DEZENOVE: "UMA HISTÓRIA TRISTE E DEPLORÁVEL"

1. USA *vs. Agate, et al.*, também conhecido por seu codinome, Operação Old Bridge. A ação gerou sessenta declarações de culpa, e a maioria dos réus enfrentou longas sentenças de prisão.

2. Considerada "o maior cerco contra a máfia na história do FBI" pelas autoridades do governo, a operação foi baseada em quatro inquéritos diferentes e envolveu cerca de oitocentos agentes da lei. O promotor geral Eric Holder anunciou a notícia em uma coletiva de imprensa no Eastern District de Nova York em 20 de janeiro de 2011.

3. Juan Zamorano, "Regional ex-soccer executives sccused of fraud", *Associated Press*, 20 de abril de 2013.

4. Graham Dunbar, "Concacaf financial scandal could hurt US", *Associated Press*, 20 de março de 2013.

5. Sean Williams, "Football propels Webb to Cayman's Person of the Year," *Jamaica Observer*, 28 de fevereiro de 2013. "O trabalho no futebol não se restringe ao futebol, mas, num âmbito mais amplo, está a serviço de todos os outros aspectos positivos da vida e da realidade humana", Webb afirmou ao receber o prêmio.

6. Carta de Samir Gandhi da Sidley Austin para Fabrice Baly, presidente da Associação de Futebol de Saint-Martin, datada de 5 de janeiro de 2016. A carta circulou por todas as associações-membros da Concacaf.

7. USA *v. Hawit, et al.*, pp. 100-101.

8. Graham Dunbar, "Concacaf financial scandal could hurt US", *Associated Press*, 20 de março de 2013.

9. Um relato das movimentações do dinheiro de propina é apresentado em USA *v. Hawit, et al.*, indiciamento substituto, pp. 133-134.

10. Mark Fraser, "Warner resigns; Jack hits the road", *Trinidad Express, New York Times*, 21 de abril de 2013.

11. Mark Bassant, "'I'm not under house arrest'; Daryan Warner bares his ankles in Miami", *Trinidad Express*, 19 de março de 2013.

12. Mark Hosenball, "Exclusive, FBI his cooperating witness for soccer fraud probe: sources", Reuters, 27 de março de 2013.

13. Mark Bassant, "Jack's son a witness", *Trinidad Express*, 27 de março de 2013.

14. A série, da repórter investigativa do *Trinidad Express*, Camini Marajh, começou em 14 de abril de 2013, com "Over $100m withdrawn from Ttff accounts". Ela continuou ao longo de 2013 com mais de dez dossiês e matérias, fazendo análises aprofundadas sobre muitas das atividades financeiras de Warner.

15. Declaração do ministro das Comunicações Jamal Mohammed, citado em "Govt backs Jack", *Trinidad Newsday*, 19 de abril de 2013.

16. Linda Hutchinson-Jafar, "Trinidad's national security minister, ex-Fifa official Warner quits-official", Reuters, 21 de abril de 2013.

17. Mark Fraser, "Warner resigns", *Trinidad Express*, 21 de abril de 2013.

18. Shastri Boodan, "Warner must return diplomatic passport", *Trinidad Guardian*, 19 de julho de 2013.

19. A Fifa publicou seu documento de oito páginas *Statement of the Chairman of the Fifa Adjudicatory Chamber, Hans-Joachim Eckert, on the Examination of the* ISL *Case* em 29 de abril de 2013.

20. Havelange e Teixeira foram acusados de "desvio e gerenciamento possivelmente desleal", mas o artigo 53 do código penal suíço permite "a isenção da punição caso a reparação seja feita. Se o criminoso pagar pelo dano ou empreender esforços significativos para compensar a injustiça causada, a autoridade competente se absterá de indiciá-lo, levá-lo ao tribunal ou puni-lo". Esse estatuto normalmente se aplica apenas a crimes com sentenças de menos de dois anos. Realizando as reparações parciais, segundo determinou o promotor Thomas Hildbrand, os dois brasileiros haviam satisfeito o artigo 53. Isso é descrito em detalhes minuciosos no despacho sobre a exoneração dos procedimentos criminais de 11 de maio de 2010, publicado pela promotoria do cantão de Zug.

21. Ibid.

Vinte: "Deixe-nos fora dessa"

1. Algumas das informações sobre a primeira interação entre Randall e Hawilla, bem como seus telefonemas anteriores e posteriores com Blazer, detalhados ao longo deste capítulo, são baseadas na denúncia sigilosa incluída em USA v. *Hawilla*, datada de 8 de maio de 2013. Detalhes adicionais estão na transcrição do julgamento de Hawilla em dezembro de 2017.

2. Alguns detalhes sobre essa reunião, bem como sobre o contrato da Copa América estão presentes em USA v. *Hawit, et al.*, indiciamento substituto, pp. 141-143, assim como a transcirção do julgamento de Hawilla.

3. O primeiro telefonema gravado de Blazer para Hawilla foi no dia 1º de junho de 2012. Um segundo telefonema, realizado em 26 de junho, também envolveu Stefano Hawilla, o filho mais velho do executivo, de acordo com a denúncia USA v. *Hawilla*.

4. Chamado com frequência de "fazer declarações falsas", o 18 USC 1001 é um dos estatutos favoritos dos agentes federais que tentam construir um caso contra alguém. Ele implica em uma sentença de até cinco anos, e foi usado com sucesso contra Martha Stewart, Bernie Madoff, Jeffrey Skilling e, mais recentemente, George Papadopoulos, ex-consultor externo de Trump. A melhor maneira de evitar um indiciamento pela 1001 é pedir o nome do agente, não dizer mais nada e conseguir um advogado.

5. Se um agente do FBI se aproxima querendo fazer perguntas, sério, não diga nada e arranje um advogado.

6. Alguns dos detalhes biográficos de Aaron Davidson foram tirados em parte da transcrição de sua declaração de culpa de 20 de outubro de 2016 em USA v. *Hawit, et al.*, bem como de vários perfis publicados na imprensa, em particular Tim Elfrink, "Aaron Davidson's stunning soccer bribery case could clean up Fifa's corruption", *Miami New Times*, 1º de setembro de 2015.

Vinte e um: Não sou seu amigo

1. Detalhes dos termos da liberdade condicional de Hawilla vieram das cópias de um acordo fiduciário, feito em maio de 2013, entre Hawilla e o Escritório da Procuradoria-Geral dos Estados Unidos do Distrito Leste de Nova York, representado pela procuradora-geral adjunta Amanda Hector.

2. O contrato de US$ 160 milhões entre a CBF e a Nike começou a ser negociado em 1994 e foi assinado em Nova York em 11 de julho de 1996. Está descrito em certos detalhes em *USA v. Hawit, et al.*, indiciamento substituto, pp. 83-86. A Nike aceitou pagar US$ 40 milhões à Traffic, em parcelas regulares, além do valor do contrato como uma comissão de agenciamento. Hawilla concordou secretamente, em 14 de julho de 1996, em dividir a comissão com Teixeira, a título de propina. O contrato com a Nike foi tema de um inquérito parlamentar de oito meses no Brasil, que teve início em 17 de outubro de 2000. Por fim, a comissão recomendou acusações contra diversos cartolas, incluindo Teixeira, mas não contra Hawilla. Em razão do poder político dos indivíduos, porém, nenhuma acusação chegou a ser prestada. Um relato completo pode ser encontrado em Sílvio Torres, *Comissão parlamentar de inquérito destinada a apurar a regularidade do contrato celebrado entre a CBF e a Nike*, publicado em junho de 2001.

3. Face a uma investigação criminal em Brasília, Teixeira deixou o Brasil em 17 de fevereiro de 2012, em um jatinho particular pertencente a Wagner Abrahão, dono do Grupo Águia, uma agência de viagens que, junto com a Traffic, tinha os direitos de venda de pacotes VIP para a Copa do Mundo no Brasil. Algumas semanas antes, Teixeira tinha feito um depósito de US$ 7,45 milhões por uma mansão de mais de seiscentos metros quadrados na Sunset Island, em Miami, que havia pertencido à tenista russa Anna Kournikova. Ele renunciou à presidência da CBF em 12 de março de 2012, quando já havia se mudado para Miami. A história de Teixeira pode ser encontrada em um excelente e detalhado artigo feito por Jamil Chade e no livro de Ribeiro Jr. et al., *O lado sujo do futebol*, pp. 233-234.

4. Detalhes dos pagamentos de Hawilla à Torneos e à Full Play por sua parte das propinas da Copa América vieram de depoimentos dados durante o julgamento de Juan Angelo Napout, José Maria Marin e Manuel Burga, ocorrido entre novembro e dezembro de 2017, assim como de *USA v. Hawitt et al.*, indiciamento substituto, pp. 144-145.

Vinte e dois: Uma de prata, a outra de ouro

1. Uma contagem dos pagamentos de propina de Danis, bem como suas questões fiscais, está inclusa em *USA v. Zorana Danis*, informações criminais apresentadas em 26 de maio de 2015, pp. 15-16, 18.

2. Existem inúmeros relatos sobre a vida de Vidinić como jogador, treinador e funcionário da Adidas, e a história de sua conversa com Horst Dassler na véspera das eleições históricas da Fifa, em 1974, em Frankfurt, foi narrada por vários jornalistas notórios do esporte, incluindo Andrew Jennings, Keir Radnedge, Pal Odegard, entre outros. Talvez o melhor relato venha de Barbara Smit, *Invasão de campo: Adidas, Puma e os bastidores do esporte moderno*, pp. 139-140.

3. Aspectos da biografia e dos negócios de Danis vêm do caso *USA v. Danis*, incluindo a transcrição de sua declaração de culpa em 26 de maio de 2015, bem como de depoimentos e outros documentos incluídos em um processo civil apresentado pela Conmebol contra

Danis e a International Soccer Marketing na Suprema Corte de Nova York em 21 de outubro de 2016.

4. O promotor solicitou o requerimento em sigilo, em 19 de julho de 2013, pedindo vigilância de contas de e-mail pertencentes a Danis, Ricardo Teixeira, Jorge Martínez e Horace Burrell. Outro requerimento, válido por sessenta dias, foi estendido duas vezes durante o início de 2014.

5. Uma litania de atos criminosos praticados por Daryan Warner está inclusa em seu acordo de cooperação, lido na transcrição de sua declaração de culpa, em 18 de outubro de 2013.

6. *USA v. Daryan Warner*, ordem de confisco, apresentada em 23 de outubro de 2013, p. 1.

7. Mary Papenfuss e Teri Thompson, p. 152.

8. Uma lista dos atos corruptos que Blazer admitiu, mas dos quais não foi acusado, está inclusa no acordo de cooperação que ele assinou em 25 de novembro de 2013, pp. 8-9.

9. A quantia exata é US$ 1.958.092,72, "que representa uma porção das quantias que o réu recebeu de propinas, negociatas e vendas ilegais de ingressos para a Copa do Mundo". *USA v. Blazer*, ordem de confisco, 25 de novembro de 2013. Os termos de seu confisco pediam que US$ 1,9 milhão fosse pago no momento de sua declaração de culpa; uma segunda quantia não especificada deveria ser paga no momento de sua sentença, mas Blazer faleceu em julho de 2017, antes de ser sentenciado.

10. *USA v. Blazer*, informações criminais, p. 2.

Vinte e três: Confiança e traição

1. Alguns detalhes sobre os benefícios de Sanz na Concacaf estão em Tariq Panja e David Voreacos, "Can one of the dirtiest corners of global soccer clean up its own act?", Bloomberg, 23 de fevereiro de 2016.

2. *USA v. Hawit, et al.*, indiciamento substituto, p. 139.

3. A lei brasileira nº 12.850 foi aprovada em 2 de agosto de 2013. Foi concebida para combater o crime organizado, proporcionando benefícios para aqueles que colaborassem com investigações. A lei é altamente controversa. Os críticos dizem que ela incentiva os delatores a acusar de forma inverídica outros envolvidos, a fim de receber sentenças mais leves.

4. Alguns aspectos da reunião entre Hawilla e Davidson foram retirados das transcrições de uma gravação de áudio clandestina, que foram incluídas como prova no julgamento de Juan Ángel Napout, José Maria Marin e Manuel Burga, em 2017.

5. *EUA vs. Hawit, et al.*, indiciamento substituto, pp. 147-148.

6. Ibid., p. 105.

Vinte e quatro: "Todos nós vamos para a prisão!"

1. USA v. *Hawit, et al.*, indiciamento substituto, pp. 58 e 146. Muitos detalhes dos eventos em torno da coletiva de imprensa foram retirados do testemunho, bem como as transcrições feitas em evidências no julgamento de Napout, Marin e Burga, em 2017.

2. A coletiva de imprensa foi gravada e o vídeo completo do evento está disponível on-line.

3. Essa e outras frases foram transcritas das gravações clandestinas de Hawilla.

4. Brent Fuller, "Canover Watson released on bail", *Cayman Compass*, 29 de agosto de 2014.

5. Brent Fuller, "CarePay trial: bank chief confirms 'loan' to Webb", *Cayman Compass*, 8 de janeiro de 2016. O *Cayman Compass* realizou uma cobertura exaustiva de alta qualidade da investigação e do julgamento subsequente de Canover Watson, que acabou em 4 de fevereiro com sua condenação por fraude, conflito de interesses, violação da confiança pública e conspiração de fraude. Ele foi sentenciado a sete anos de prisão e, em julho de 2017, foi citado como alvo de uma investigação à parte sobre fraude na Associação de Futebol das Ilhas Cayman. Jeffrey Webb foi acusado pelas autoridades das Ilhas Cayman, em julho de 2015, por conspiração para cometer fraude, violação de confiança e "conspiração para converter propriedade ilícita".

Vinte e cinco: Retaliação

1. Posteriormente, revelou-se que Blanks realmente tinha sido a fonte do artigo do *Daily News*. Ela também se tornou a principal fonte para o livro sobre Chuck Blazer escrito por Mary Papenfuss e Teri Thomson, *American huckster*. Inclusive, o livro foi dedicado a ela.

2. Dos 20 mil clientes do banco suíço UBS que eram contribuintes norte-americanos, 17 mil escondiam suas identidades e a existência dessas contas. O Credit Suisse, por sua vez, apresentou inicialmente os nomes de apenas 238 donos de contas que eram contribuintes norte--americanos, de um total de mais de 22 mil dessas contas. Ver James Vicini, "UBS to identify clients, pay $780 million in tax case", Reuters, 18 de fevereiro de 2009; e Eric Tucker e Marcy Gordon, "Credit Suisse pleads guilty, pays $2.6 Billion in U.S. tax evasion case", *Associated Press*, 19 de maio de 2014.

3. Owen Gibson, "Fifa set to publish summary of inquiry", *The Guardian*, 18 de outubro de 2014.

4. Graham Dunbar, "Fifa under fire after report on Qatar, Russia", *Associated Press*, 13 de novembro de 2014.

5. Em resposta às sanções da Lei Magnitsky aprovadas no final de 2012, a Rússia, em 13 de abril de 2013, proibiu dezoito norte-americanos de entrar no país, incluindo Garcia, que, como procurador dos Estados Unidos para o Distrito Sul de Nova York, tinha participado da acusação de um traficante de armas russo, Viktor Bout.

6. Chico Siquera, "Grupo Traffic vende *Diário de S. Paulo*", *O Estado de S. Paulo*, 6 de setembro de 2013.

7. Marcio Porto, "Chineses compram CT e São Paulo é quem deve administrá-lo", *Lance!*, 17 de abril de 2014.

8. A história do confisco fiscal, incluindo o conceito de "corrupção de sangue", utilizado pelo Primeiro Congresso dos Estados Unidos para proibir a prática, em 1790, é um tema fascinante, explicado de maneira excelente e clara em Karla L. Spaulding, "Hit them where it hurts". *Journal of Criminal Law and Criminology*, vol. 80, primavera de 1989, pp. 197-292.

9. O acordo original de confisco de Hawilla exigiu que ele pagasse US$ 25 milhões no momento em que se declarasse culpado, US$ 75 milhões depois de um ano, e os US$ 51 milhões restantes no momento da sentença ou em dezembro de 2018, o que ocorresse primeiro. Embora Hawilla tenha pagado mais US$ 20 milhões adicionais, ele não conseguiu vender a Traffic, culpando o processo criminal e o momento ruim enfrentado pela economia brasileira. Por conseguinte, recebeu prorrogações que lhe permitiram pagar o saldo total de US$ 106 milhões até dezembro de 2018 ou até o momento de sua sentença.

VINTE E SEIS: A CASA CAIU

1. Andrew Jennings, *Jogo sujo: o mundo secreto da Fifa*, p. 224.

2. Berverly Melbourne, "When Fifa came to Cayman Islands", *Cayman Net News*, 16 de junho de 2009.

3. Robert Chistopher Woolard, "Concacaf chief rules out bid for Fifa job", Agence France Presse, 22 de outubro de 2013.

4. Sean Williams, "Blatter endorses Webb for second term as Concacaf boss", *Jamaica Observer*, 18 de abril de 2015.

5. Carta de Samir Gandhi, da Sidley Austin, para Fabrice Baly, presidente da Associação de Futebol de Saint-Martin, datada de 5 de janeiro de 2016.

6. Tariq Panja e David Voreacos, "Can one of the dirtiest corners of global soccer clean up its own act?".

7. Brent Fuller, "Other implicated in CarePay probe", *Cayman Compass*, 2 de abril de 2015.

8. Detalhes dos bens de Webb vêm, em parte, dos processos USA v. *Webb, et al.*, "Order setting conditions of release and bond", arquivado em 18 de julho de 2015; e também de USA v. *Webb*, "Amended preliminary order of forfeiture", arquivado em 1º de dezembro de 2016.

VINTE E SETE: CAPTURA

1. A narrativa dos eventos da manhã de 27 de maio de 2015 foi retirada de várias entrevistas bem como da mídia social e de artigos da imprensa daquele dia especial. É importante ressaltar a rápida evolução das notícias no *New York Times*, a primeira, publicada alguns minutos antes do cerco, posteriormente, passou por quase três dúzias de atualizações com sete manchetes diferentes nas 24 horas seguintes. Essas notícias foram documentos de importância fundamental. Tuítes de sete repórteres diferentes envolvidos na redação e transmissão da história, bem como de outros recursos de mídia fazendo a cobertura do evento, inclusive a narrativa da CNN ao vivo, ajudaram a contextualizar os acontecimentos em tempo real.

2. A primeira versão da notícia do *New York Times* era de autoria de Matt Apuzzo, Michael S. Schmidt, William K. Rashbaum e Sam Borden, e se concentrava nas alegações de corrupção nas candidaturas para sediar as Copas do Mundo de 2018 e 2022. Esse foco da história foi retirado nas notícias subsequentes.

3. Muitos detalhes das atividades de Webb em Zurique antes da sua prisão foram extraídos de "Fifa busts at Baur au Lac: inside the five-star takedown", de Vernon Silver, Corinne Gretler e Hugo Miller, Bloomberg, 27 de maio de 2015.

4. Diversas versões das prisões e dos acontecimentos resultantes delas foram dadas sob a perspectiva brasileira. Alguns detalhes foram obtidos em Silvio Barsetti, "Amigo relata abandono de Del Nero a Marin na hora da prisão", *Terra*, 17 de junho de 2015; outros em Jamil Chade, *Política, propina e futebol*.

5. Os detalhes das experiências de Burzaco em 27 de maio são extraídos de seu testemunho no julgamento de Napout, Marin e Burga, em 2017.

6. Ignacio Naya, "'Tu nombre está en la lista de acusados': así fueron los arrestos em Zurich", *La Nación*, 28 de maio de 2015.

7. Os repórteres da *Associated Press* estavam prontos para a perseguição naquela manhã. Um vídeo com parte da filmagem que eles fizeram foi postado no YouTube em 27 de maio de 2015: "FBI raid Concacaf office in Fifa probe".

8. Os comentários cuidadosamente ensaiados de Weber, assim como tudo o mais que foi dito na coletiva de imprensa, foram gravados num vídeo do evento de quase 43 minutos de duração, disponível on-line.

9. Um vídeo da coletiva de imprensa de meia hora de Walter de Gregorio, na qual ele alegou que a Fifa, na verdade, tinha ajudado, solicitando a investigação suíça, está disponível on-line. "A Fifa é a parte prejudicada", disse ele. De Gregorio foi despedido em 11 de junho, por, supostamente, fazer uma piada na televisão suíça: "Pergunta: O presidente da Fifa, o secretário-geral e o diretor de Comunicações estão num carro. Quem está dirigindo? Resposta: A polícia".

10. Tuíte de Steven Geoff, jornalista encarregado do futebol do *The Washington Post*, 27 de maio de 2015.

Vinte e oito: "Um grande dia para o futebol"

1. *USA v. Danis*, transcrição da confissão de culpa, 26 de maio de 2015.

2. Ao contrário de sua primeira investigação interna da Concacaf, Sidley Austin nunca divulgou os resultados dessa segunda auditoria. Embora a Concacaf, em dezembro de 2012, tenha arquivado quatro anos de devolução de impostos, dados esses que estão disponíveis para o público, a confederação não forneceu informações fiscais sobre os anos subsequentes e as fontes indicam que é improvável que publique os dados sobre as finanças da confederação durante a era Jeffrey Webb e Enrique Sanz.

3. Owen Gibson, "Sepp Blatter re-elected as Fifa presidente for fifth term", *The Guardian*, 29 de maio de 2015.

4. Martyn Ziegler, "Sepp Blatter blames English media and US justice authorities for trying to oust him after being re-elected as Fifa president", *Press Association Sport*, 30 de maio de 2015.

5. Tim Reynolds, "Ex-Fifa VP Warner hits out at US based on satirical story", *Associated Press*, 31 de maio de 2015.

6. Daina Beth Solomon, "Fifa film 'United passions' makes muted debut in Los Angeles", Reuters, 5 de junho de 2015.

7. Burzaco descreveu sua viagem à Itália e sua rendição definitiva em seu testemunho durante o julgamento.

8. USA v. *Burzaco*, ordem de confisco preliminar sigilosa, registrada em 16 de novembro de 2015.

9. Detalhes da gravação secreta de Hawit retirada de USA v. *Hawit, et al.*, indiciamento substituto, pp. 129-130.

Vinte e nove: Um defensor zeloso

1. Partes significativas, mas de modo algum todo o material descrito neste capítulo, vêm de diversas entrevistas com Torres-Siegrist. Outros e-mails, documentos legais, cobertura de imprensa e demais registros foram fundamentais na coleta de dados para embasar o relato. Particularmente útil foi o excelente jornalismo investigativo uruguaio, *Figueredo: a la sombra del poder*, de Diego Muñoz e Emiliano Zecca, que é citado na bibliografia deste livro.

2. Ibid, pp. 33-51.

3. O assistente da Procuradoria dos Estados Unidos, Sam Nitze, assinou uma Declaração Juramentada em Apoio ao Pedido de Extradição em 24 de junho de 2015; ela foi aprovada e recebeu o selo dos Estados Unidos da América em 29 de junho, sendo formalmente emitida pela embaixada dos Estados Unidos à Suíça em 1º de julho.

4. "Uma aliança de casamento de diamantes pertencente a Kendra Gamble-Webb" está listada entre outros bens usados para garantir a soltura de Webb no caso USA v. *Webb*, no conjunto de condições para a soltura e fiança, assinado em 18 de julho de 2015.

5. O cientista, Yevgeny Adamov, foi diretor do Ministério de Energia Atômica da Rússia e foi preso em 2 de maio de 2005, na Suíça, a pedido dos Estados Unidos, que alegaram que ele havia roubado US$ 9 milhões dos fundos destinados à melhoria da segurança nuclear na Rússia e o acusaram de lavagem de dinheiro, evasão de impostos e fraude, entre outras acusações. A Rússia também pediu a extradição de Adamov, e sua petição prevaleceu em dezembro de 2005.

6. Da petição uruguaia de 24 páginas para a extradição de Figueredo, finalizada em 21 de outubro de 2015.

Trinta: *Plus ça change*

1. Como em relação à operação de 27 de maio, os melhores e mais completos relatos dos acontecimentos podem ser encontrados no artigo do *New York Times* a respeito do evento, uma vez que repórteres estavam instalados no hotel antes das prisões. Além disso, como apenas dois réus foram levados do Baur au Lac, a operação foi concluída mais rapidamente, portanto, poucos, se é que houve outros jornalistas, chegaram a tempo de testemunhar a batida.

2. Steve Goff, "Blatter remains defiant as u.s. withdraws its support", *Washington Post*, 29 de maio de 2015.

3. Carta de Samir Gandhi, da Sidley Austin, para Fabrice Baly.

4. *USA v. Hawit, et al.*, indiciamento substituto, p. 40.

5. Sam Borden, que depois tornou-se correspondente esportivo europeu para o jornal, eternizou os acontecimentos do dia num *post* do Storify, observando que havia chegado ao Baur au Lac às 5h45.

6. Detalhes do que Blatter fez em 26 de fevereiro vêm de uma longa entrevista com o ex-presidente da Fifa em sua residência naquele mesmo dia.

7. Nick Gutteridge, "Fifa boss Sepp Blatter hauled out of meeting and quizzed by Swiss cops over fraud claims", *Express Online*, 25 de setembro de 2015.

8. Teddy Cutler, "Sepp Blatter 'nearly died' but faces extended ban", *The Sunday Times*, 24 de novembro de 2015.

9. Um vídeo das seis horas do evento, incluindo o discurso de Infantino, está disponível on-line.

10. O alvo, Richard Lai, presidente da Associação de Futebol de Guam, concordou em cooperar com a investigação. Ele finalmente se declarou culpado de duas acusações de conspiração de fraude eletrônica e um erro de cálculo ao declarar contas bancárias no exterior em 27 de abril de 2017, e concordou em pagar em custódia US$ 870 mil.

Epílogo: O julgamento

1. O aparente suicídio de Delhón foi amplamente noticiado pela imprensa argentina, a qual, entre outras coisas, obteve um fotografia que mostrava o bilhete de despedida encontrado em sua maleta. Estava escrito *"Los amo, no puedo creer"*.

2. Após o testemunho de Burzaco, tanto a Televisa quanto a tv Globo divulgaram declarações oficiais negando o envolvimento em atividades corruptas.

3. No dia 20 de junho, Norris foi nomeado vencedor do Prêmio J. Michael Bradford pela Associação Nacional dos Ex-Advogados dos eua (Nafusa), deixando para trás outros oito nomeados. A associação chamou o caso Fifa de "um dos mais importantes processos judiciais já realizados pelo Departamento de Justiça" e elogiou Norris por suas "estratégias de investigação e processos para esse inovador caso que rompia todas as fronteiras".

4. Nitze trabalhou como repórter para o *Asbury Park Press* e o *Miami Herald*, no qual atuou em uma série de investigações sobre uma lei do estado da Flórida criada em 1959 para proteger fazendeiros de exploradores imobiliários.

5. Jorge Arzuaga confessou que era culpado por lavar dinheiro em 15 de junho de 2017 e concordou em entregar em custódia US$ 1.046.000,00, "que representavam o bônus pago para os executivos da Torneos y Competencias s.a, suas subsidiárias e afiliadas como gratificação por sua participação na conspiração da lavagem de dinheiro". O caso ficou conhecido como *EUA vs. Arzuaga*.

6. A organização de futebol arquivou uma "Declaração de vítima e pedido de restituição" para o Distrito Leste de Nova York em 15 de março de 2016. A quantia solicitada não foi especificada, mas havia uma observação de que o dinheiro confiscado pelos Estados Unidos em todo o caso "deveria ser usado para compensar as vítimas (...), em particular a Fifa, seus membros e confederações".

7. Susan Mohammed, "Jack feels like partying", *Trinidad Express*, 11 de outubro de 2017.

8. Marin foi condenado em uma acusação de conspiração Rico, três acusações de conspiração de fraude bancária e duas de conspiração de lavagem de dinheiro, enquanto era absolvido em uma acusação extra pelo último tipo de crime. Napout foi condenado por uma acusação de conspiração Rico e duas acusações de conspiração de fraude bancária. Ele foi absolvido em duas acusações de conspiração de lavagem de dinheiro.

Bibliografia selecionada

AGUILAR, Luís. *Jogada ilegal: os negócios do futebol, os grandes casos de corrupção, uma viagem aos bastidores da Fifa*. Rio de Janeiro: Gryphus, 2013.

ARAÚJO VÉLEZ, Fernando. *No era futbol, era fraude*. Bogotá: Planeta Colombia, 2016.

BLAKE, Heidi & CALVERT, Jonathan. *The Ugly Game: The Qatari Plot To Buy The World Cup*. Londres: Simon & Schuster, 2015.

BONDY, Filip. *Chasing the game: America and the Quest for the World Cup*. Filadélfia: Da Capo Press, 2010.

BORENSTEIN, Ariel. *Don Julio: Biografía no autorizada de Julio Humberto Grondona*. Buenos Aires: Planeta Argentina, 2014.

CASAR GONZALEZ, Alejandro. *Pasó de todo: cómo la AFA, la Fifa y los gobiernos se adueñaron de la pelota*. Buenos Aires: Planeta Argentina, 2015.

CASTILLO, Hernán. *Todo pasa: fútbol, negocios y política de Videla a los Kirchner*. Buenos Aires: Aguilar, Altea, Taurus, Alfaguara, 2012.

CHADE, Jamil. *Política, propina e futebol: como o "padrão Fifa" ameaça o esporte mais popular do planeta*. Rio de Janeiro: Objetiva, 2015.

CONN, David. *The Fall of the House of Fifa*. Nova York: Nation Books, 2017.

FOER, Franklyn. *Como o futebol explica o mundo: um olhar inesperado sobre a globalização*. Rio de Janeiro: Zahar, 2005.

FORREST, Brett. *The Big Fix: The Hunt for the Match-Fixers Bringing Down Soccer*. Nova York: William Morrow, 2015.

GOLDBLATT, David. *Futebol Nation: The Story of Brazil through Soccer*. Nova York: Nation Books, 2014.

_____. *The Ball Is Round: A Global History of Football*. Londres: Penguin Books, 2007.

HARDING, Luke. *Collusion: Secret Meetings, Dirty Money, and How Russia Helped Donald Trump Win*. Nova York: Vintage Books, 2017.

HARTLEY, Ray. *The Big Fix: How South Africa Stole the 2010 World Cup*. Jeppestown, África do Sul: Jonathan Ball Publishers, 2016.

HILL, Declan. *The Fix: Soccer and Organized Crime*. Toronto: McClelland & Stewart, 2008.

HUERTA, Gustavo. *Jadue: historia de una farsa*. Santiago: Planeta Chile, 2016.

JENNINGS, Andrew. *Jogo sujo: o mundo secreto da Fifa*. São Paulo: Panda Books, 2011.

_____. *Um jogo cada vez mais sujo: O padrão Fifa de fazer negócios e manter tudo em silêncio*. São Paulo: Panda Books, 2014.

KISTNER, Thomas. *Fifa máfia: o livro negro dos negócios do futebol*. Barcarena (Portugal): Marcador, 2013.

KUPER, Simon & SZYMANSKI, Stefan. *Soccernomics: por que a Inglaterra perde, a Alemanha e o Brasil ganham, e os Estados Unidos, o Japão, a Austrália, a Turquia — e até mesmo o Iraque — podem se tornar o rei do esporte mais popular do mundo*. Rio de Janeiro: Tinta Negra, 2010.

LEOZ, Nicolás. *Peço a palavra: Pido la Palabra*. Buenos Aires: MZ Ediciones, 2001.

LLONTO, Pablo. *La vergüenza de todos: el dedo en la llaga del Mundial 78*. Buenos Aires: Ediciones Madres de Plaza de Mayo, 2005.

MATTOS, Rodrigo. *Ladrões de bola: 25 anos de corrupção no futebol*. São Paulo: Panda Books, 2016.

MUÑOZ, Diego & ZECCA, Emiliano. *Figueredo: a la sombra del poder*. Montevidéu: Penguin RandomHouse Grupo Editorial, 2016.

PAPENFUSS, Mary & THOMPSON, Teri. *American Huckster: How Chuck Blazer Got Rich From — and Sold Out — the Most Powerful Cabal in World Sports*. Nova York: Harper, 2016.

PIETH, Mark (ed.). *Reforming Fifa*. Zurique: Dike Verlag AG, 2014.

RIBEIRO, Amaury Jr. et alii. *O lado sujo do futebol: a trama de propinas, negociatas e traições que abalou o esporte mais popular do mundo*. São Paulo: Editorial Planeta do Brasil, 2014.

ROSELL, Sandro. *Bienvenido al mundo real*. Barcelona: Ediciones Destino, 2006.

SINGH, Valentino. *Upwards through the Night: The Biography of Austin Jack Warner*. San Juan, Trinidad e Tobago: Lexicon Trinidad Ltd., 1998.

SMIT, Barbara. *Sneaker Wars: The Enemy Brothers Who Founded Adidas and Puma and the Family Feud that Forever Changed the Business of Sports*. Nova York: Harper Perennial, 2008.

TOYE, Clive. *A Kick in the Grass*. Haworth, NJ: St. Johann Press, 2006.

VEIGA, Gustavo. *Deporte, desaparecidos y dictadura*. Buenos Aires: Ediciones Al Arco, 2010.

WARNER, Jack, com Singh, Valengino. *Jack Austin Warner: Zero to Hero*. Newtown (Trinidad e Tobago): Medianet Limited, 2006.

YALLOP, David. *Como eles roubaram o jogo: segredos dos subterrâneos da Fifa*. Rio de Janeiro: Editora Record, 1998.

ESTE LIVRO FOI COMPOSTO NA FONTE FAIRFIELD E IMPRESSO
EM PAPEL POLEN SOFT 70G/M², NA GRÁFICA BMF.
SÃO PAULO, NOVEMBRO DE 2019.